速成围棋初级篇（上）

黄焰　金成来 著

姓名	

图书在版编目（CIP）

速成围棋：初级篇（上）/〔韩〕黄焰，金成来著.—青岛：青岛出版社，2006.6
ISBN978-7-5436-3706-1

Ⅰ.速… Ⅱ.①黄…②金… Ⅲ.围棋—基本知识 Ⅳ.G891.3

中国版本图书馆CIP数据核字(2005)第060830号

韩国乌鹭出版社授权出版
山东省版权局著作权合同登记号 图字：15-2006-048号

书　　名　速成围棋：初级篇(上)
作　　者　黄焰　金成来
出版发行　青岛出版社
社　　址　青岛市徐州路77号(266071)
本社网址　http://www.qdpub.com
邮购电话　13335059110　(0532)80998652
策划编辑　高继民　张化新
责任编辑　吴清波　E-mail:wqb@qdpub.com
组　　稿　王　平
印　　刷　青岛新新华印刷有限公司
出版日期　2007年2月第1版　2008年11月第7次印刷
开　　本　16开(700mm×1000mm)
印　　张　11
字　　数　220千
书　　号　ISBN 978-7-5436-3706-1
定　　价　18.00元
编校质量、盗版监督免费服务电话　**8009186216**
青岛版图书售后如发现质量问题,请寄回青岛出版社印刷物资处调换。
电话:0532-80998826

笔者编写速成围棋系列书从入门篇到初级系列，前后已经过1年6个月的时间。其间，出版的围棋技术类书籍从入门到高级，从基础理论到高级理论形成体系的书较少见。甚至，针对一般学生的教育教材也没有整理出规律性的理论。其结果，由于从基础理论开始没有系统性教材，越是进入中级、高级，基本概念越是模糊难解，自然对于较难的问题就难于找出正确的答案了。

这些现象可从为了进一步提高围棋水平而来到围棋道场学习的学生当中找到。他们大部分已在围棋教室学习了2~4年，他们来到道场后有一个共同点，相对于学棋的时间来看，死活题和对杀的计算能力较差，更重要的是找不出从何处开始着手解决问题。另外，虽有摆棋谱的耐心，却对布局和行棋的基本理论理解不足。这些问题，应该说要从没有好的教材找原因。

在围棋教室学习满一年的学生应学会的基本知识是计算能力的培养，掌握布局和行棋的基本概念等，但是，现有的教材很少满足这一要求。死活与对杀的难易程度不说，解这些题的基础概念和要领也未成体系。尤其，对于行棋和布局的理解较之对死活和对杀更为贫乏。这些概念勉强由老师来补充，自然不会有好的效果。笔者在经营围棋教室时深有体会，由于基础概念的不明确很多具体问题莫衷一是，形成不少混乱，从教育者角度来看实为可叹。任何领域都一样，基础的不足终将导致将来的后劲不足。

在初级篇编排了加强计算力的近战和死活内容，同时将行棋和布局的基本概念编成了问题。另外，将中级阶段学习的大场和小场的概念和区分方法给予了说明。各个项目都是围绕掌握解决问题的基本要领进行整理的，所以学习后将易于应付较难的问题。

最后，我非常感谢积极出版本教材、推广本教材和使用本系列教材的所有朋友，同时，为使更多的人学围棋我们将继续进行不懈的努力！

欢迎中国的朋友们提出宝贵的意见和建议，以便于我们在再版时进行修订。

作者

1

接触战

SUCHENG WEIQI

1.连与断

2. 对杀1

3. 对杀2

4. 眼形的计算

5. 接触战

6. 做坏形

1 连与断

1图

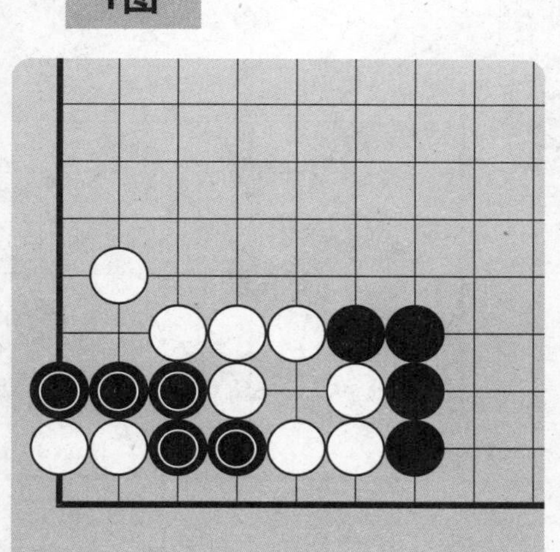

1图 想一下 ◉ 的死活。

2图

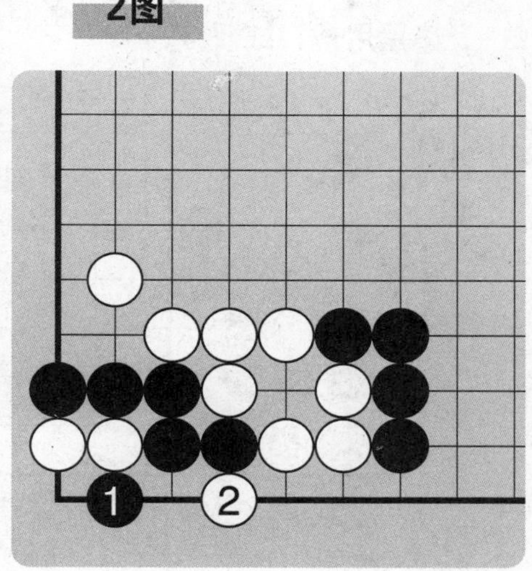

2图 黑1，白2后黑不活。

3图

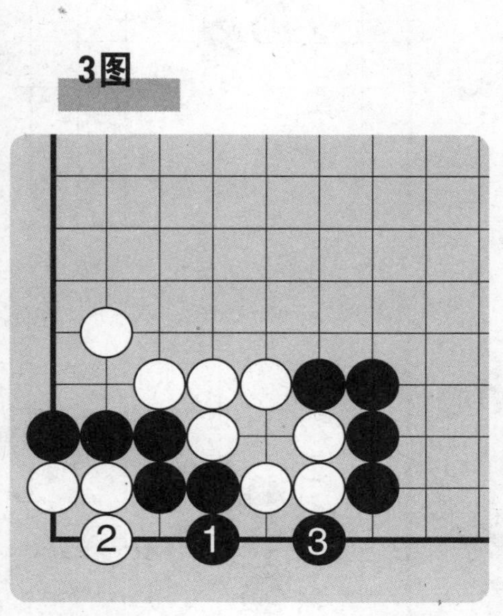

3图 这里黑1是好手，白2则黑 3 连回。

4图

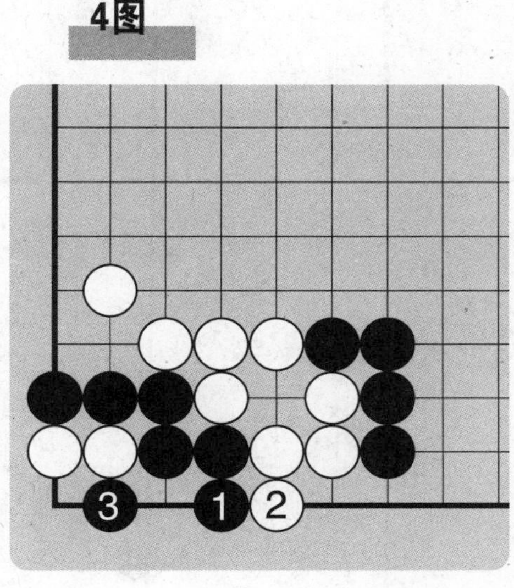

4图 白断，黑3活。

1. 连与断

学习日期	月　　日
检	

白1，请黑用虎口或双连接。

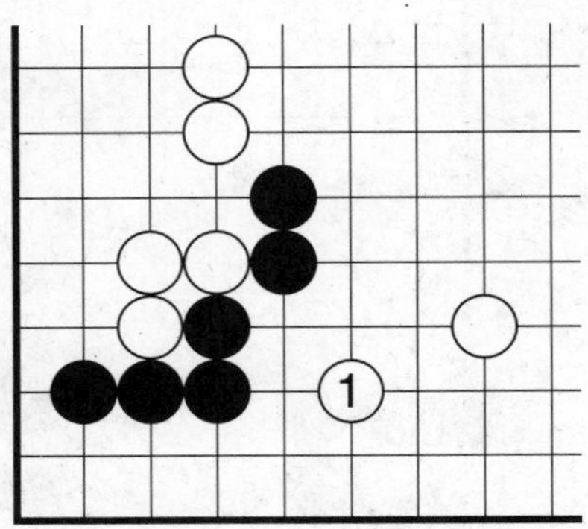

2

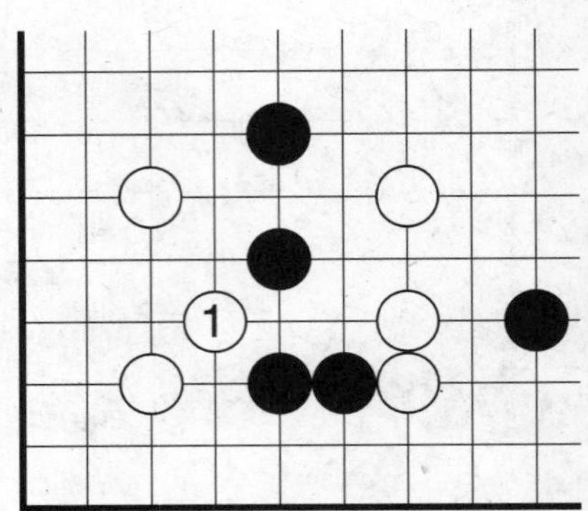

3

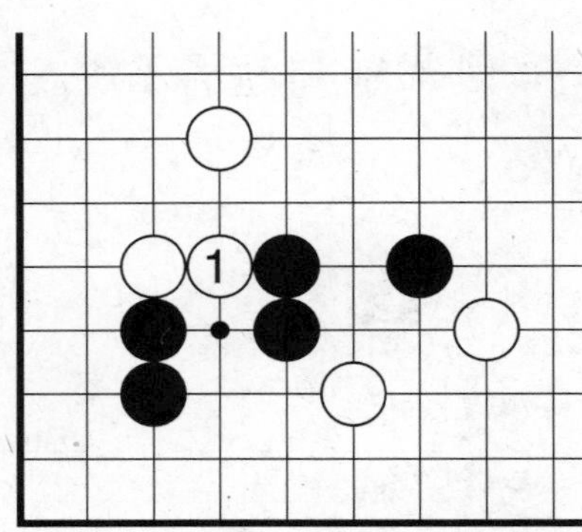

4

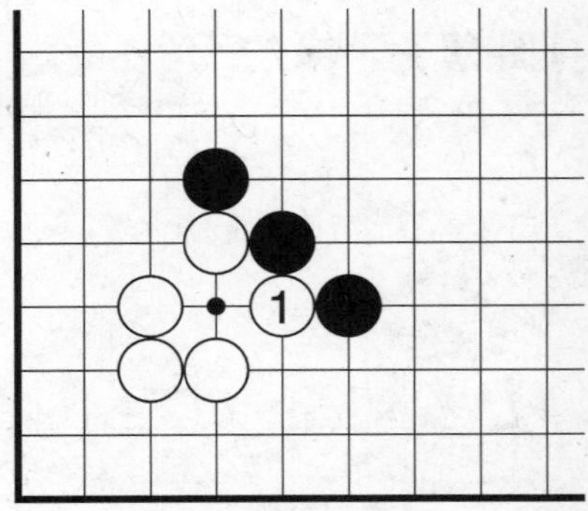

5

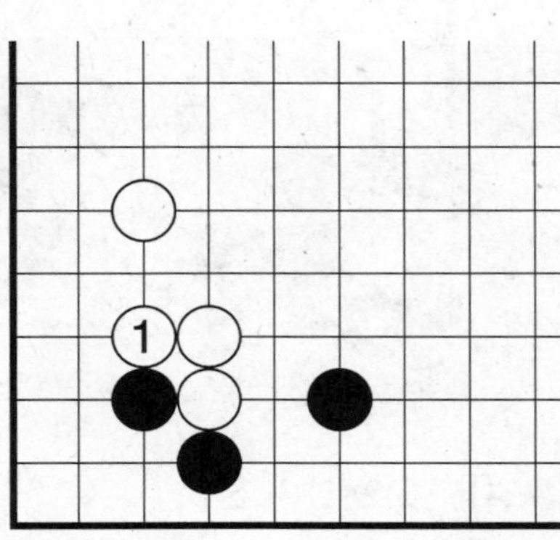

6

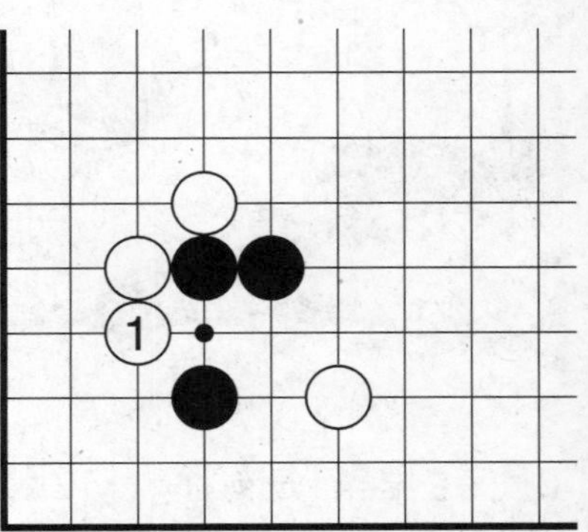

1. 连与断

学习日期	月　日
检	

找出白棋双的急所，断开白棋。

7

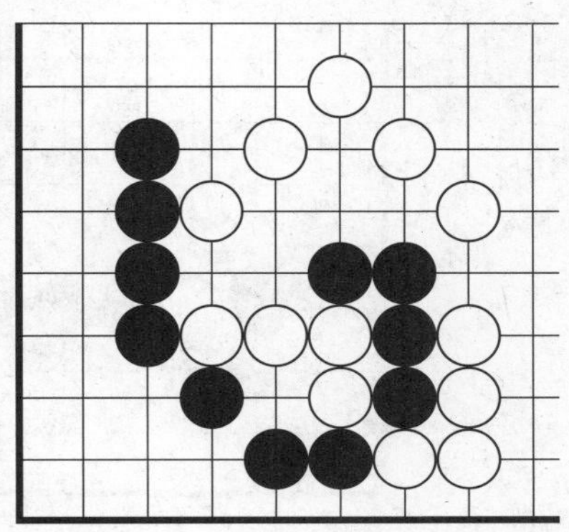

8

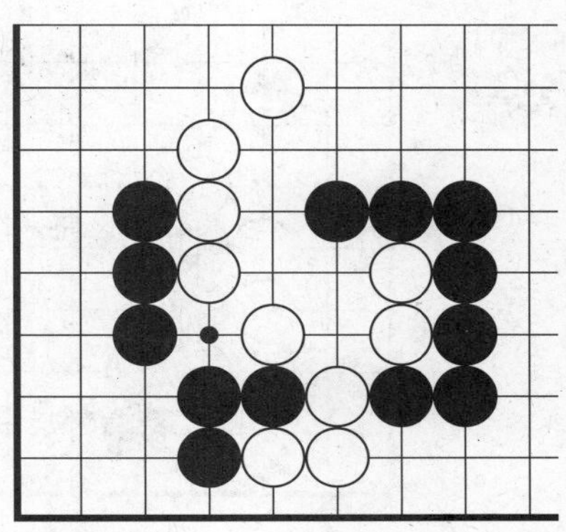

9

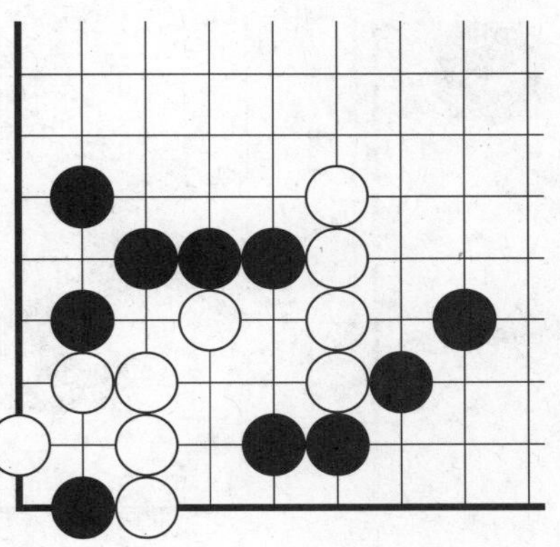

10

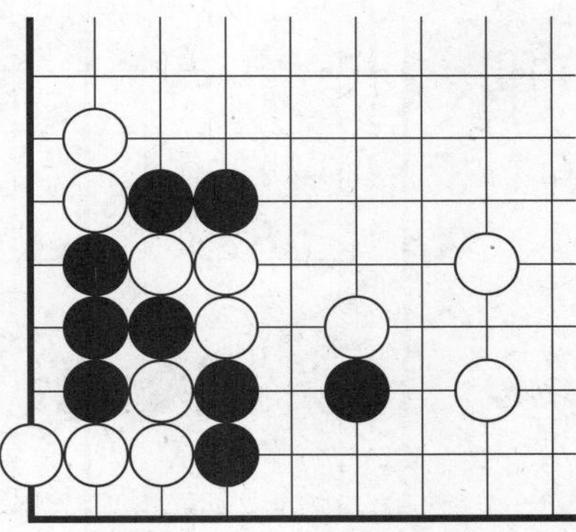

11

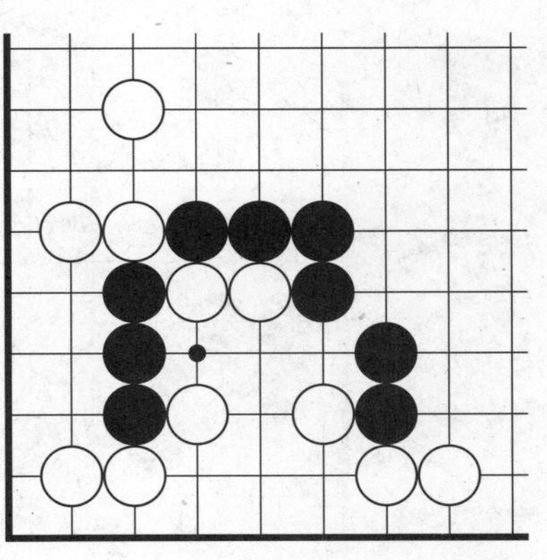

12

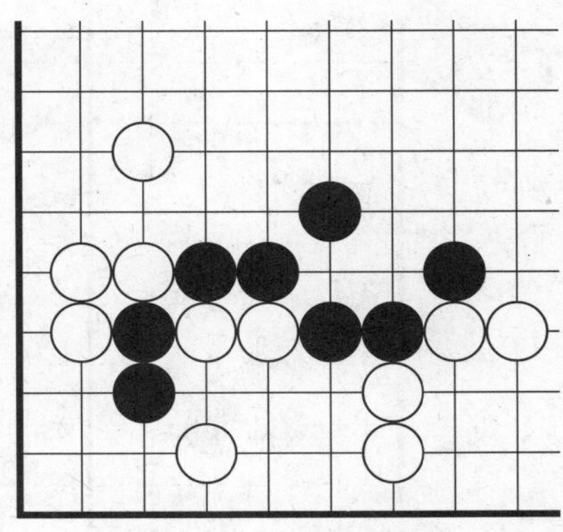

1. 连与断

学习日期	月　日
检	

用最好的形连接黑棋。

13

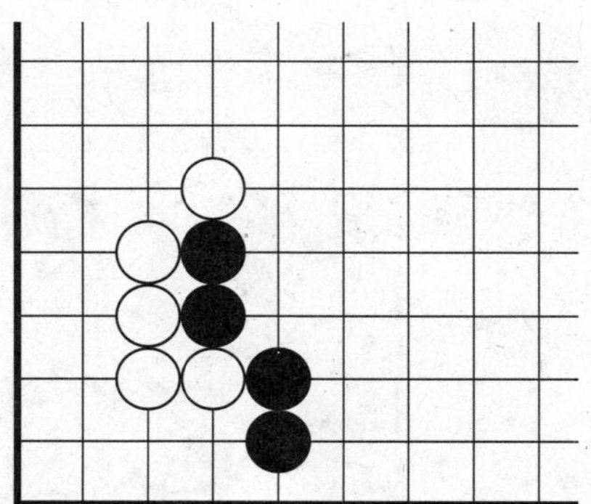

14

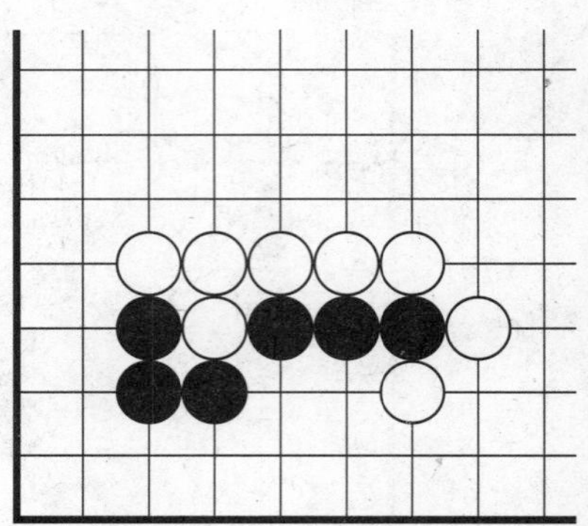

15

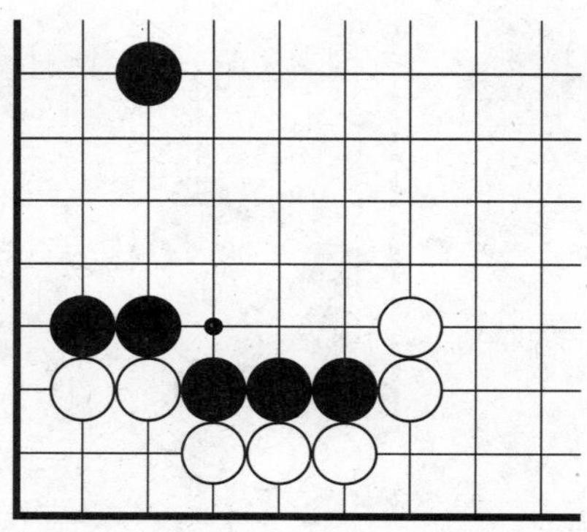

16

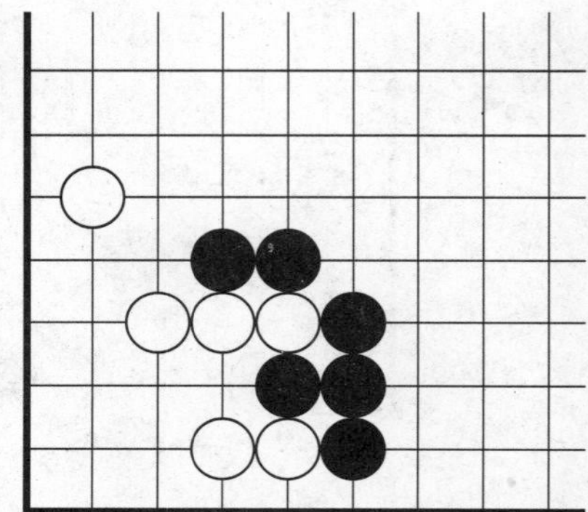

17

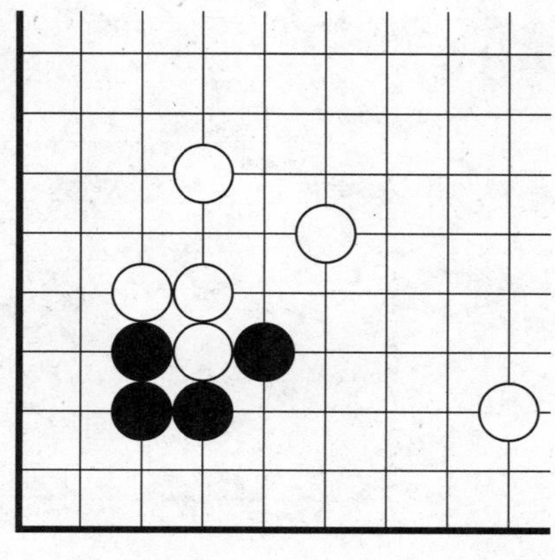

18

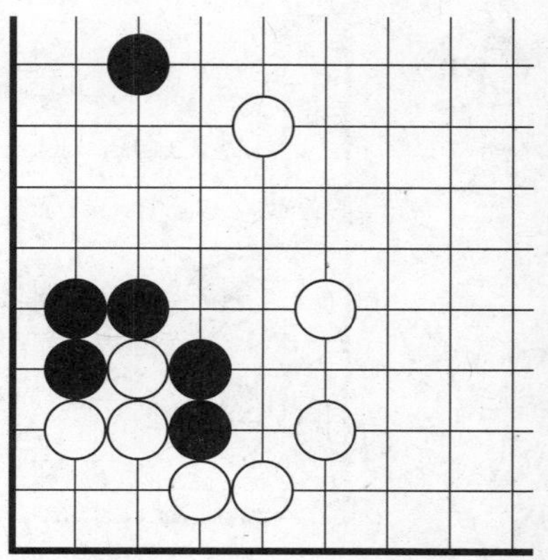

1. 连与断

学习日期	月　　日
检	

请用连接救活黑棋。(3手)

19

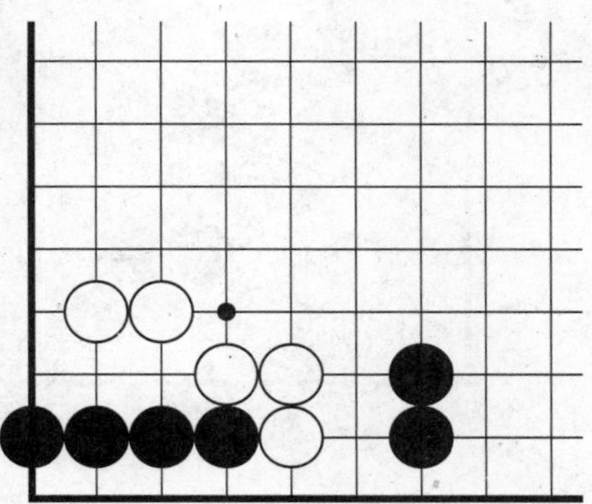

20

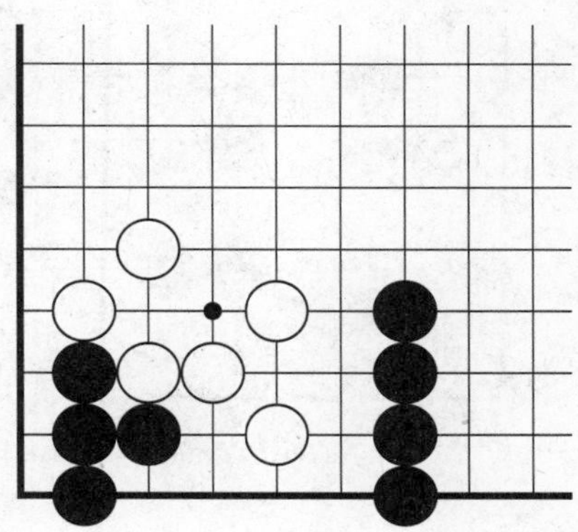

21

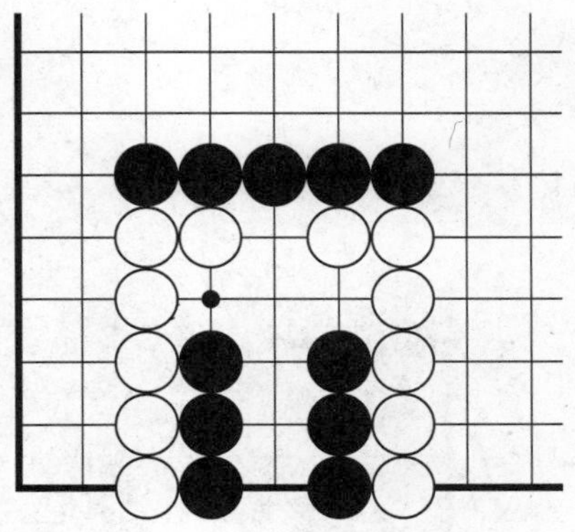

22

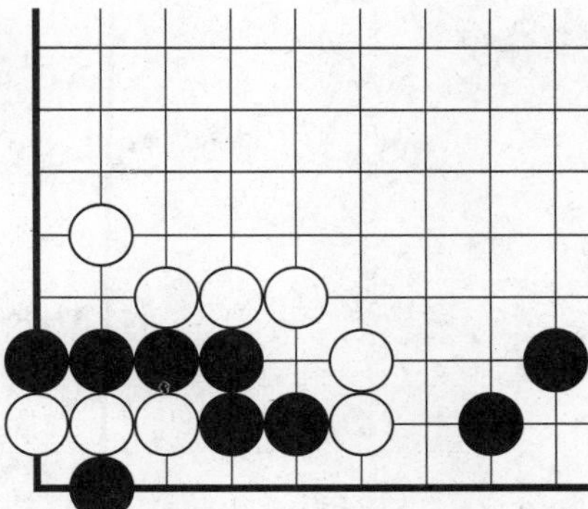

23

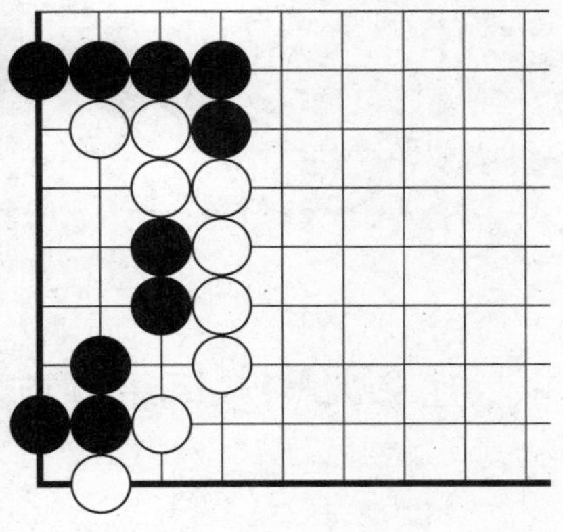

24

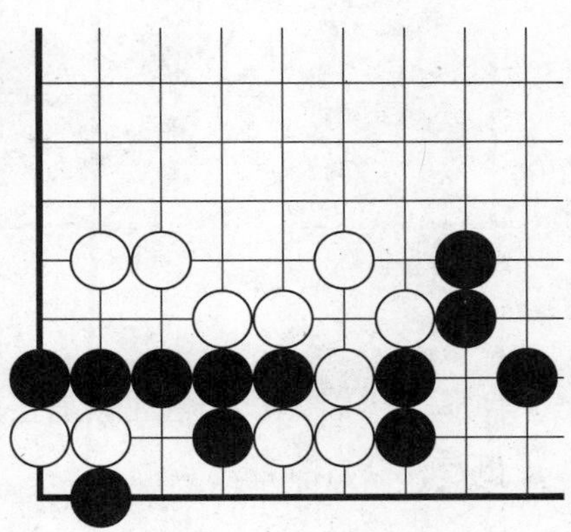

1图

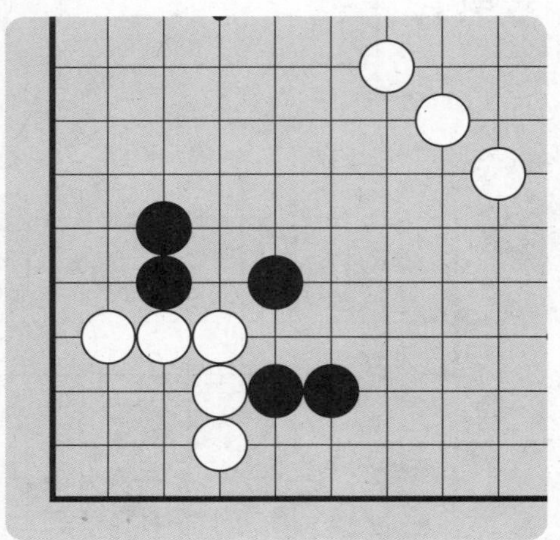

1图 想一下连接黑棋的方法。

2图

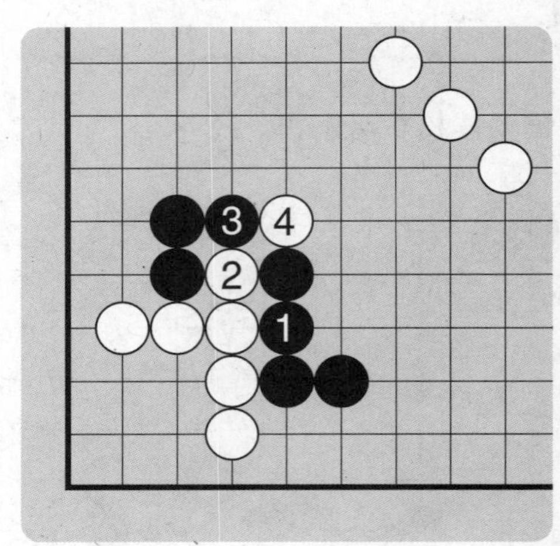

2图 黑有两处弱点，简单连一处。

3图

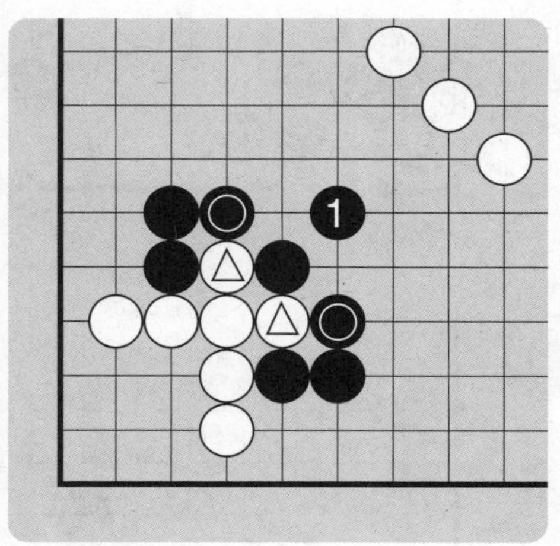

3图 假如△，◉挡后可以看出黑1的双虎口是补断点的好棋。

4图

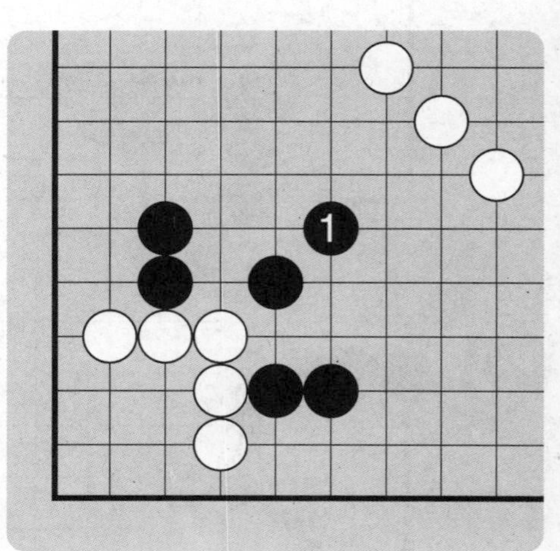

4图 因此黑1是正确的连法。

1. 连与断

学习日期	月　日
检	

请连接黑棋的弱点。

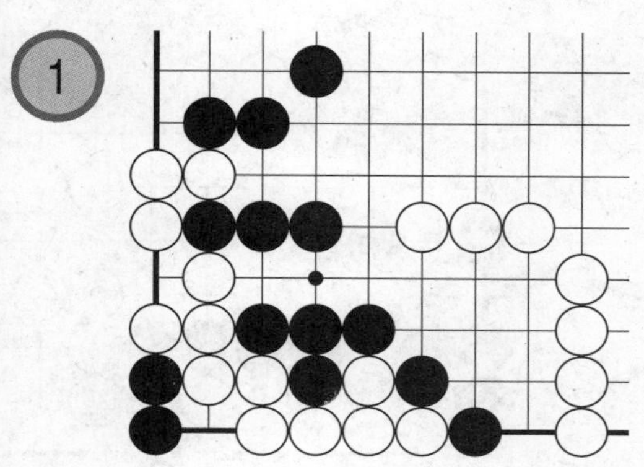

2

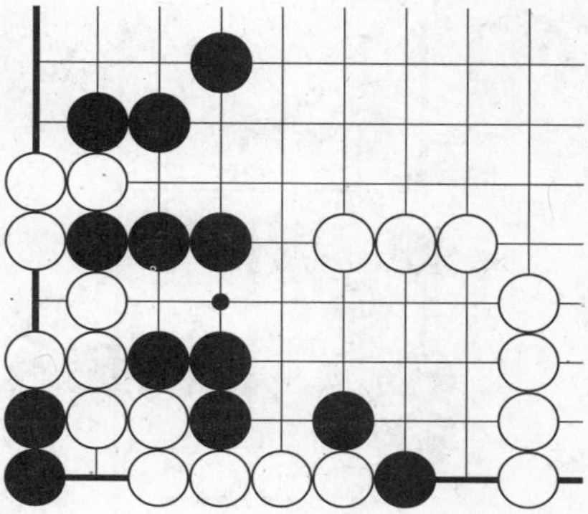

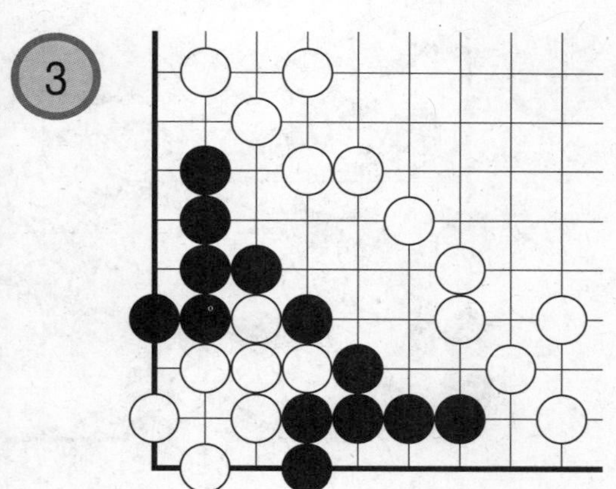

4

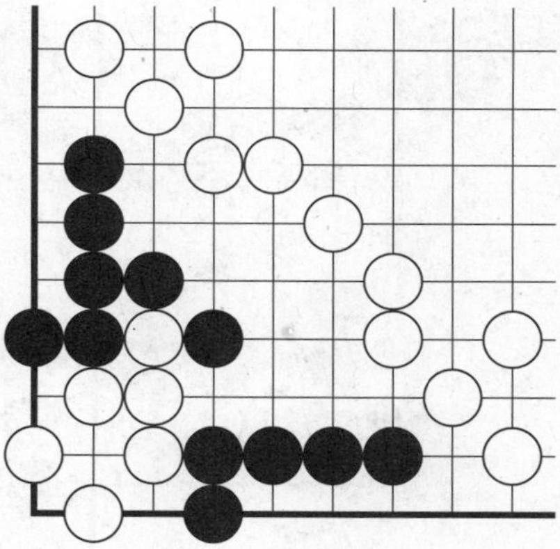

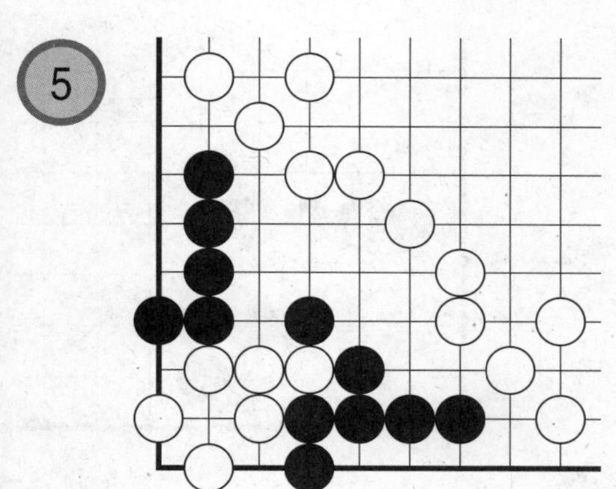

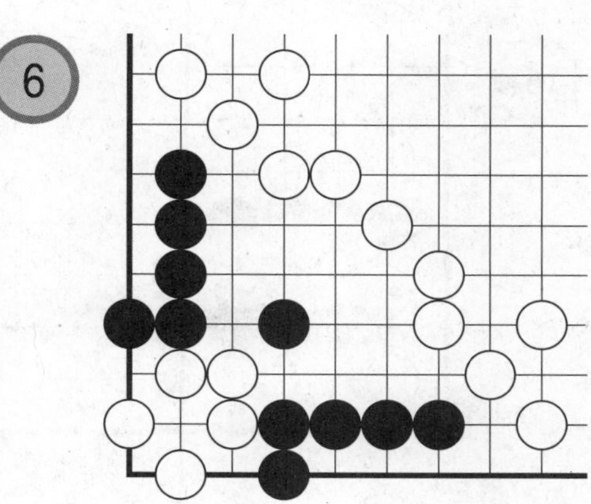

1. 连与断

学习日期	月　日
检	

请连接黑棋的弱点。

7

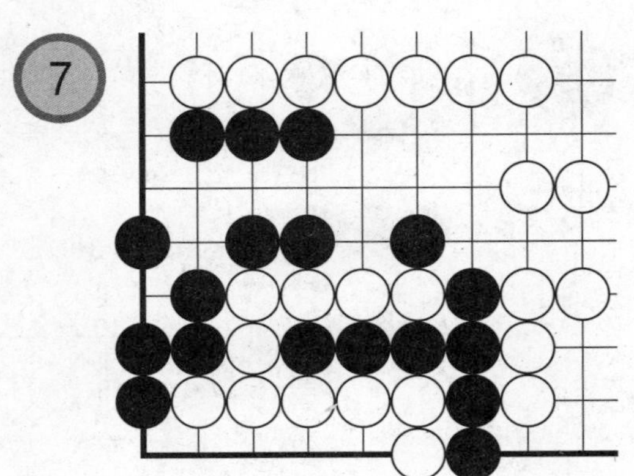

8

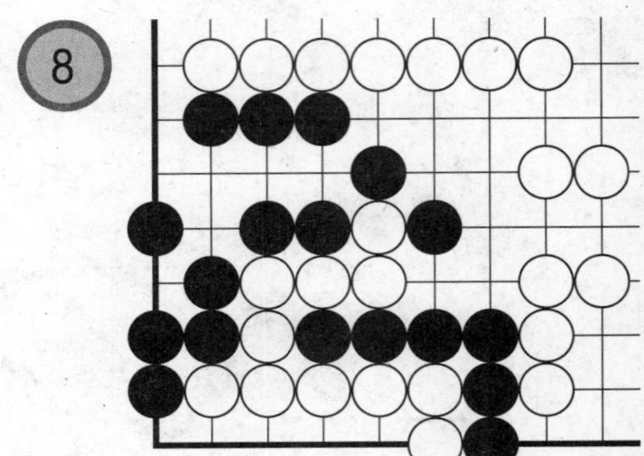

9

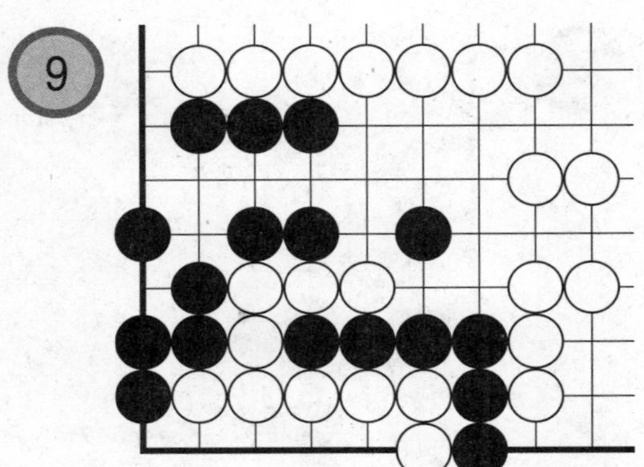

10

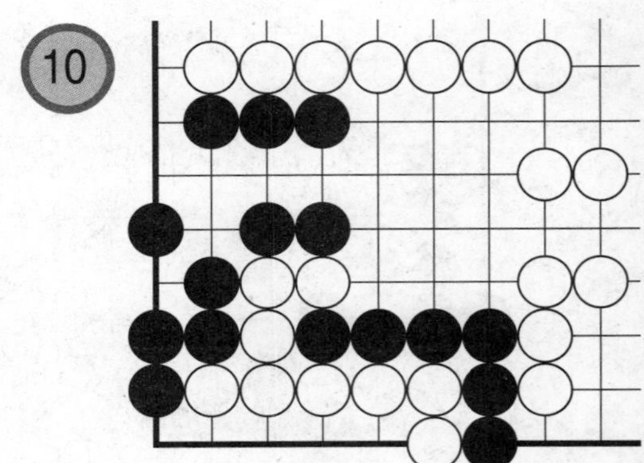

11

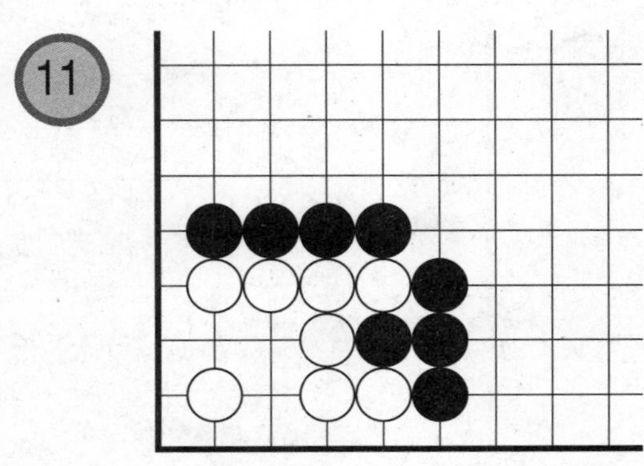

12

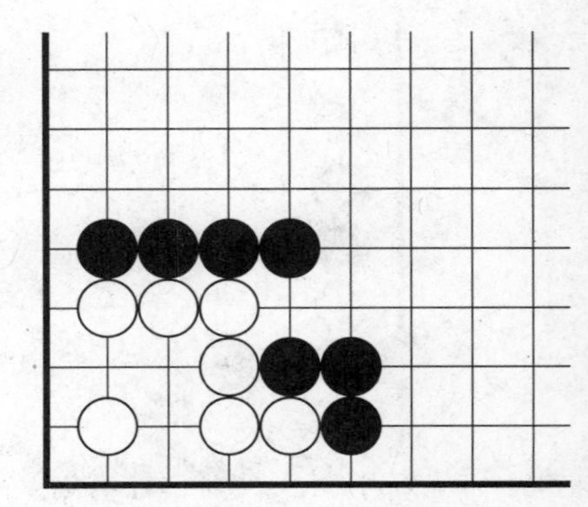

1. 连与断

学习日期	月　日
检	

白1,请正确地连接黑棋。

13

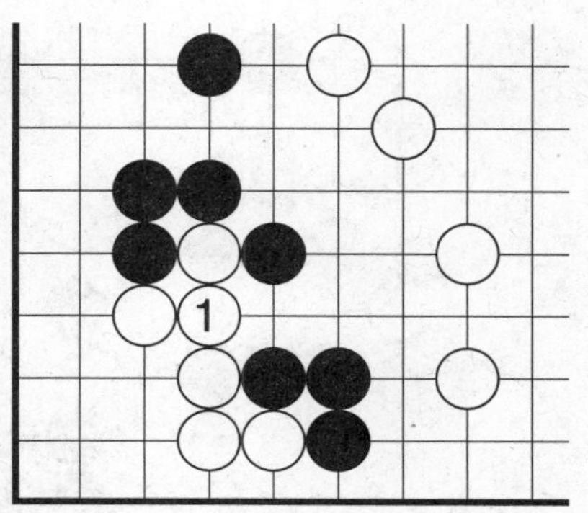

14

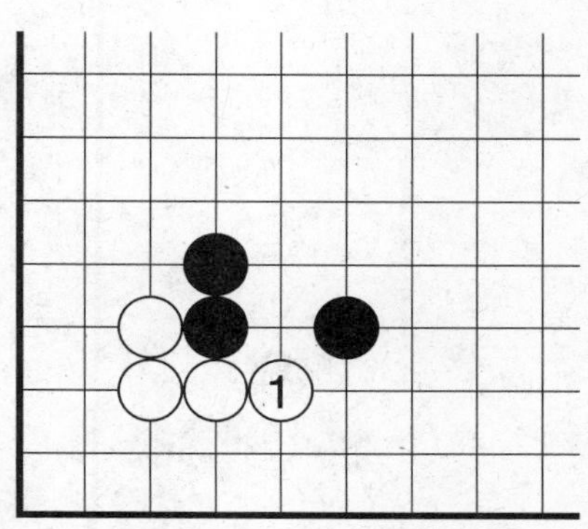

15

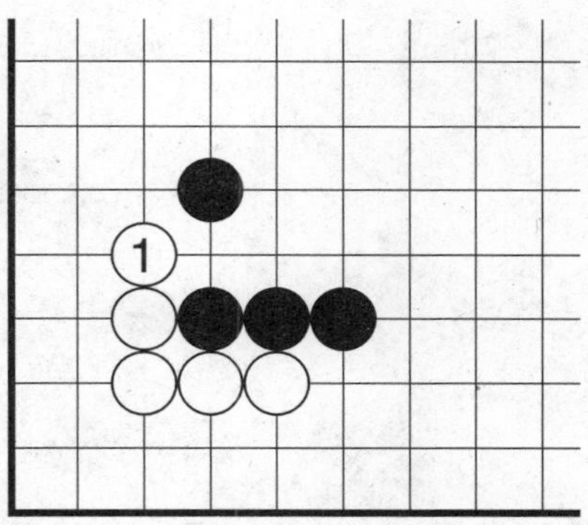

16

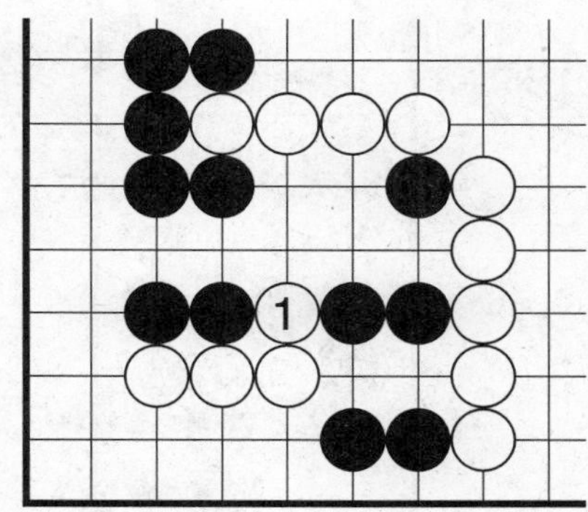

17

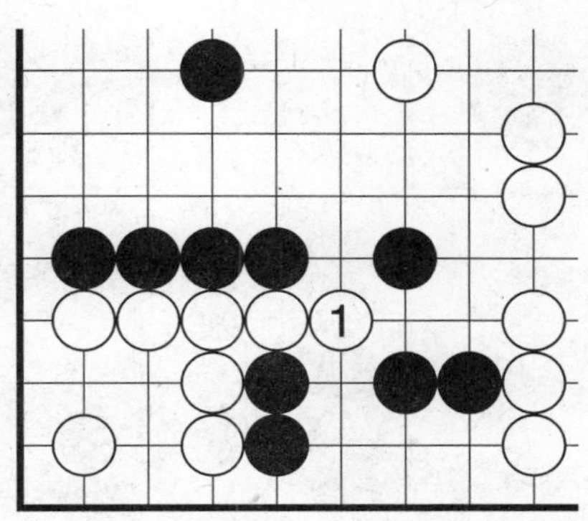

18

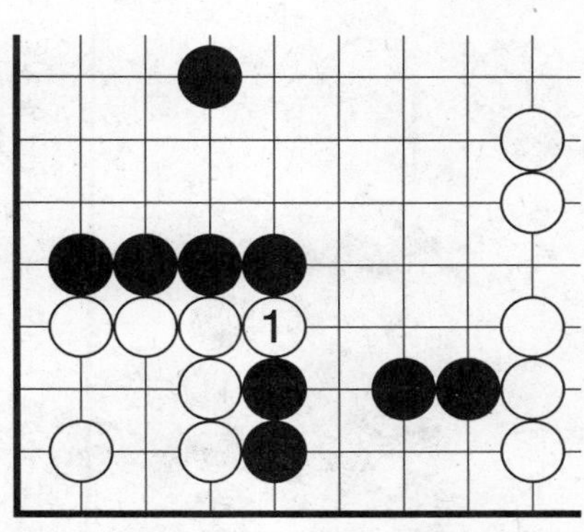

1. 连与断

学习日期	月　日
检	

白1,请正确地连接黑棋。

19

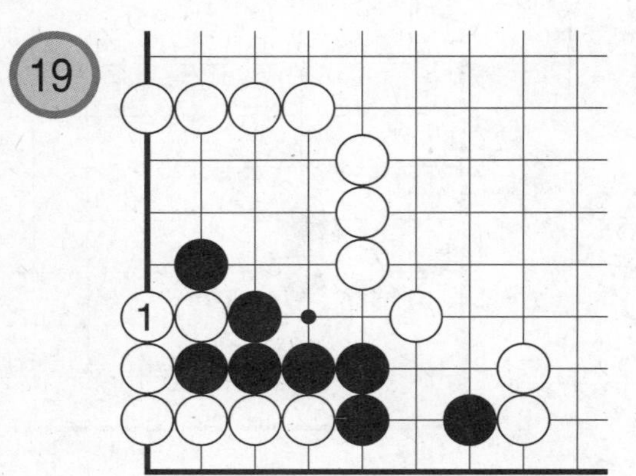

20

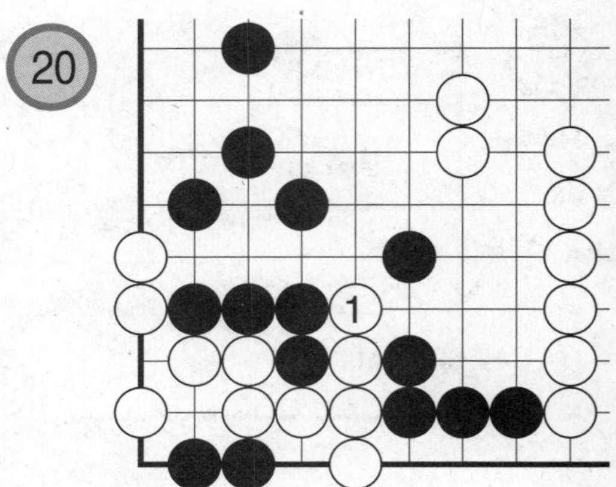

21

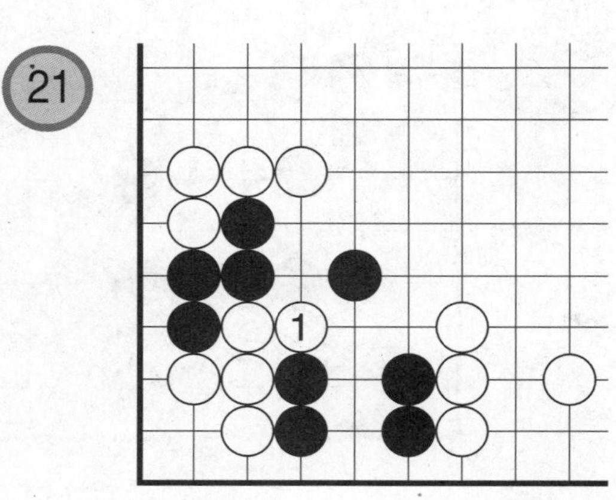

22

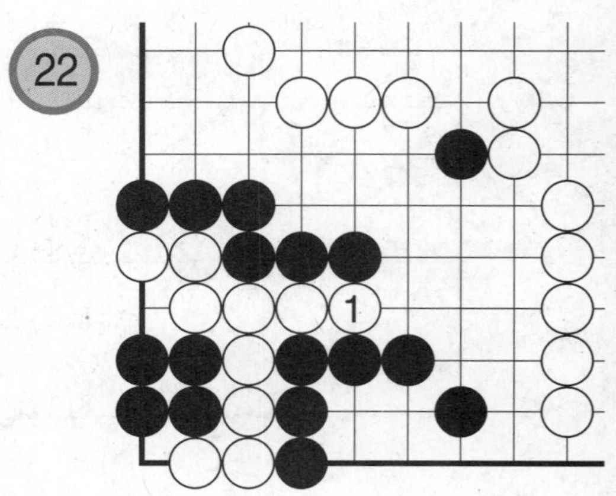

23

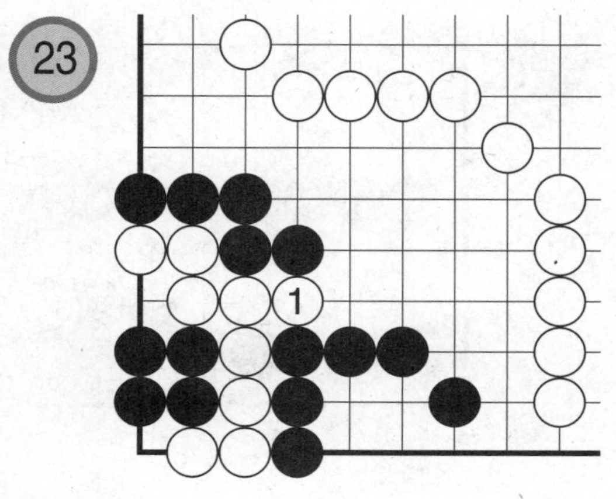

24

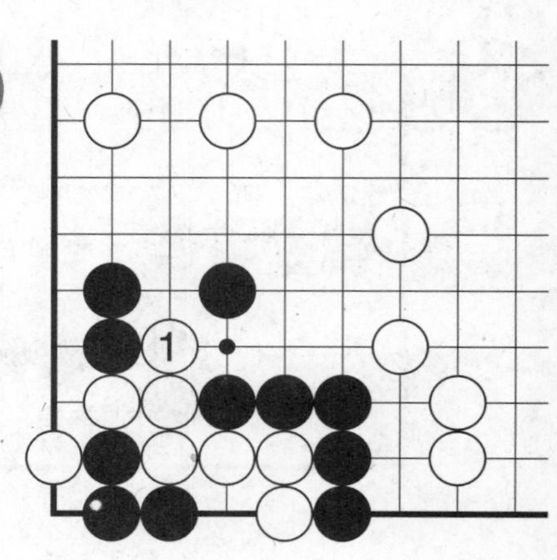

② 对杀1（计算）

1图

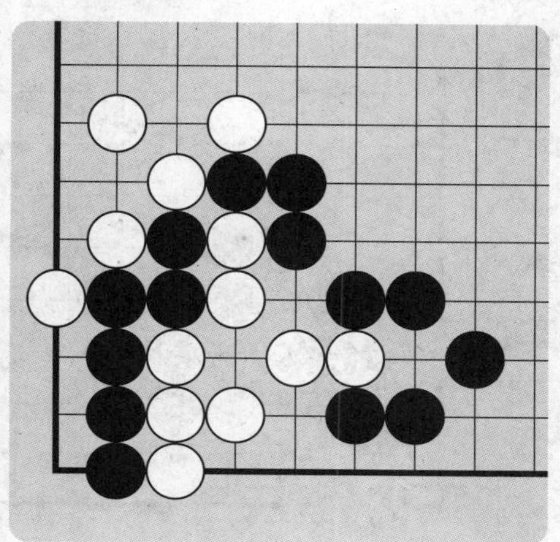

1图 请计算一下白棋的气。

2图

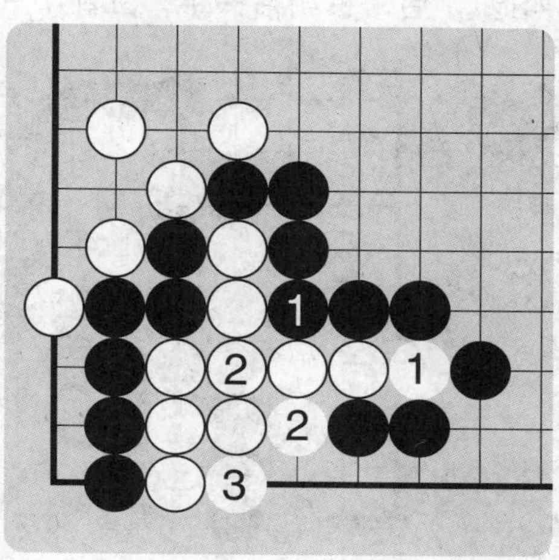

2图 黑1后白2必须连,所以白为3气。

3图

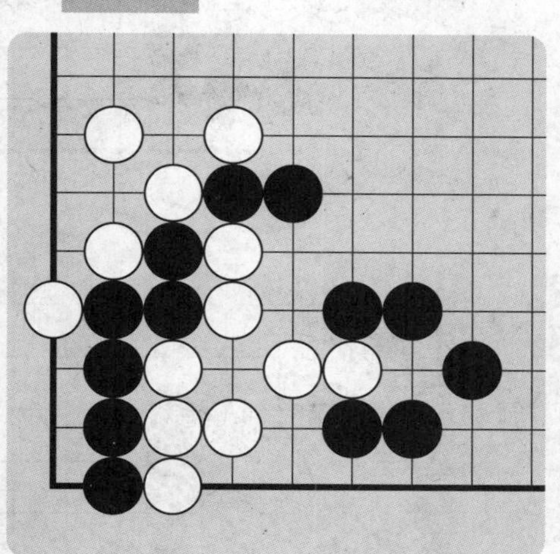

3图 看一下更复杂的白棋的气的计算。

4图

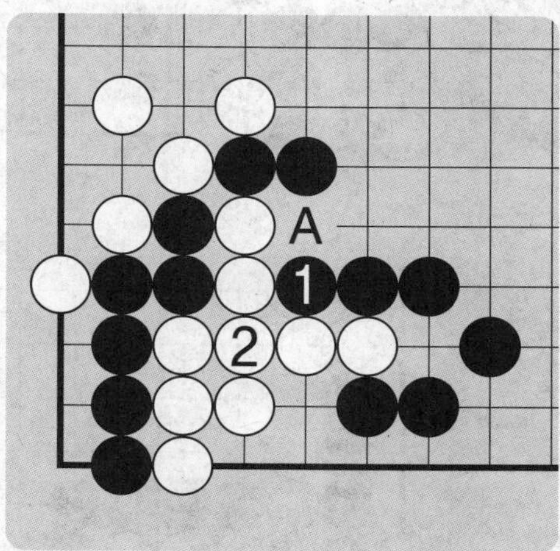

4图 这个白棋可以先假定黑1和白2的交换。因为黑棋下在A处白须2位补。这里白棋是4气。

2. 对杀1

学习日期	月　日
检	

叫吃△后，白如粘一手，白有几气？

1

白□气

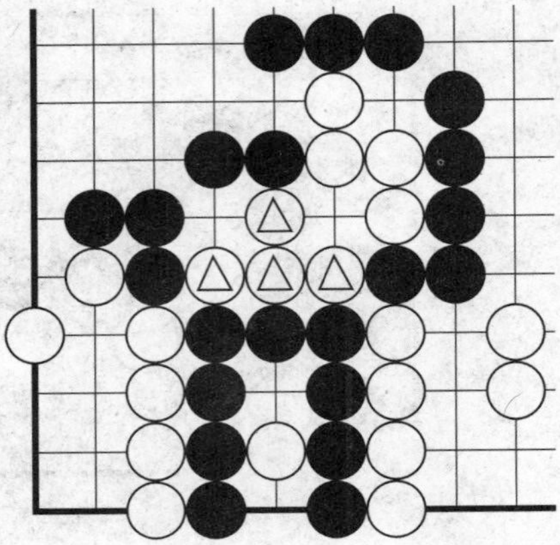

2

白□气

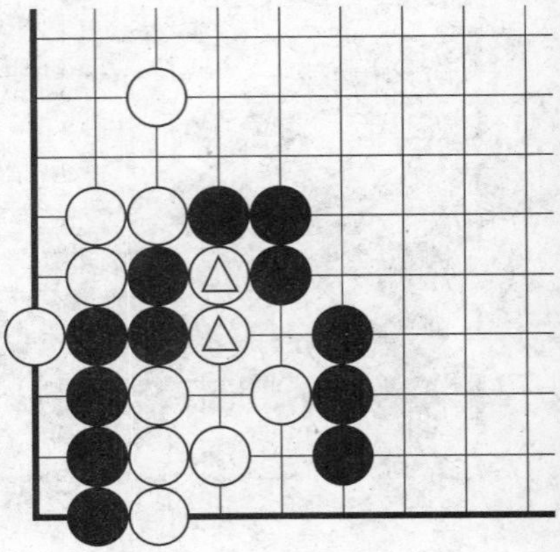

3

白□气

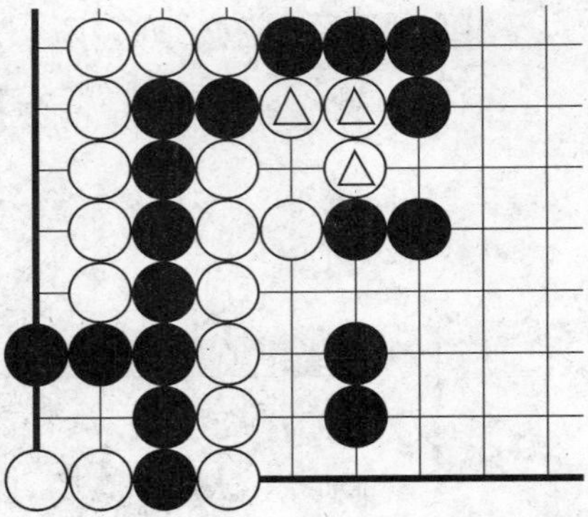

4

白□气

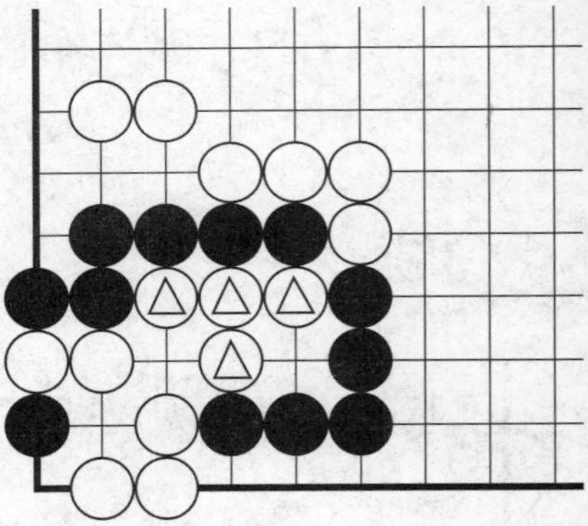

5

白□气

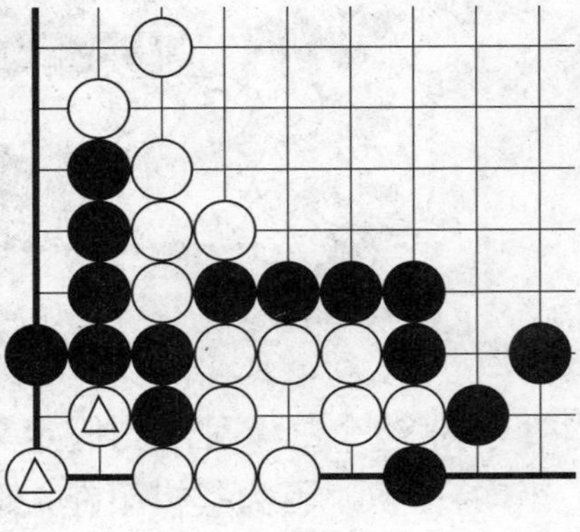

6

白□气

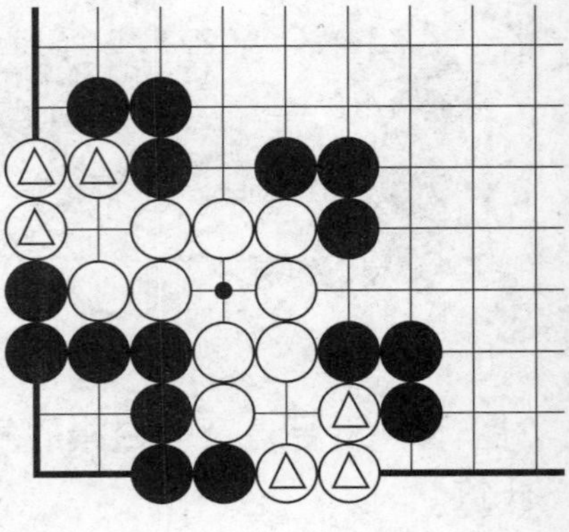

2. 对杀1

学习日期	月　日
检	

对杀中的黑白棋各为几气？请标出。

7

黑□气

白□气

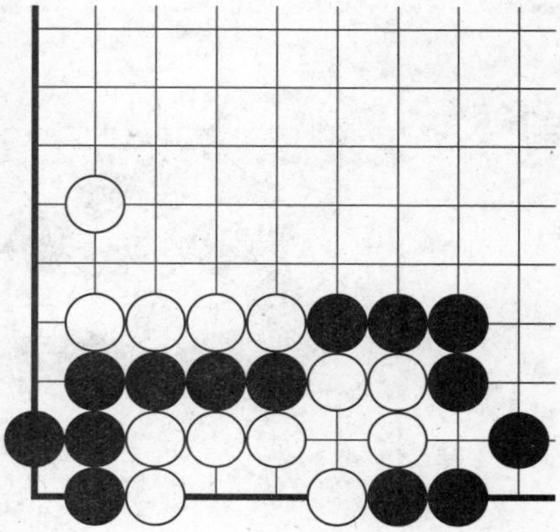

8

黑□气

白□气

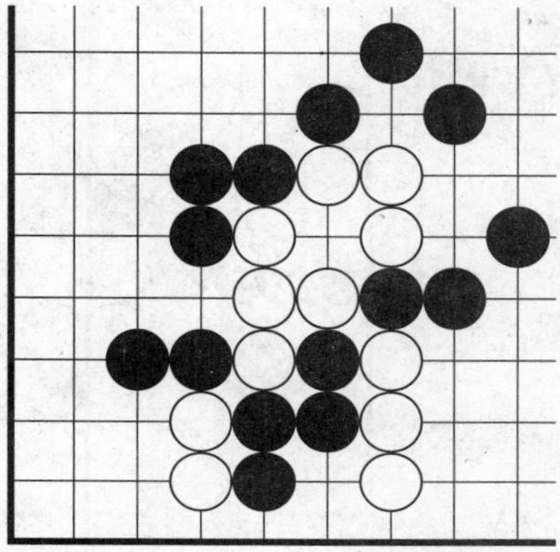

9

黑□气

白□气

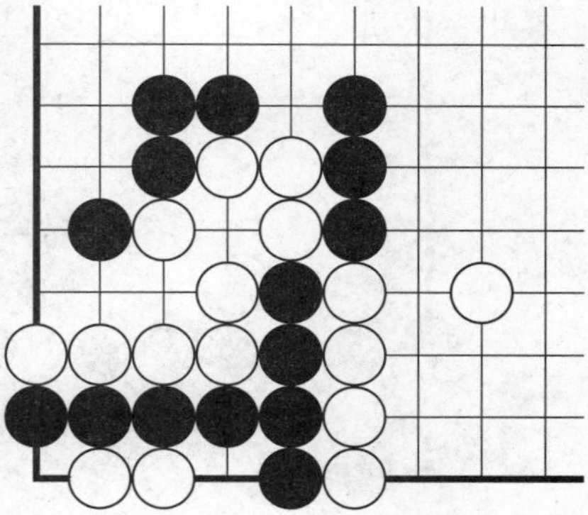

10

黑□气

白□气

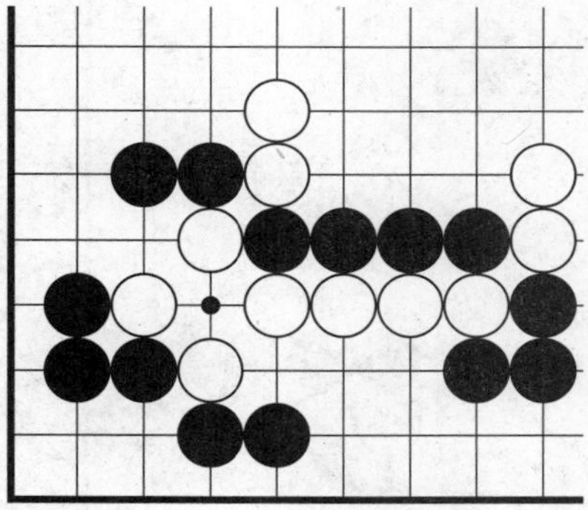

11

黑□气

白□气

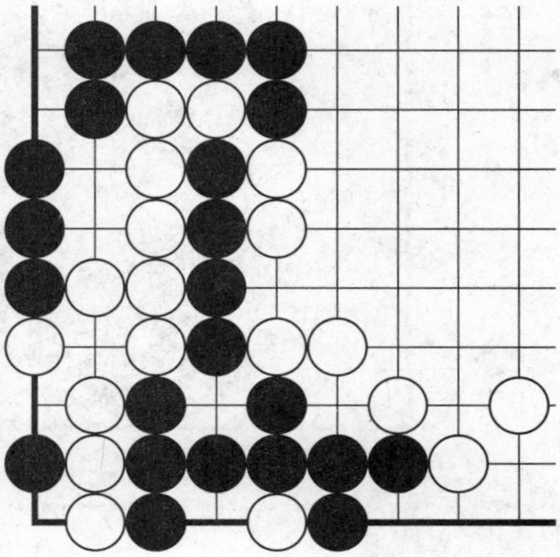

12

黑□气

白□气

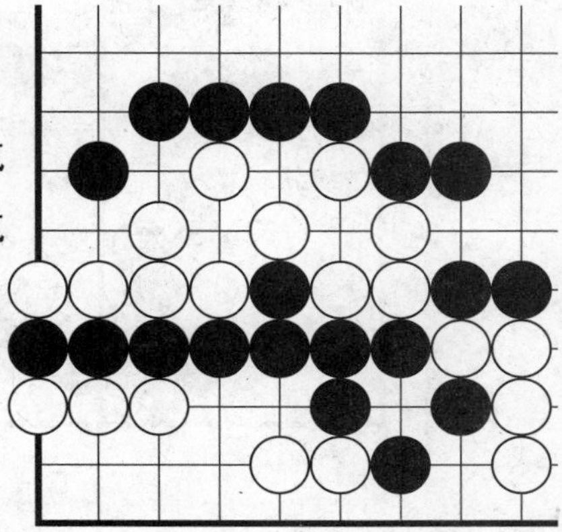

2. 对杀1

学习日期	月　日
检	

请标出被叫吃的白棋和扑吃后的白棋各为几气。

13

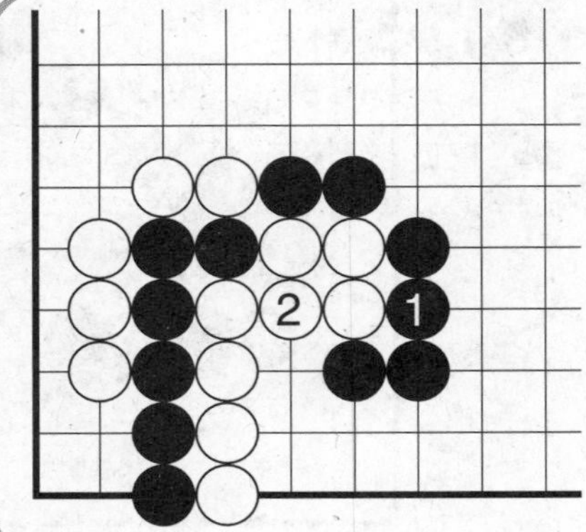

白□气

白□气

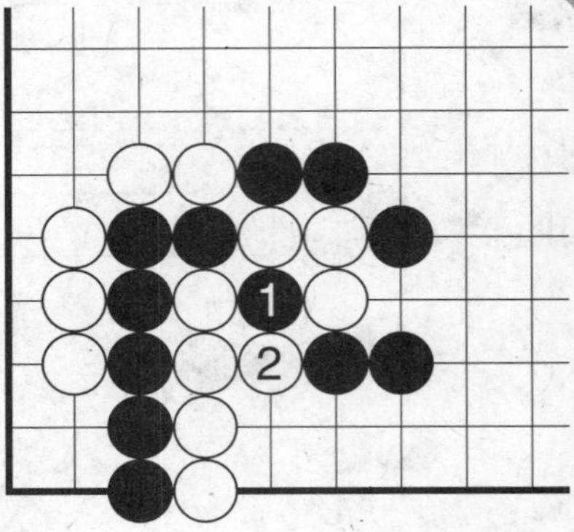

14

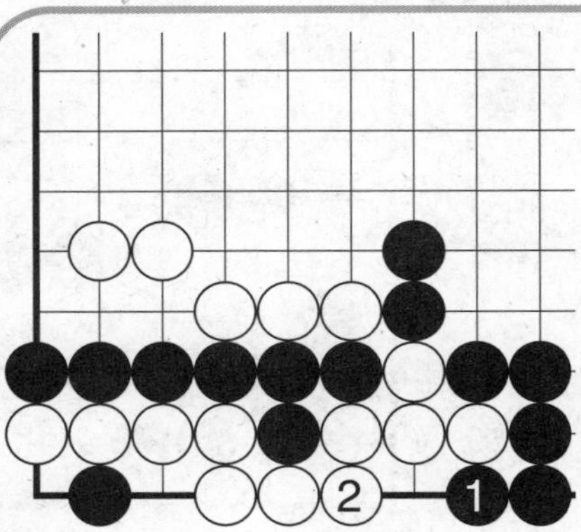

白□气

白□气

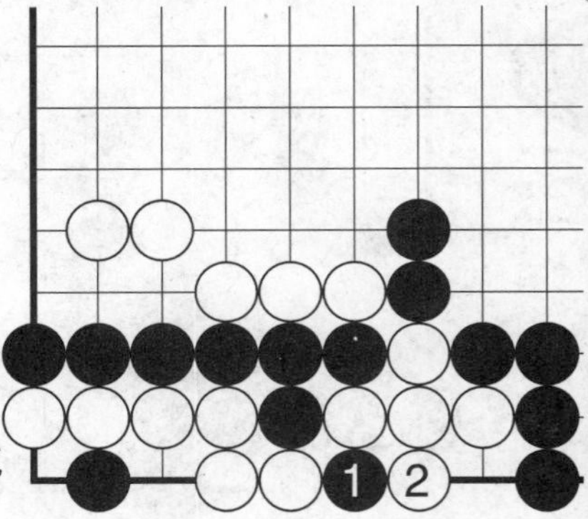

15

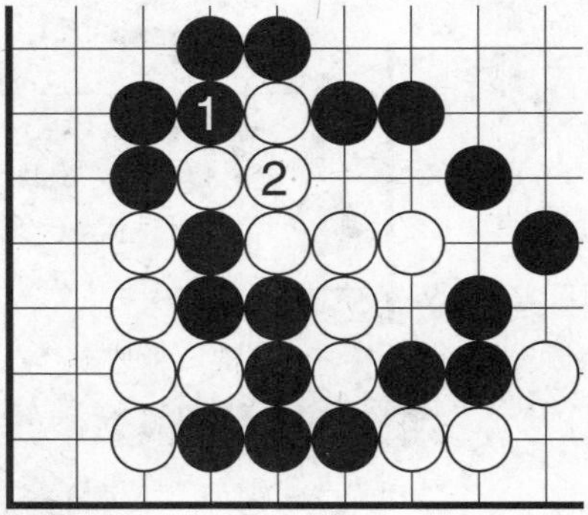

白□气

白□气

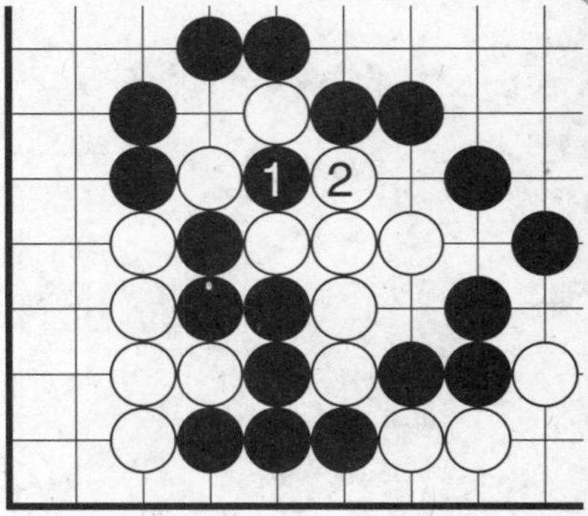

2. 对杀1

学习日期	月　日
检	

为了在对杀中取胜请给黑棋长气。

16

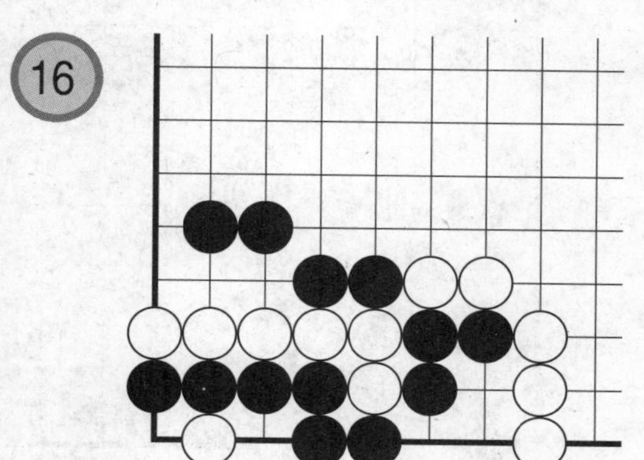

17

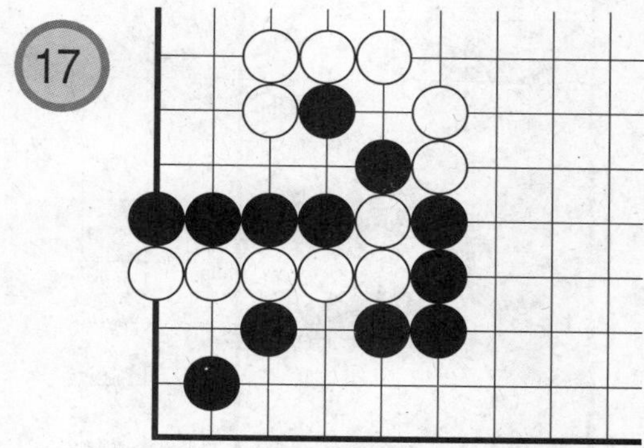

18

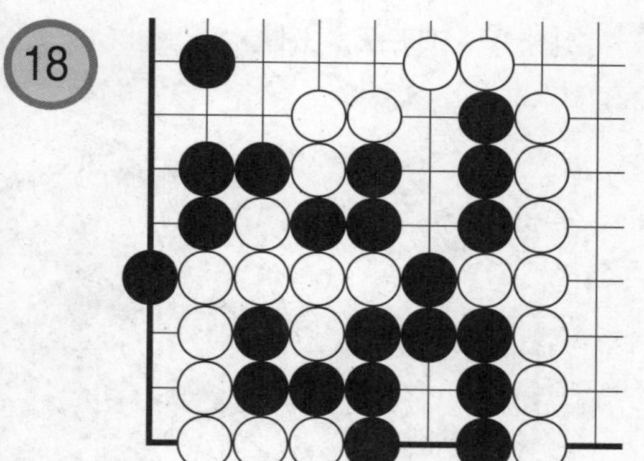

19

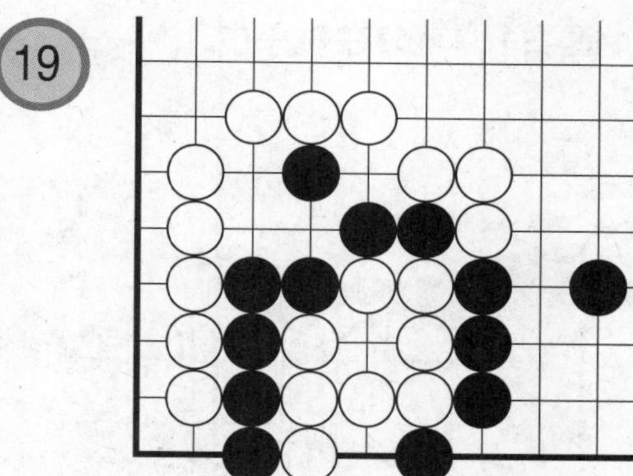

20

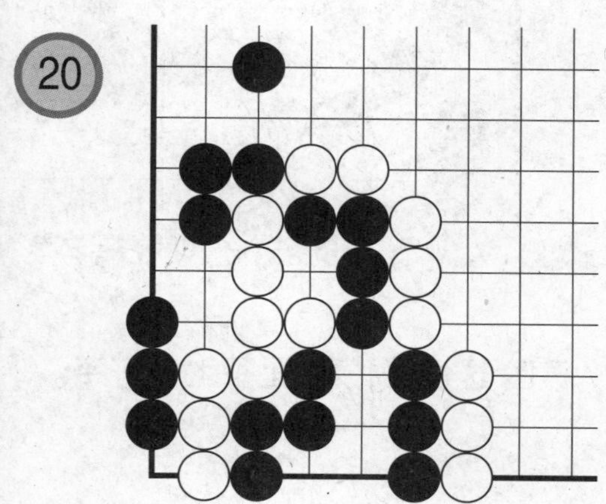

21

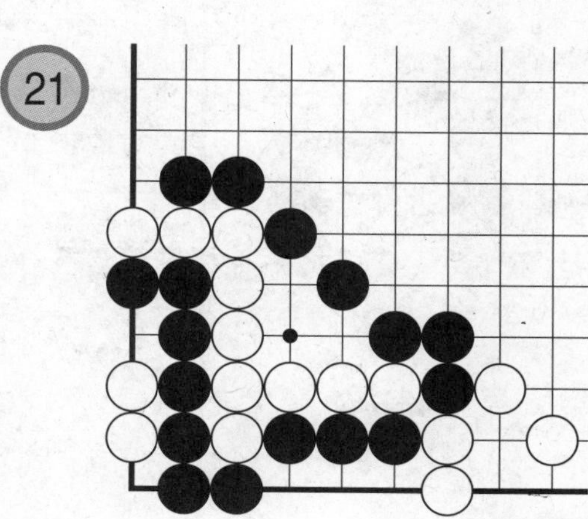

③ 对杀2

1图

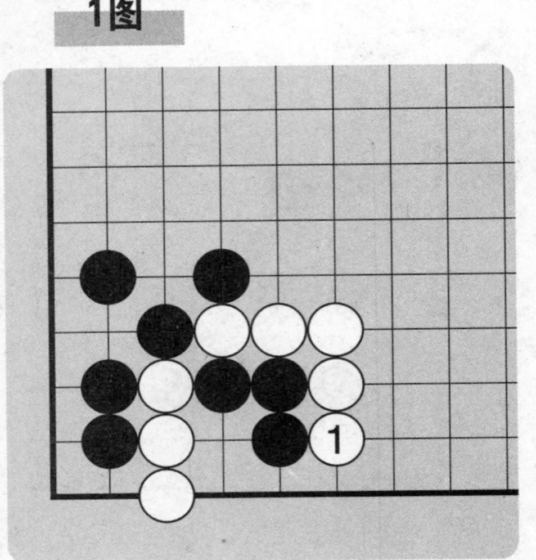

1图 白1，黑白在对杀中。

2图

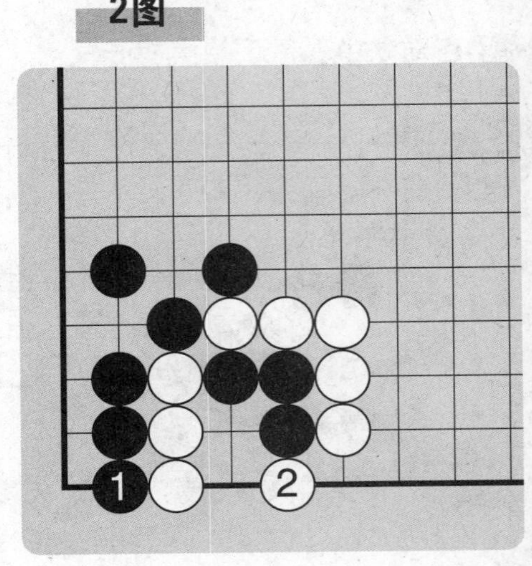

2图 黑1则白2。白胜。

3图

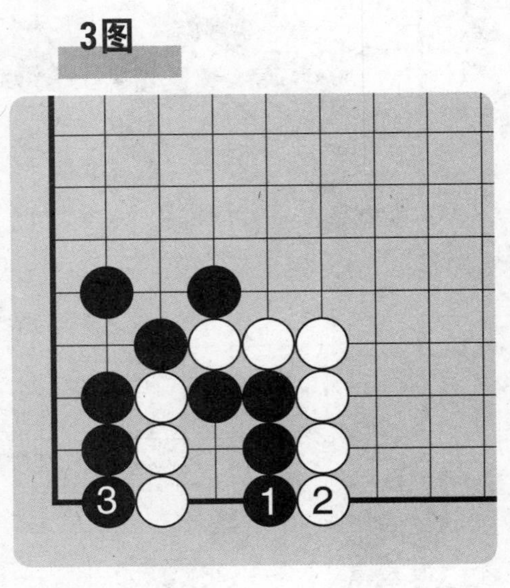

3图 黑1成共活。

4图

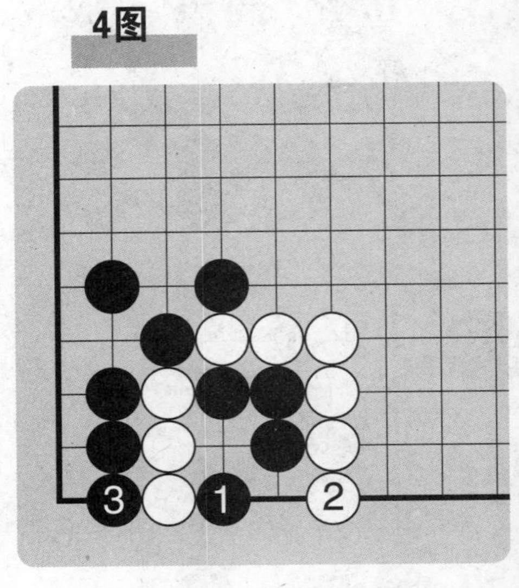

4图 这里黑1的尖是取胜的好手。

3. 对杀2

学习日期	月　　日
检	

黑下在哪里才能在对杀中取胜。

1

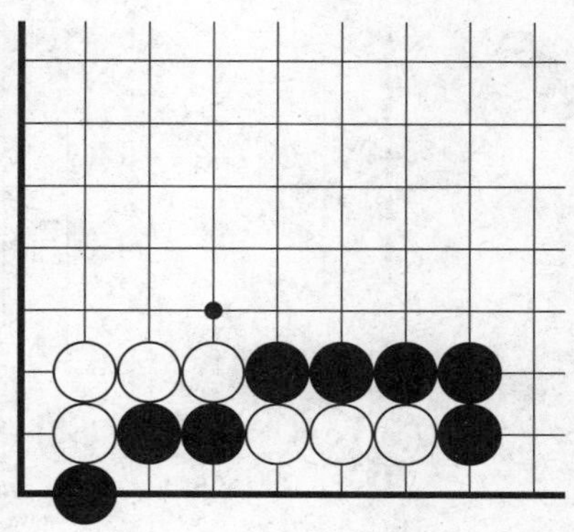

2

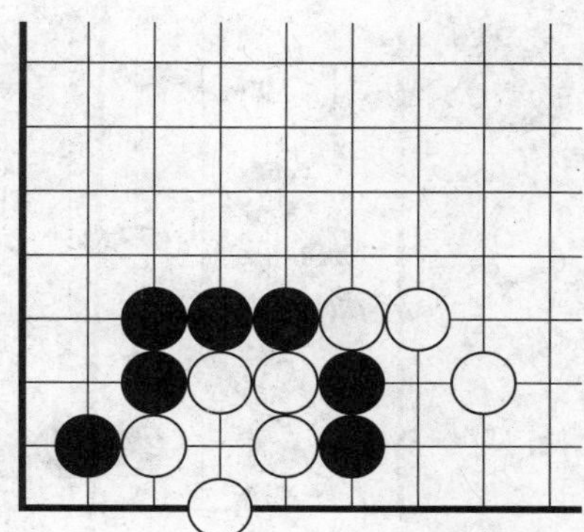

3

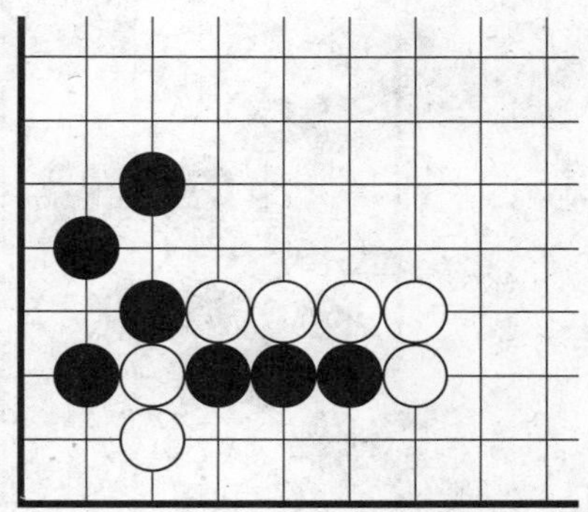

4

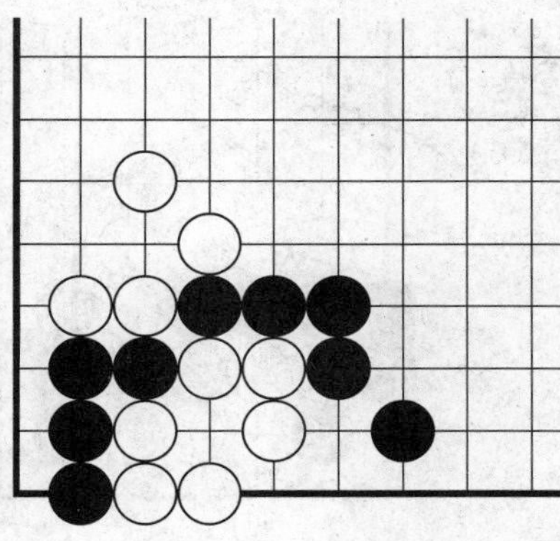

5

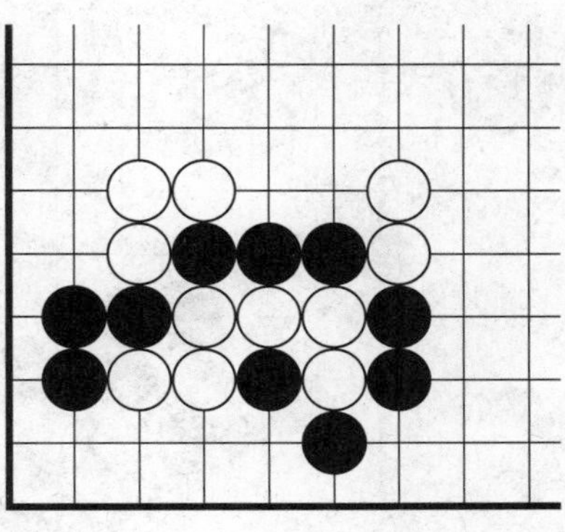

6

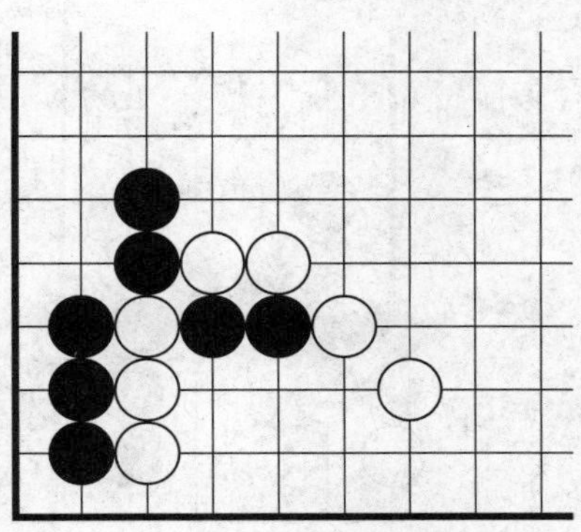

3. 对杀2

学习日期	月　日
检	

白1，黑下在哪里才能在对杀中取胜。

7

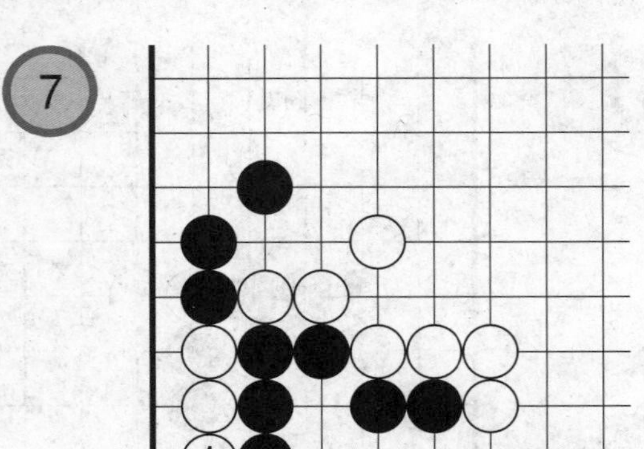

8

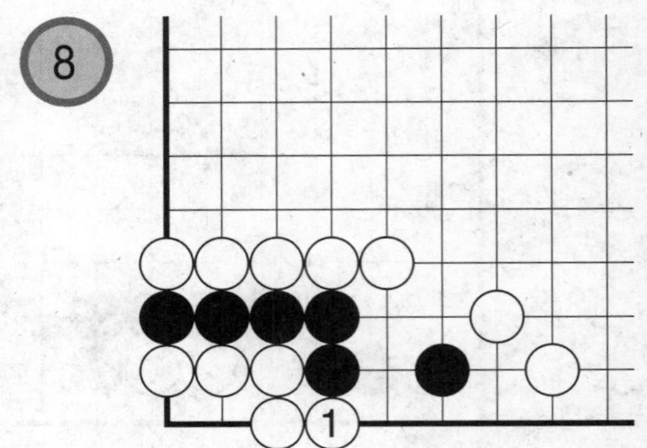

9

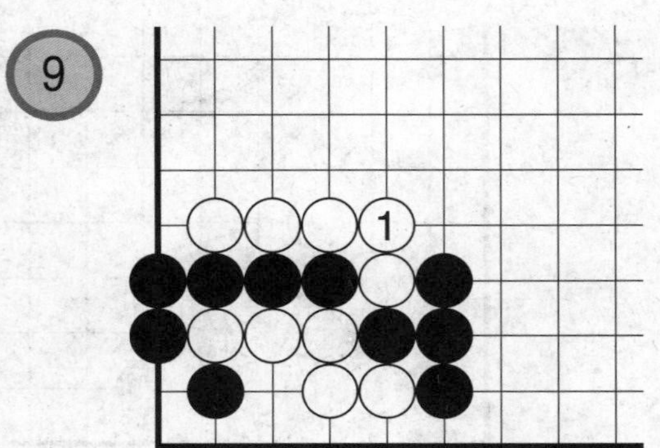

10

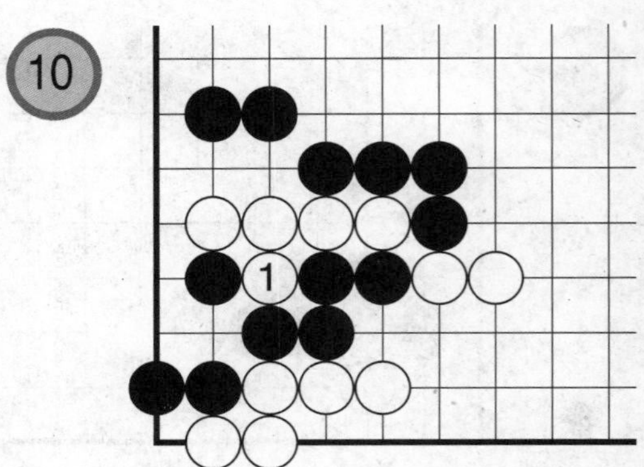

11

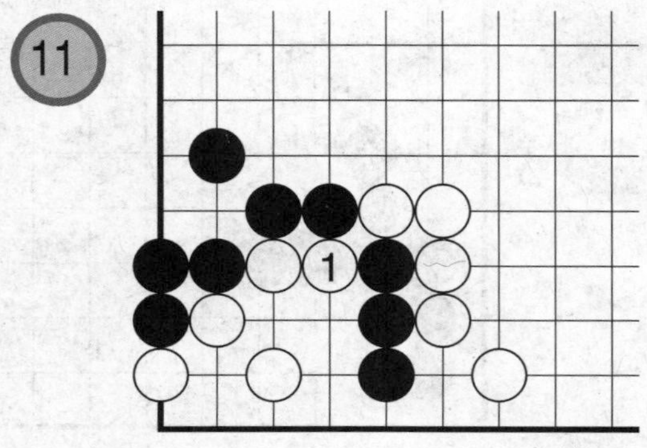

12

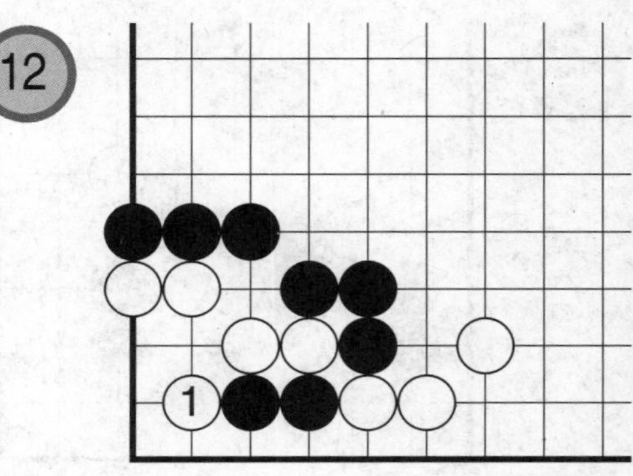

3. 对杀2

学习日期	月　日
检	

利用小尖下出对杀中取胜的一手。

13

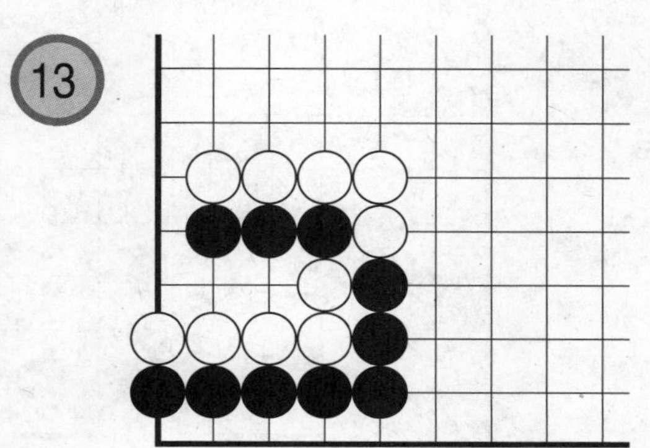

14

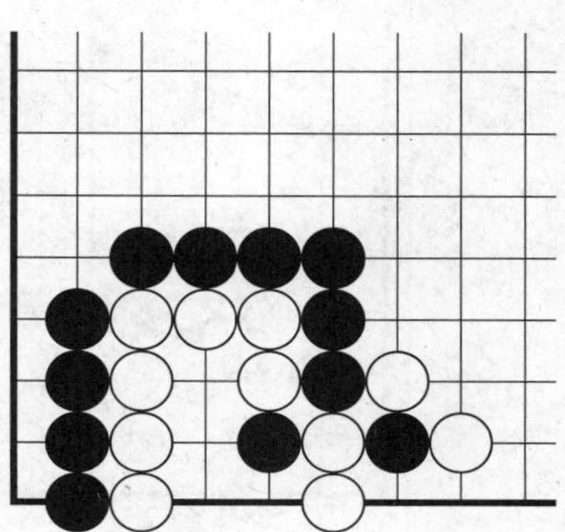

15

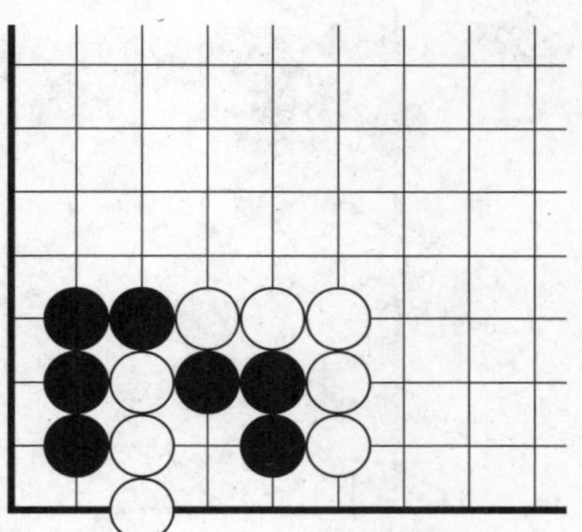

16

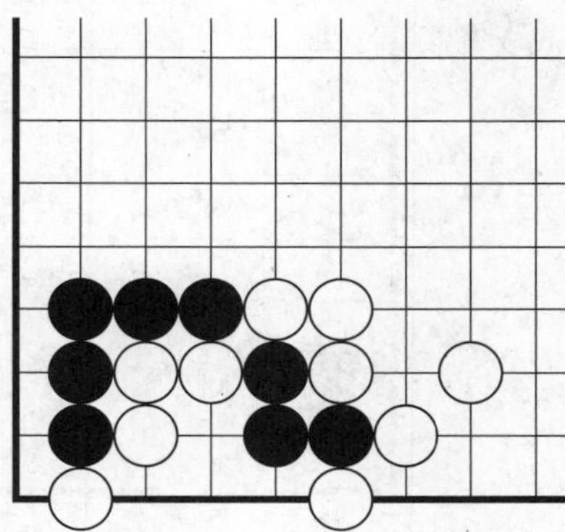

17

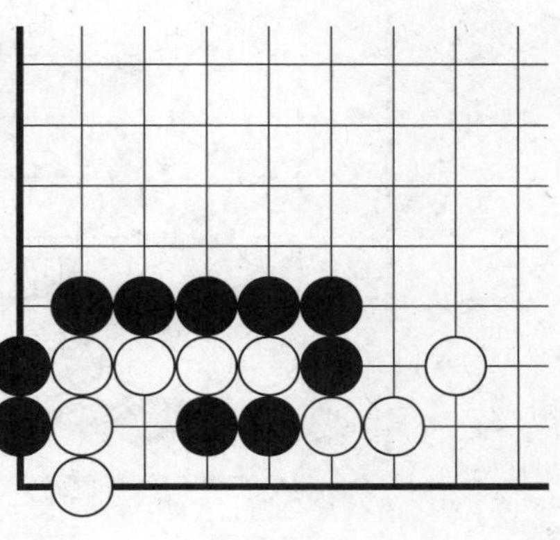

18

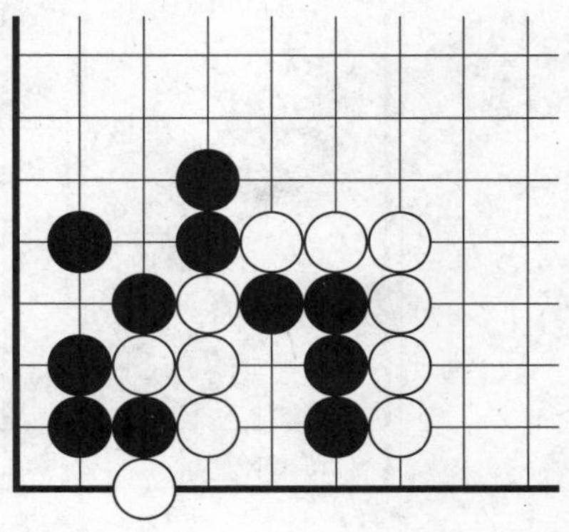

3. 对杀2

学习日期	月　　日
检	

利用小尖下出对杀中取胜的一手。

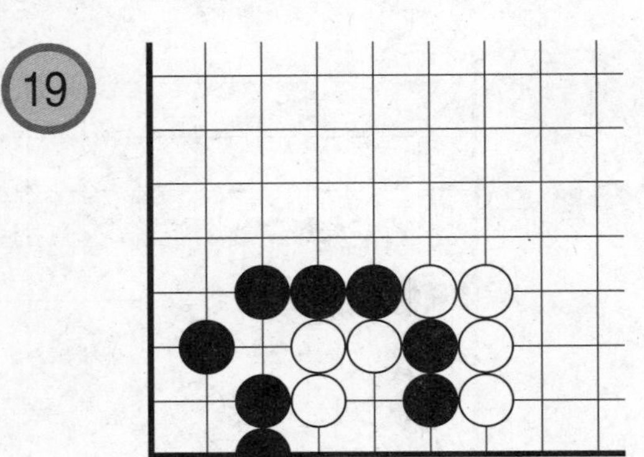

20

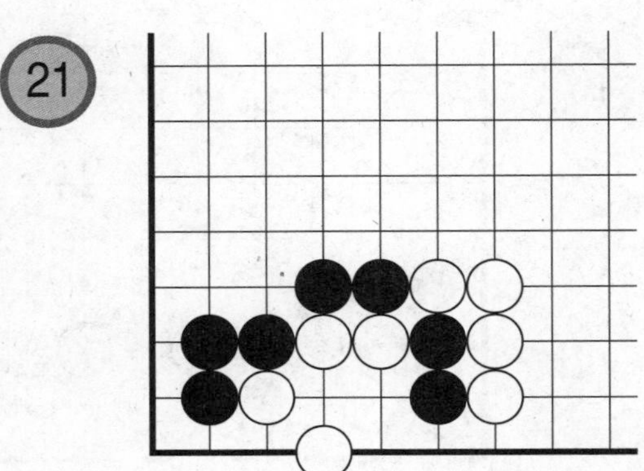

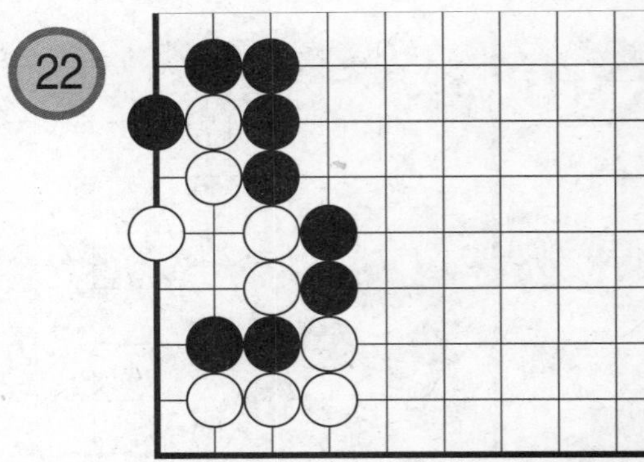

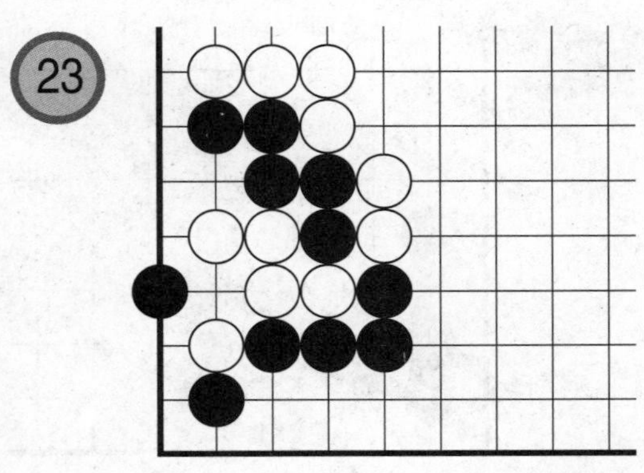

24

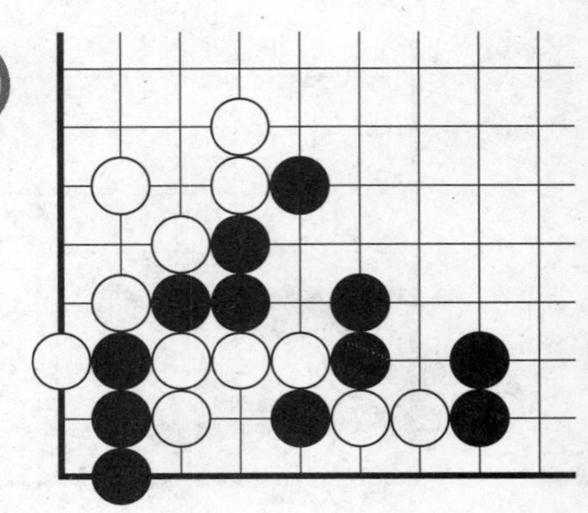

4 眼形的计算

1图

1图 想一下对四的黑棋有几气。

2图

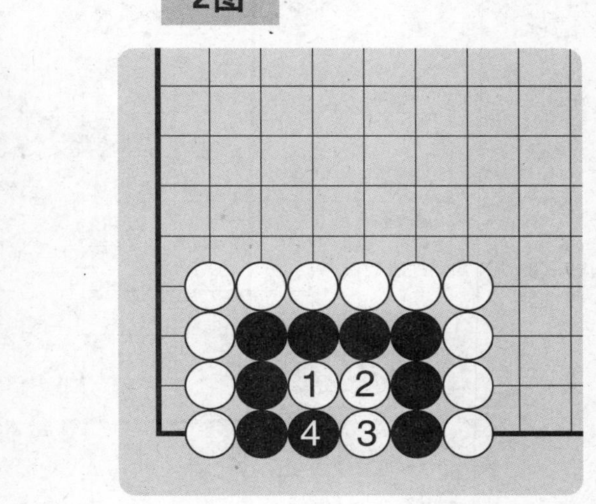

2图 白下1、2、3，黑4提。可以看成白下两手。

3图

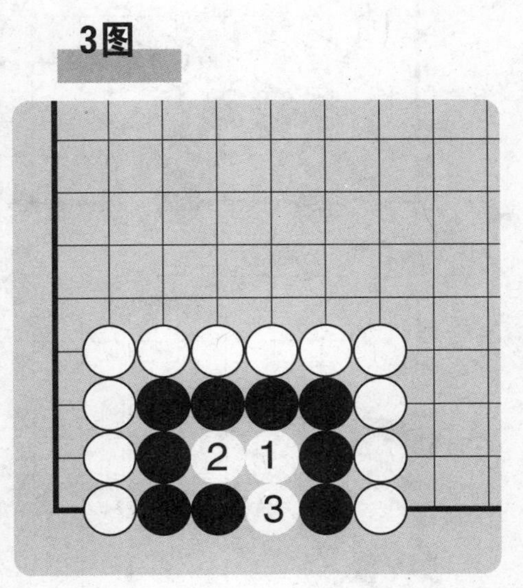

3图 提以后黑为三气。结果可知黑共为五气。

4图

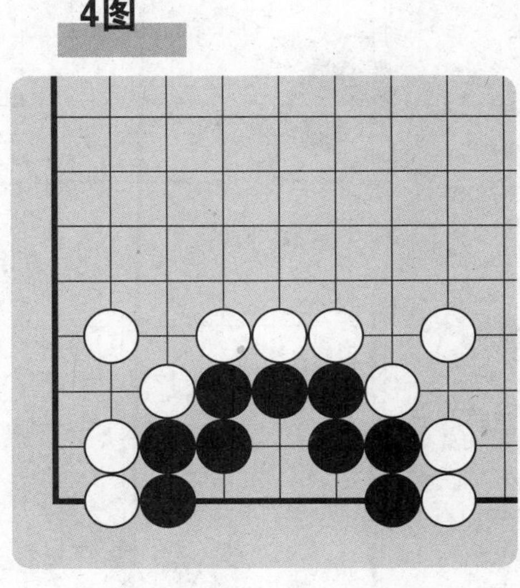

4图 记住对四、丁四的模样在对杀中为五气。

4. 眼形的计算

学习日期	月　　日
检	

请标出黑为几气。

1

黑□气

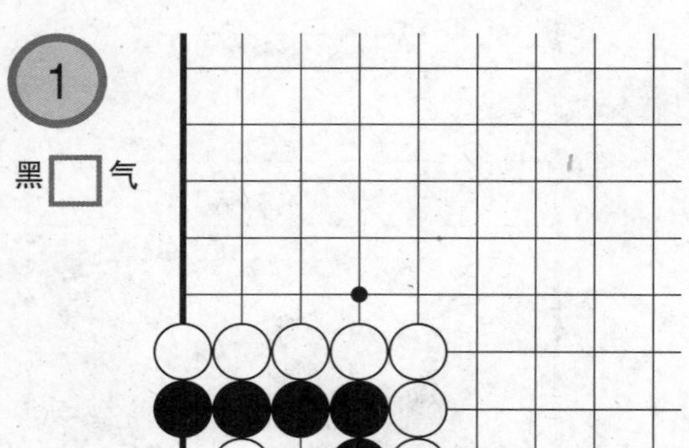

2

黑□气

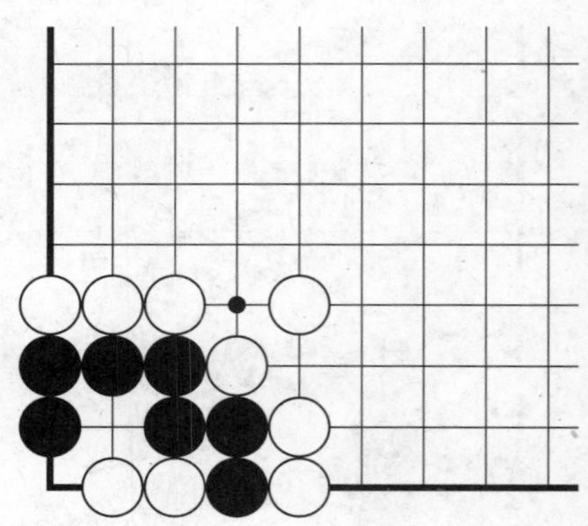

3

黑□气

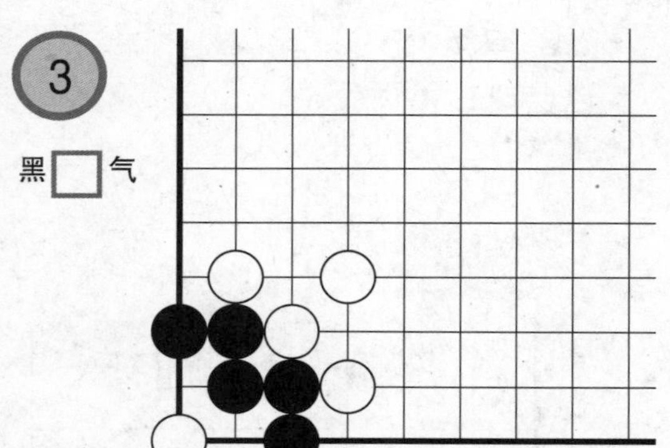

4

黑□气

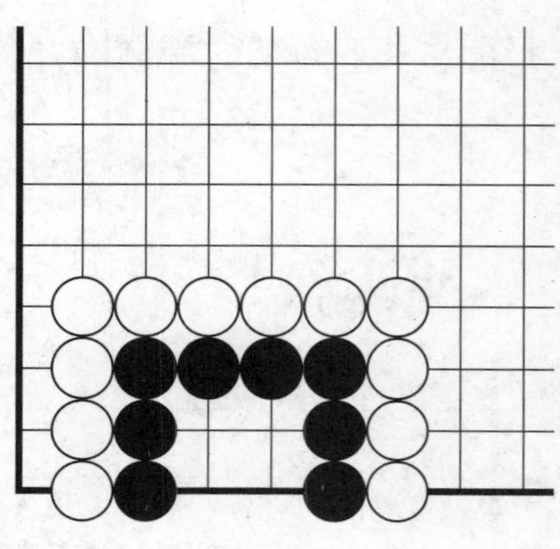

5

黑□气

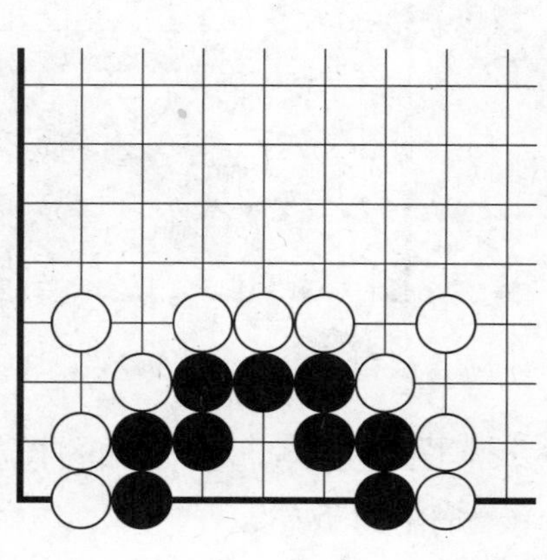

6

黑□气

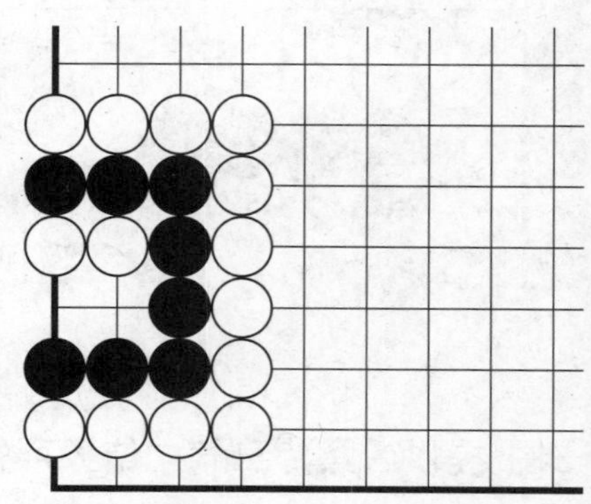

4. 眼形的计算

学习日期	月　日
检	

白1，黑提四子时，在右边图形中找出相同的用线连接起来。活的图形用O画出来，死的图形用X画出来，可以做活的图形用△画出来。

7

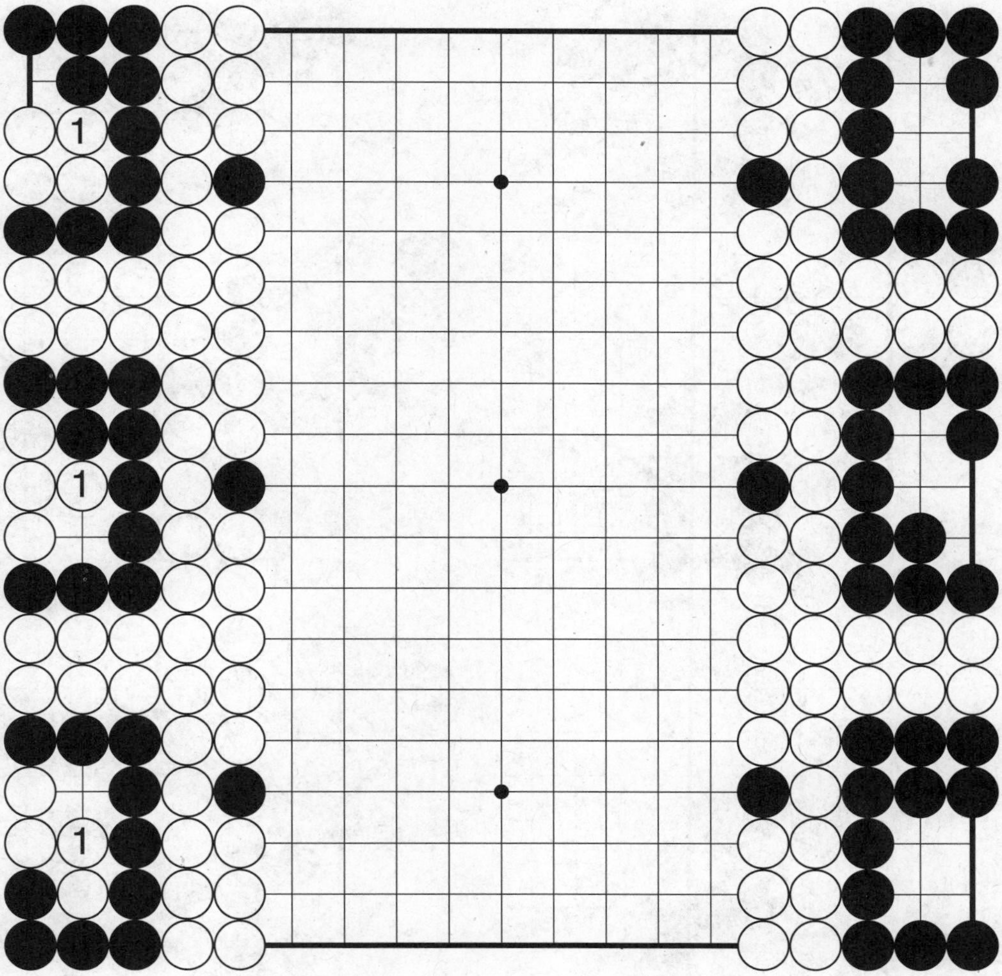

4. 眼形的计算

学习日期	月　日
检	

请标出对杀中黑白的气。

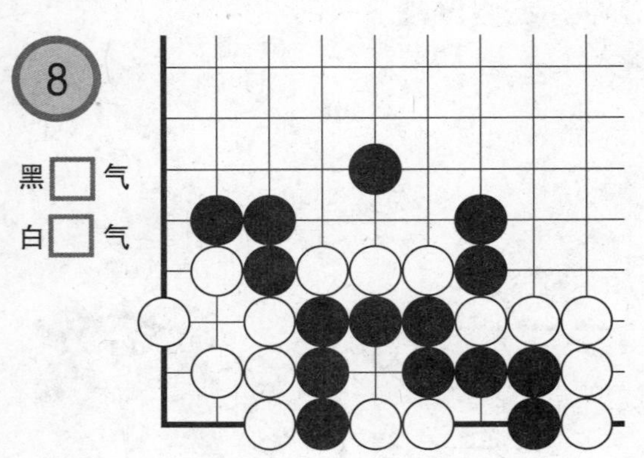

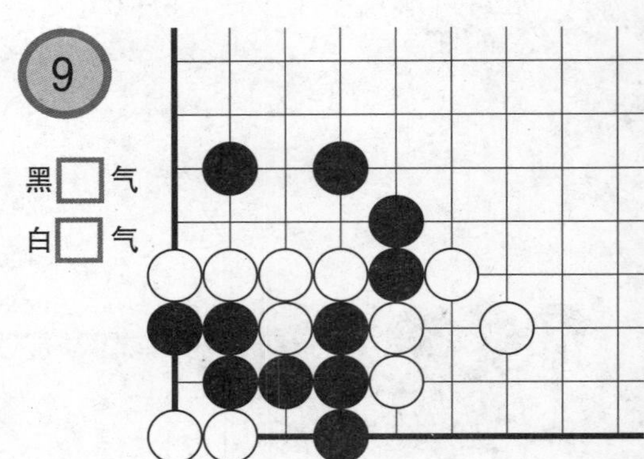

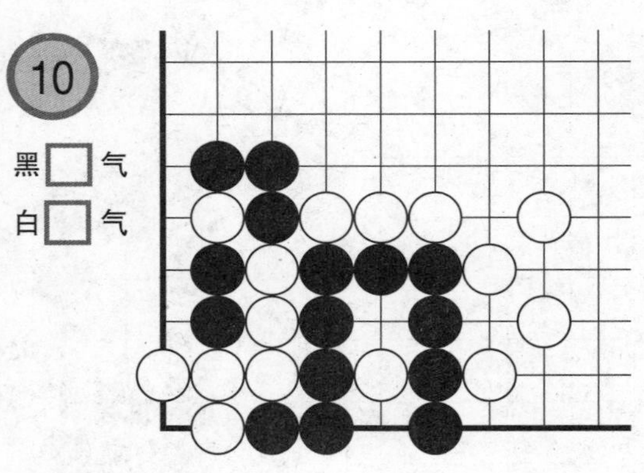

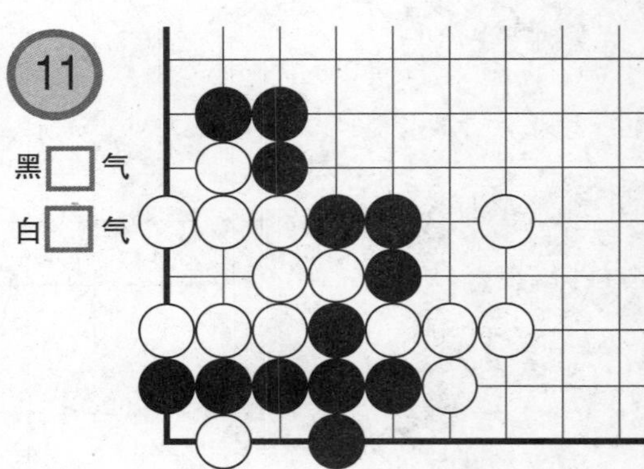

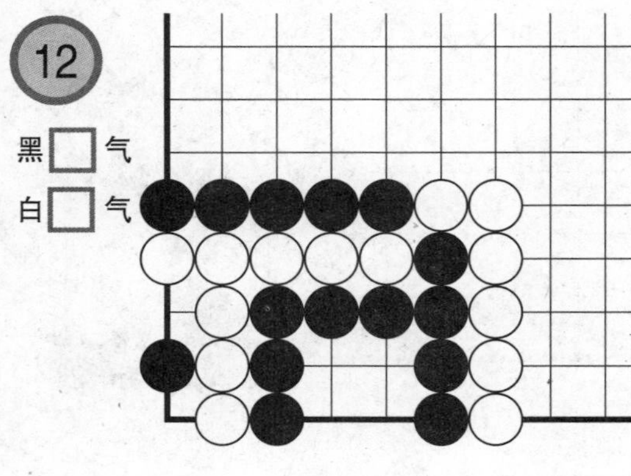

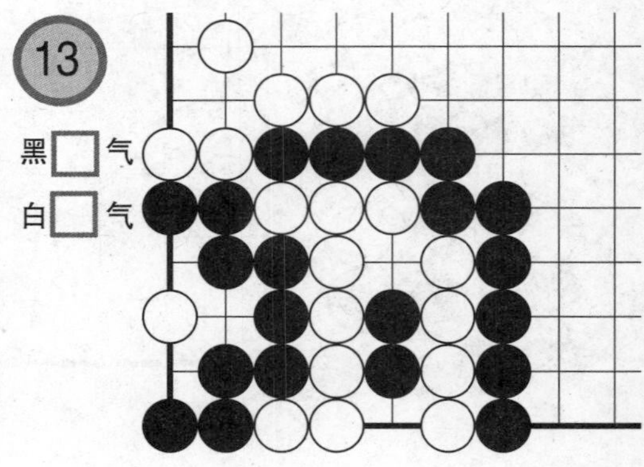

4. 眼形的计算

学习日期	月　日
检	

白1，黑下在哪里才能在对杀中取胜。（3手）

14
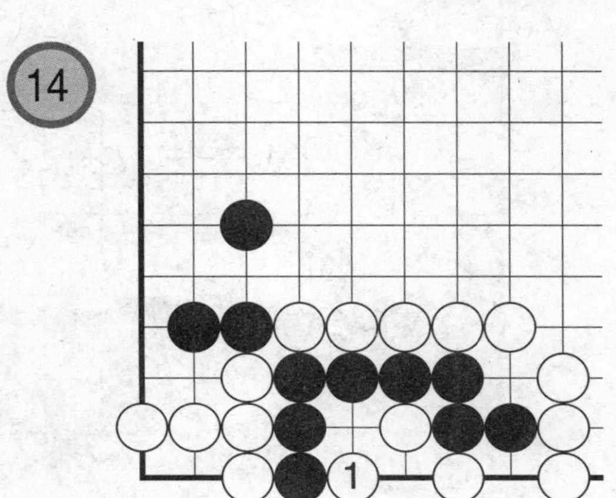

15
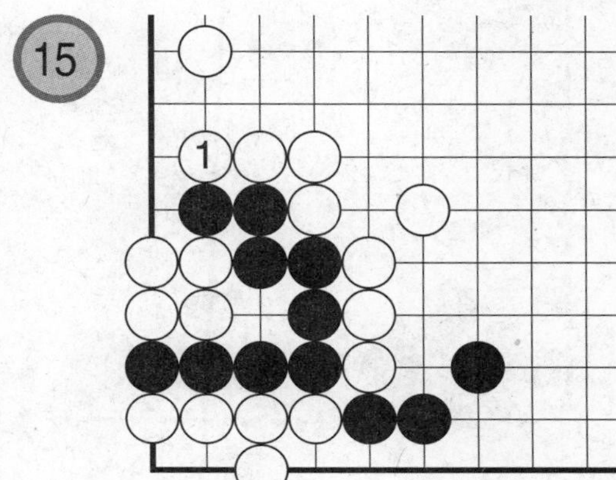

16
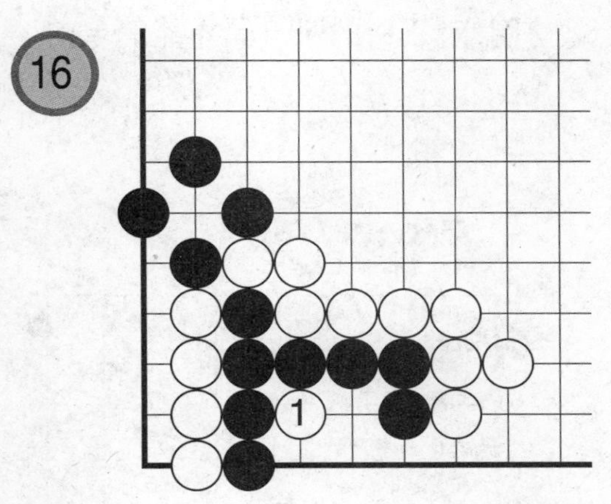

17
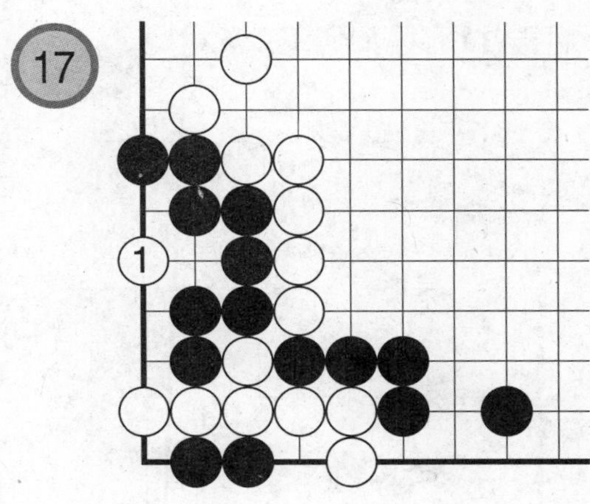

18
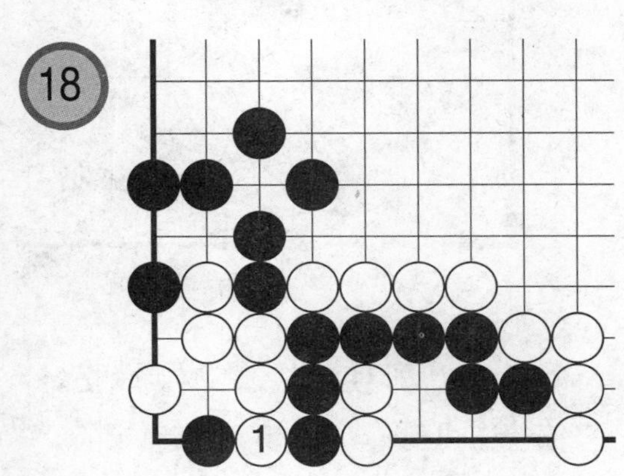

19
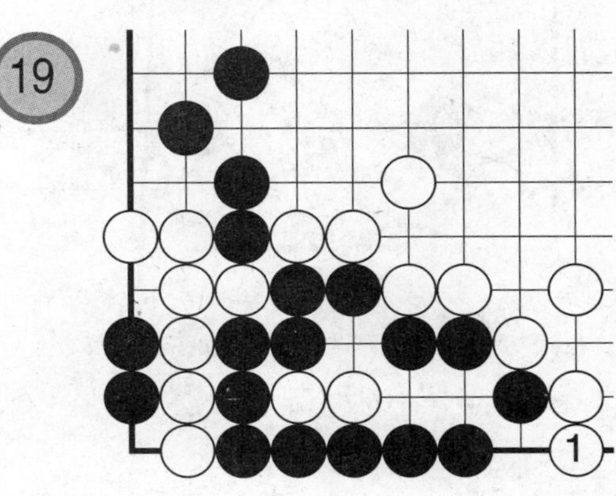

5 接触战

1图

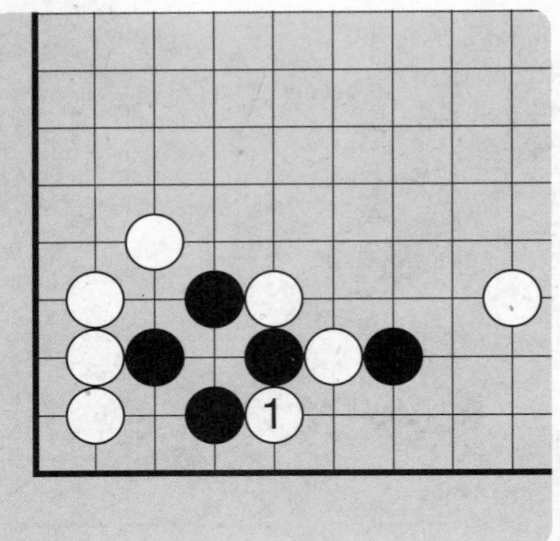

1图 白1，黑如何下。

2图

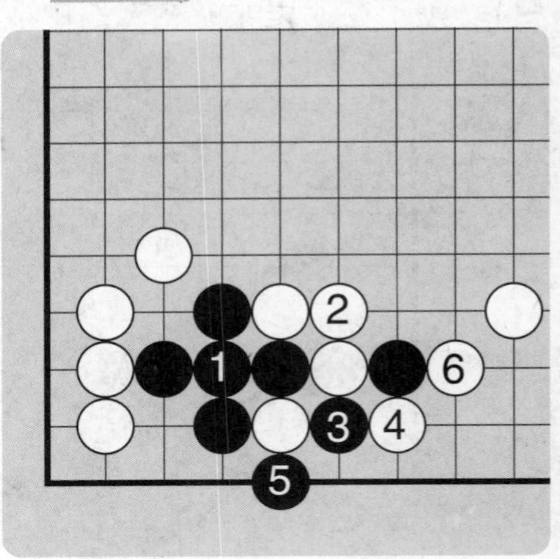

2图 对于白的叫，黑不能简单的连。

3图

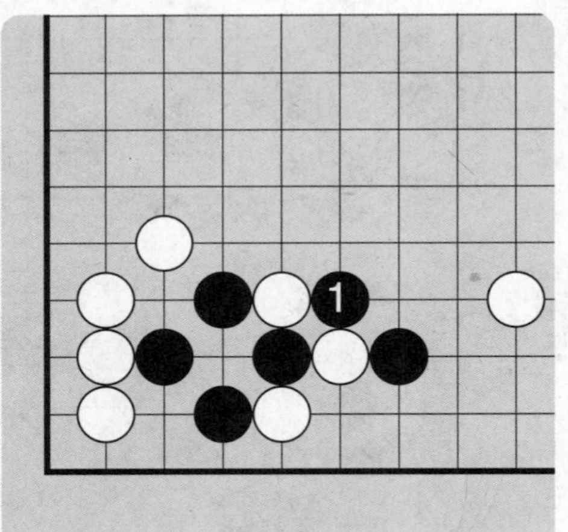

3图 这里黑1的反击是要领。

4图

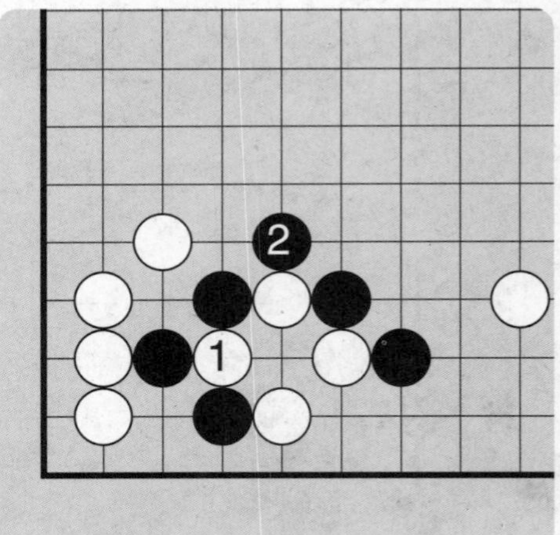

4图 白1即使提，黑2再叫吃，白被征吃。

5. 接触战

学习日期	月　日
检	

白1，请吃白棋。（3手）

1

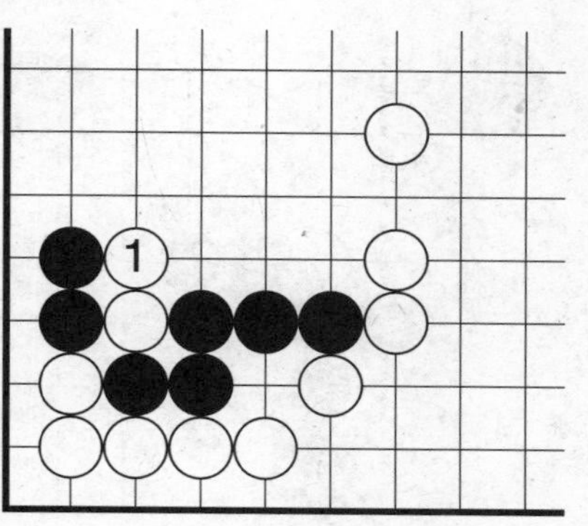

2

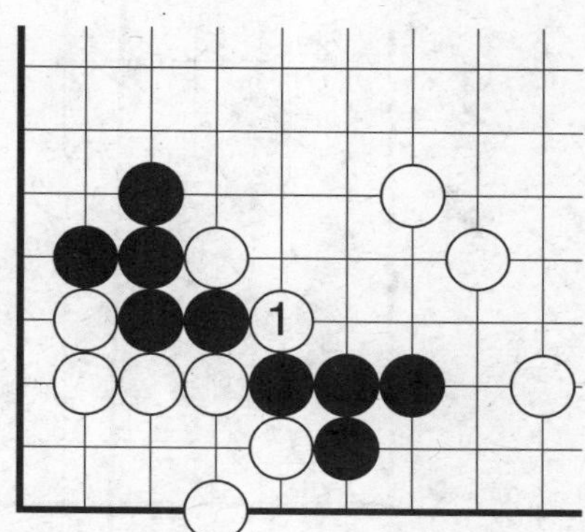

3

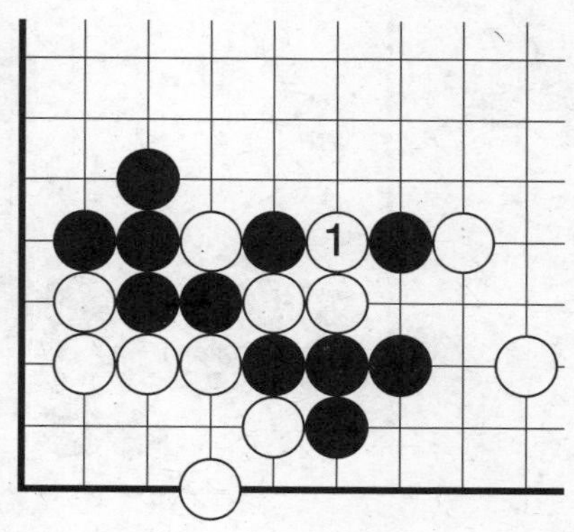

4

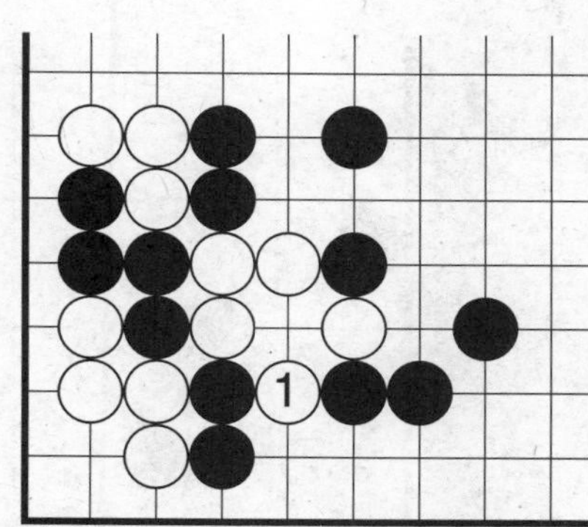

5

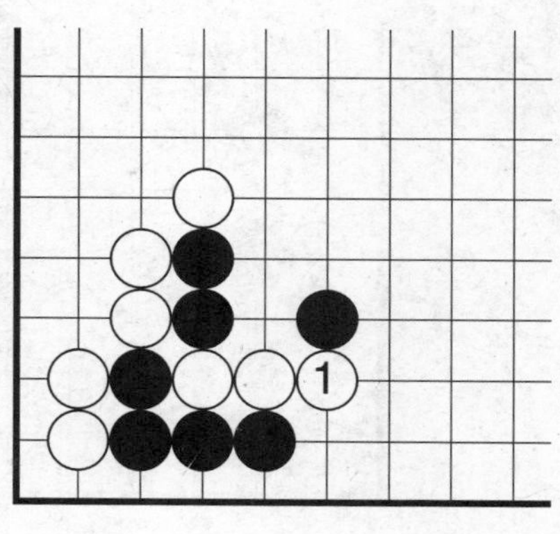

6

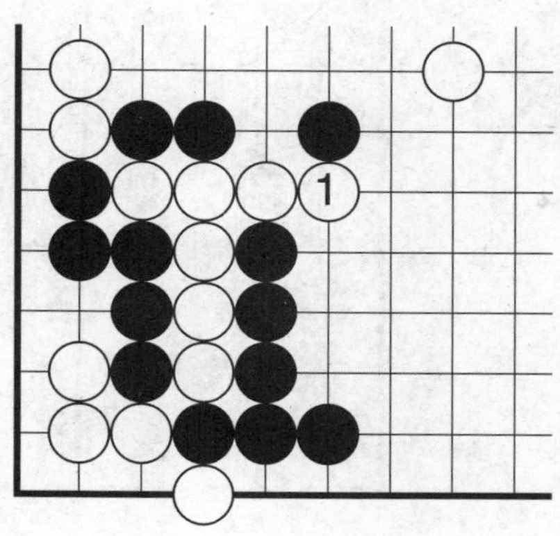

5. 接触战

学习日期	月　日
检	

白1，请吃白棋。(3手)

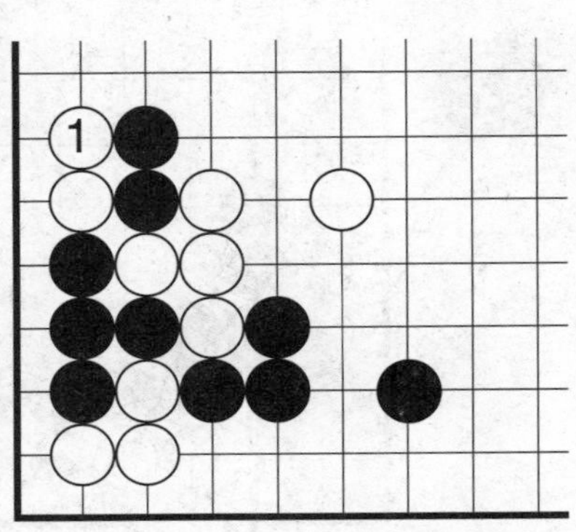

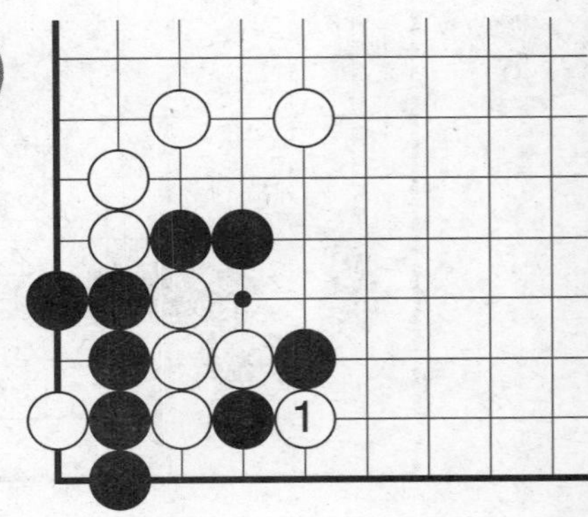

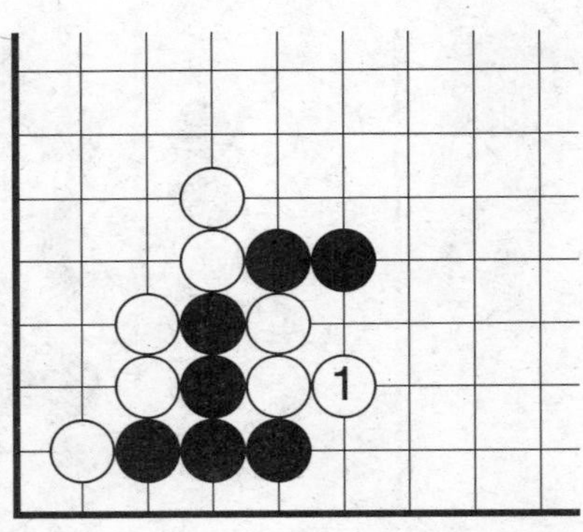

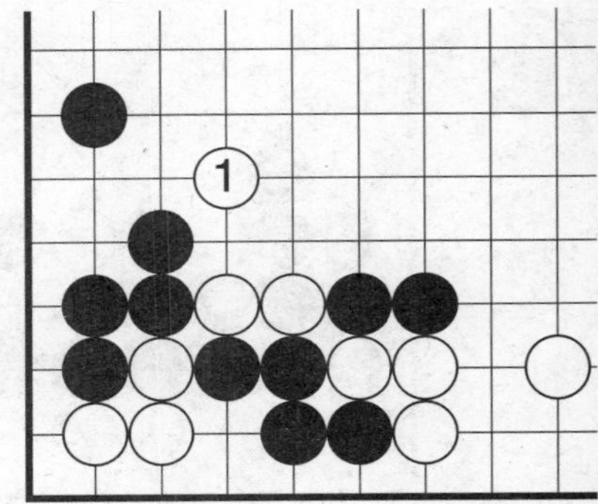

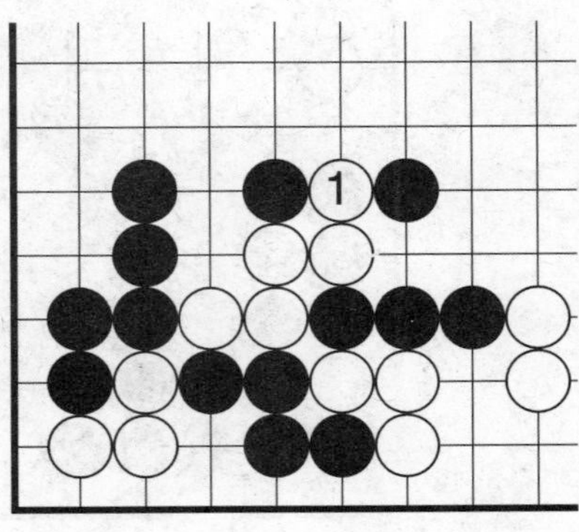

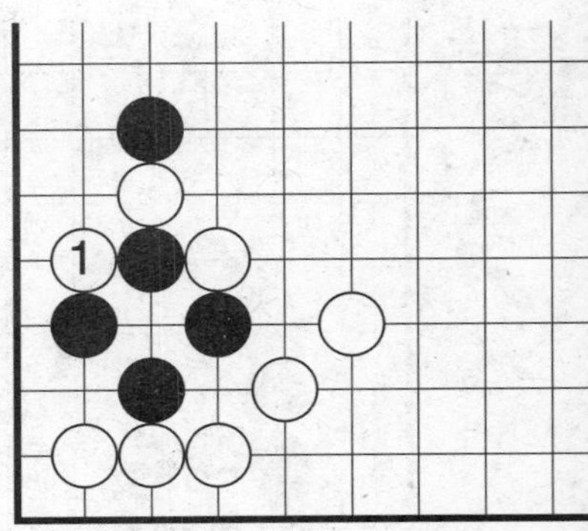

5. 接触战

学习日期	月　日
检	

白1，请吃白棋。（3手）

13

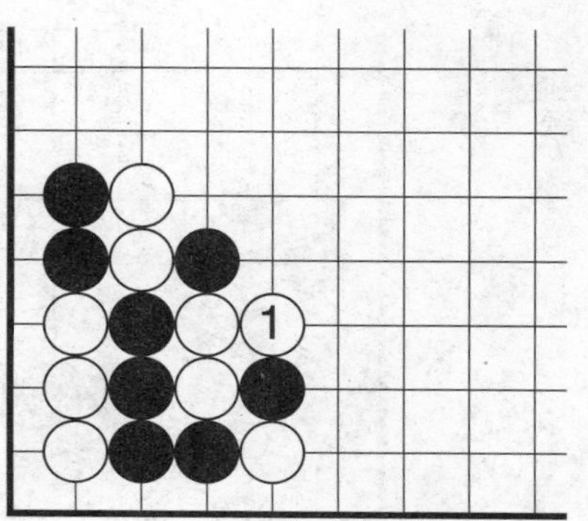

14

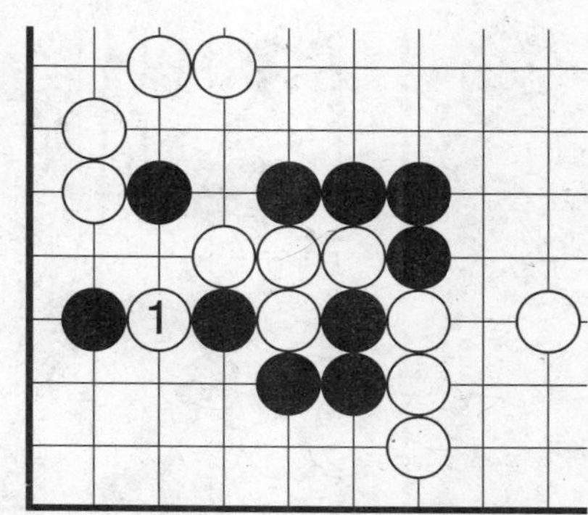

15

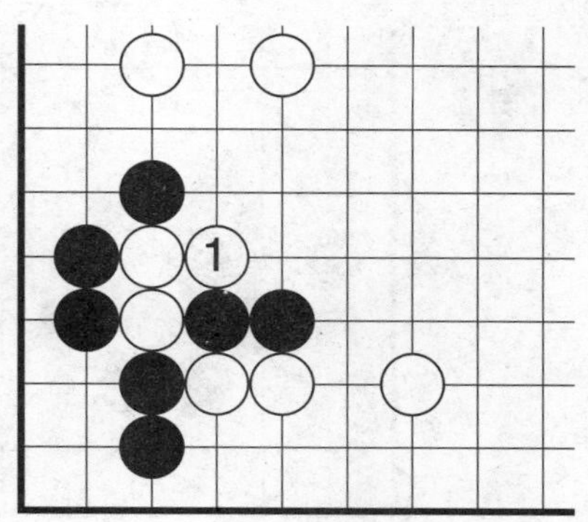

16

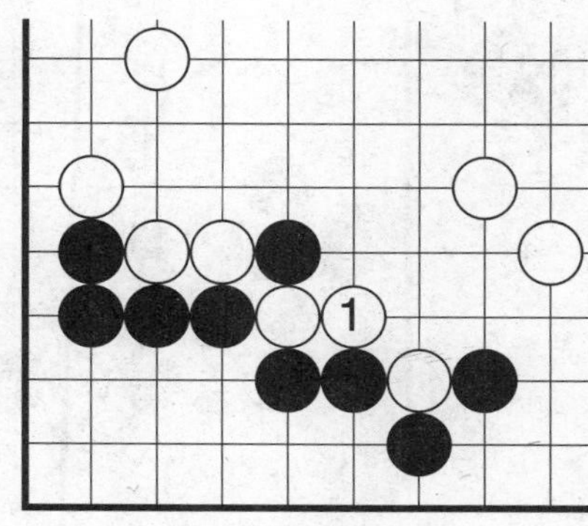

17

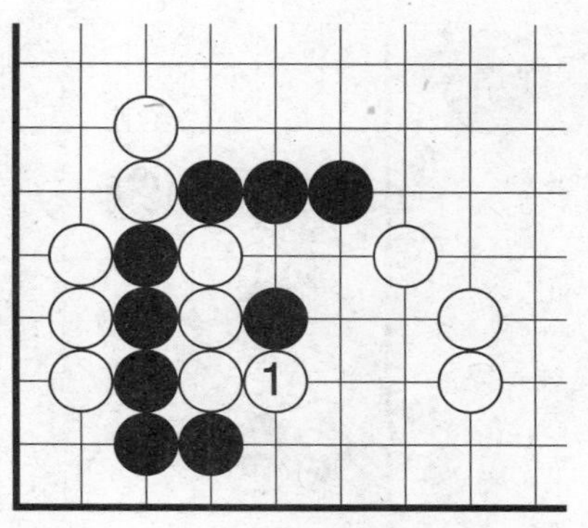

18

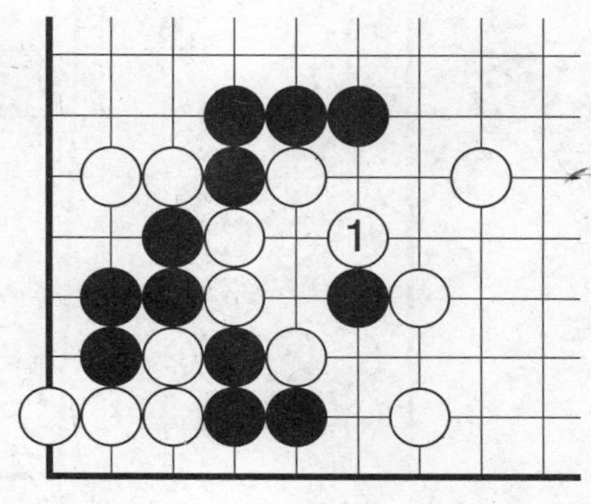

5. 接触战

学习日期	月　　日
检	

白1，请吃白棋。（5手）

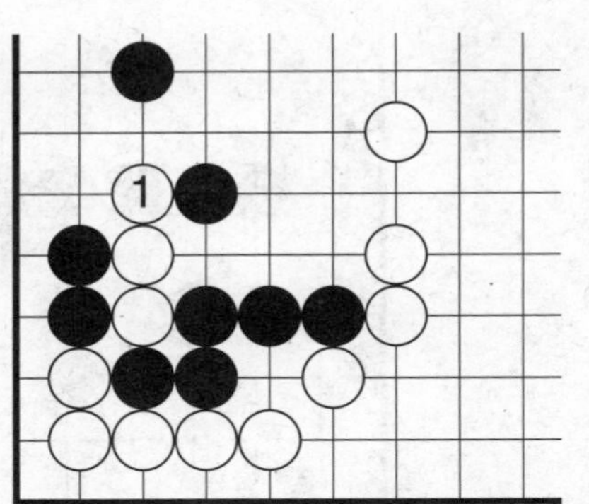

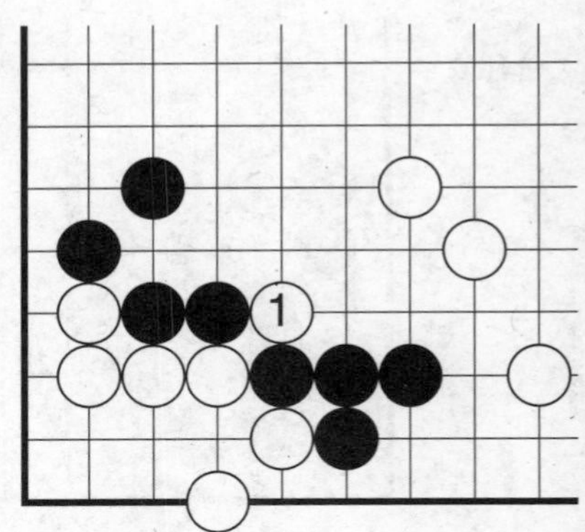

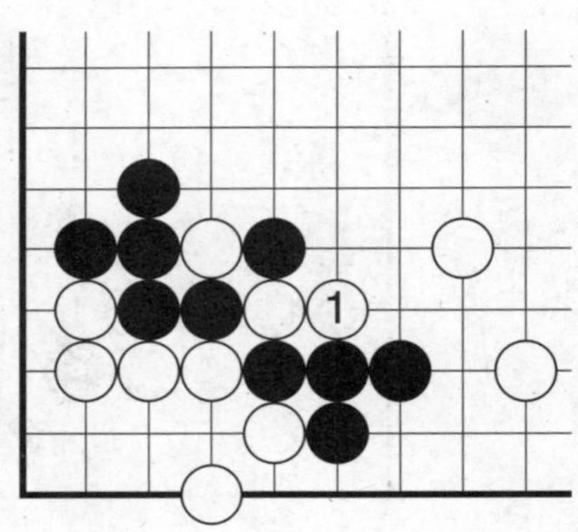

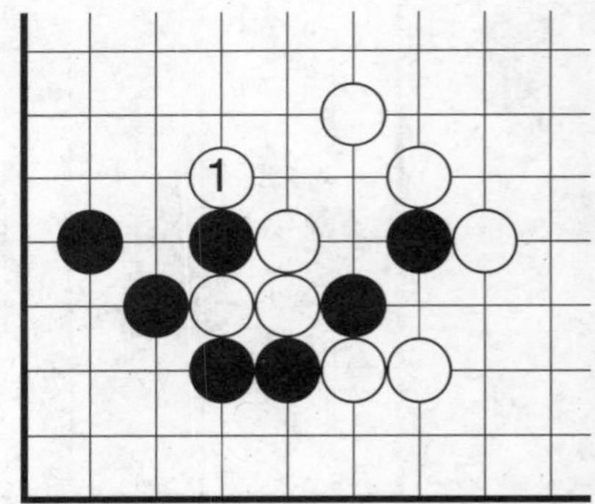

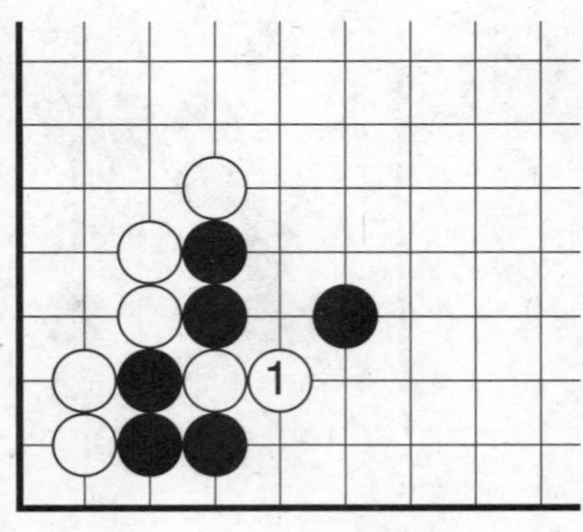

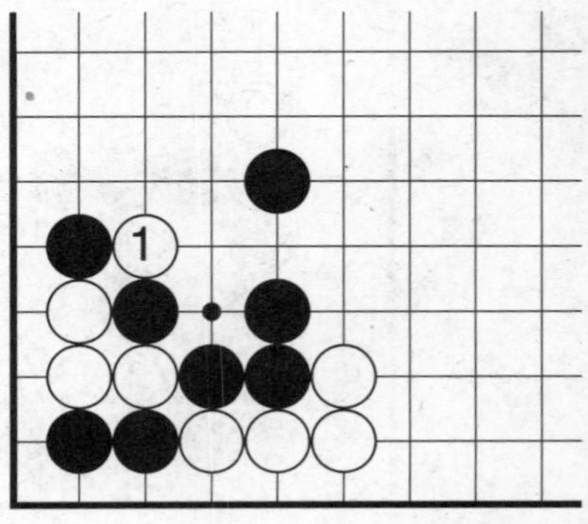

5. 接触战

学习日期	月　日
检	

白1，请救活黑棋。(3手)

25

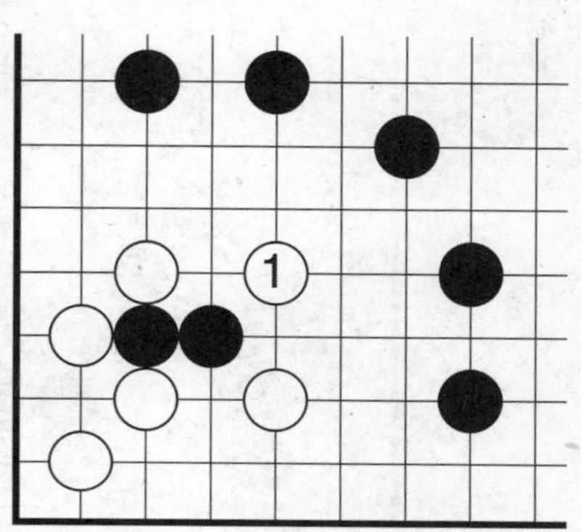

26

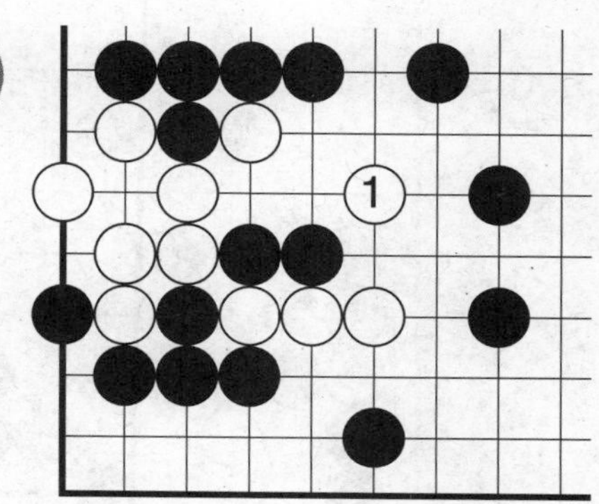

27

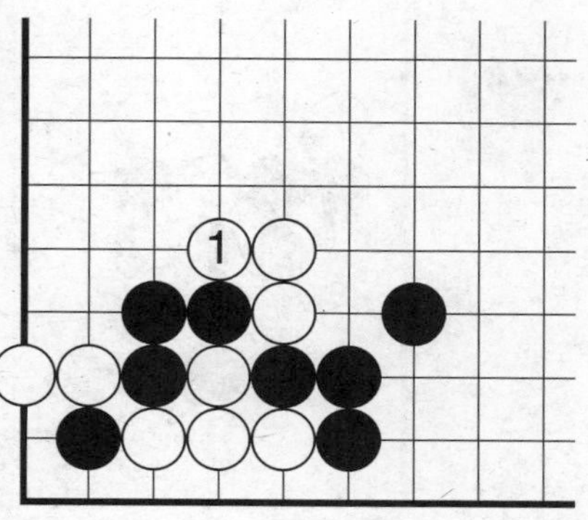

28

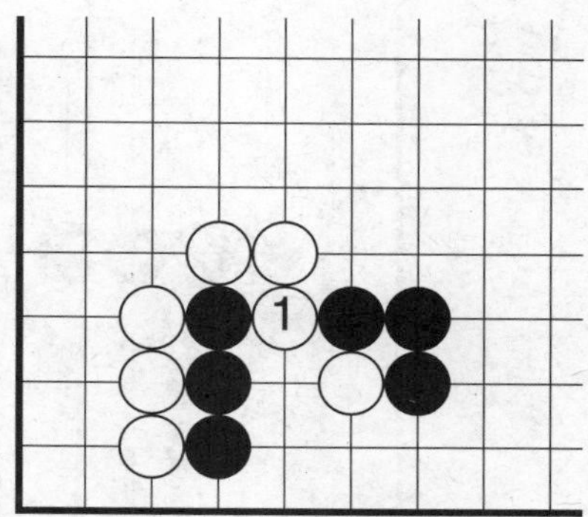

29

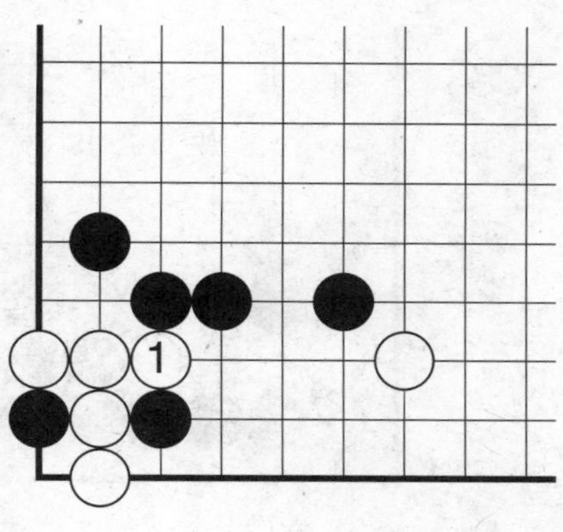

30

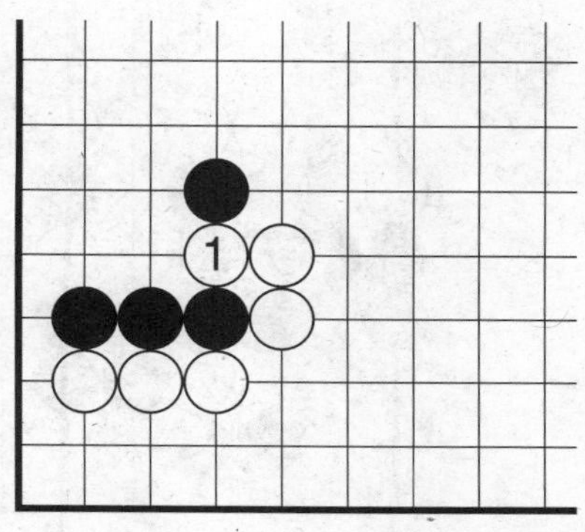

5. 接触战

学习日期	月　日
检	

白1，请救活黑棋。（3手）

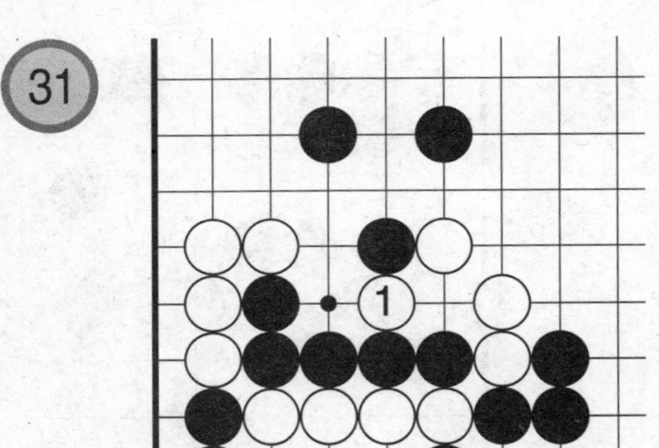

32

33

34

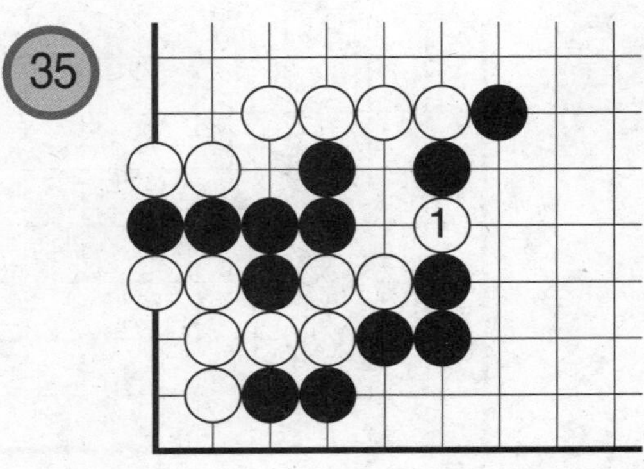

36

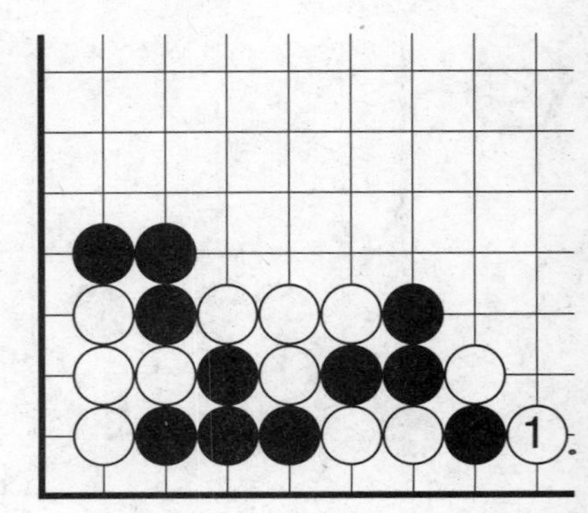

5. 接触战

学习日期	月　日
检	

白1，请救活黑棋。(3手)

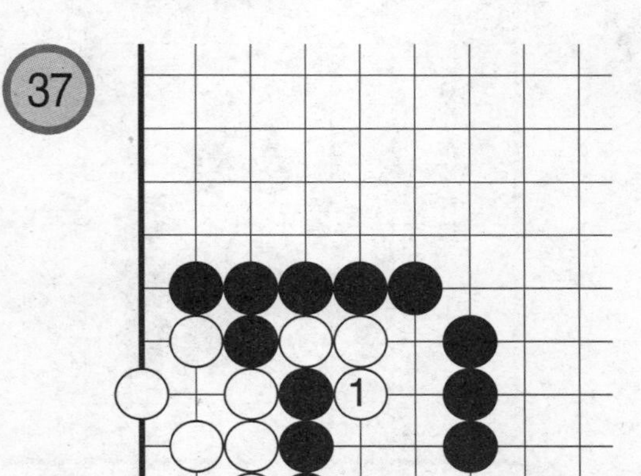

38

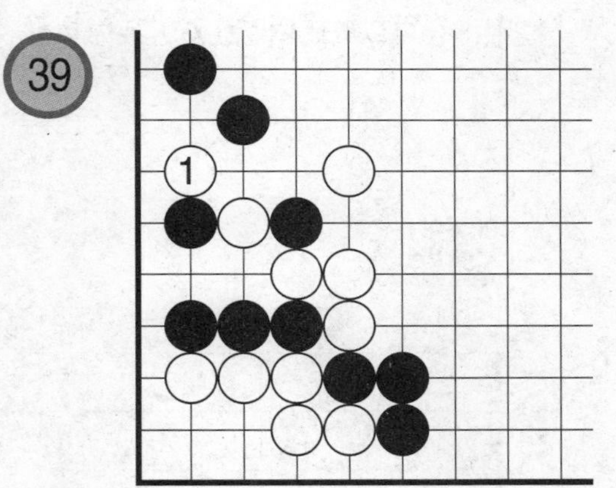

40

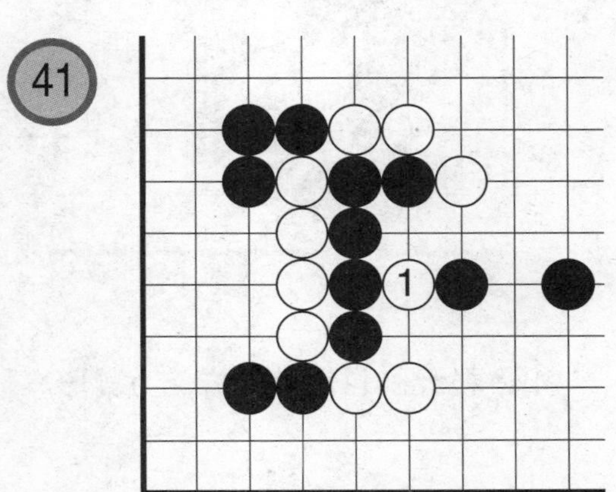

42

6 做坏形

1图

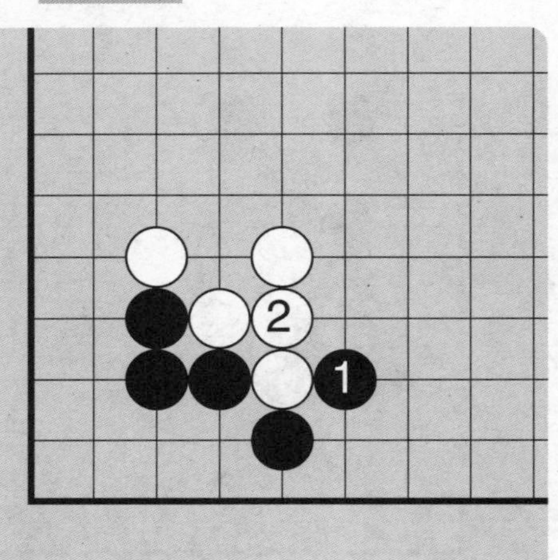

1图 为了让棋局有利于自己使对方成为凝形很重要。可以先叫吃一手使对方成为坏形。

2图

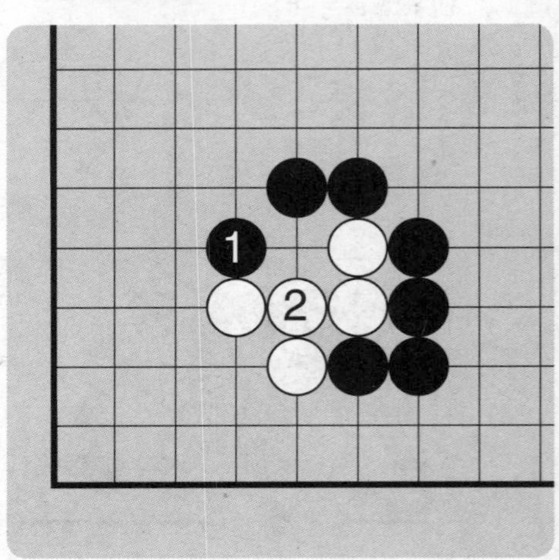

2 图 也可以做成倒吃让对方成为坏形。

3图

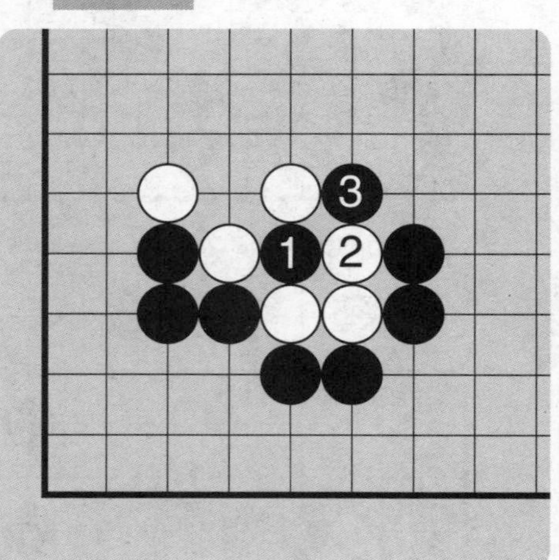

3图 也可利用滚包让对方成为凝形。

4图

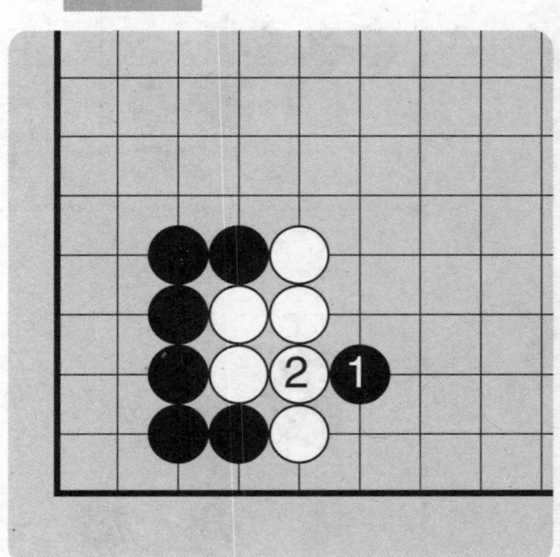

4图 刺一手也能让对方成为凝形。

6. 做坏形

学习日期	月　　日
检	

白 1，利用叫吃使白棋成为坏形。

1

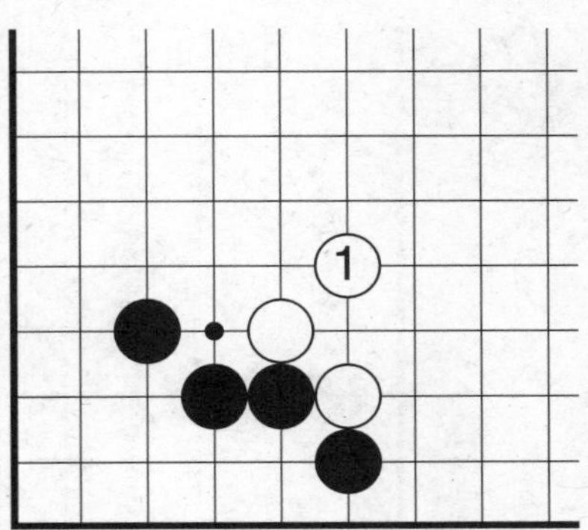

2

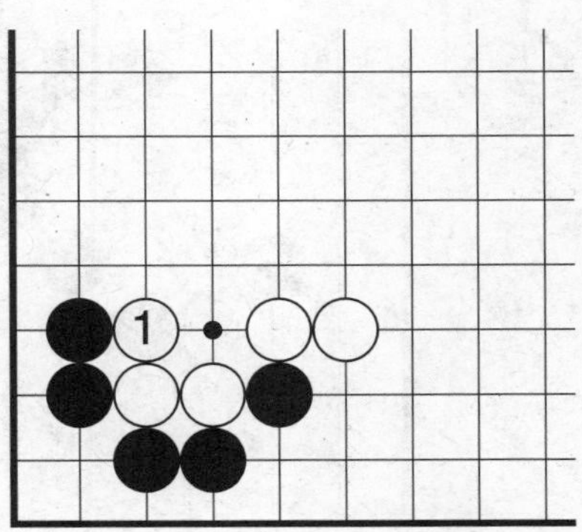

3

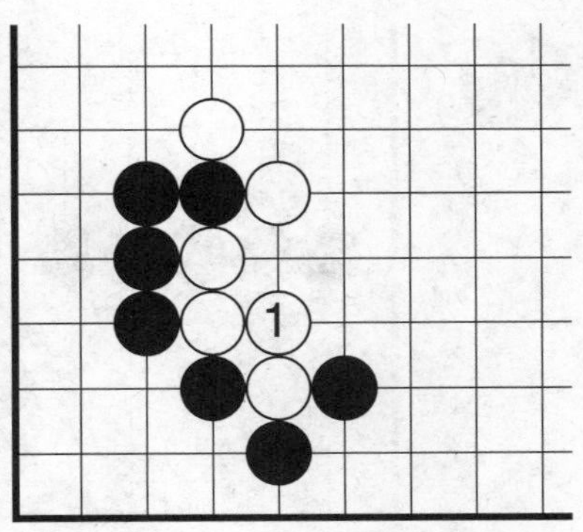

4

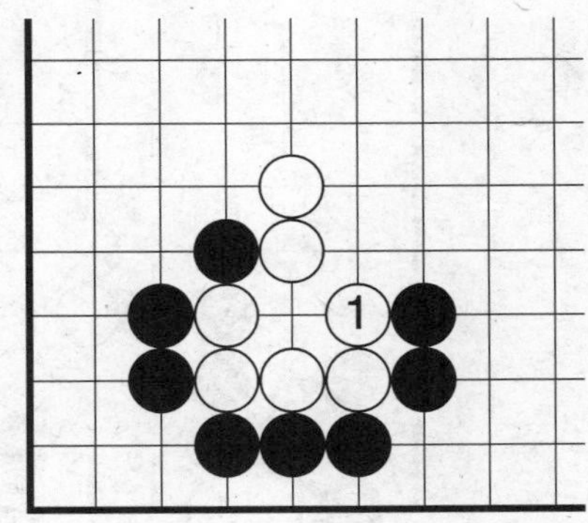

5

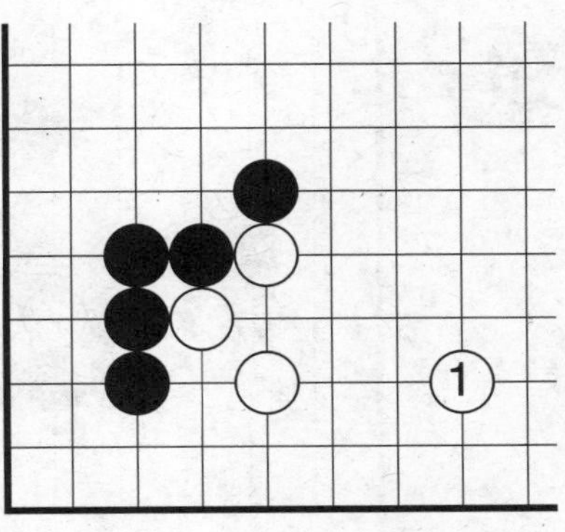

6

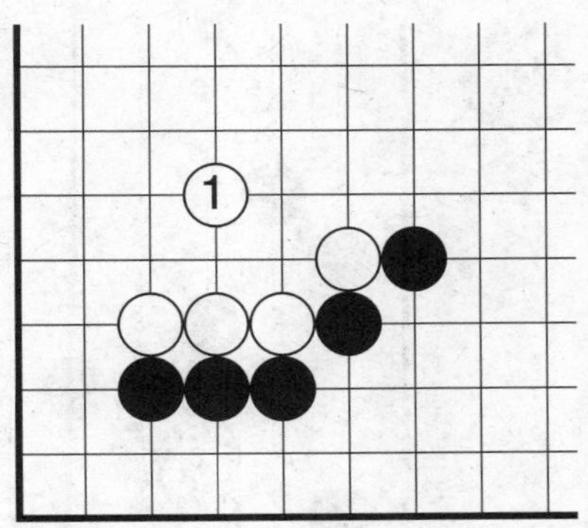

6. 做坏形

学习日期	月　日
检	

白 1，利用倒吃使白棋成为坏形。

7

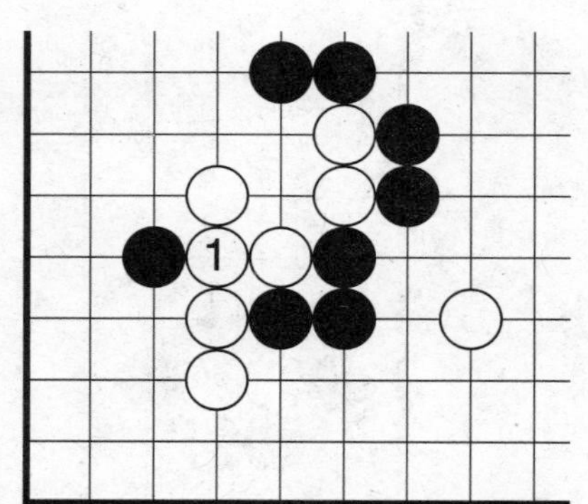

8

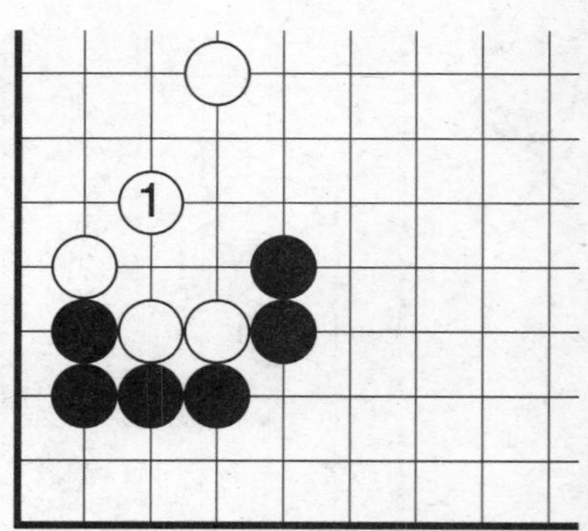

9

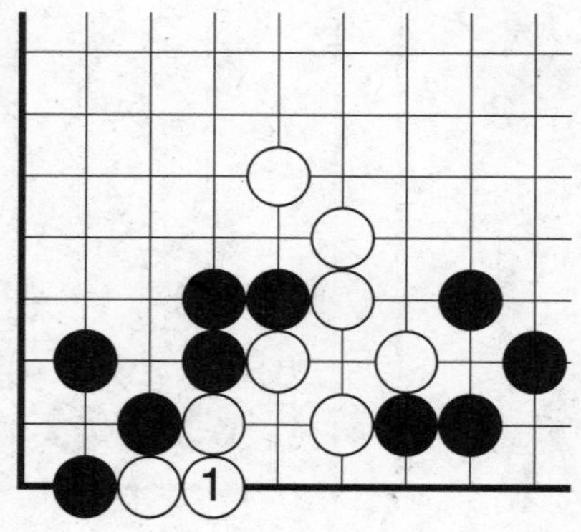

10

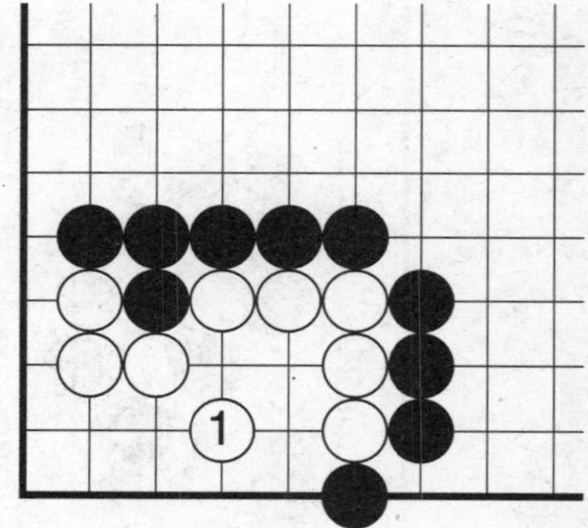

11

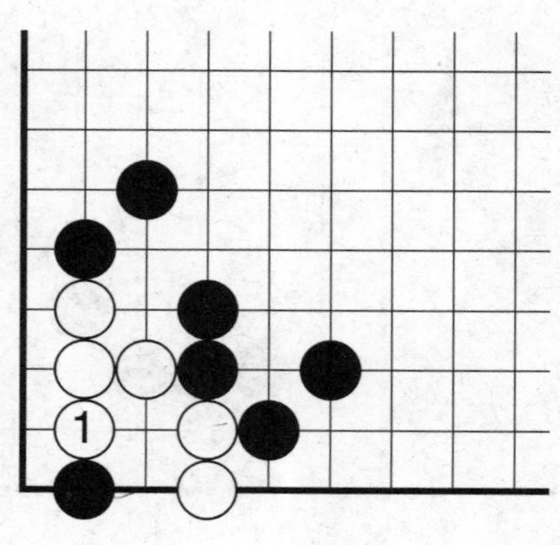

12

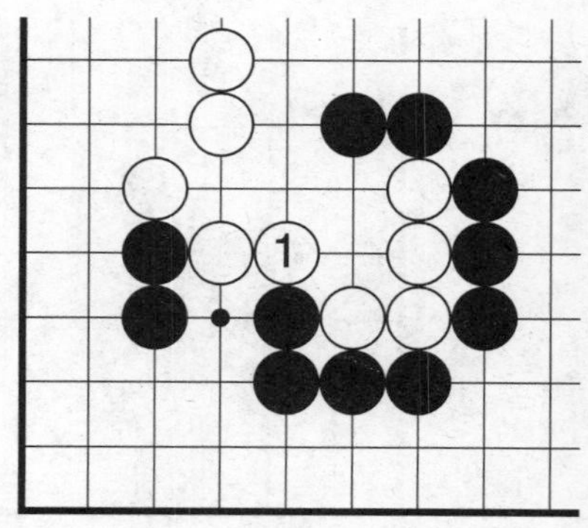

6. 做坏形

学习日期	月　日
检	

白 1，利用扑或滚包使白棋成为坏形。（3手）

13

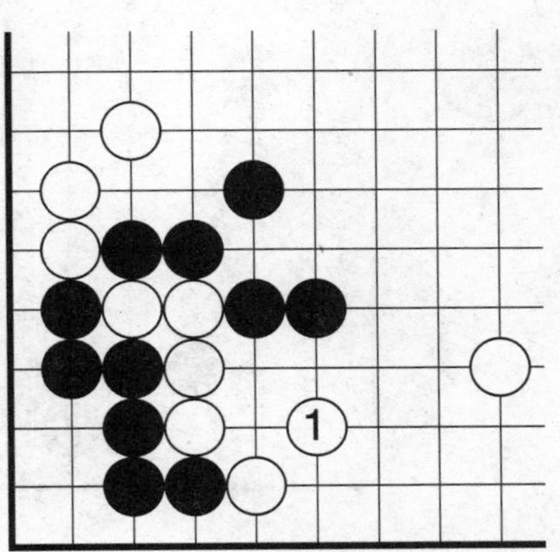

14

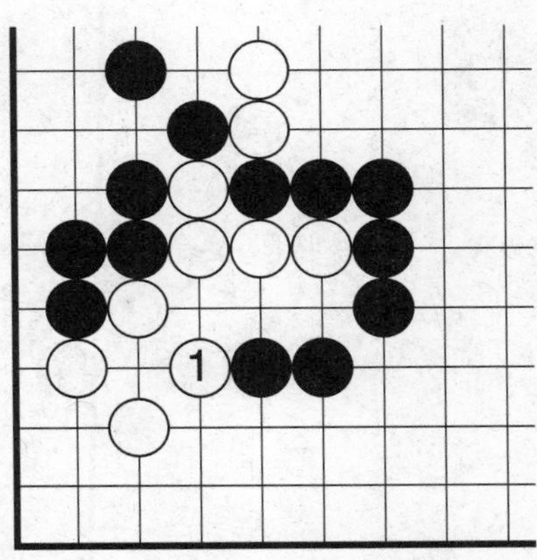

15

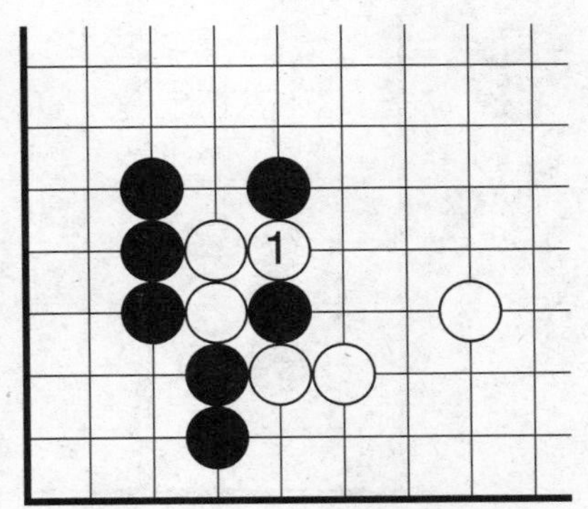

16

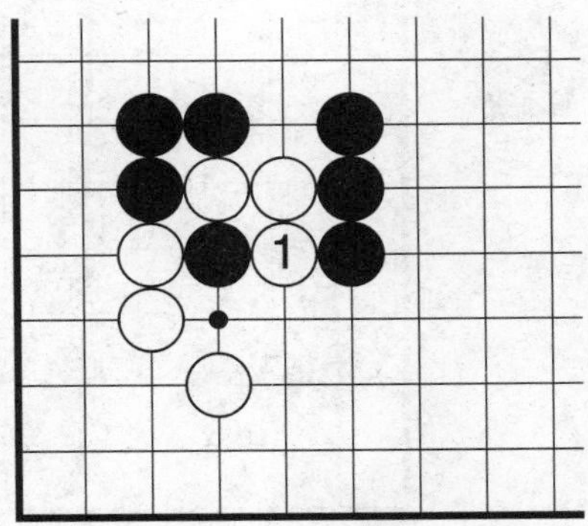

17

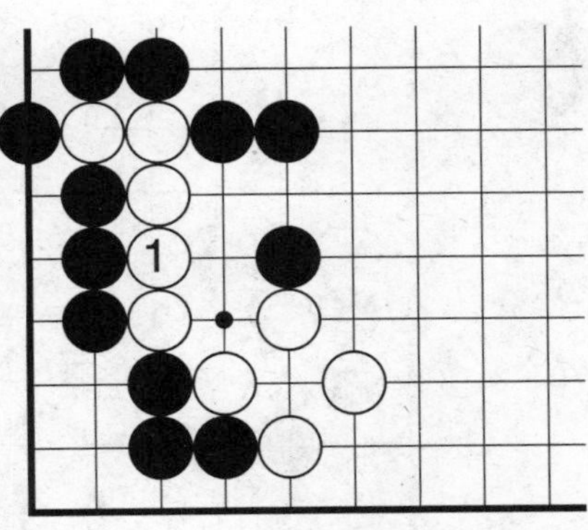

18

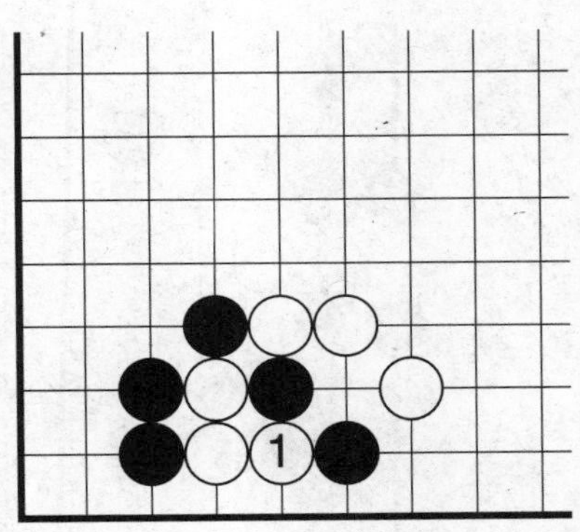

6. 做坏形

学习日期	月　日
检	

白 1，利用刺使白棋成为坏形。

19

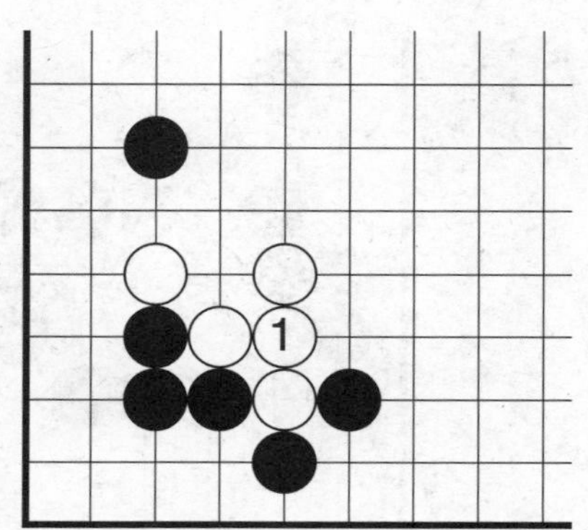

20

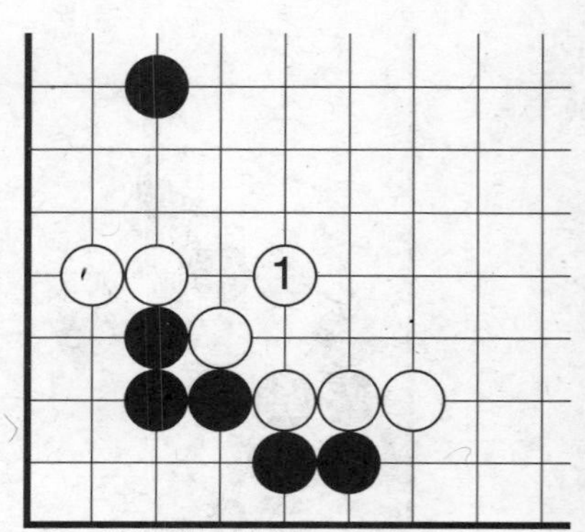

21

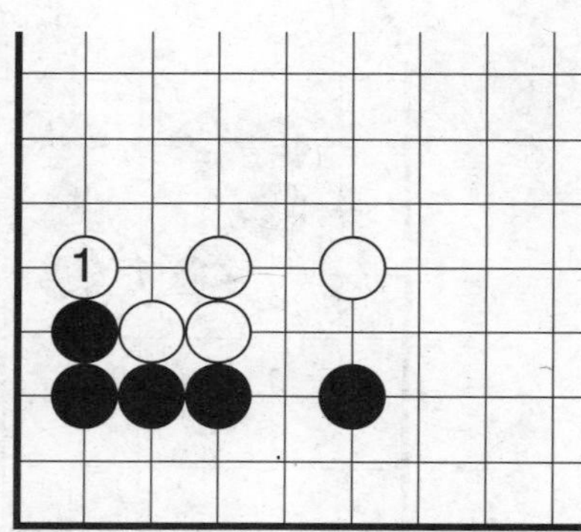

22

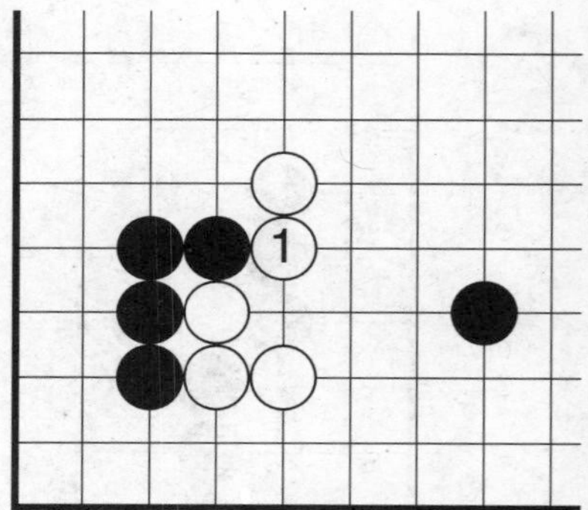

23

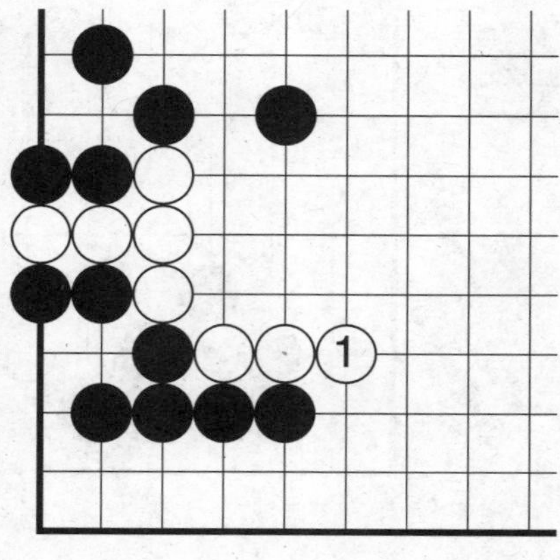

24

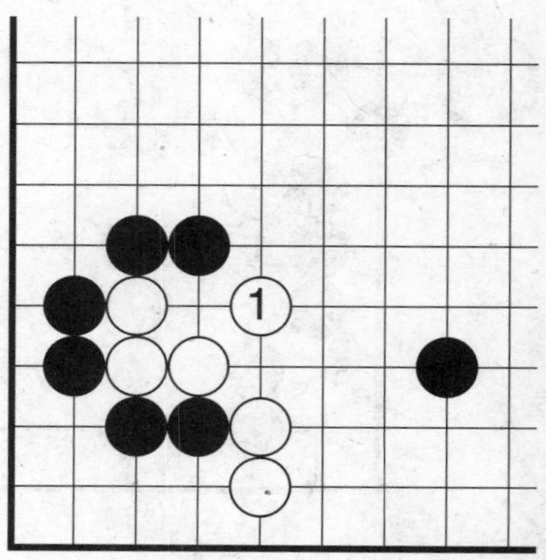

6. 做坏形

学习日期	月　　日
检	

请将白△做成坏形。(各1手至10手)

25

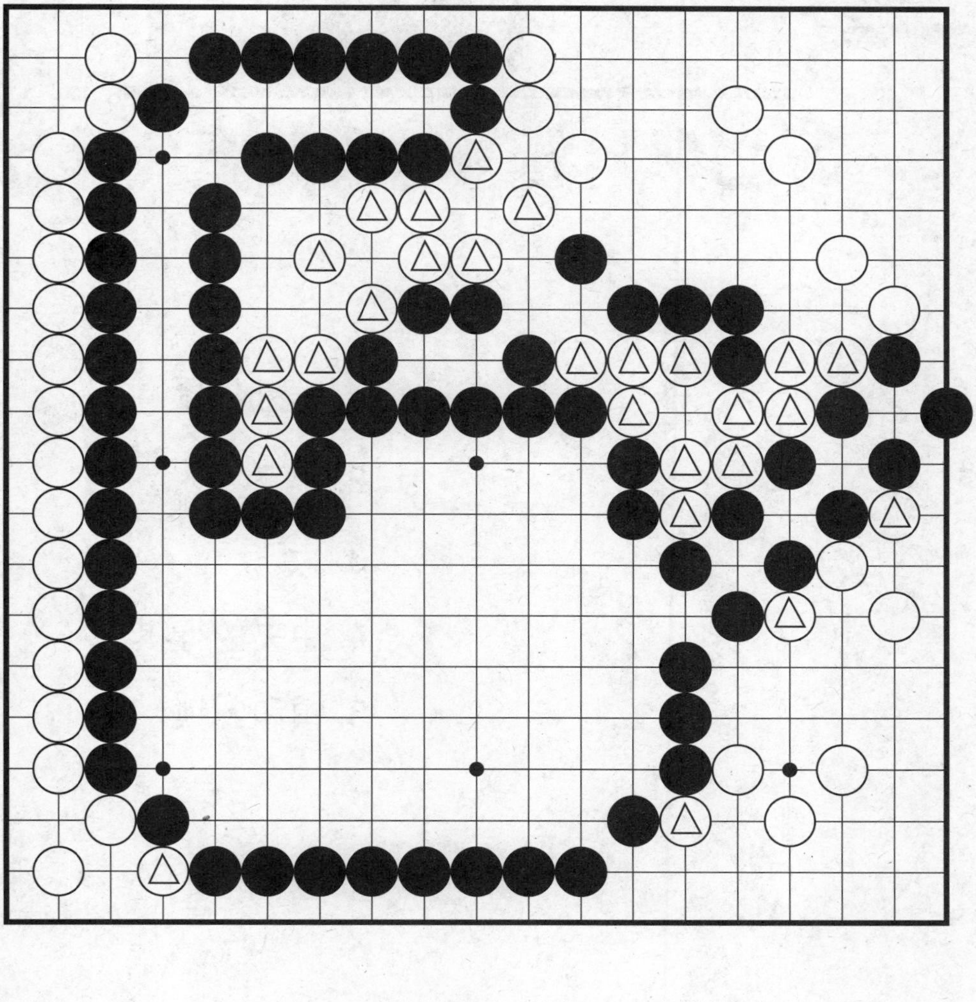

2 行棋

SUCHENG WEIQI

1. 基本行棋
2. 小飞
3. 大飞
4. 中央的行棋
5. 镇和封锁

① 基本行棋

1图

1图 白1的场面。

2图

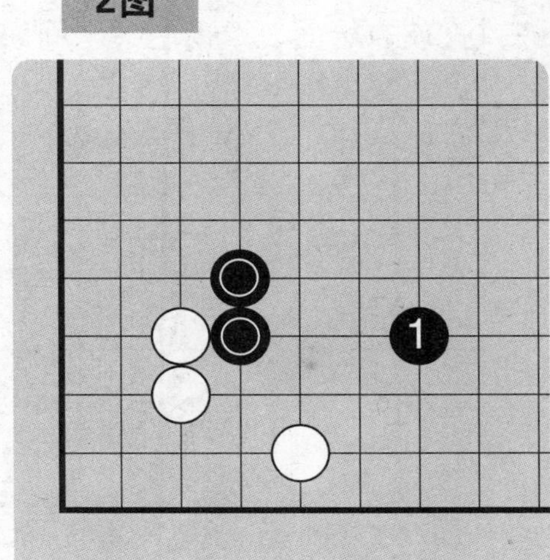

1图 由于有◉ 黑1的二间跳好棋。

3图

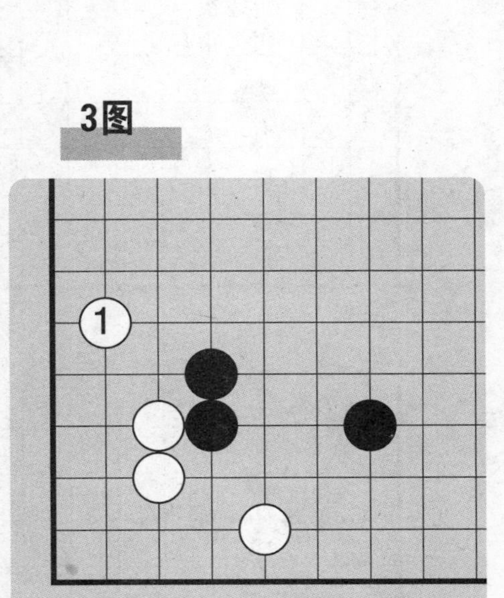

3图 白1继续，黑如何下？

4图

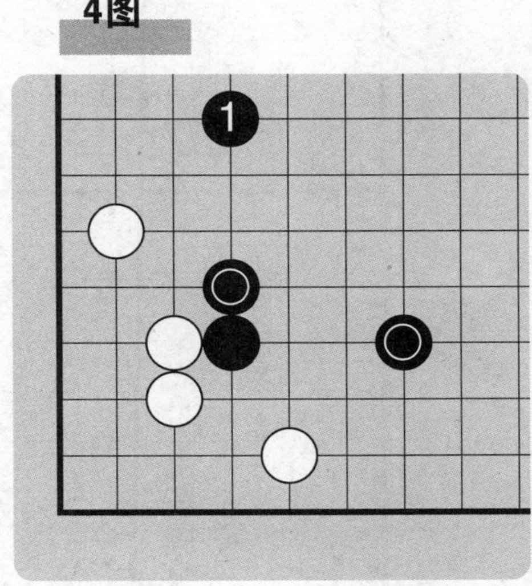

4图 这里因为有◉ 黑1的二间跳好棋。

1. 基本行棋

学习日期	月　日
检	

白1夹攻的场面，请向中央一间跳。

1

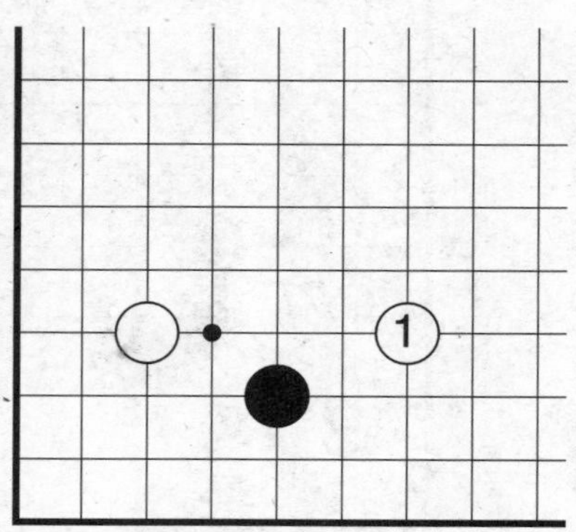

2

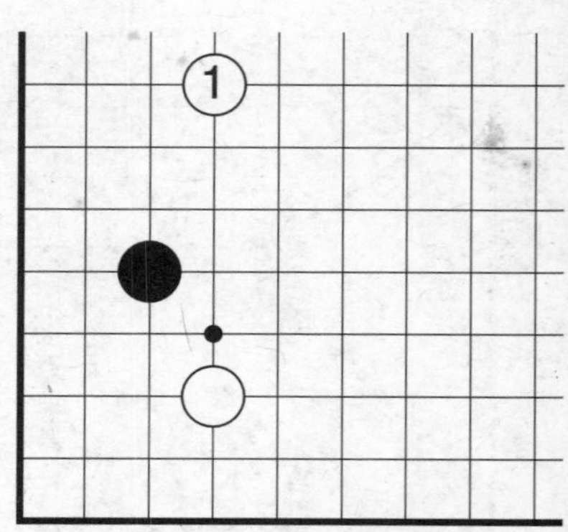

3

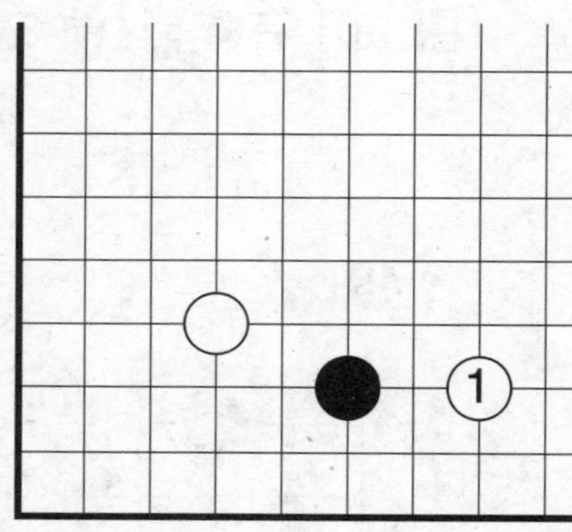

4

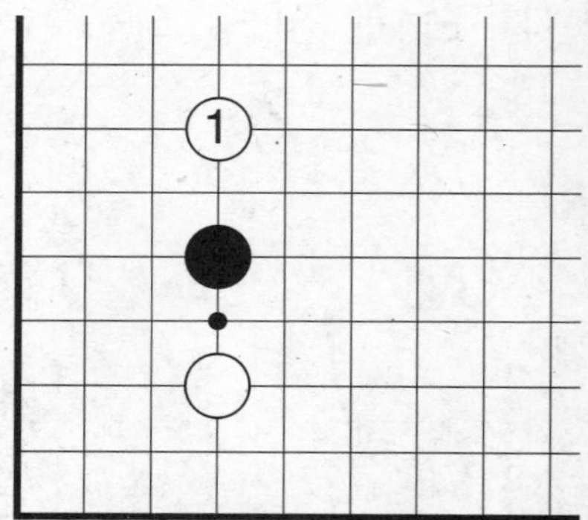

5

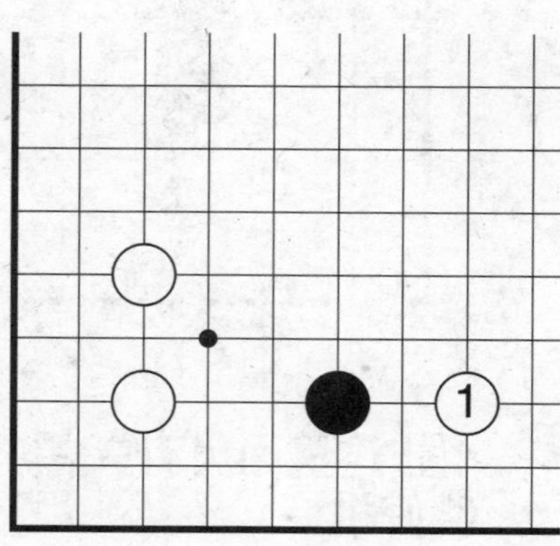

6

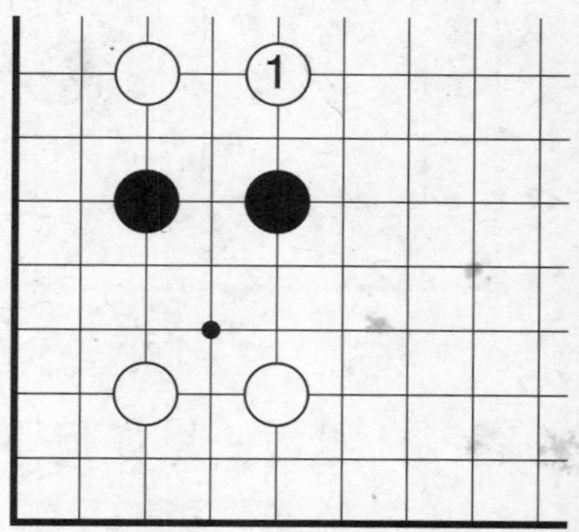

1. 基本行棋

学习日期	月　　日
检	

白1夹攻的场面，请向中央二间跳。

7

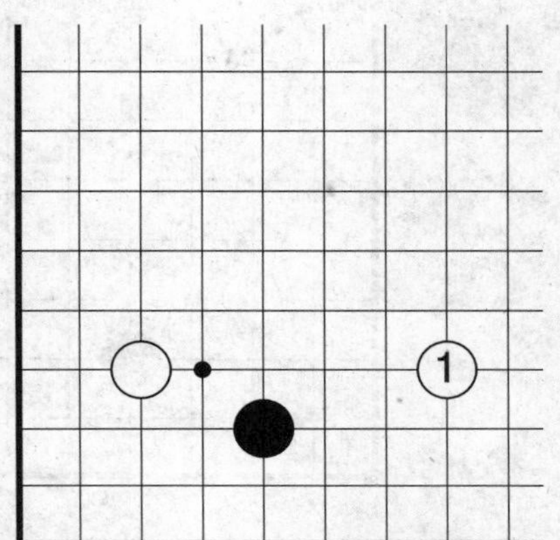

8

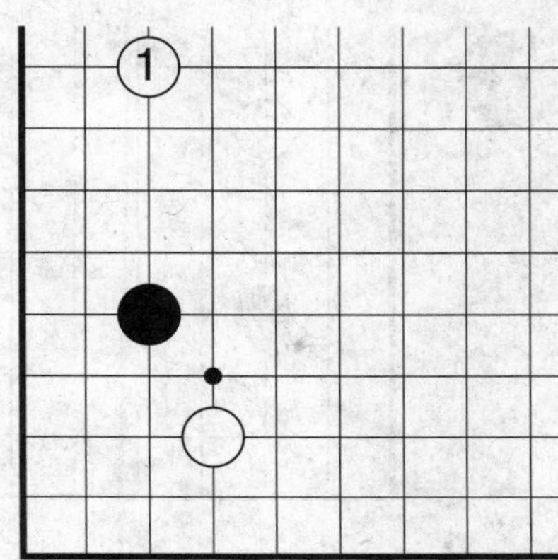

9

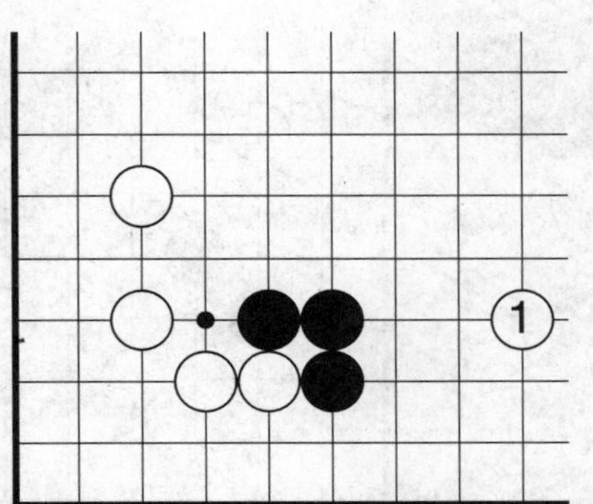

10

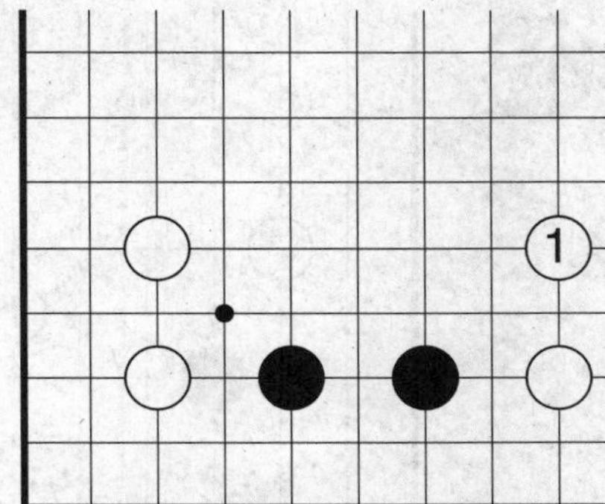

11

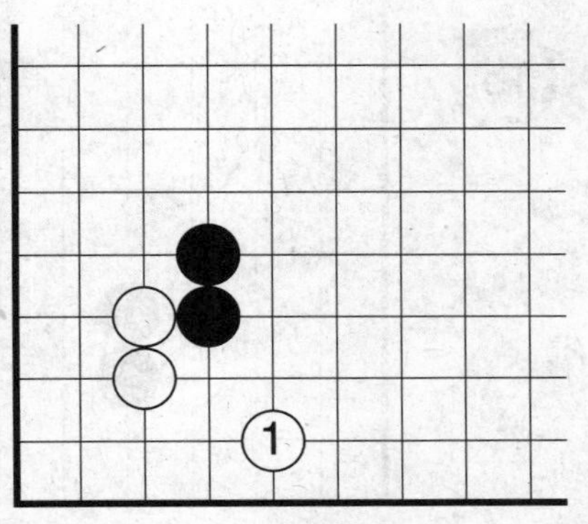

12

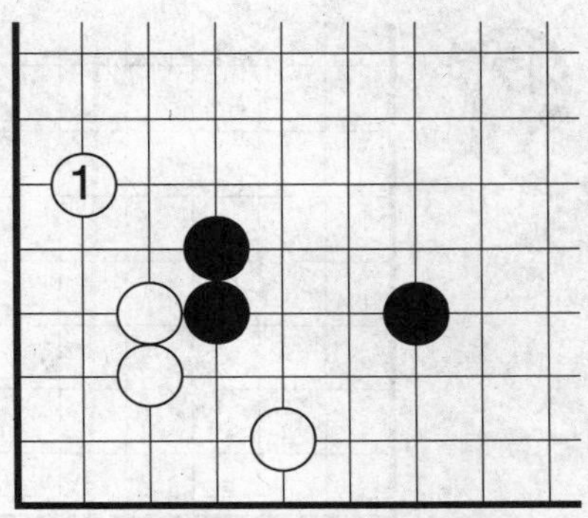

1. 基本行棋

学习日期	月　日
检	

白1夹攻的场面，请向中央尖出。

13

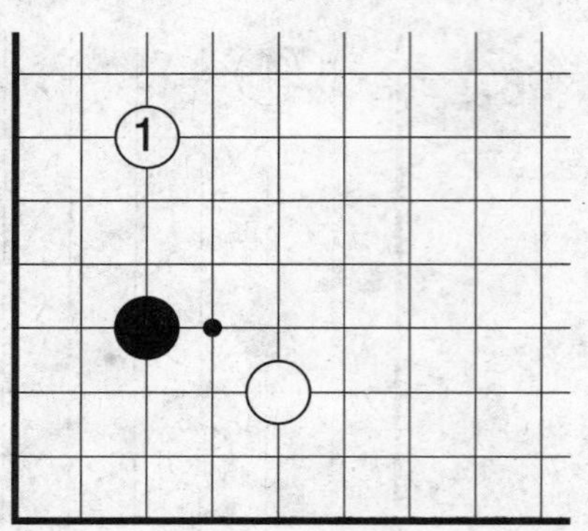

14

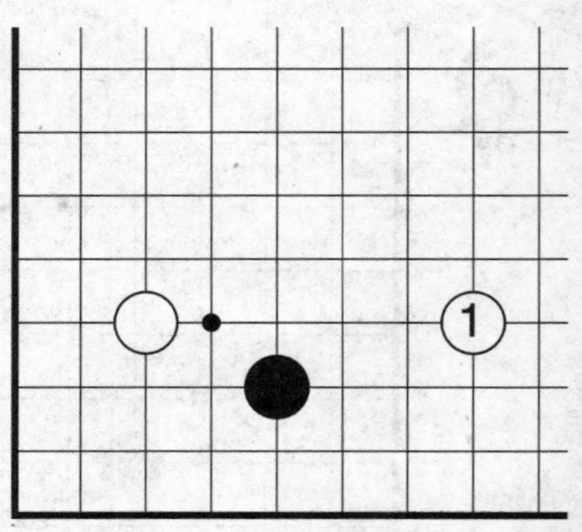

15

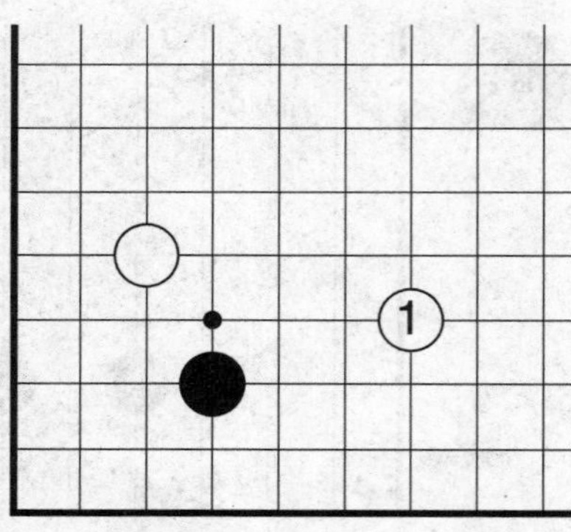

16

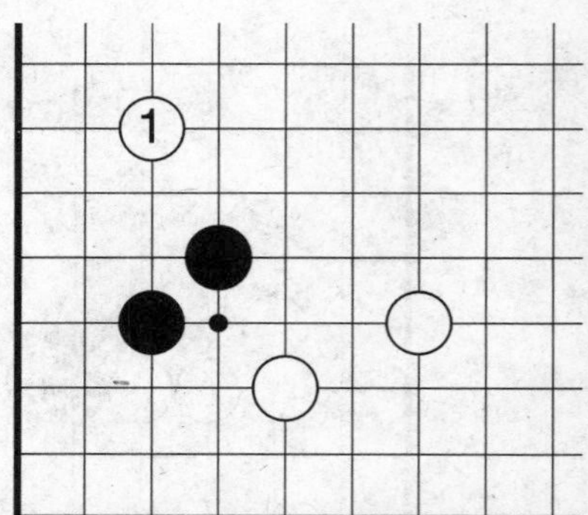

17

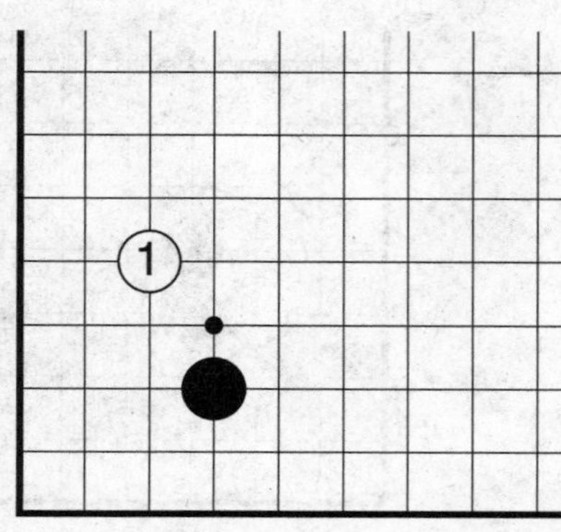

18

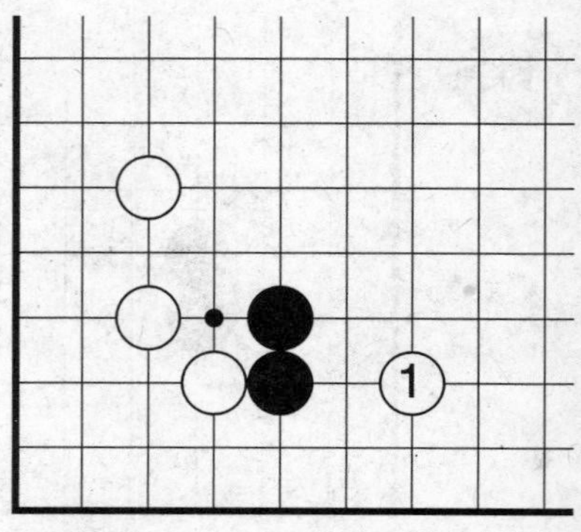

 布局1

请想着行棋的名称，记忆下面的棋的顺序。

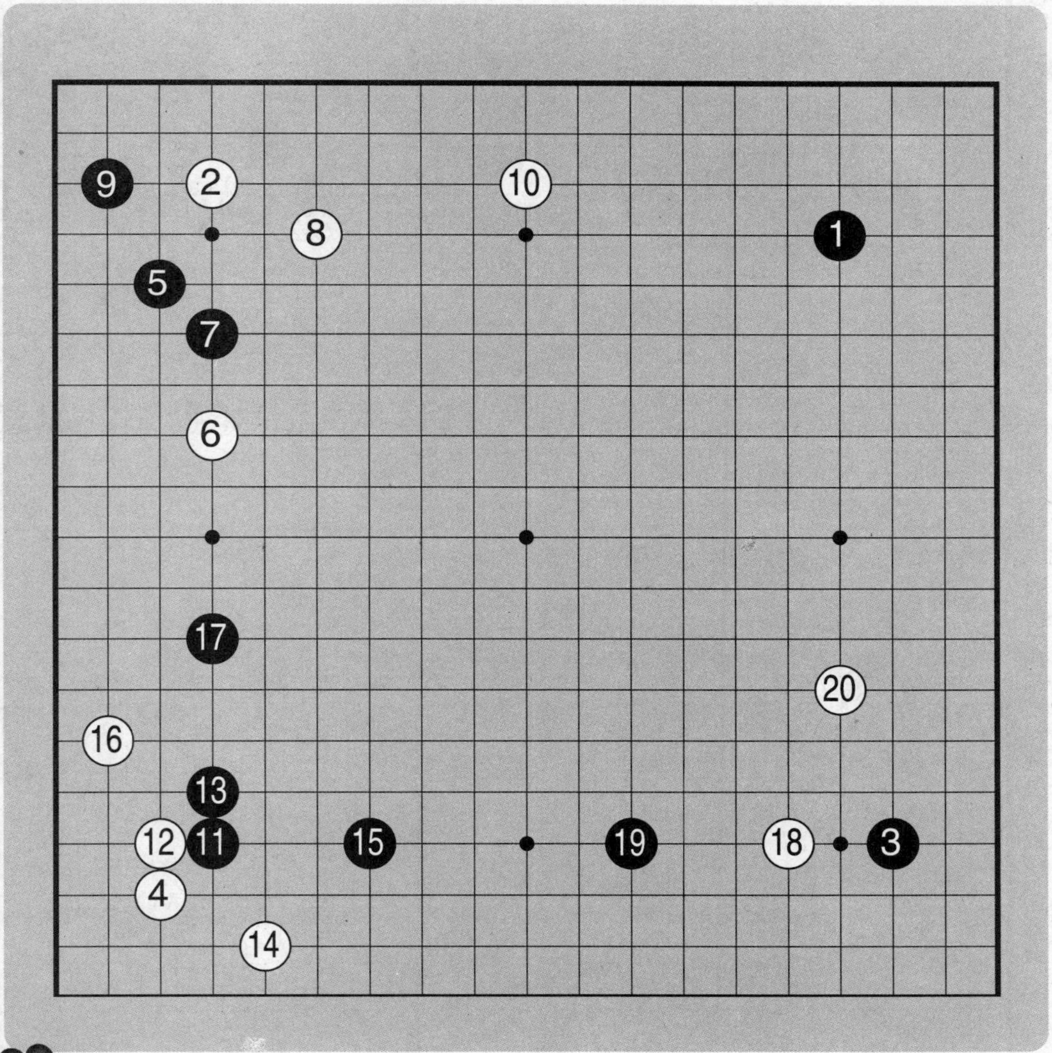

7 小尖

8 小飞

15 17 二间

20 大飞

② 小飞

1图

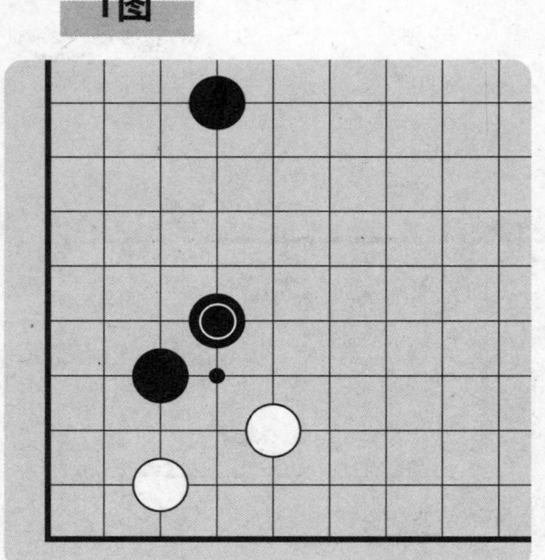

1图 在◉处怎么行棋。

2图

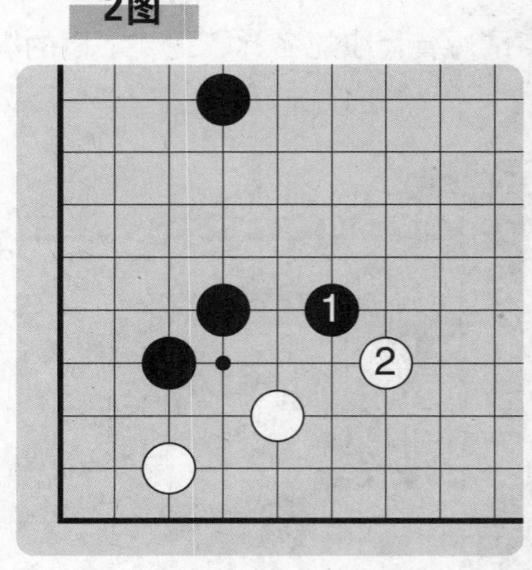

2图 黑 1 虽是好手，白2也满意。

3图

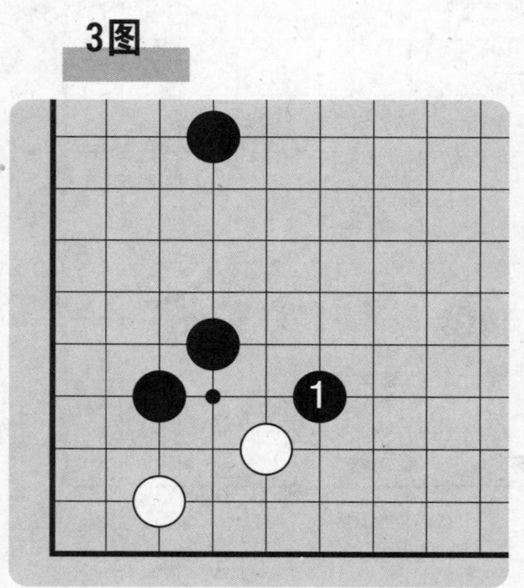

3 图 这里的小飞逼迫白棋，同时扩大黑棋的模样。

4图

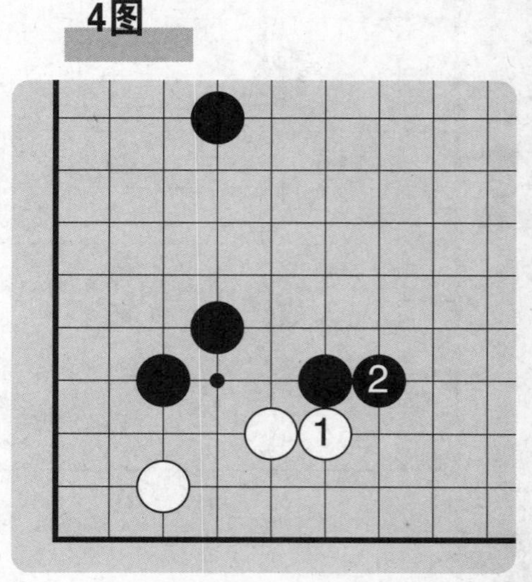

4图 白1则黑2。

2. 小飞

学习日期	月　日
检	

请在黑◉处小飞行棋。

1

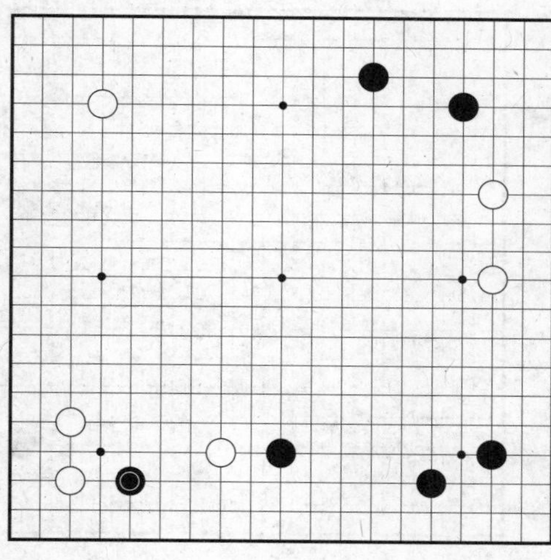

2

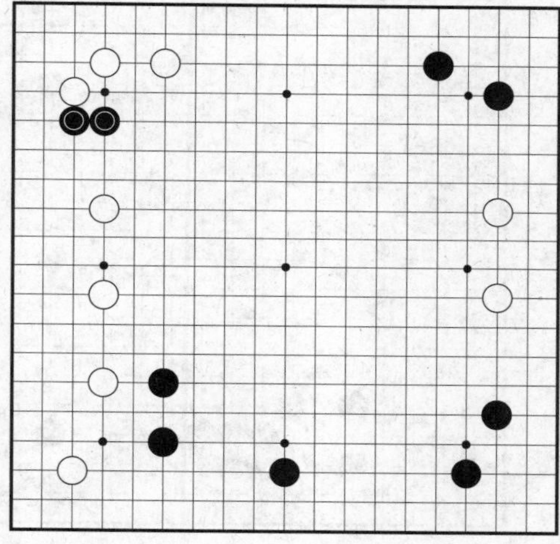

3

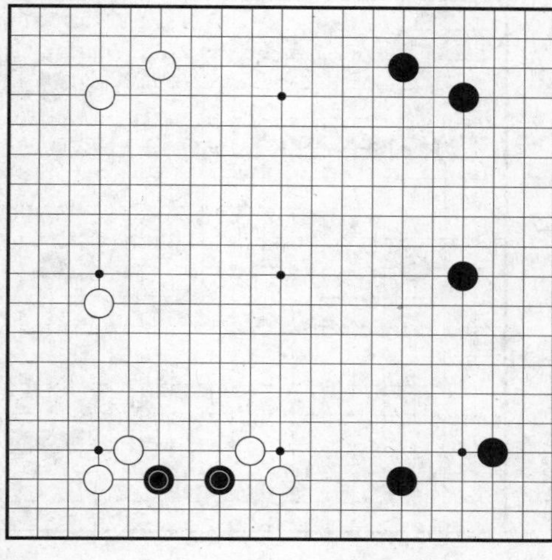

4

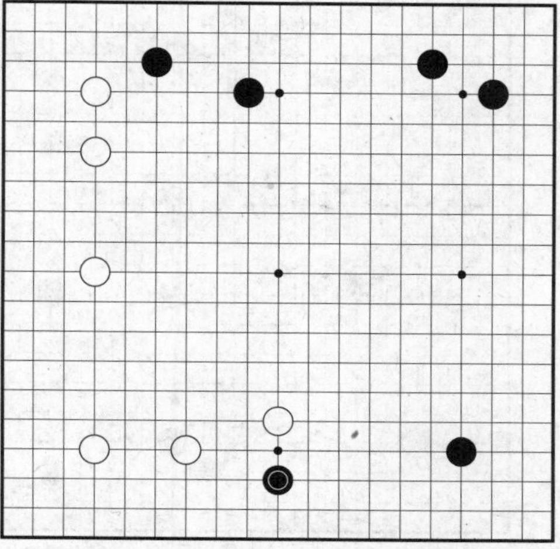

2. 小飞

学习日期	月 日
检	

请在◉处小飞扩大黑棋的模样。

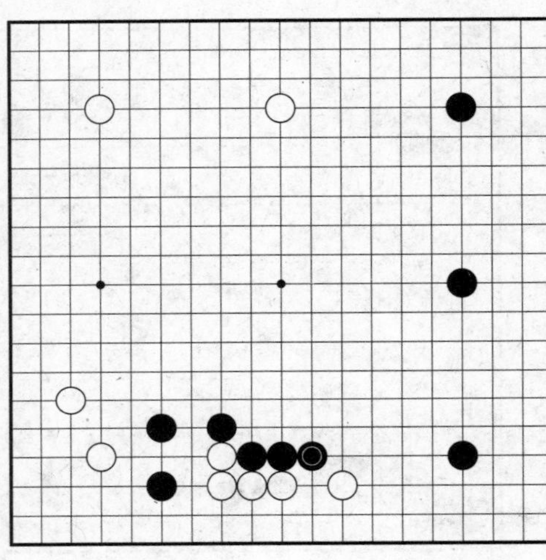

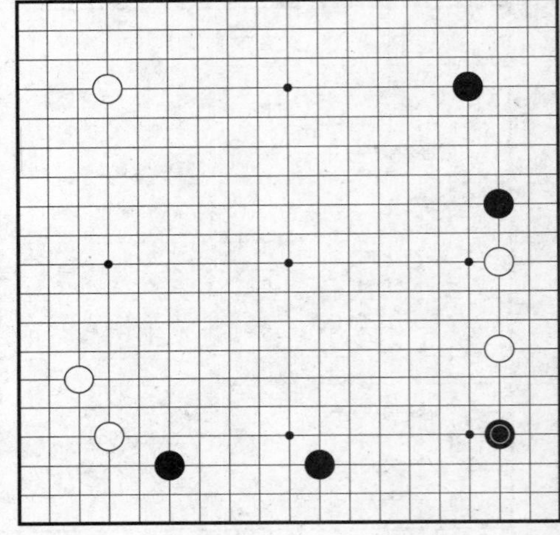

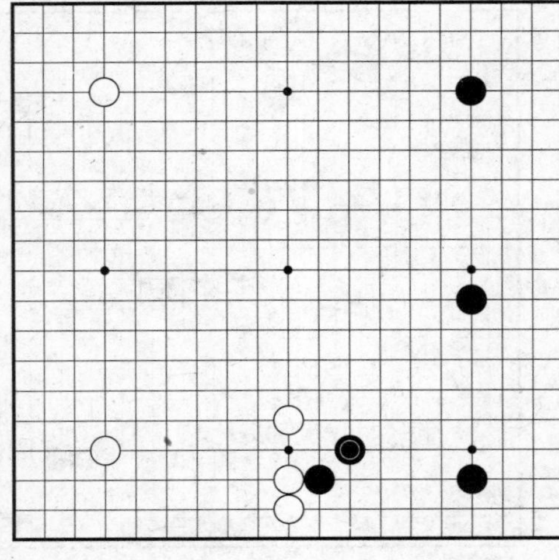

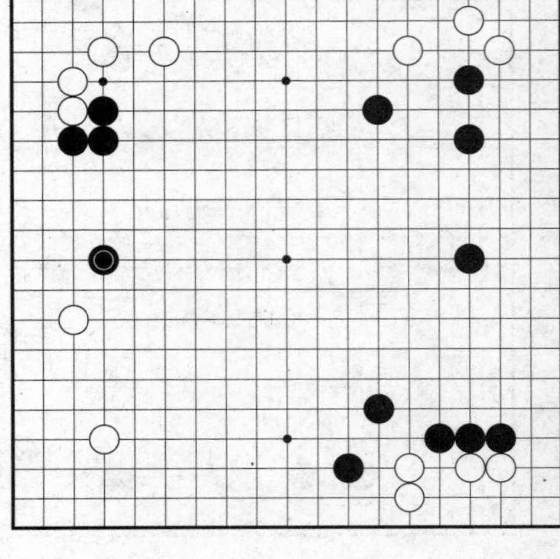

2. 小飞

学习日期	月　日
检	

请在  处小飞逼迫白棋。

9

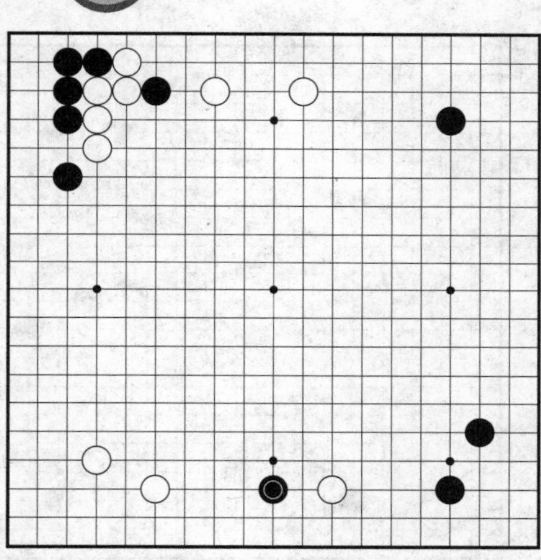

10

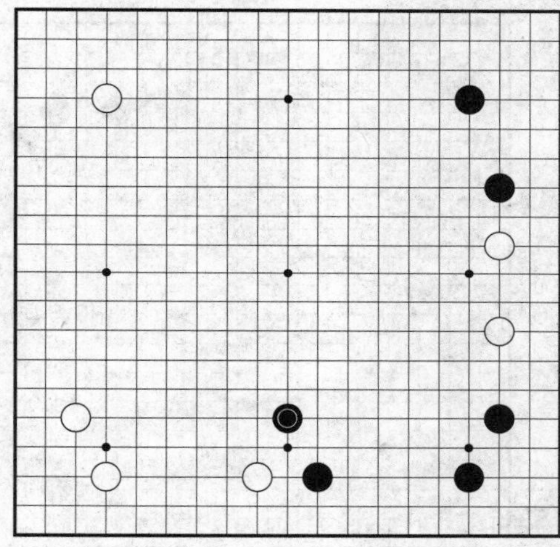

11

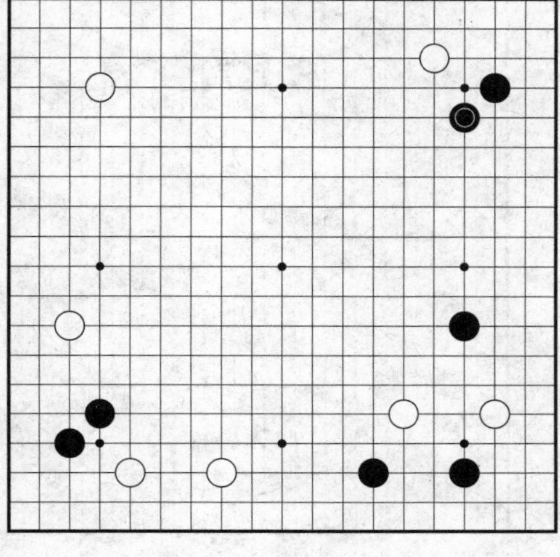

12

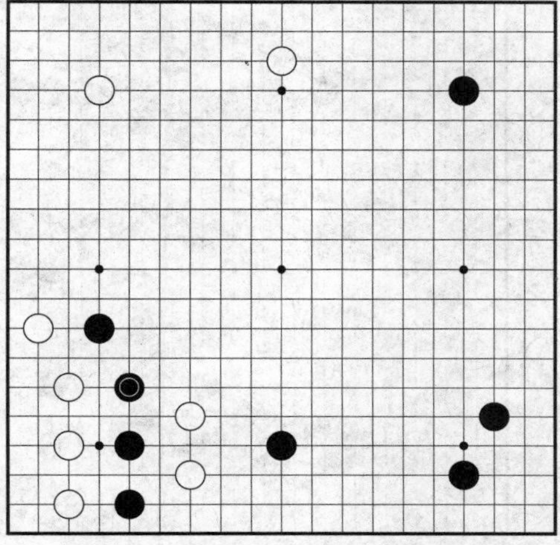

2. 小飞

学习日期	月　日
检	

请在◉处小飞逼迫白棋，扩大黑棋的模样。

13

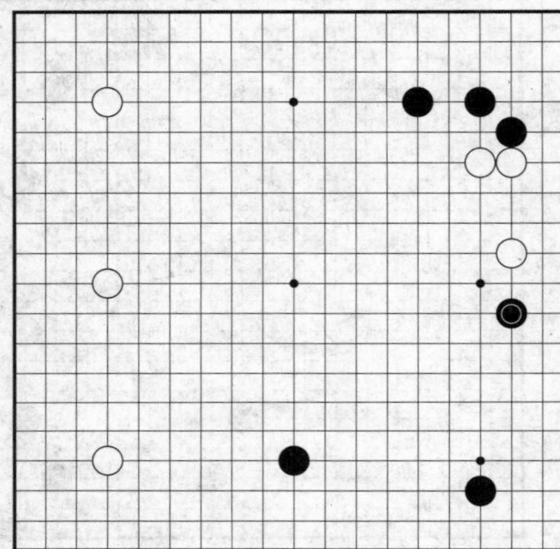

14

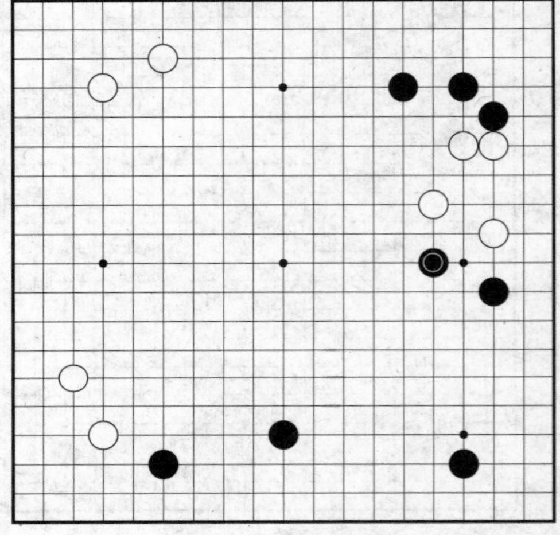

15

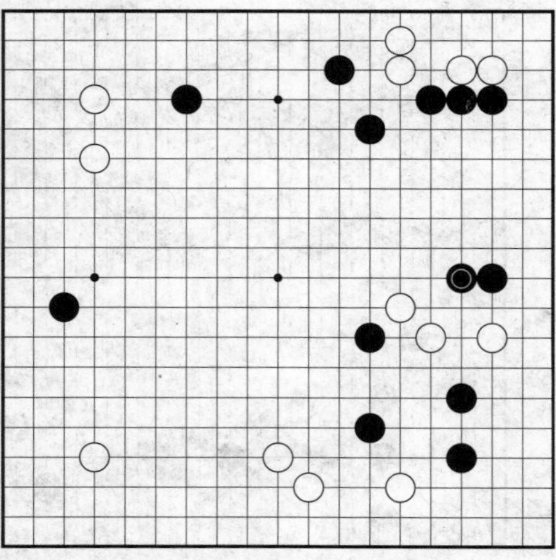

16

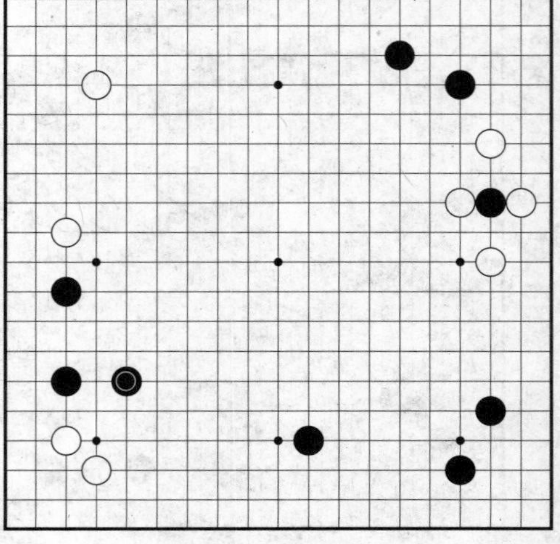

布局2

请想着行棋的名称，记忆下面的棋的顺序。

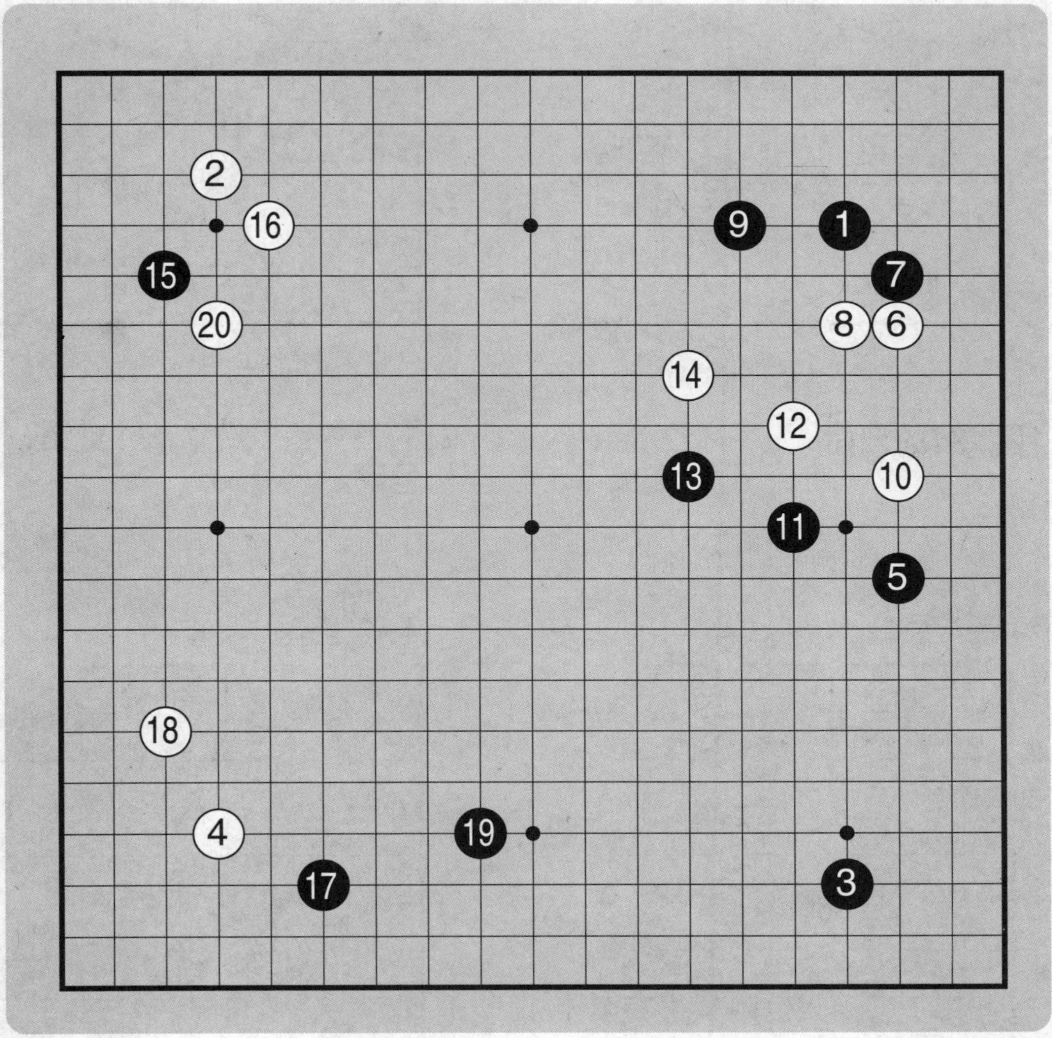

9 一间　10 二间　11 13 小飞

12 14 小飞　16 尖　19 大飞

20 小飞

3 大飞

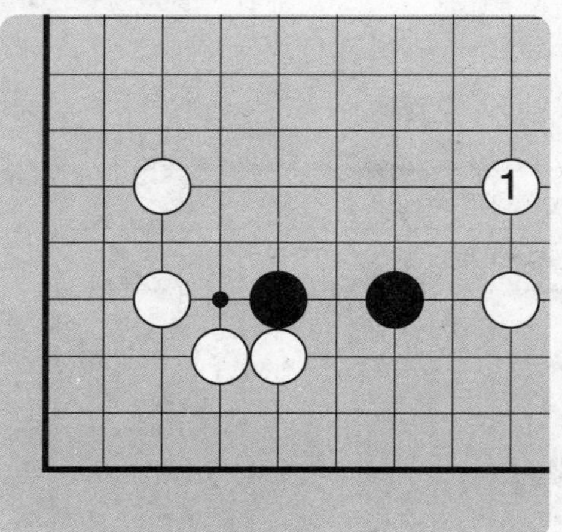

1图 白1的场面。

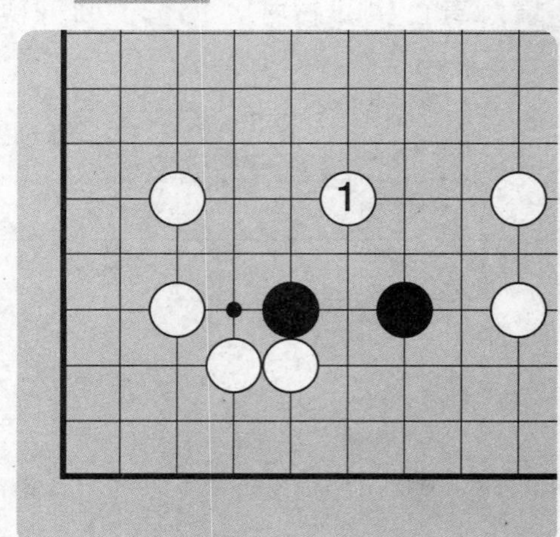

2图 黑如果脱先，白1封锁，黑危险。

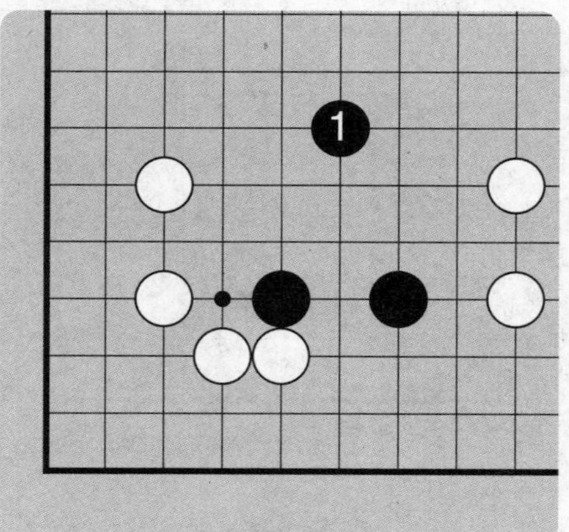

3图 这里黑1的大飞是好棋。

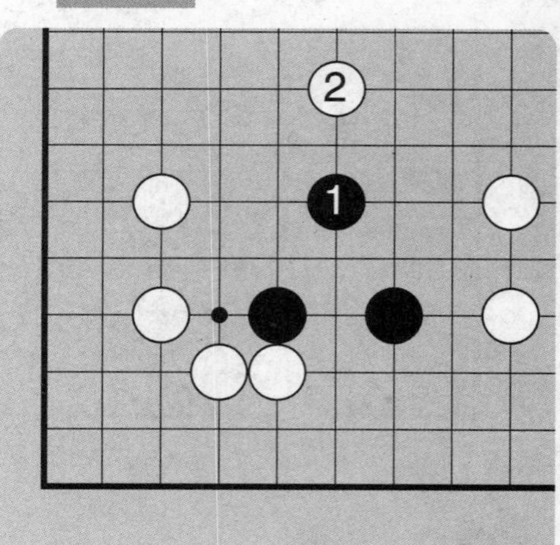

4图 黑1的小飞，被白2攻击。

3. 大飞

学习日期	月　　日
检	

请在◉处下大飞扩大模样。

1

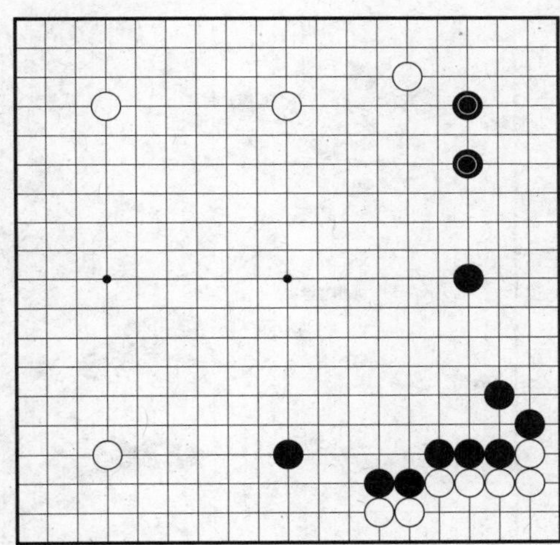

2

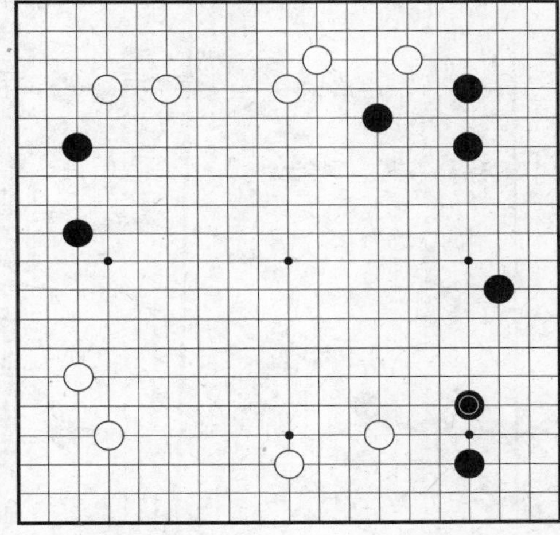

3

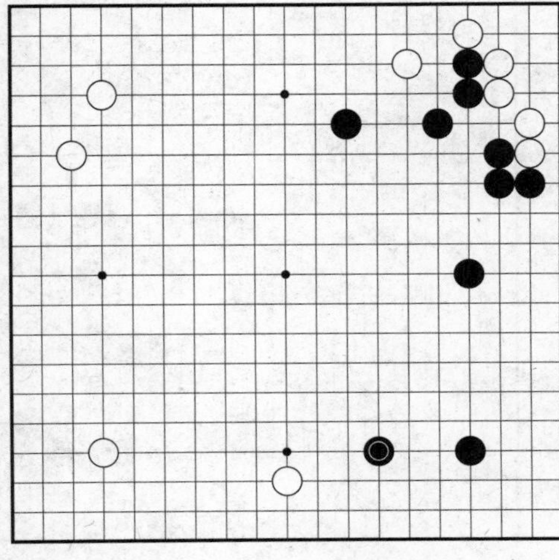

4

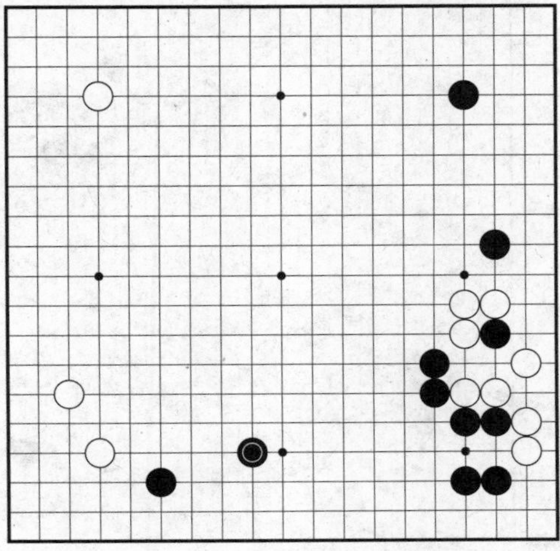

3. 大飞

学习日期	月　　日
检	

请在◉ 处下大飞逼迫白棋。

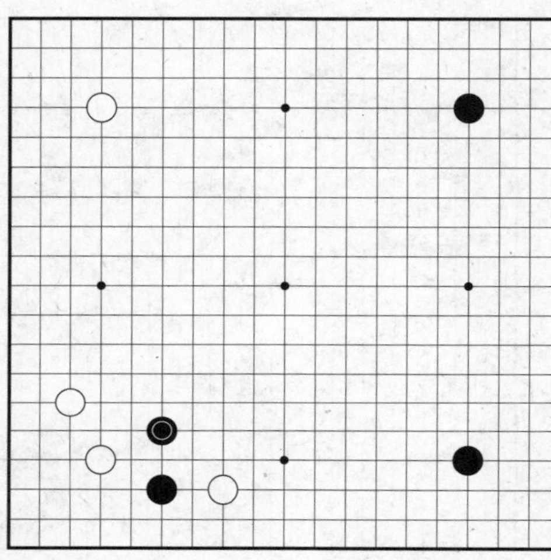

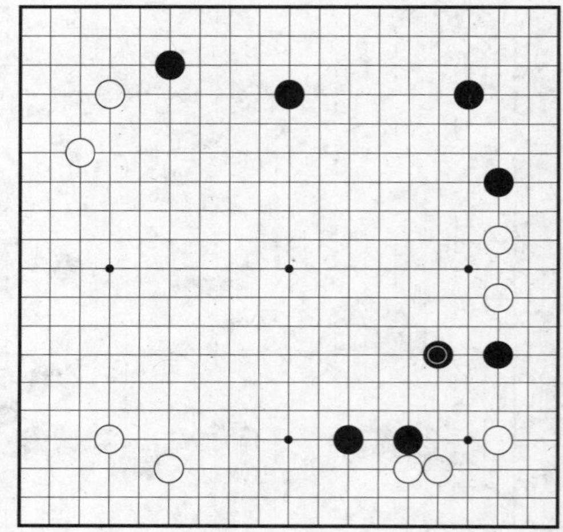

7

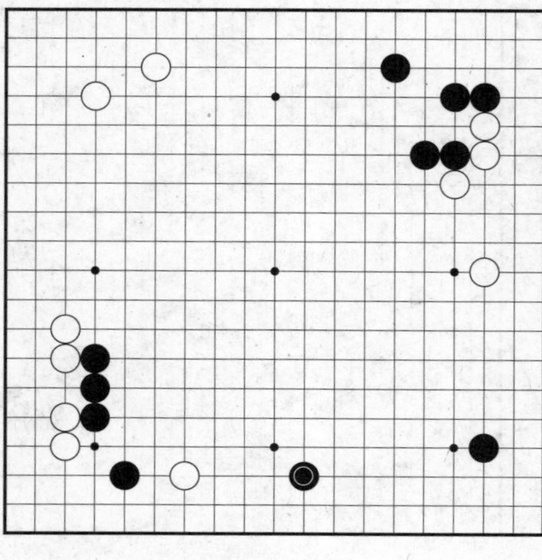

8

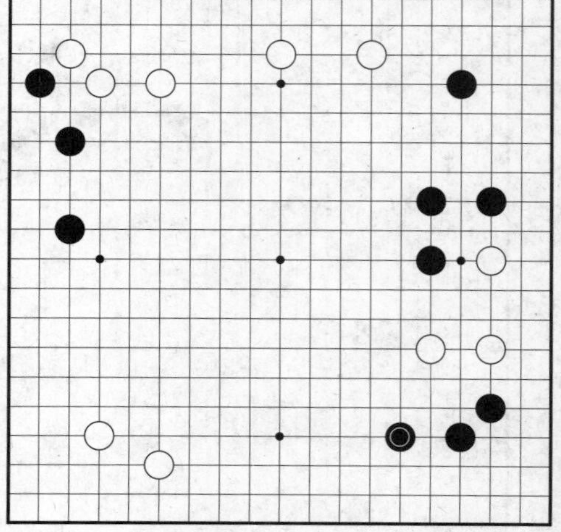

布局3

请想着行棋的名称，记忆下面的棋的顺序。

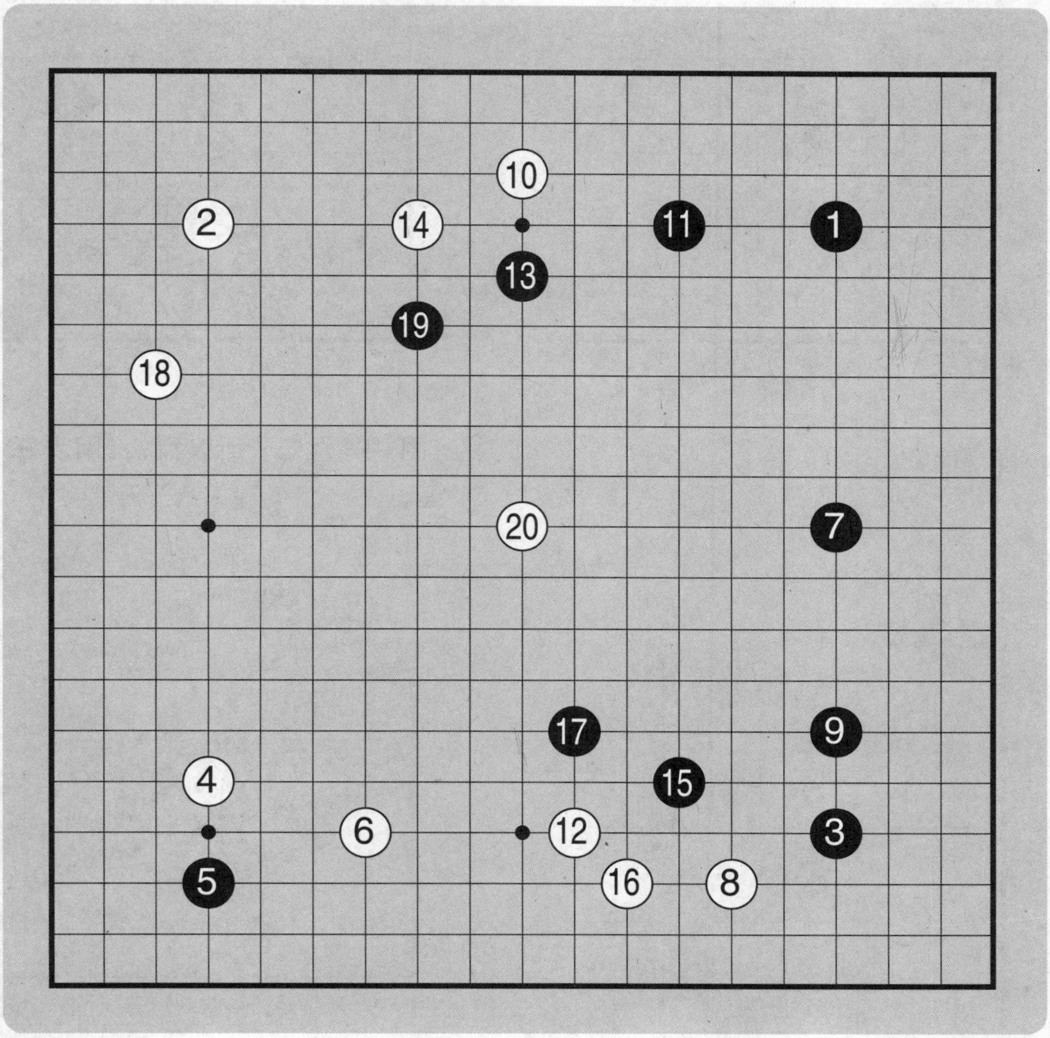

6 大飞　　12 大飞　　13 大飞

14 小飞　　15 大飞　　17 19 小飞

4 中央的行棋

1图

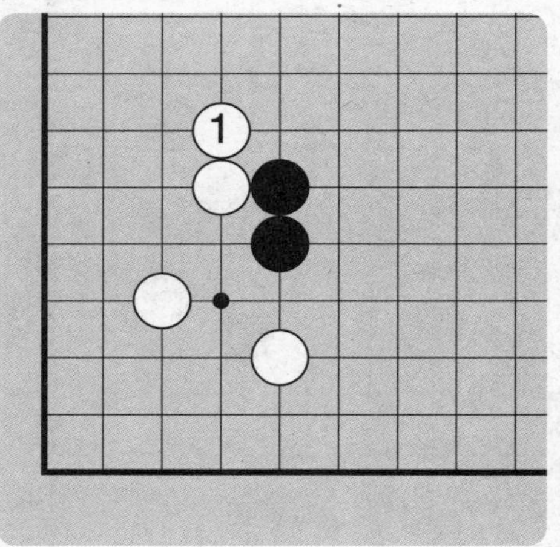

1图 黑怎么下。

2图

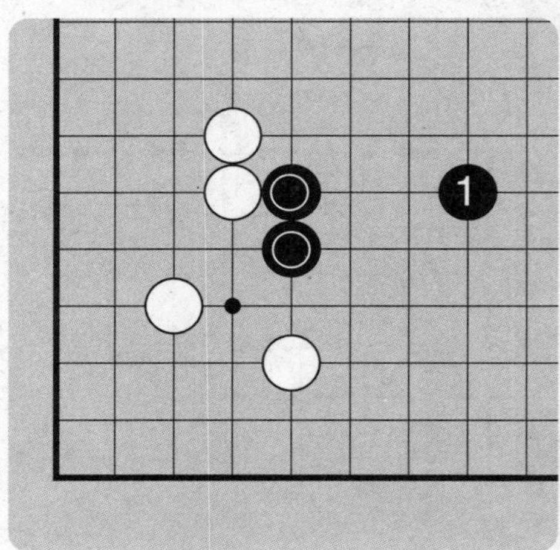

2图 ◉为二子所以黑1二间跳好棋。

3图

3图 ◉为三子时黑1二间也合适。

4图

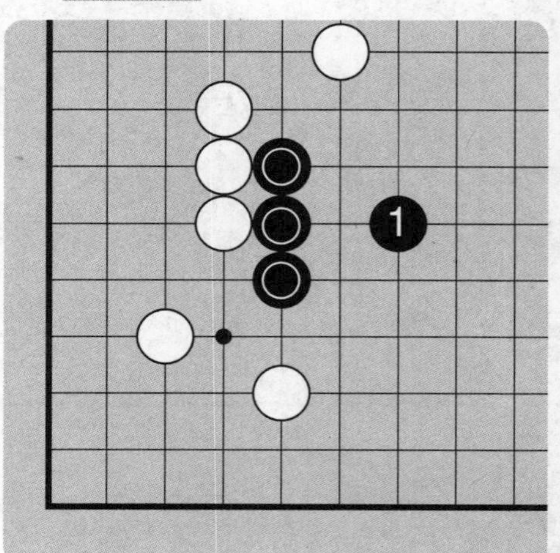

4图 黑1的一间太窄。

4.中央的行棋

学习日期	月　日
检	

白1，黑▲向宽阔的地方下棋。

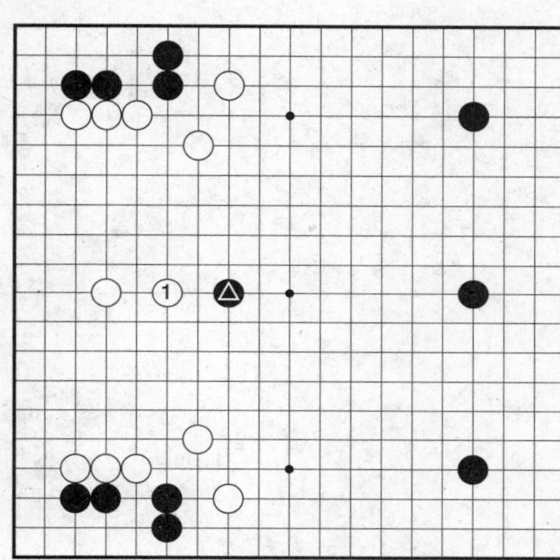

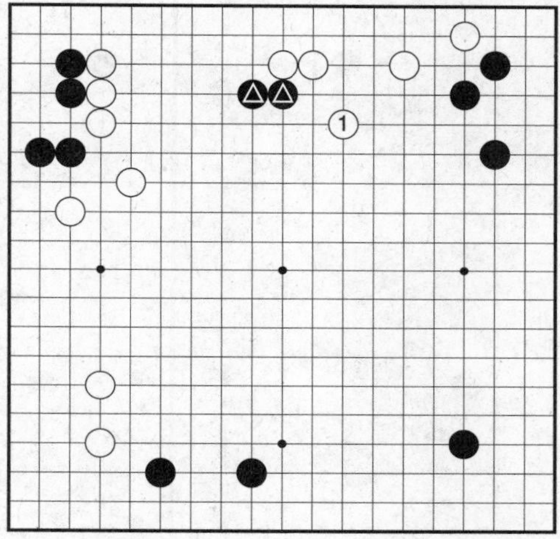

3

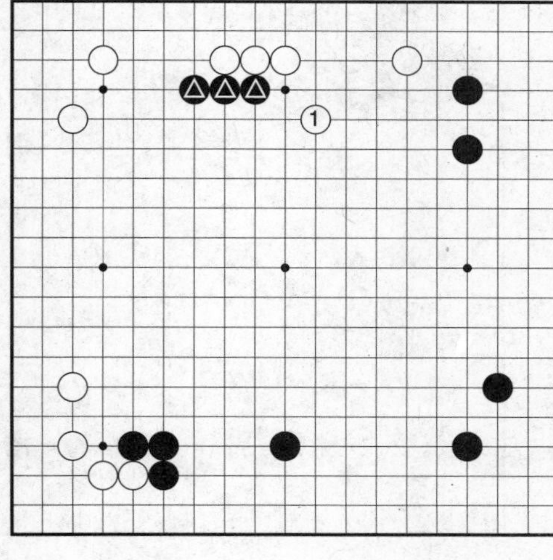

4

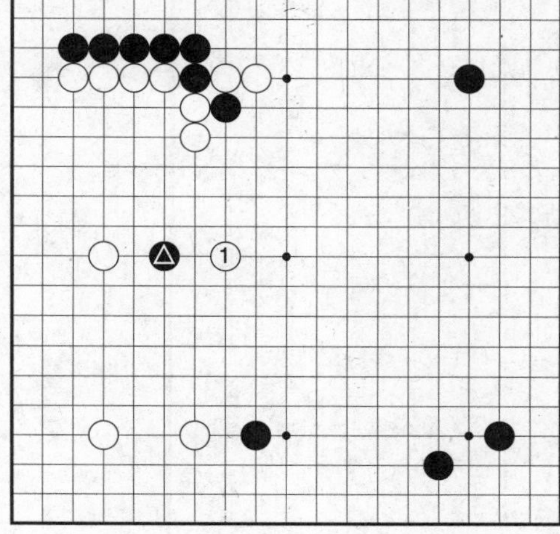

4. 中央行棋

学习日期	月　日
检	

黑△向宽阔的地方下棋。

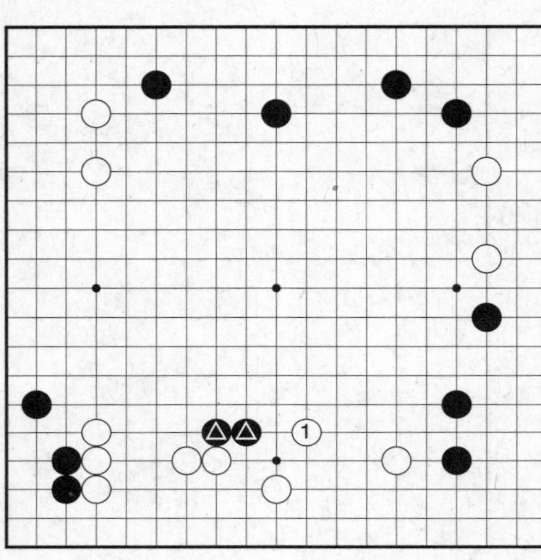

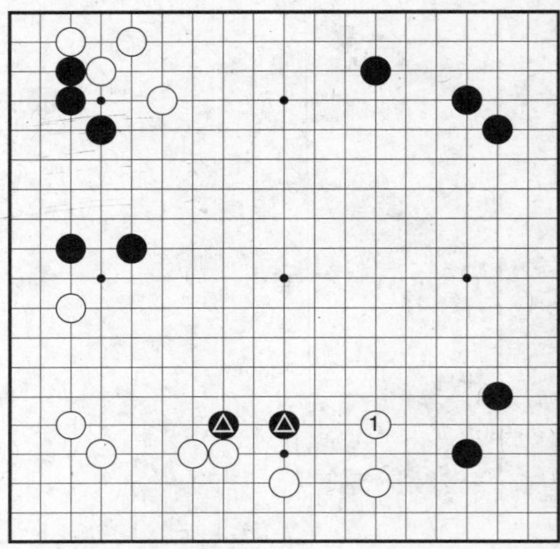

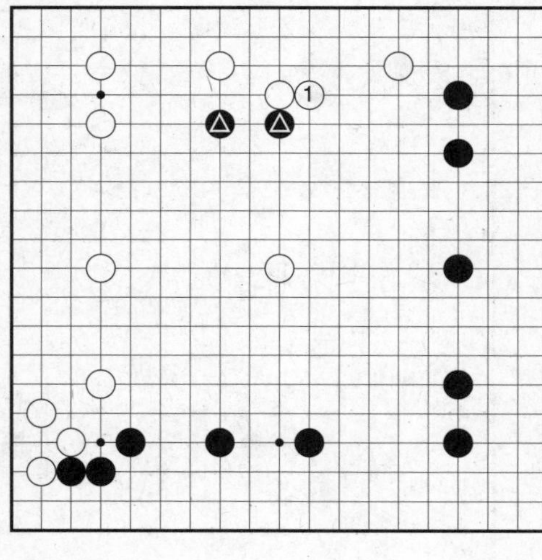

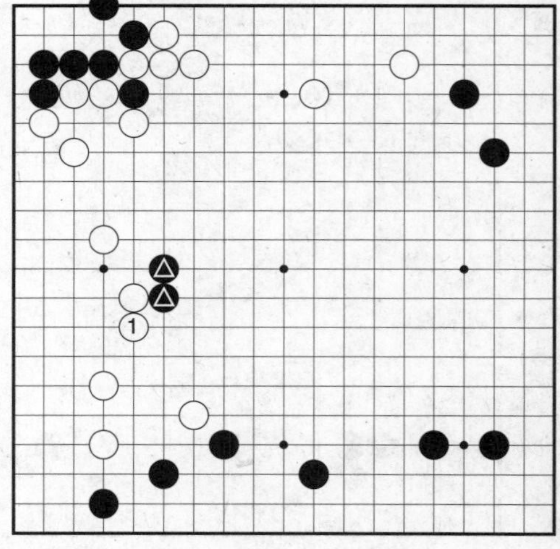

布局4

请想着行棋的名称，记忆下面的棋的顺序。

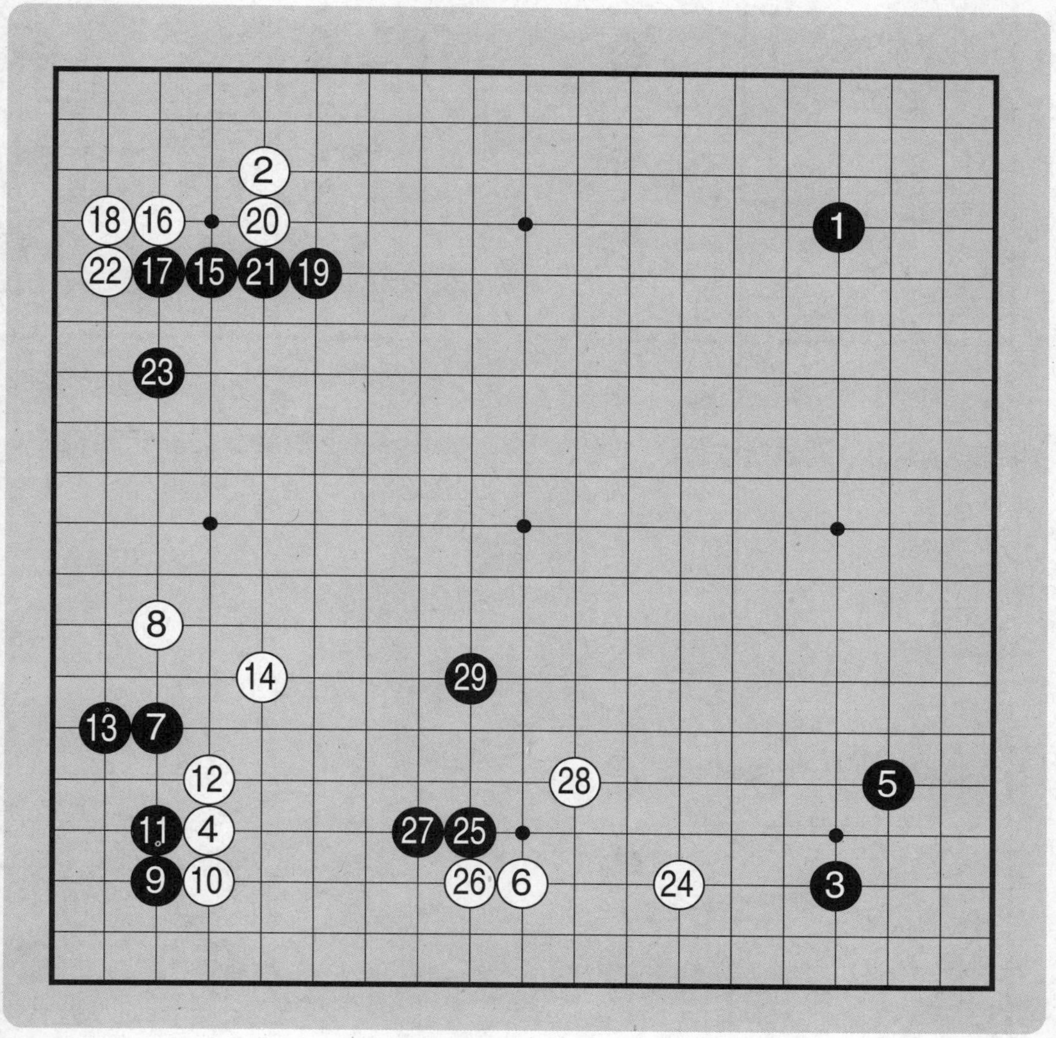

19 一间

23 一间

28 小飞

29 二间

5 镇和封锁

1图

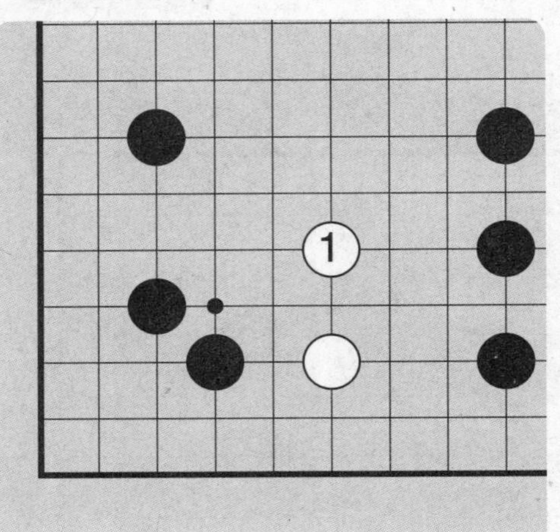

1图 白1的场面，请封锁白棋。

2图

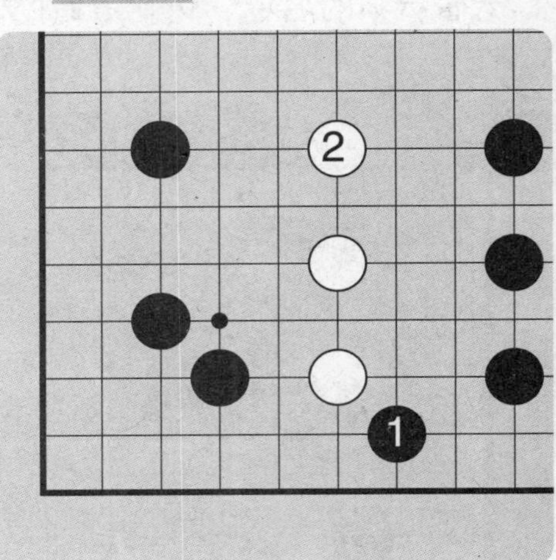

2图 黑1下的离谱时，白棋向中央逃出。

3图

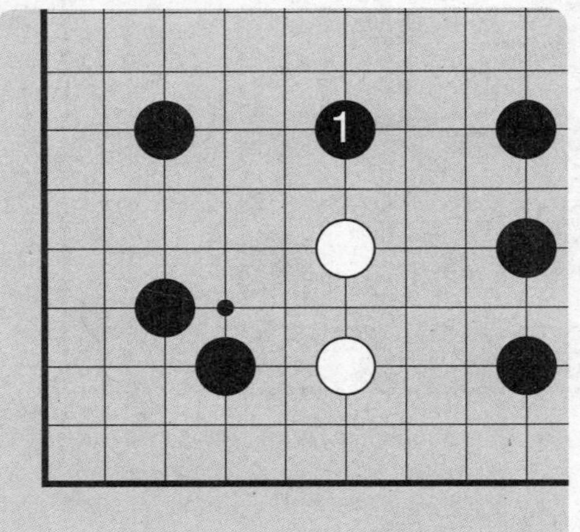

3图 这里黑1要封锁白棋。这手棋叫镇。

4图

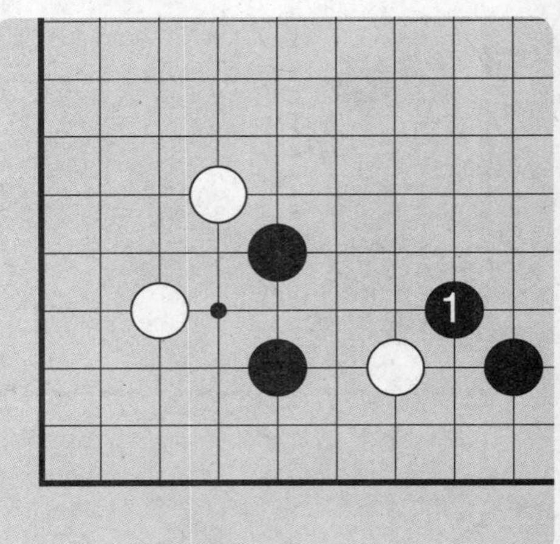

4图 也有下在黑1的。

5. 镇和封锁

学习日期	月　　日
检	

白1，请利用镇进行攻击。

1

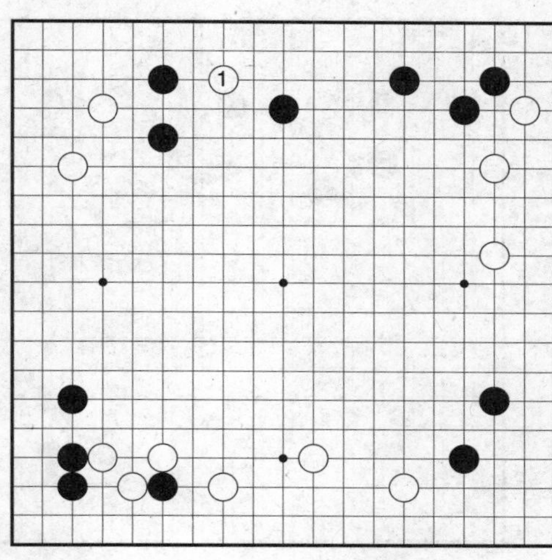

2

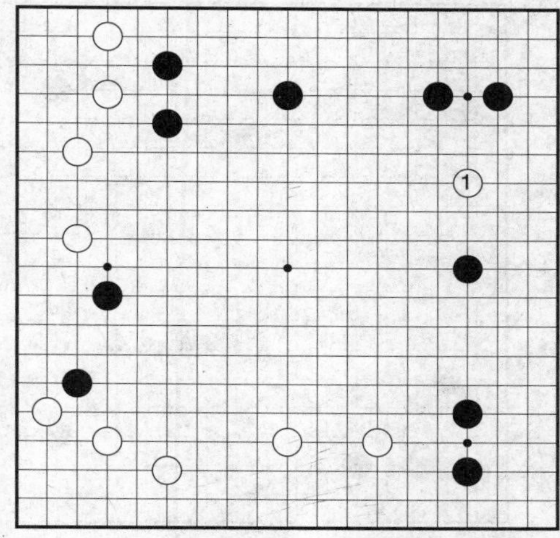

3

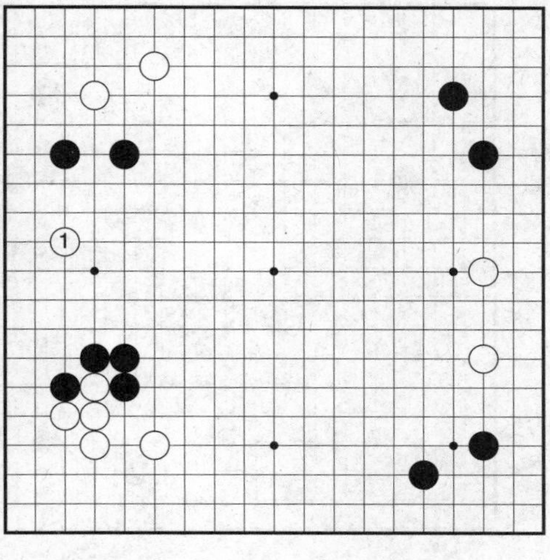

4

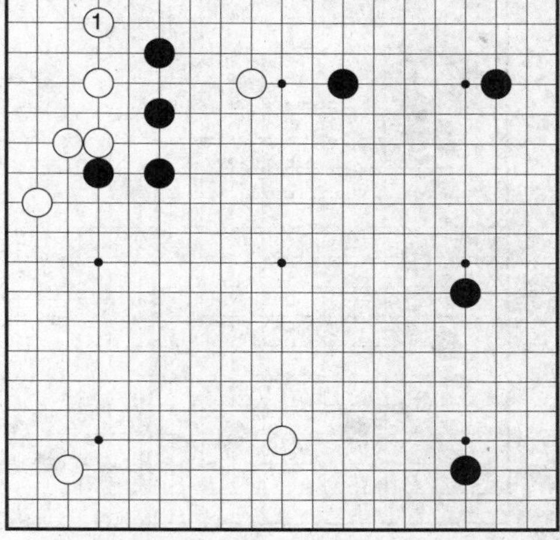

5. 镇和封锁

学习日期	月　　日
检	

白1，请利用封锁进行攻击。

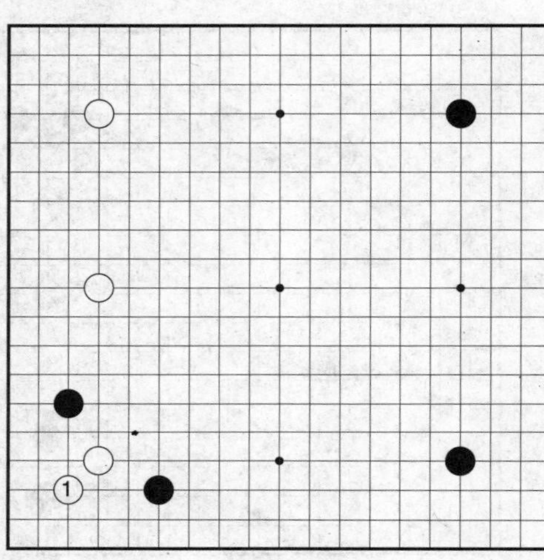

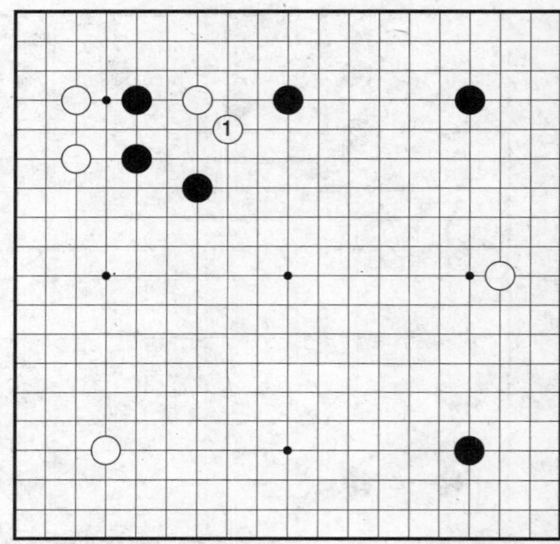

7

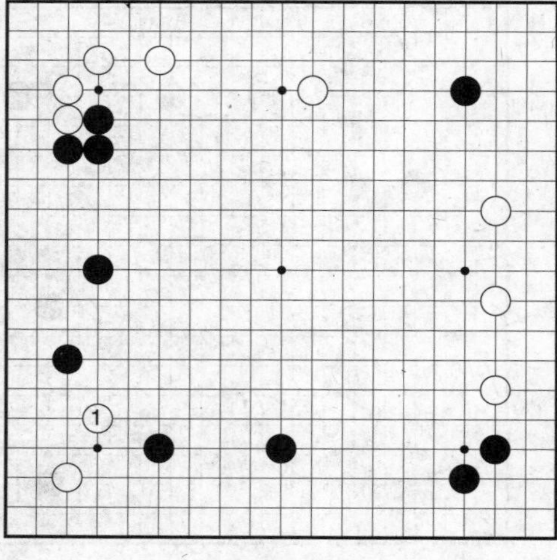

8

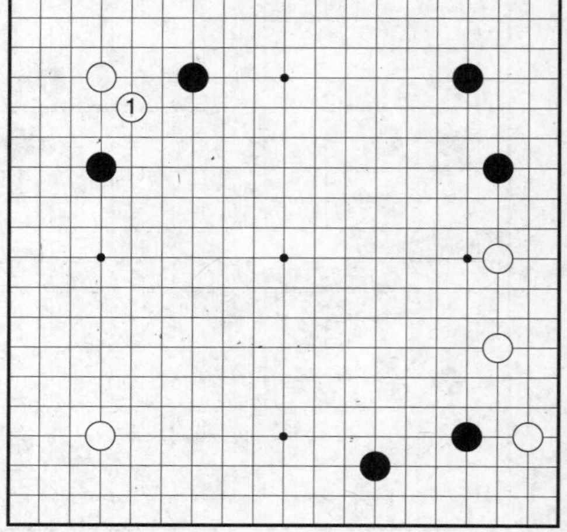

5. 镇和封锁

学习日期	月　日
检	

白1，请利用镇进行攻击。

9

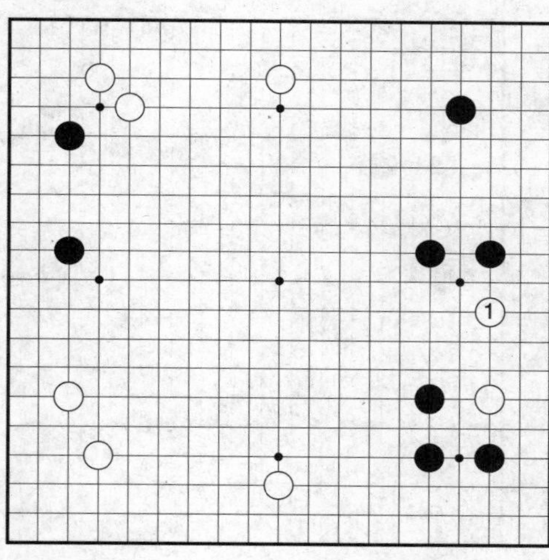

10

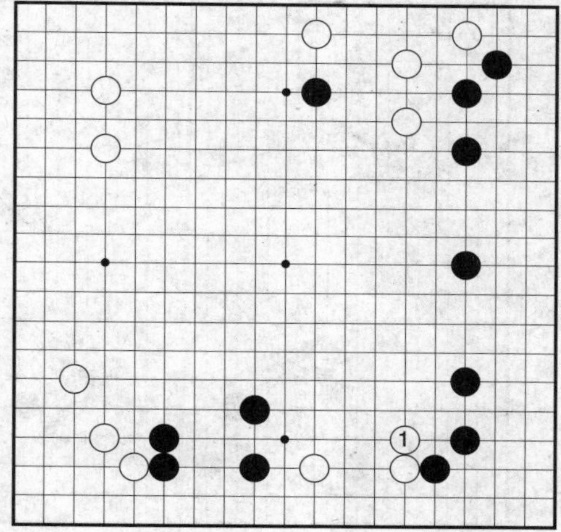

11

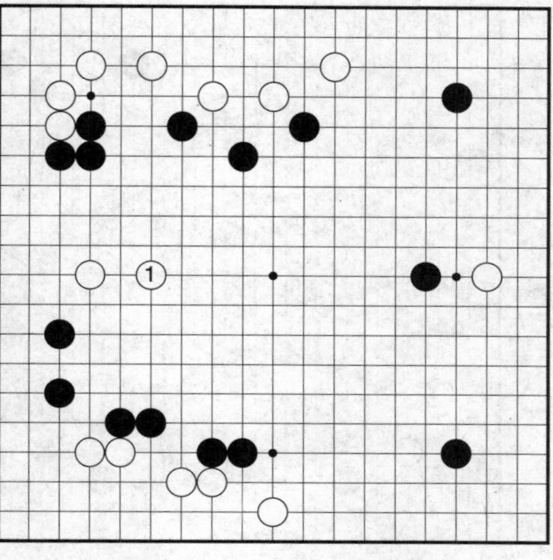

12

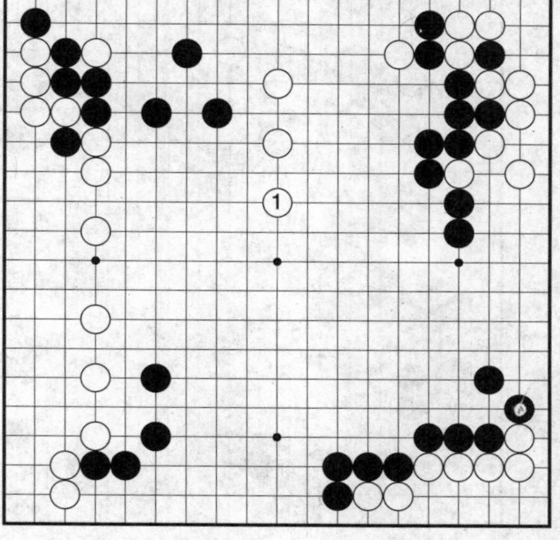

5. 镇和封锁

学习日期	月　日
检	

白1，请利用封锁进行攻击。

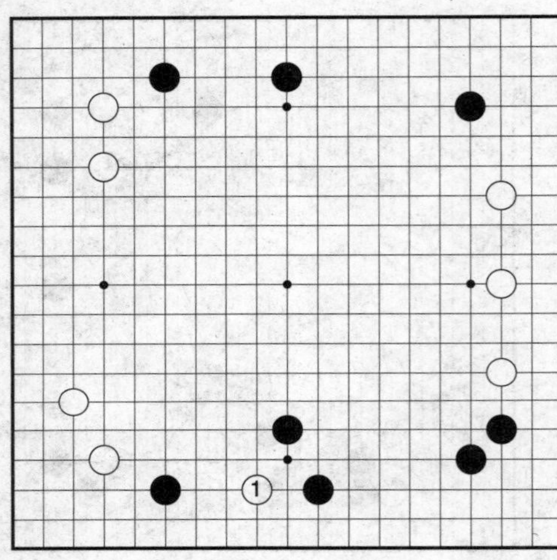

14

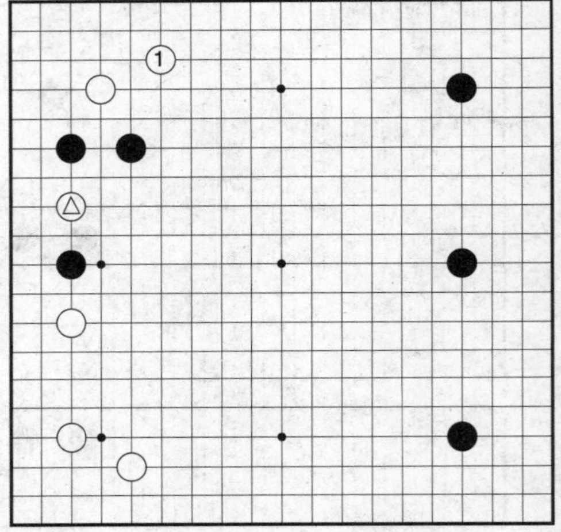

15

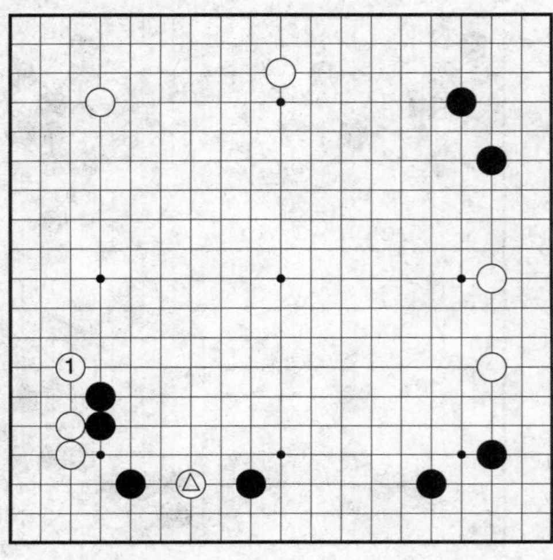

16

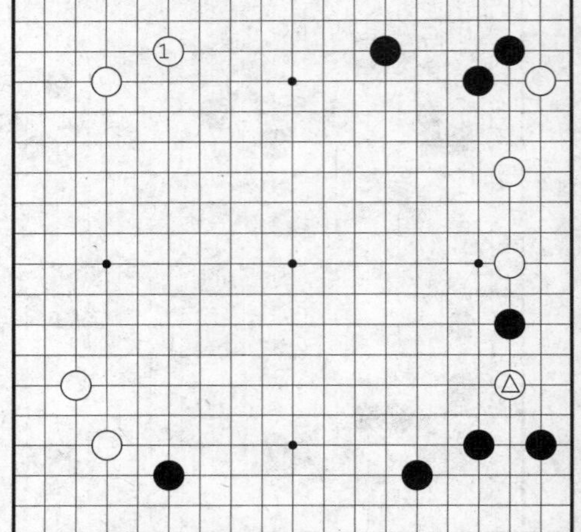

布局5

请想着行棋的名称，记忆下面的棋的顺序。

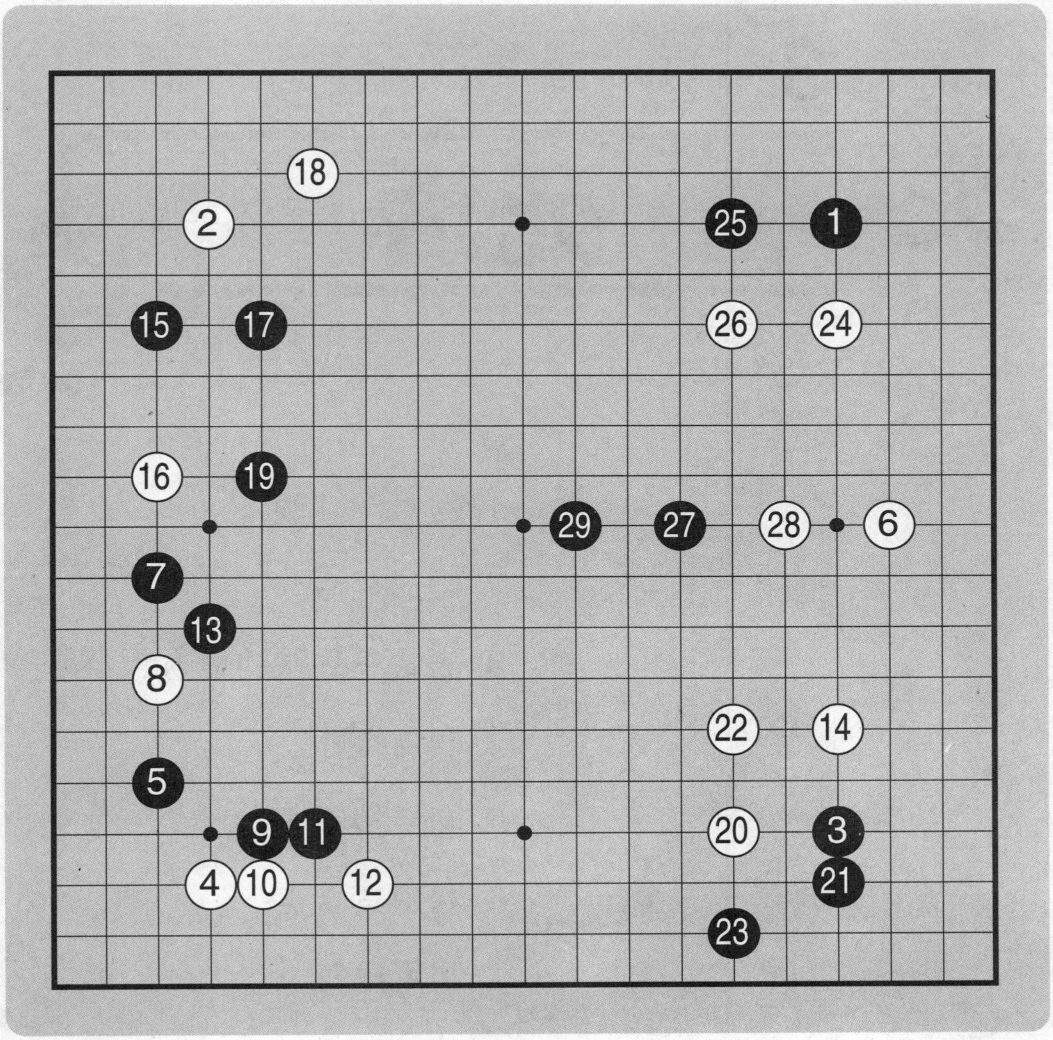

13 小尖封锁

19 镇

22 一间封锁

29 向中央一间跳

3

死活

SUCHENG WEIQI

1. 做眼和破眼
2. 眼形死活
3. 先做一只眼的地方是急所
4. 利用倒扑
5. 利用接不归
6. 利用禁着点
7. 利用撞气
8. 劫，死活
9. 利用扑
10. 双活

1 做眼和破眼

1图

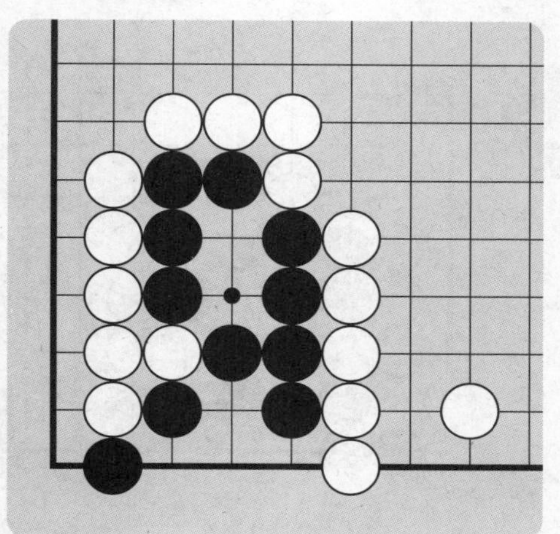

1图 看一下黑棋的死活。黑须在下面做一只眼。

2图

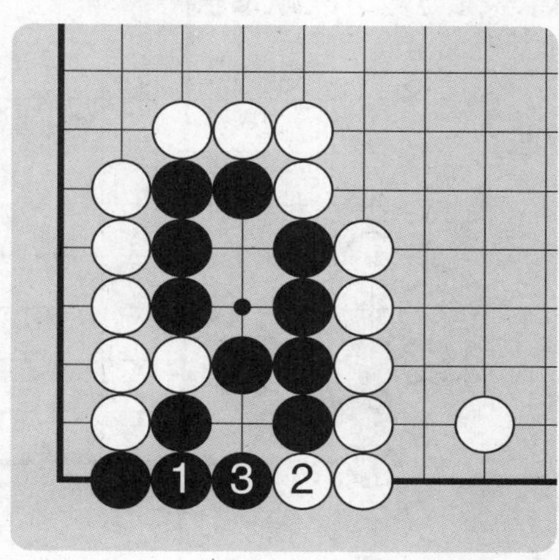

2图 黑 1则白2,成假眼。

3图

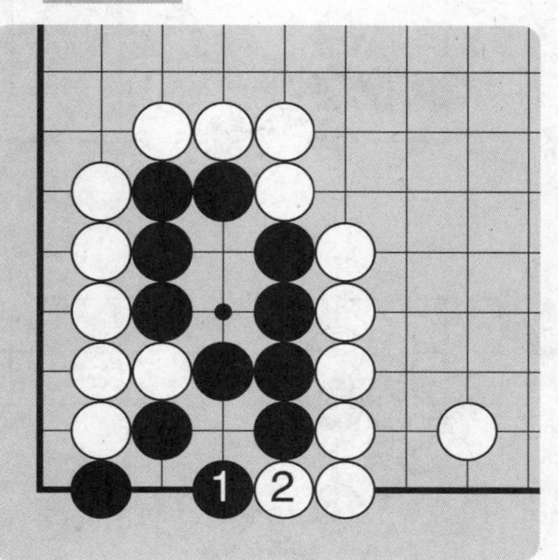

3图 黑1，白2后同样成假眼。

4图

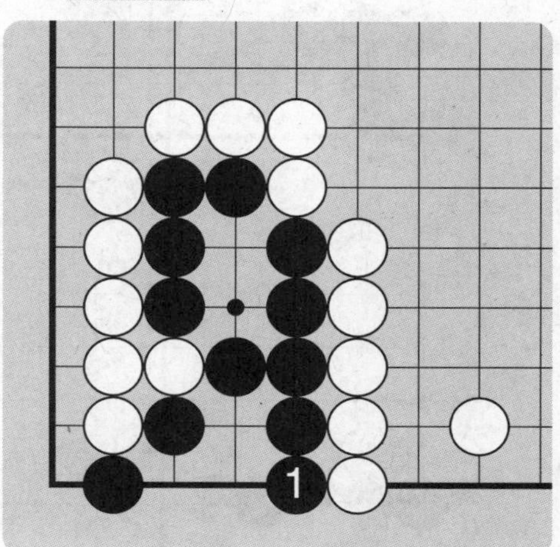

4图 这里黑1挡是正手。能做成真眼。

1. 做眼和破眼

学习日期	月　　日
检	

请黑棋再做一只眼活棋。

1

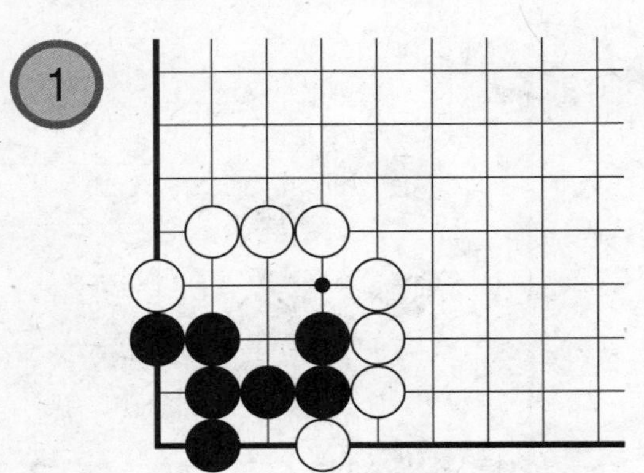

2

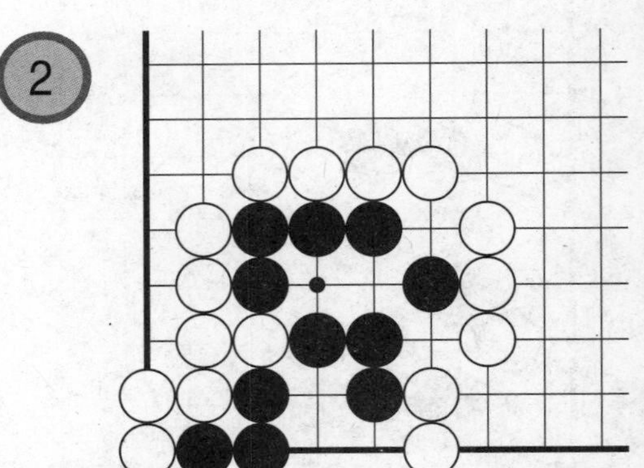

3

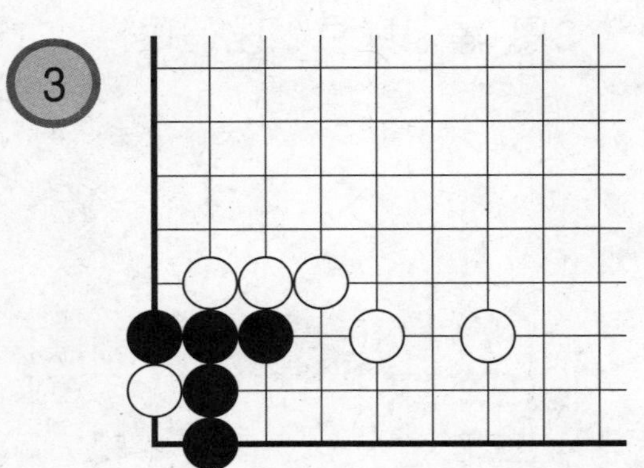

4

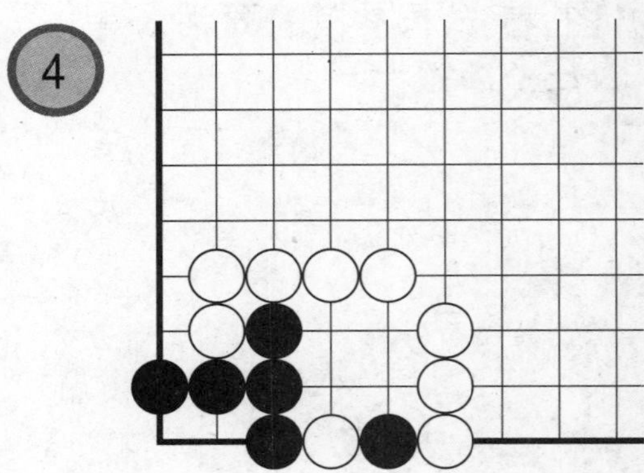

5

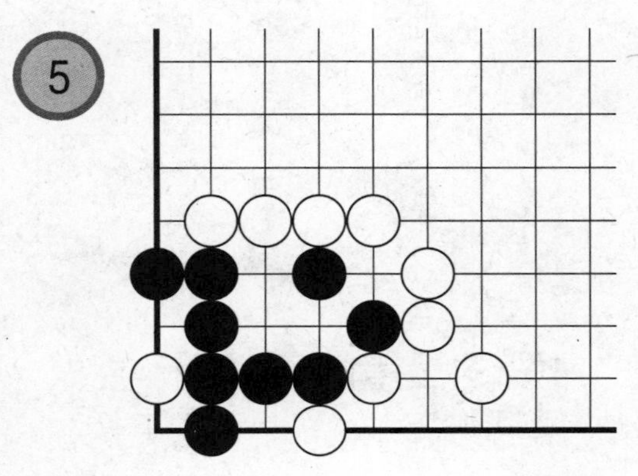

6

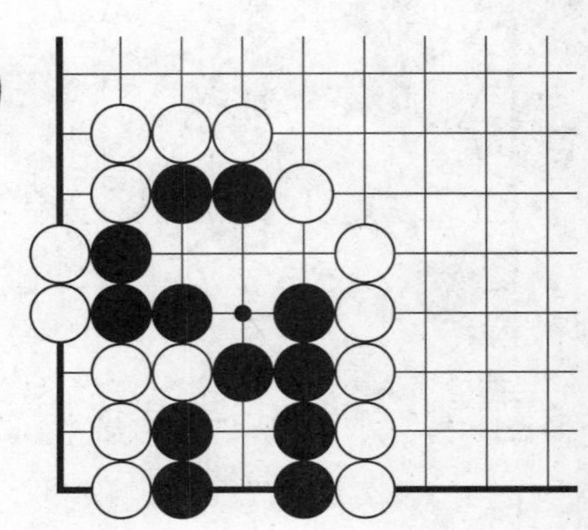

1. 做眼和破眼

学习日期	月　日
检	

请破白棋一只眼杀白棋。

7

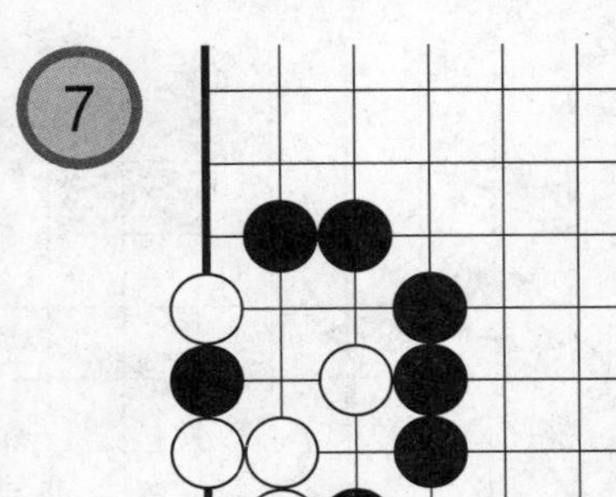

8

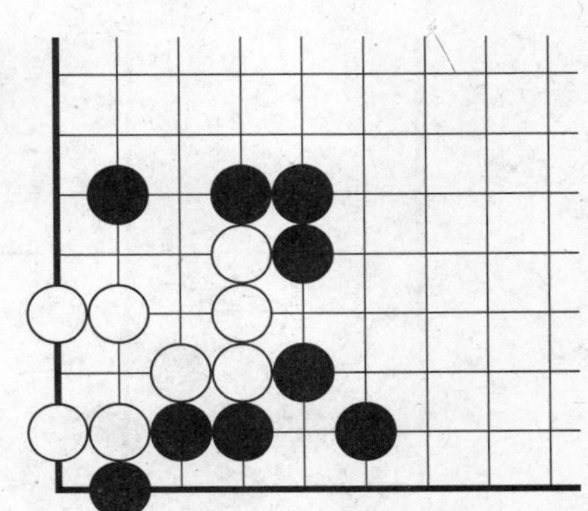

9

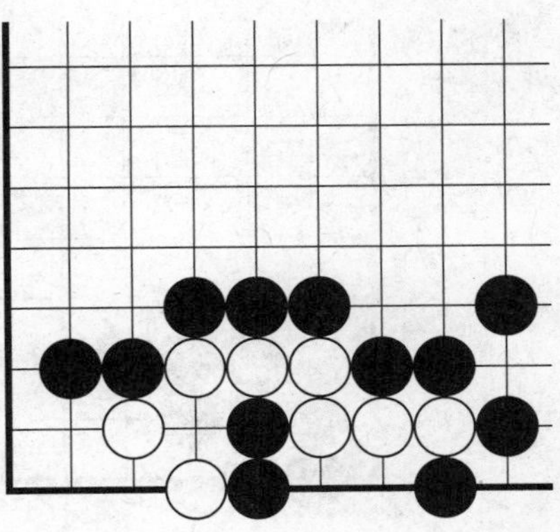

10

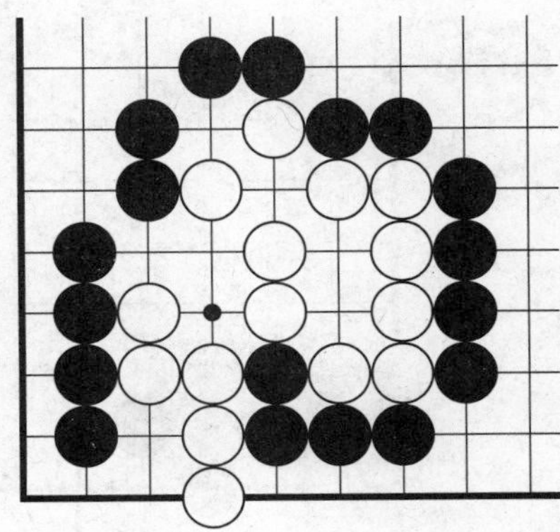

11

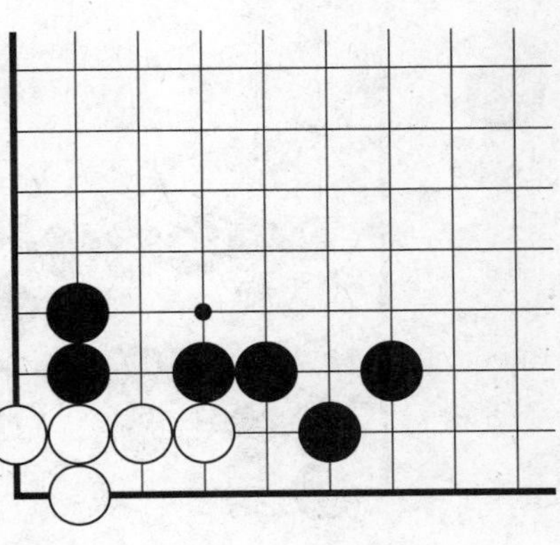

12

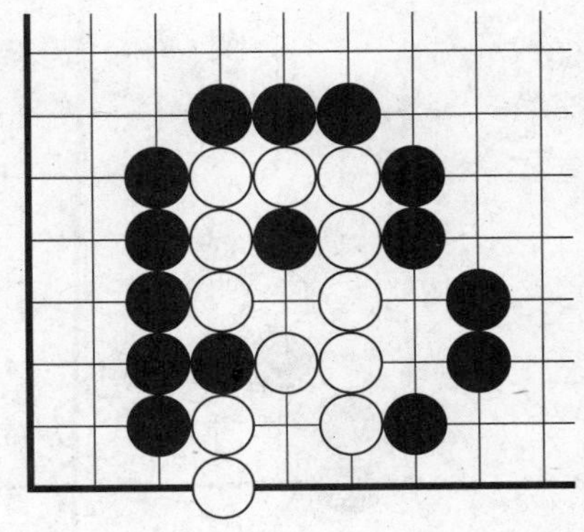

1. 做眼和破眼

学习日期	月　日
检	

请黑棋再做一只眼活棋。

13

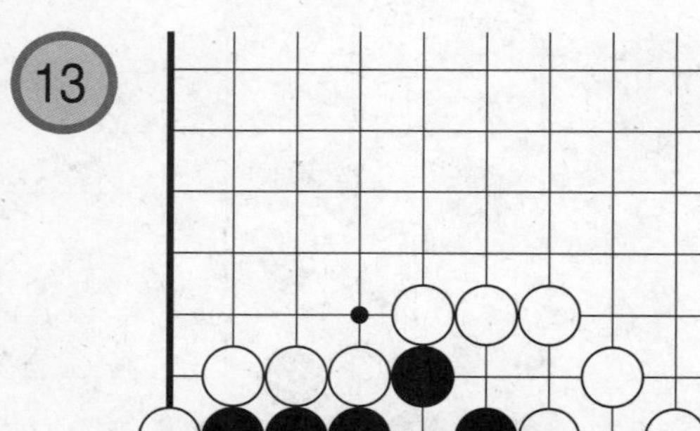

14

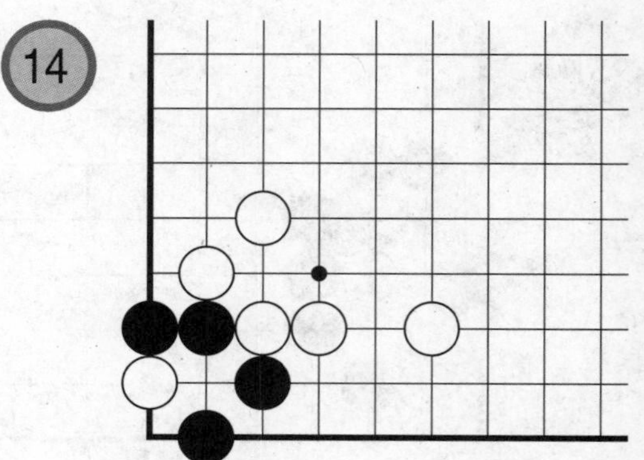

15

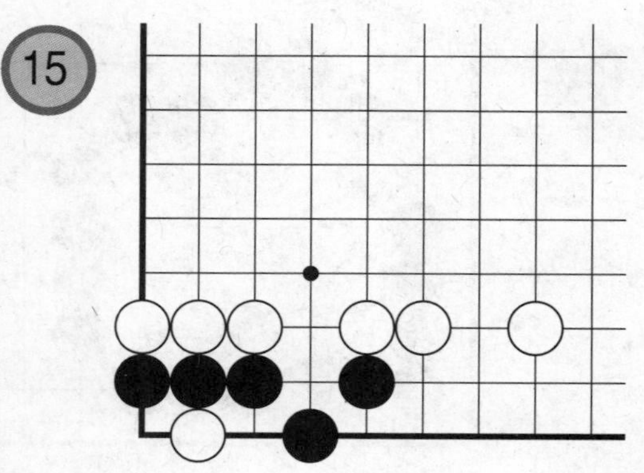

16

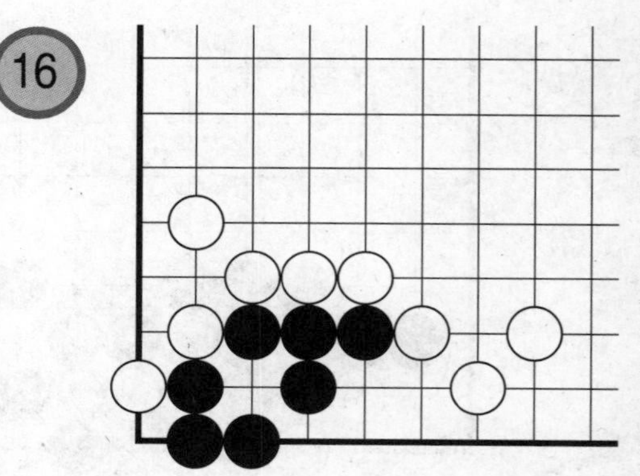

17

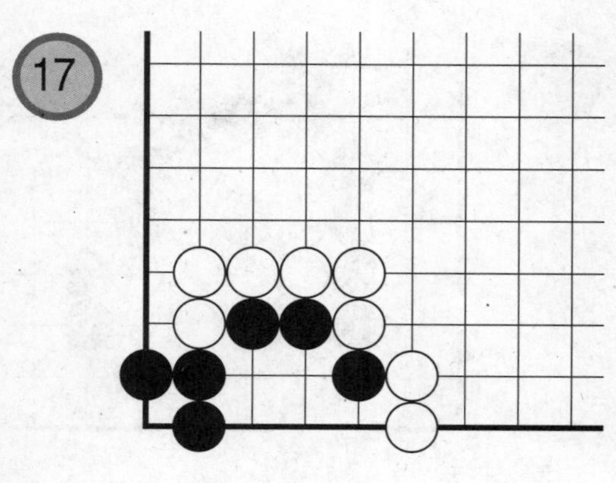

18

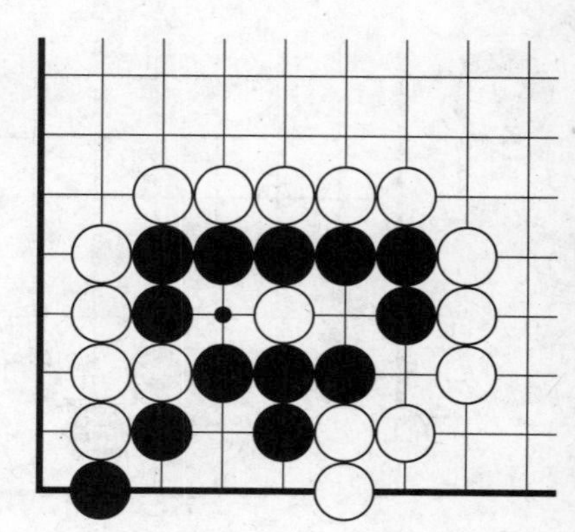

1. 做眼和破眼

学习日期	月 日
检	

请破白棋一只眼杀白棋。

19

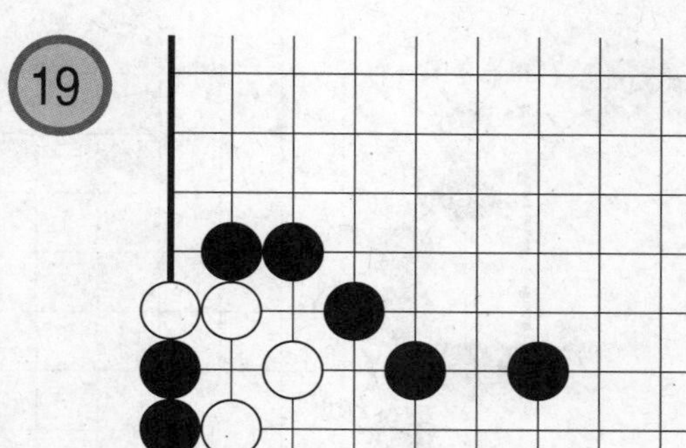

20

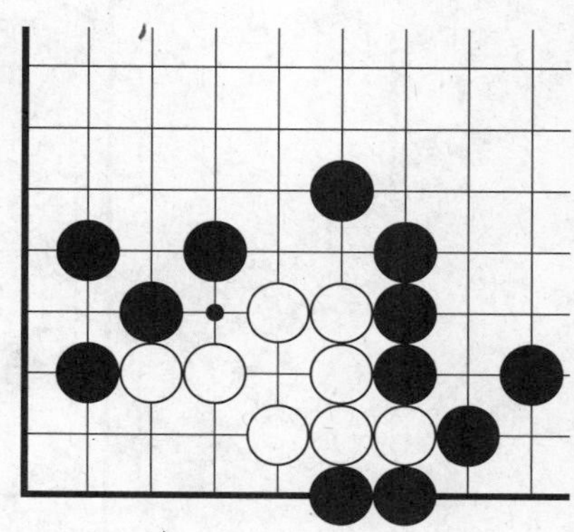

21

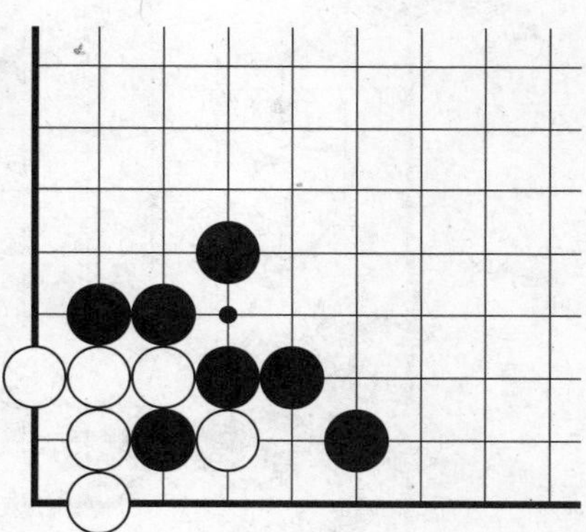

22

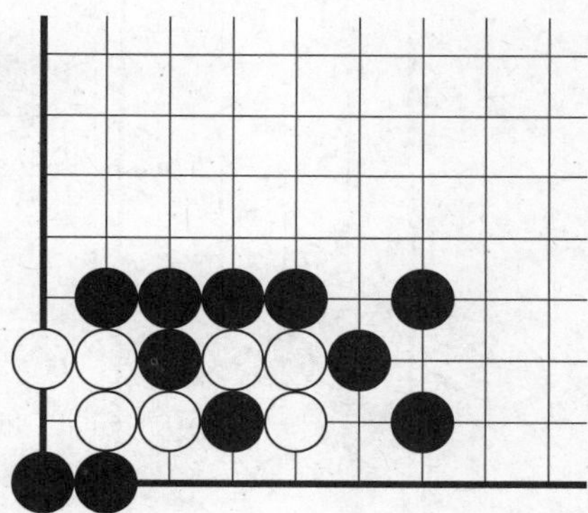

23

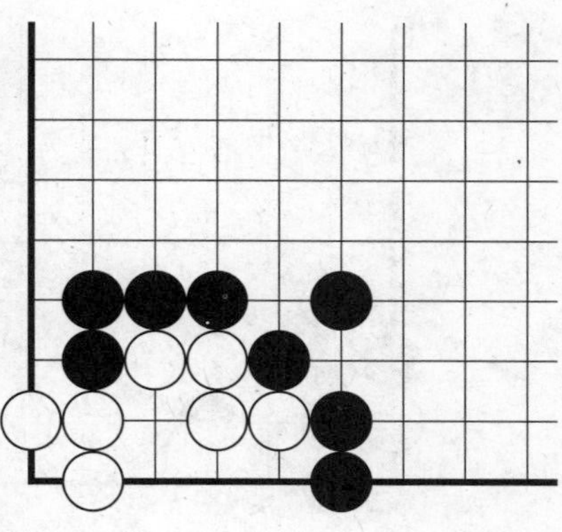

24

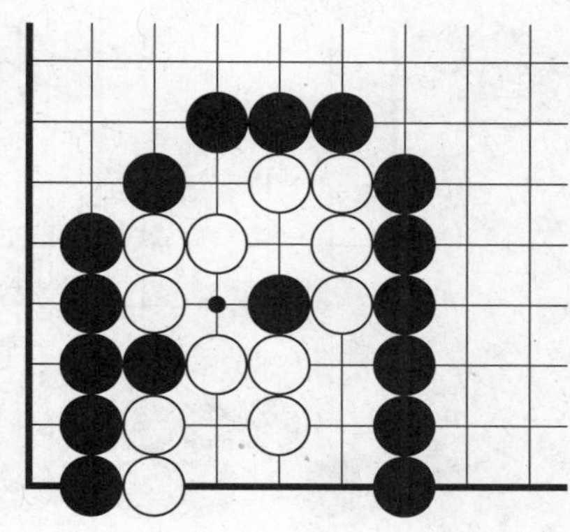

1. 做眼和破眼

学习日期	月　日
检	

请黑棋再做一只眼活棋。

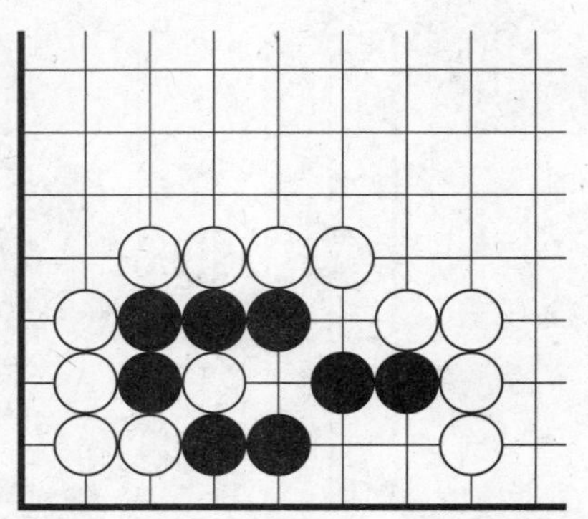

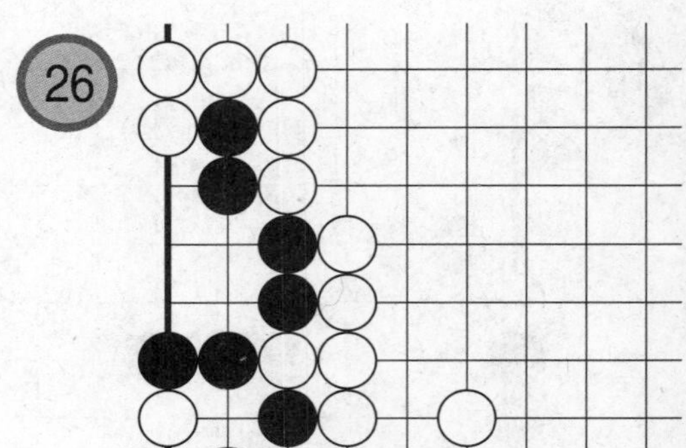

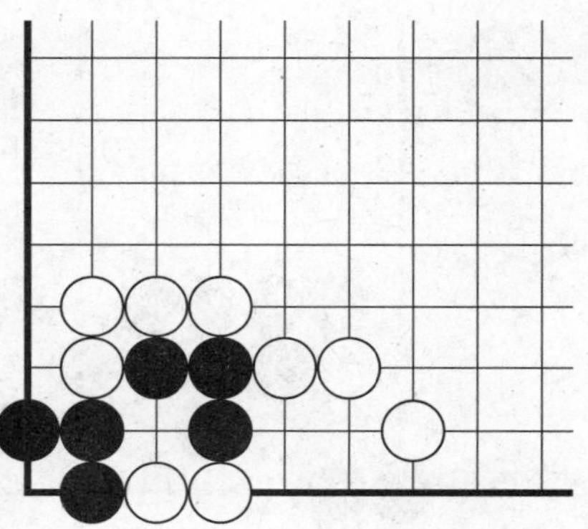

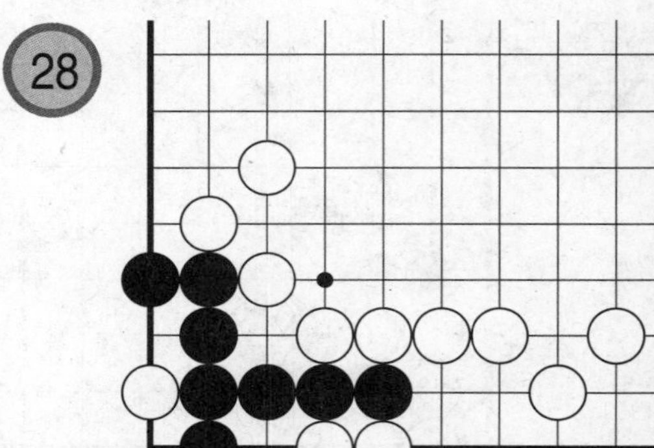

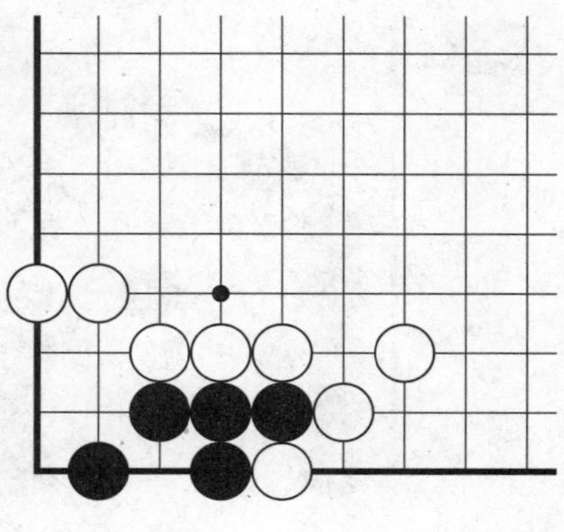

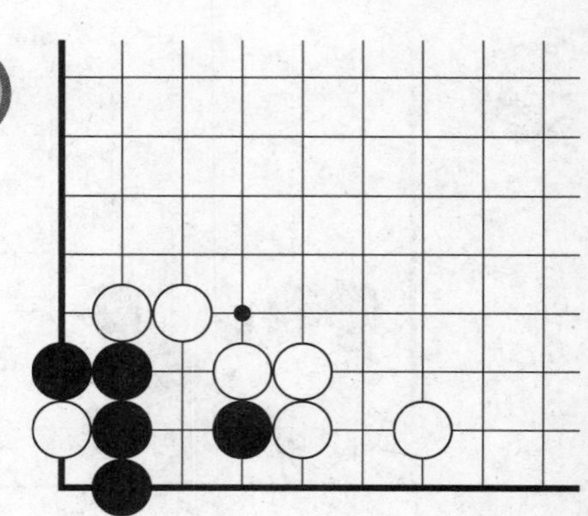

② 眼形死活

1图

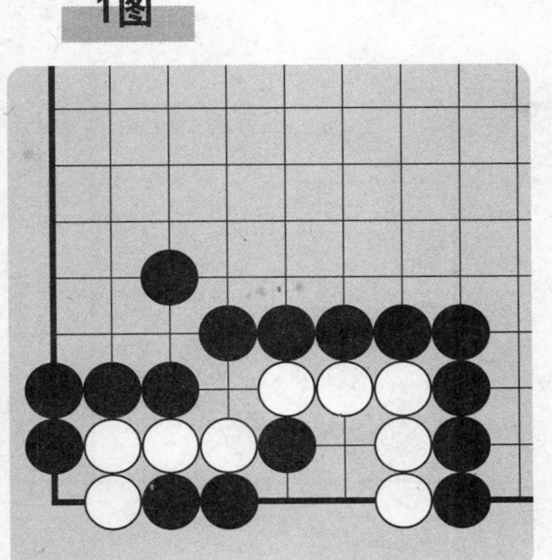

1图 白棋的死活。

2图

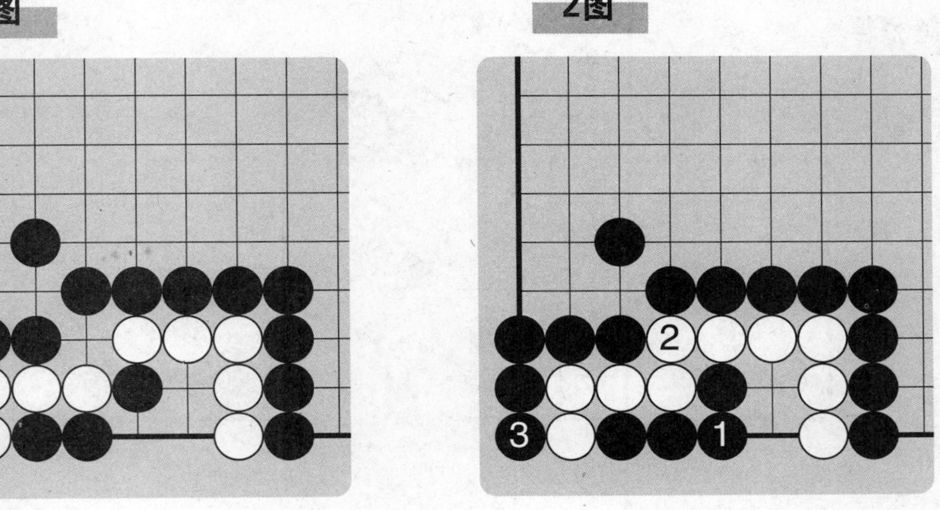

2图 黑1，白2成为双活。

3图

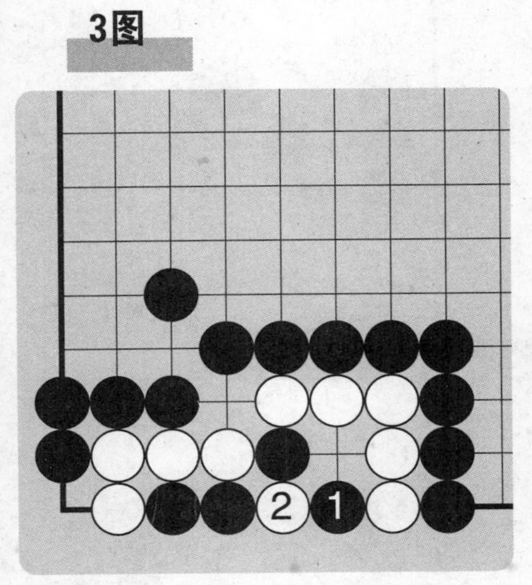

3图 黑1是正确的下法。白2提。

4图

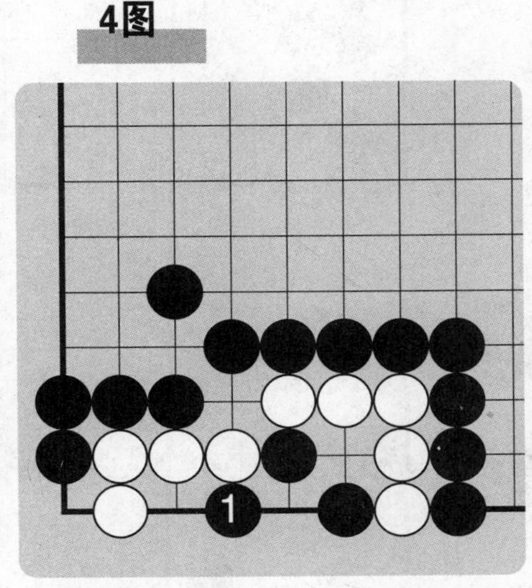

4图 黑1再提成为刀把五，白死。

2. 眼形死活

学习日期	月　日
检	

黑先活。

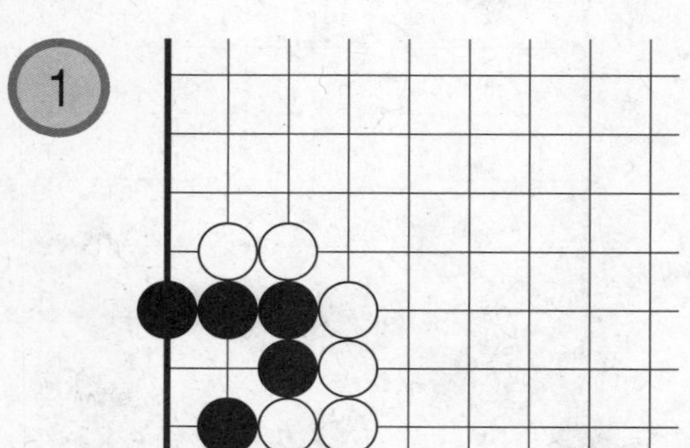

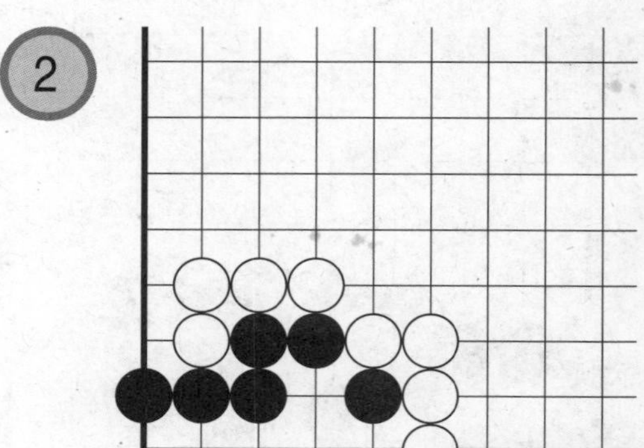

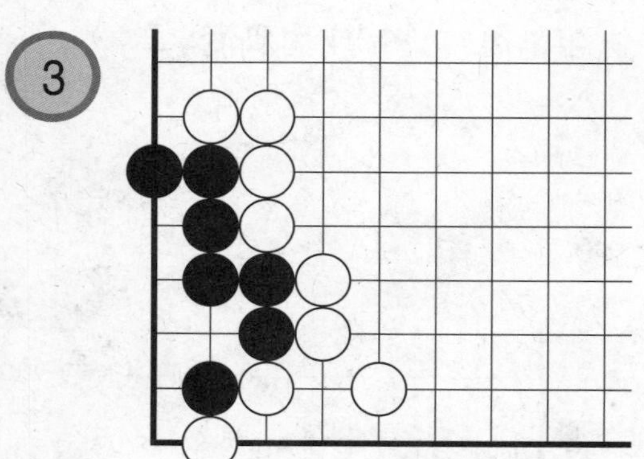

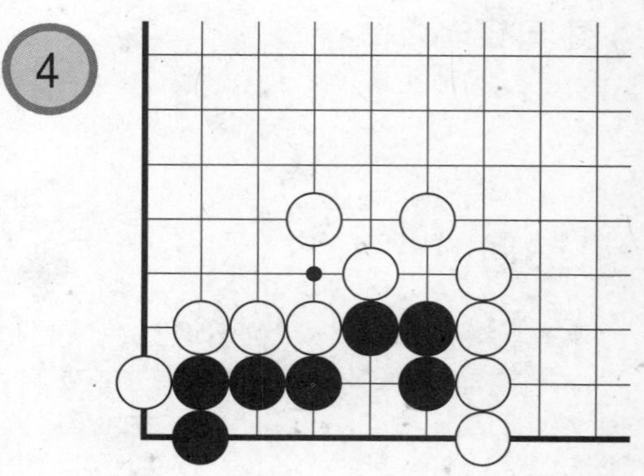

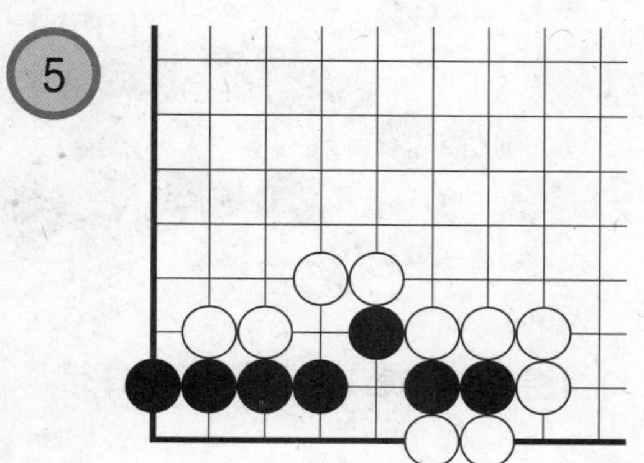

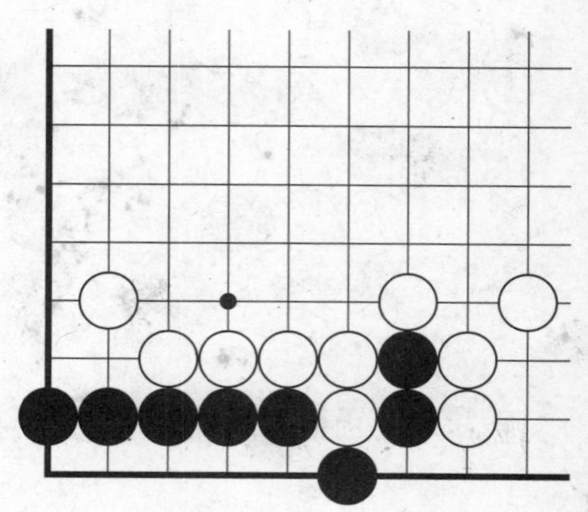

2. 眼形死活

学习日期	月　日
检	

请吃白棋。

⑦

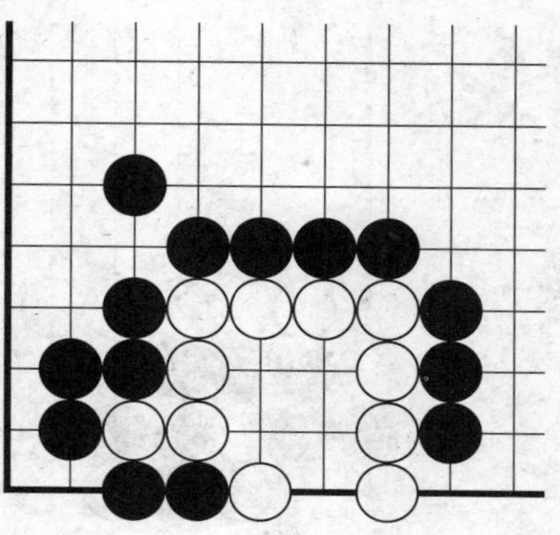

⑧

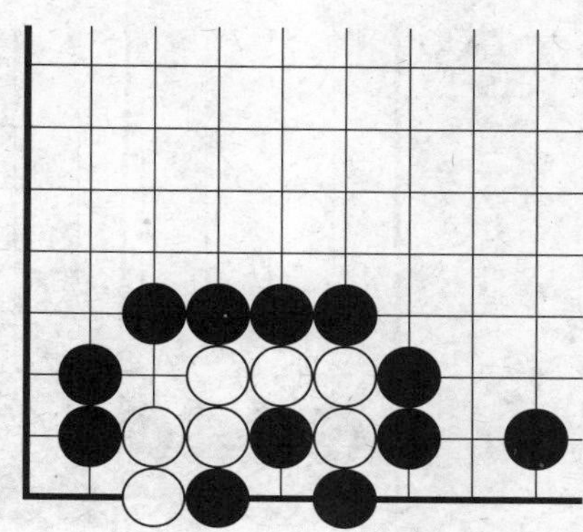

⑨

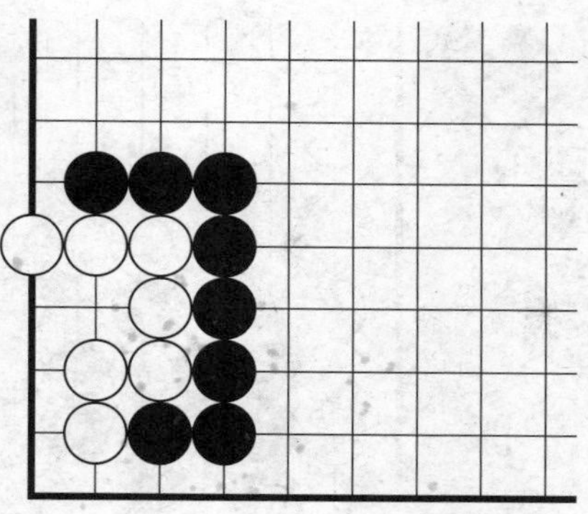

⑩

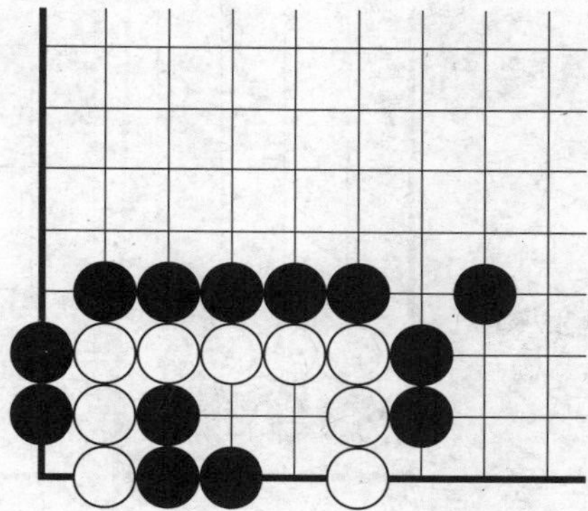

⑪

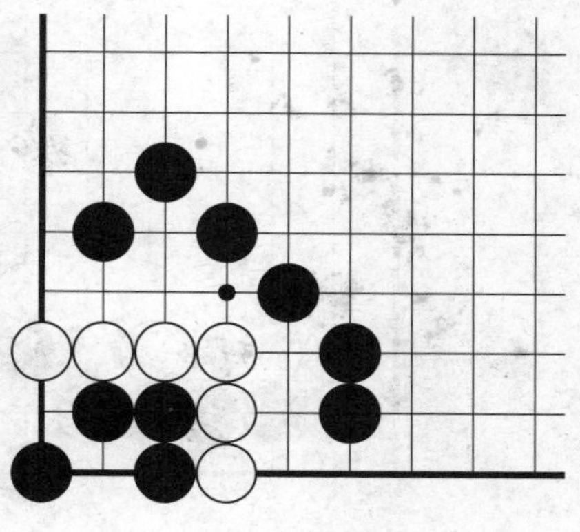

⑫

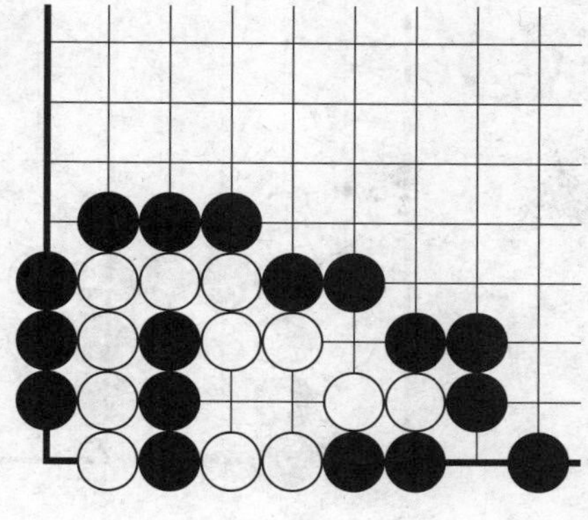

2. 眼形死活

学习日期	月 日
检	

黑先活。

13

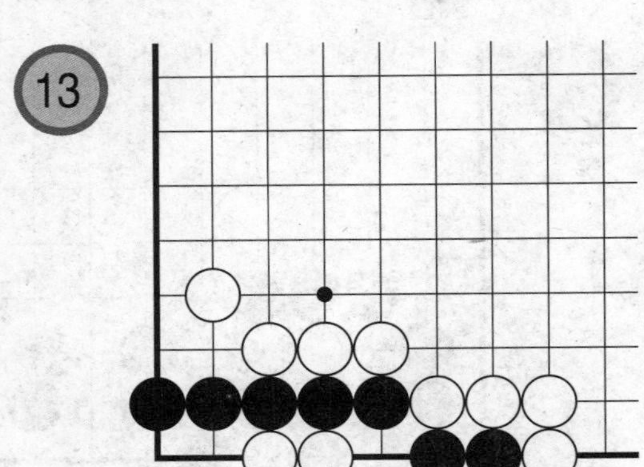

14

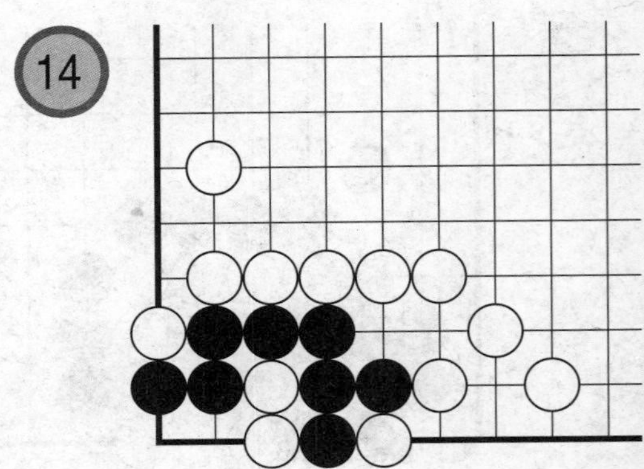

15

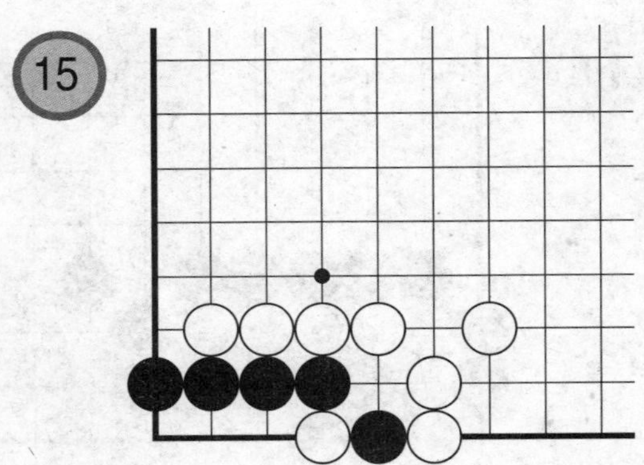

16

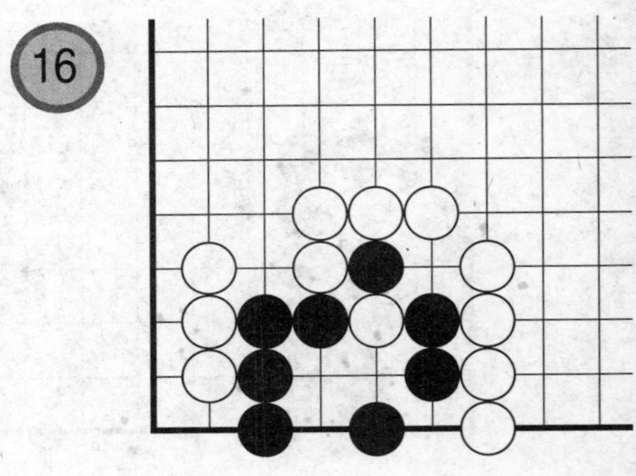

17

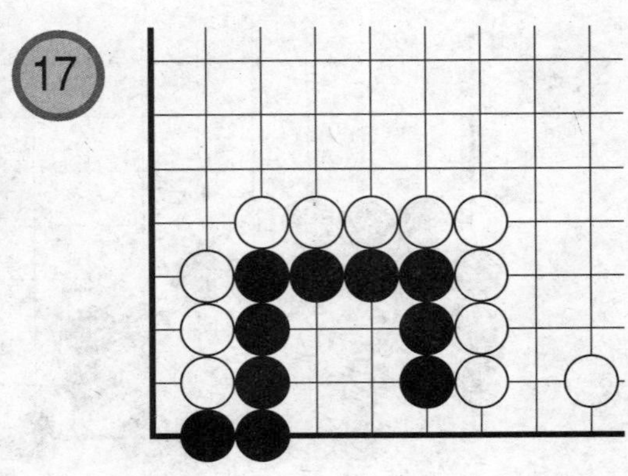

18

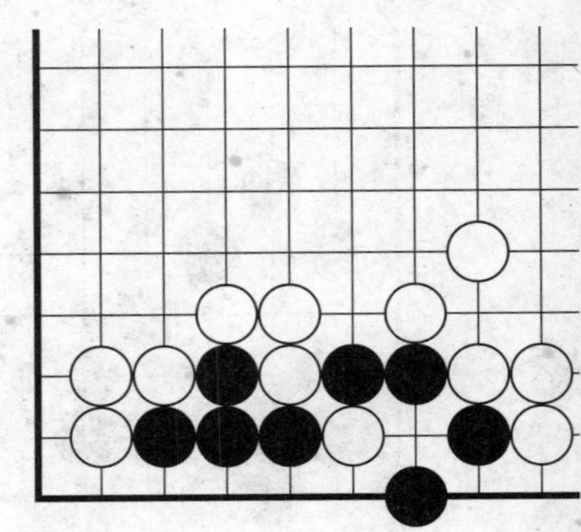

2. 眼形死活

学习日期	月　日
检	

请吃白棋。

19

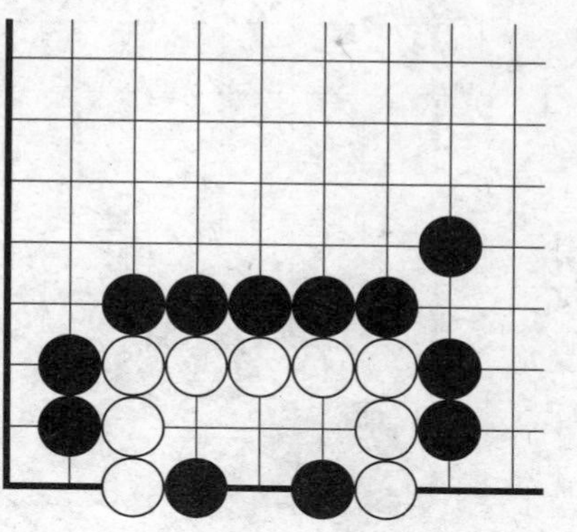

20

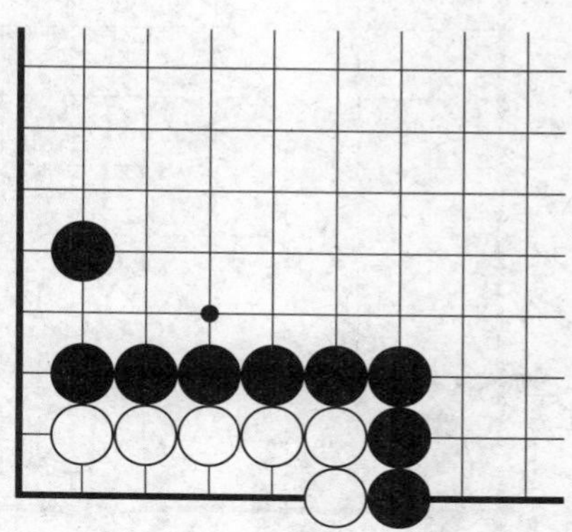

21

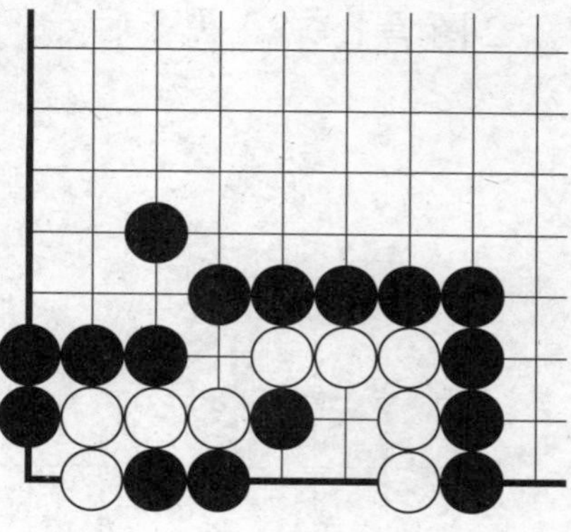

22

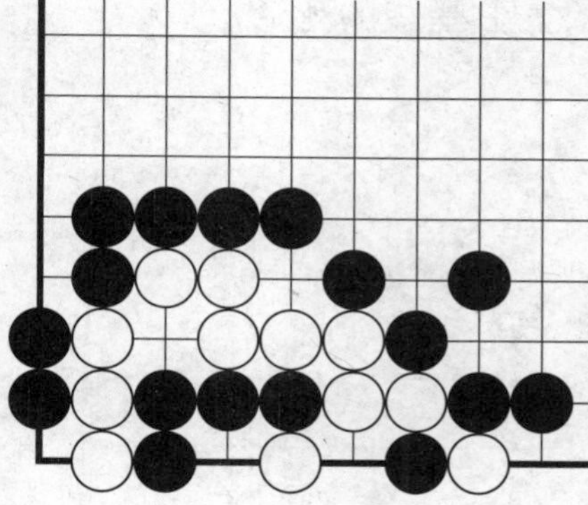

23

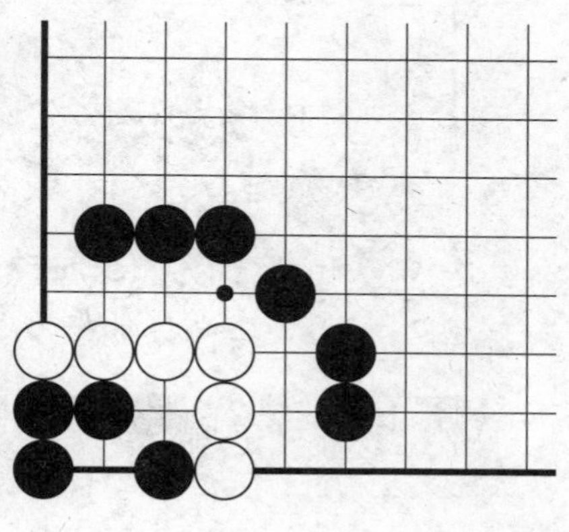

24

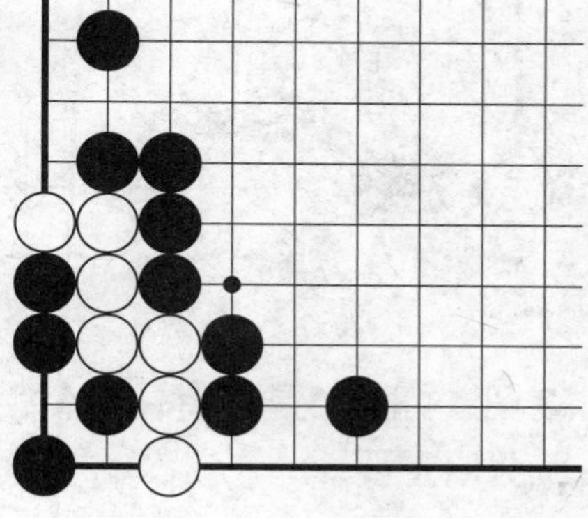

3 先做一只眼的地方是急所

1图

1 图 黑棋的死活

2图

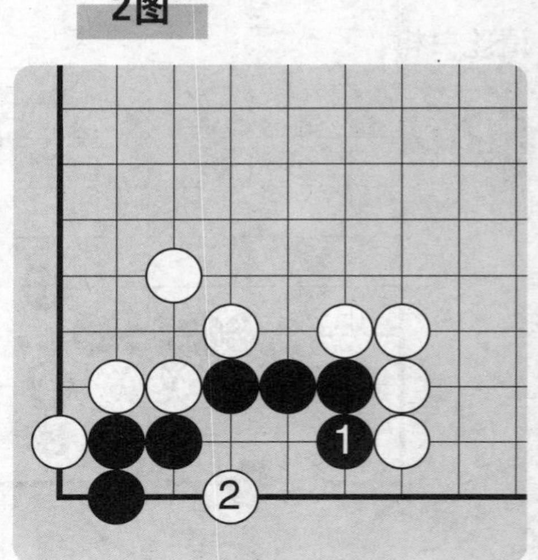

2 图 黑1, 白2，黑不活。

3图

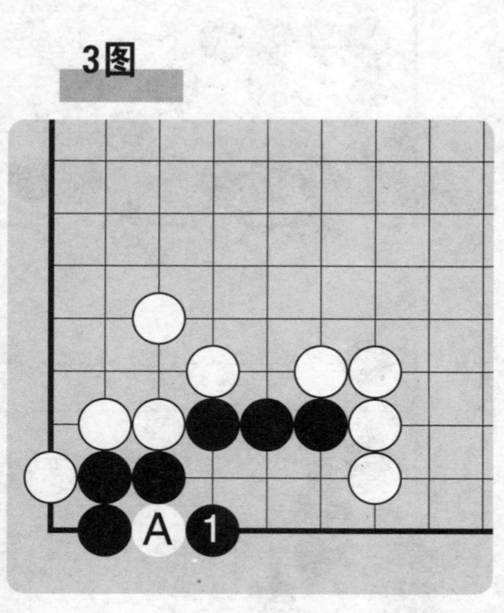

3 图 这里黑1是好棋，在A处成一只眼重要。

4图

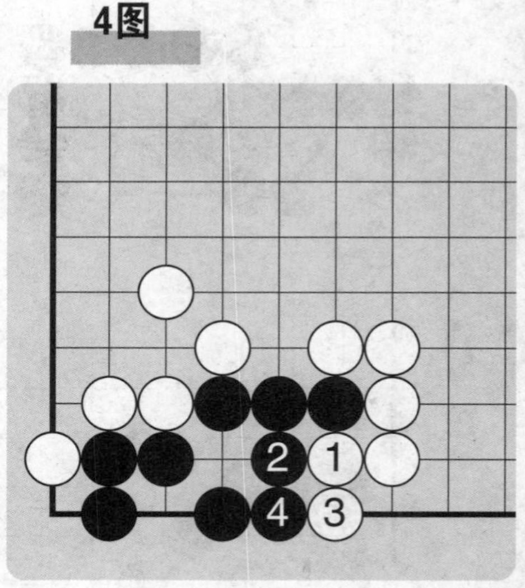

4 图 白1，黑2，黑成两只眼活棋。

3.先做一只眼的地方是急所

学习日期	月　日
检	

黑先活。

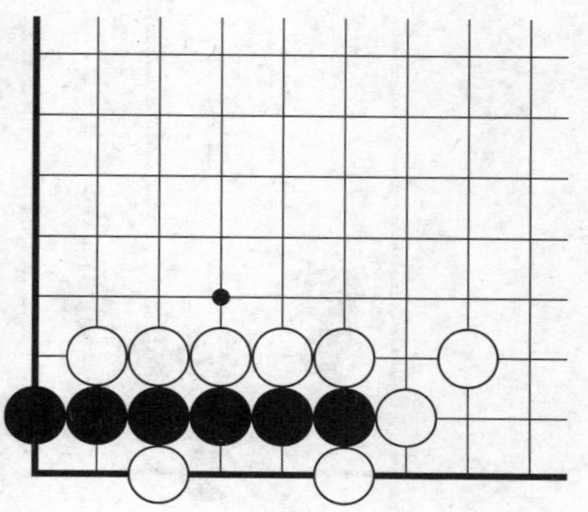

2

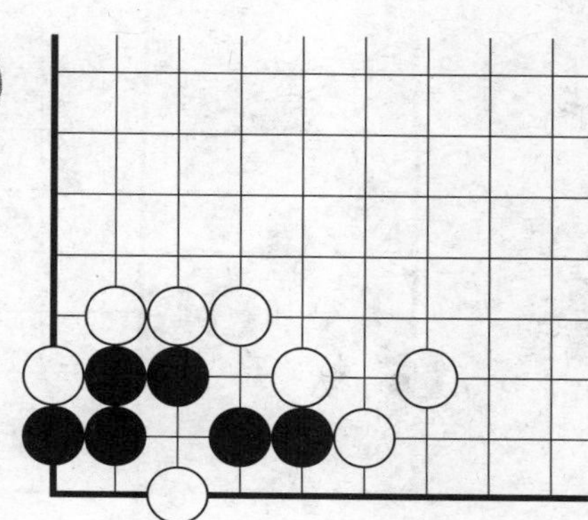

3

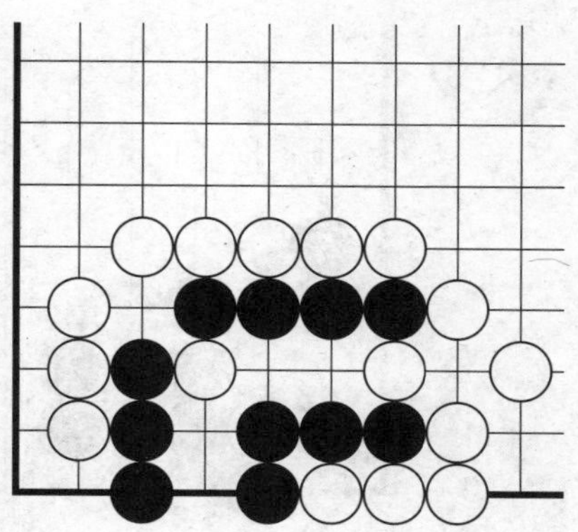

4

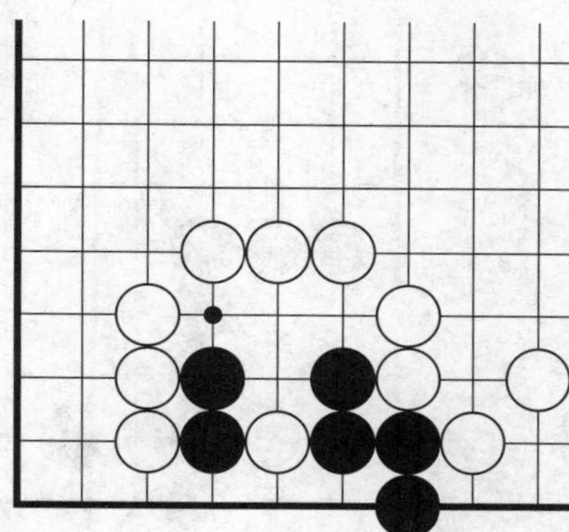

5

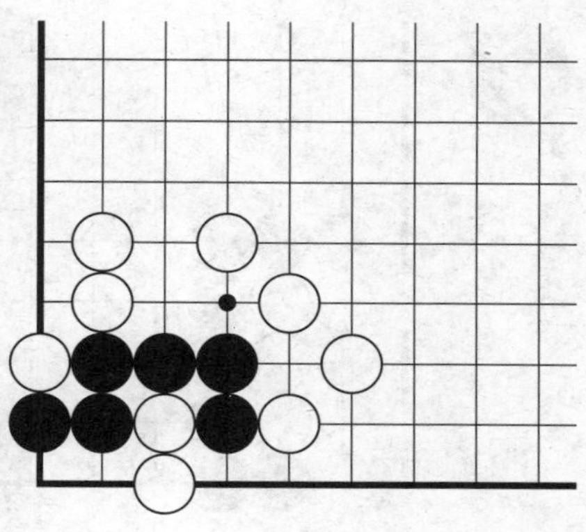

6

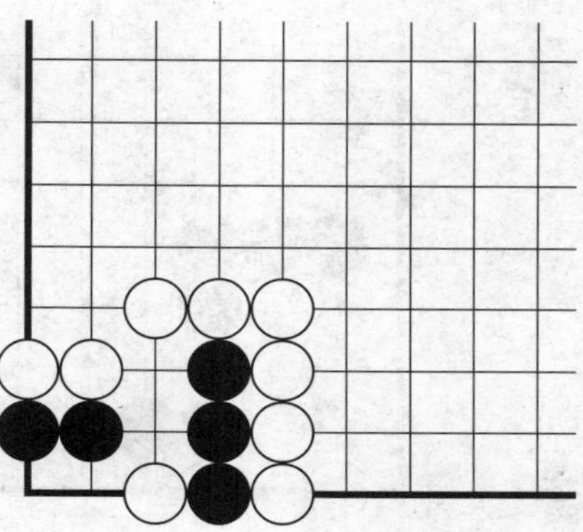

3.先做一只眼的地方是急所

学习日期	月　日
检	

请吃白棋。

7

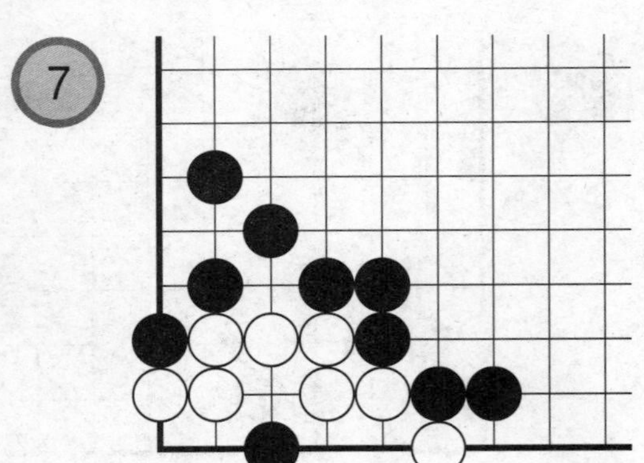

8

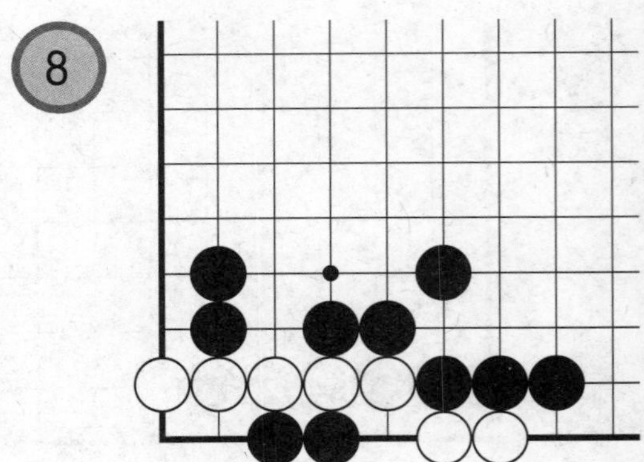

9

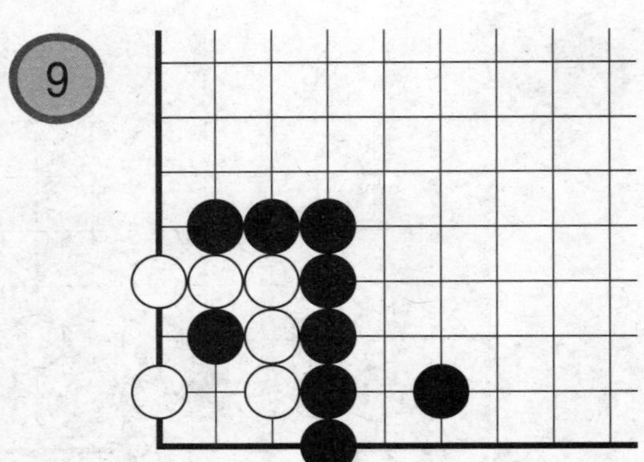

10

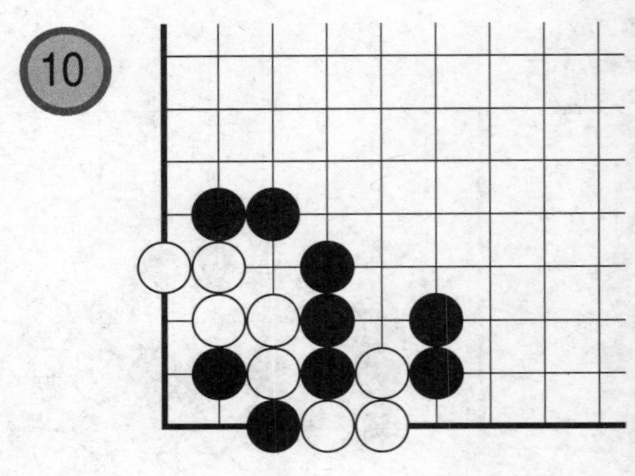

11

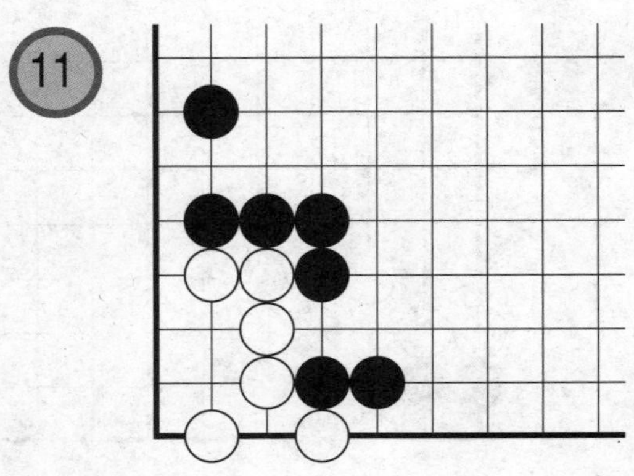

12

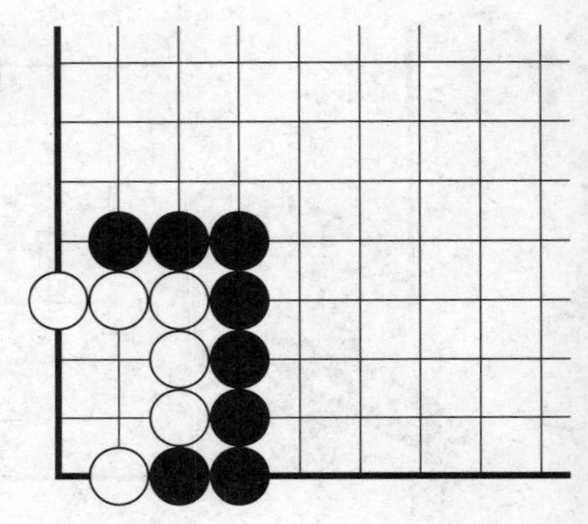

3.先做一只眼的地方是急所

学习日期	月　日
检	

黑先活。

13

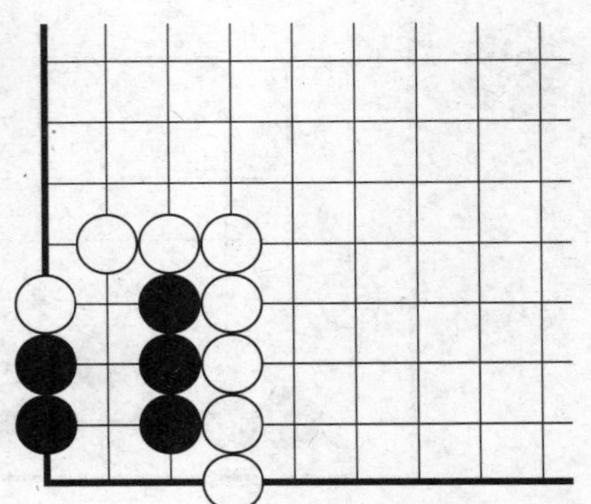

14

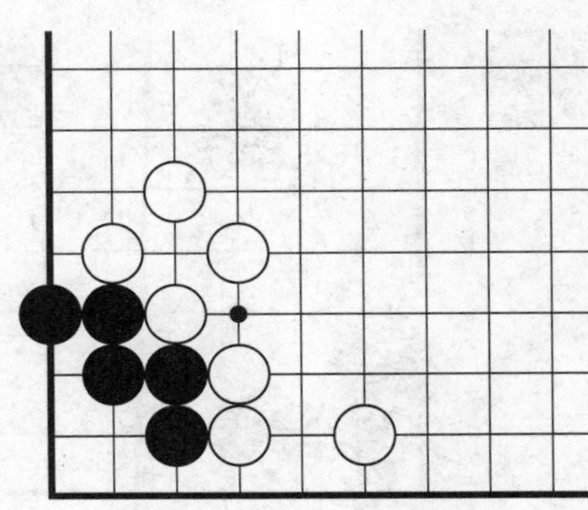

15

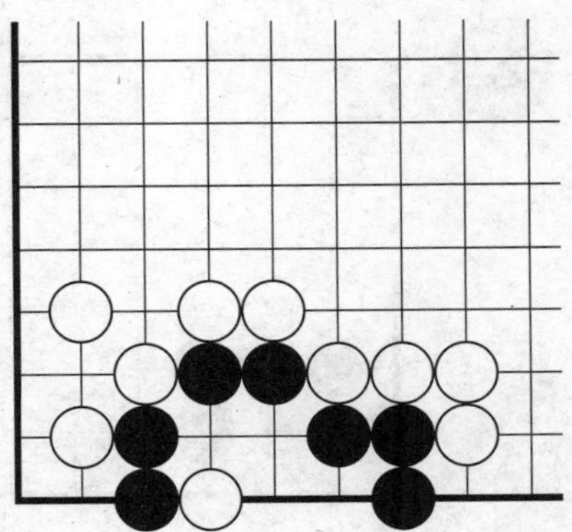

16

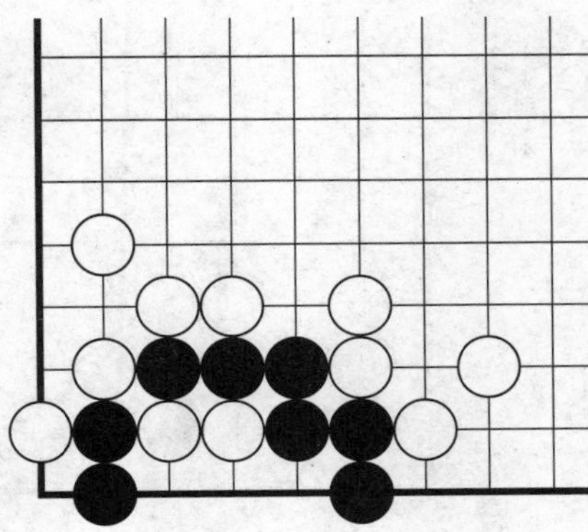

17

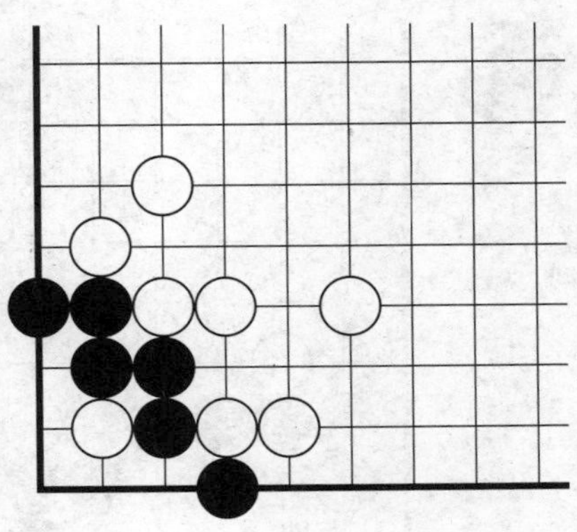

18

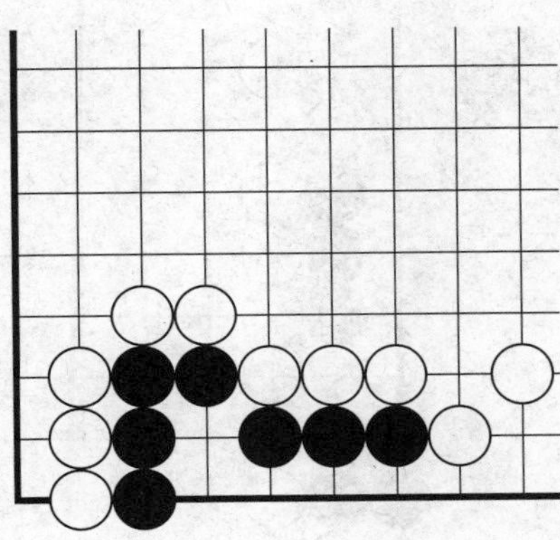

3.先做一只眼的地方是急所

学习日期	月　日
检	

黑先活。

19

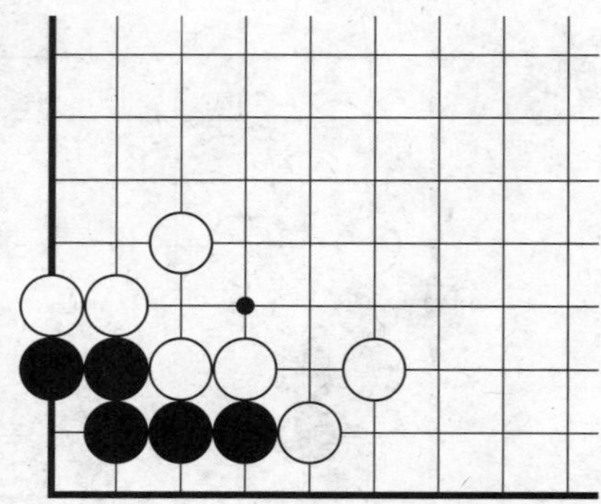

20

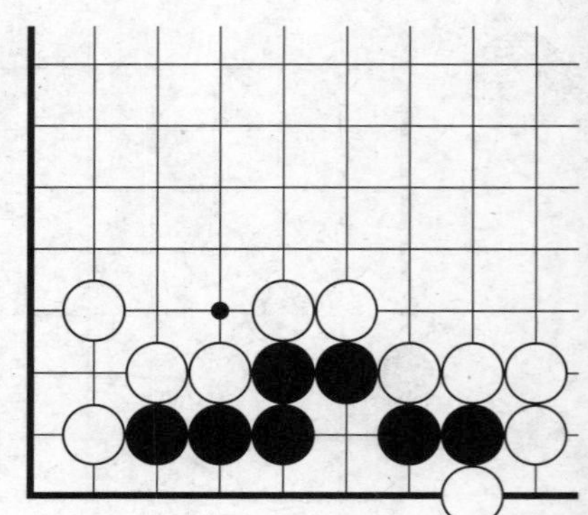

21

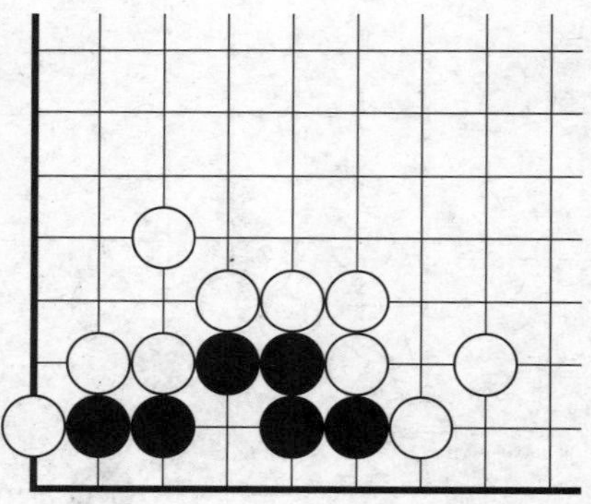

22

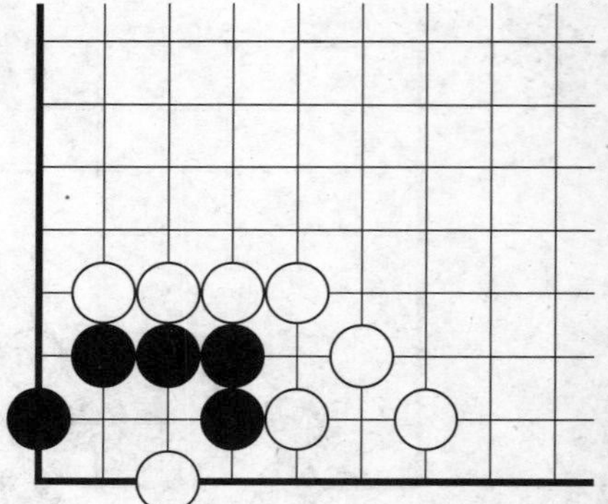

23

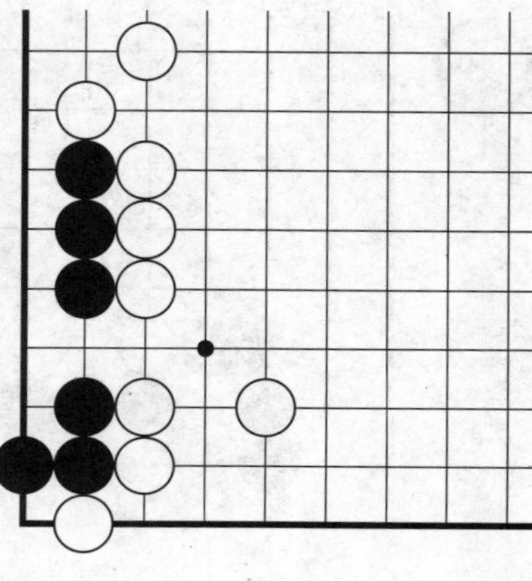

24

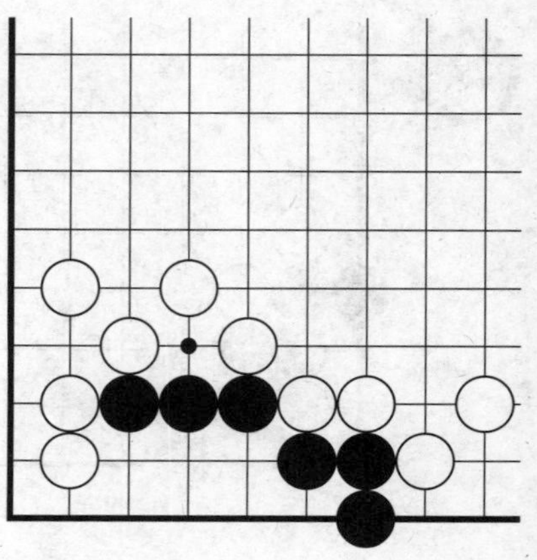

④ 利用倒扑

1图

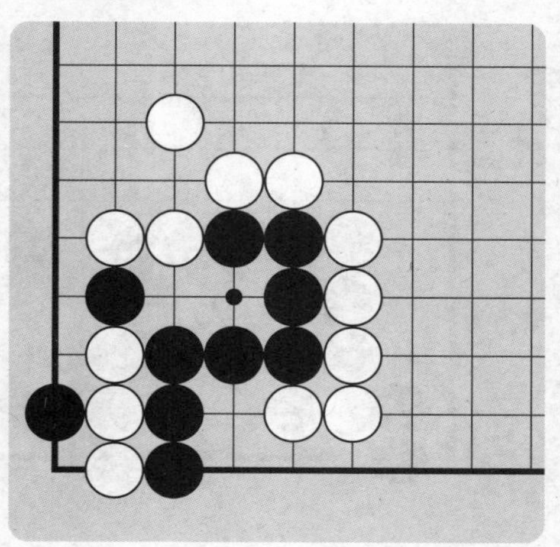

1图 黑棋的死活。

2图

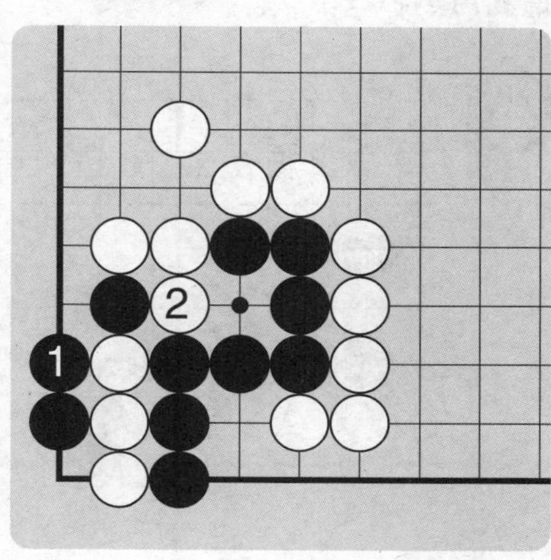

2图 黑1，白2，黑不活。

3图

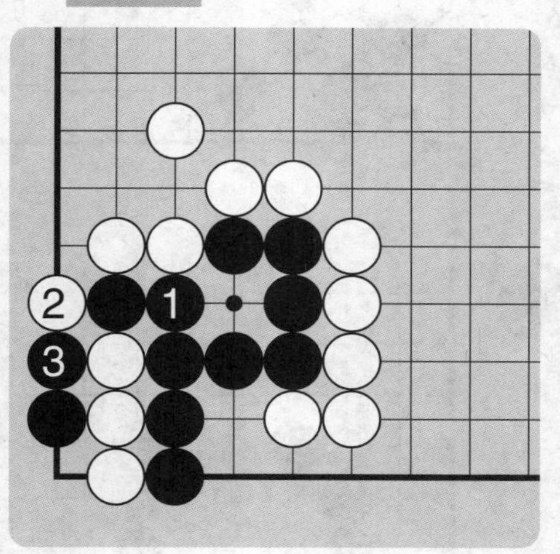

3图 黑1，白2时黑3送扑重要。

4图

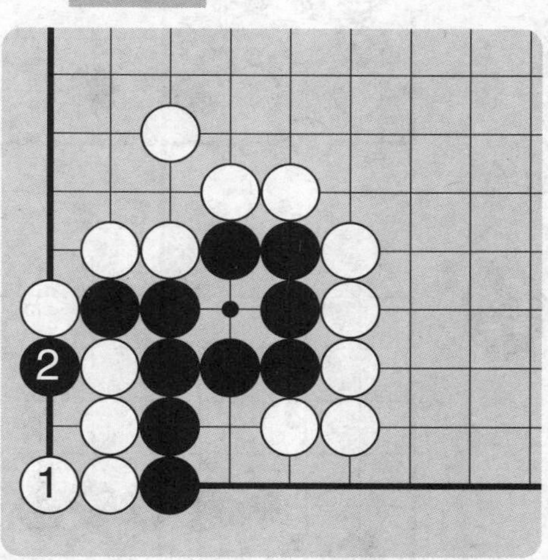

4图 如白1提，黑2可倒扑白棋，黑活棋。

4. 利用倒扑

学习日期	月　　日
检	

请利用倒扑吃白棋。

1

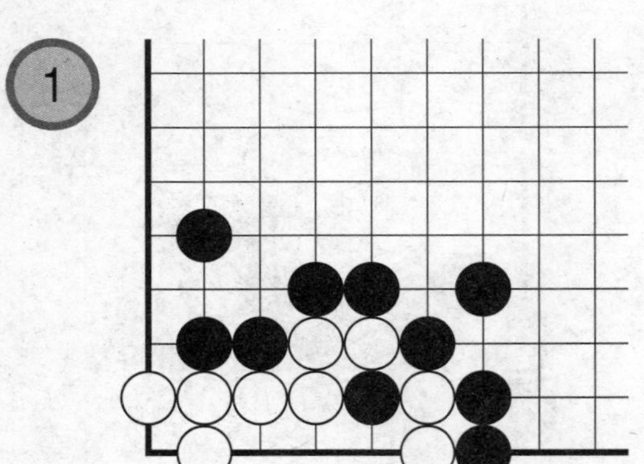

2

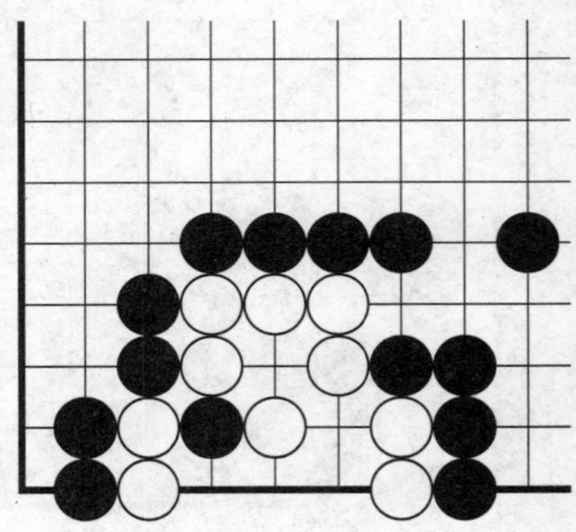

3

4

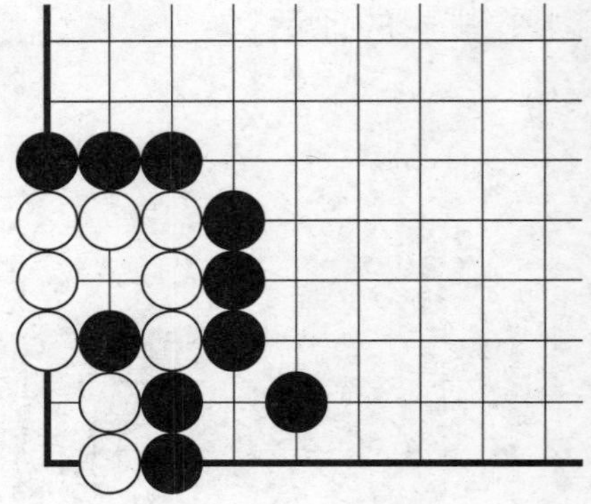

5

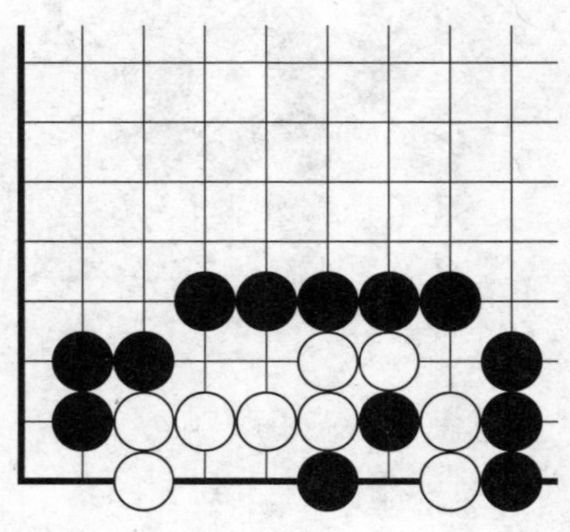

6

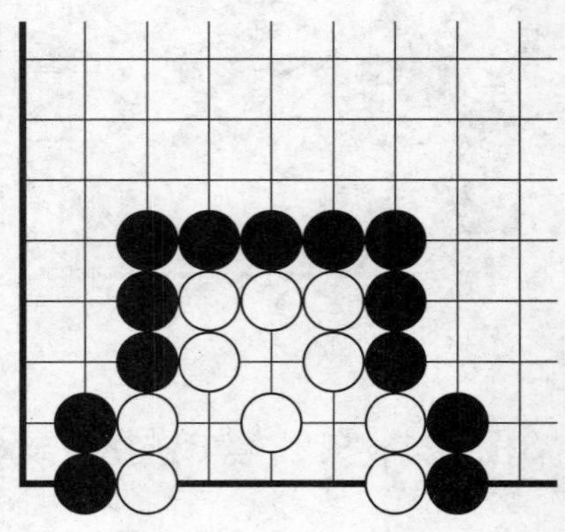

4. 利用倒扑

学习日期	月　日
检	

请利用倒扑做活。

7

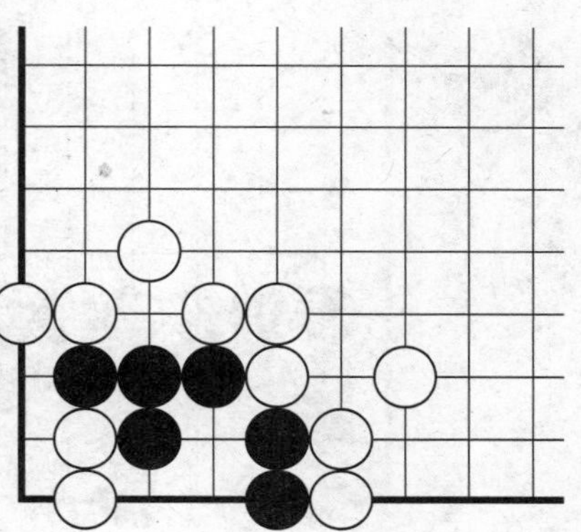

8

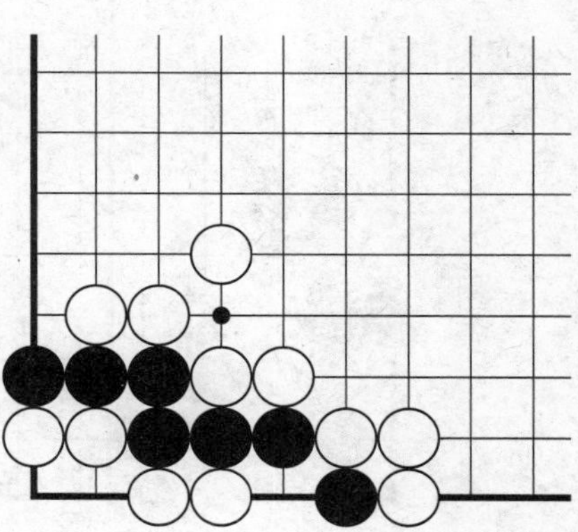

9

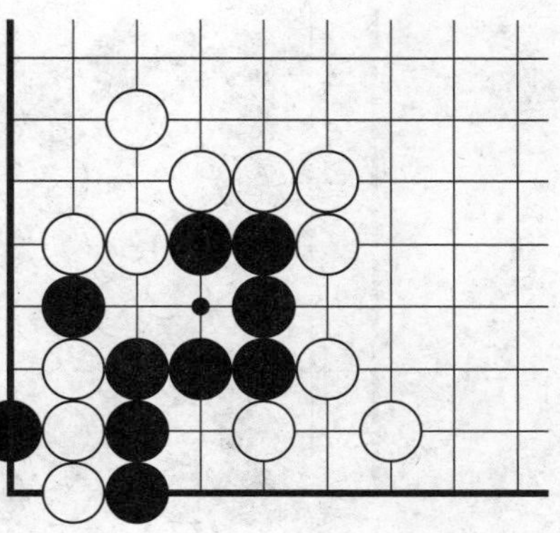

10

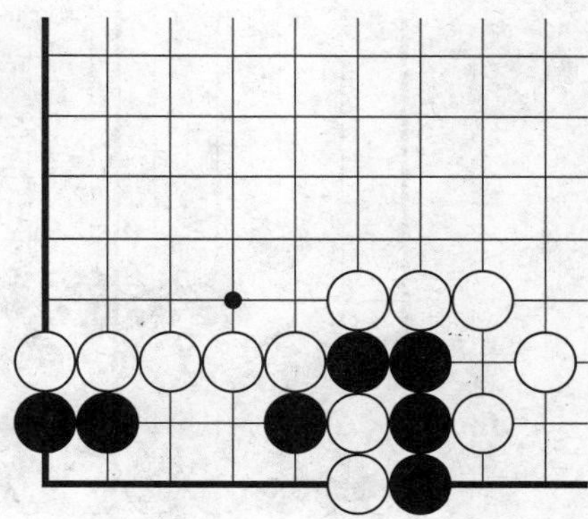

11

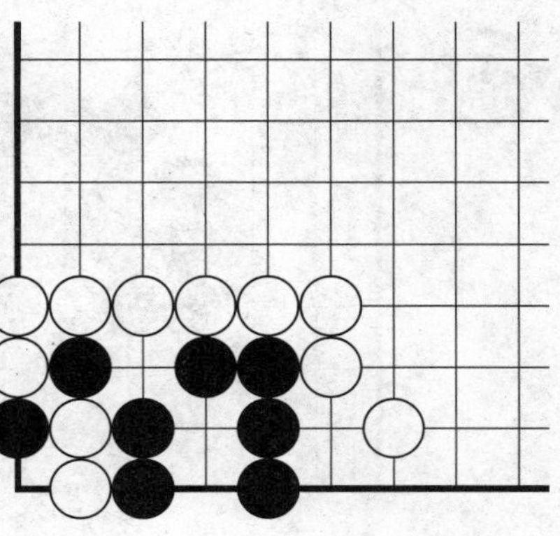

12

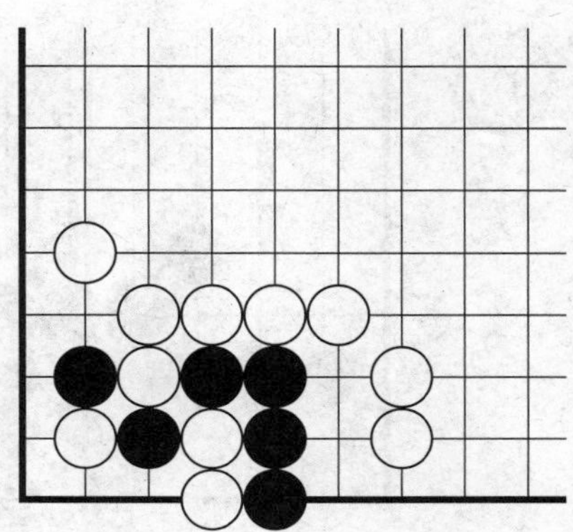

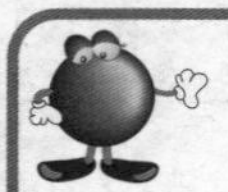

4. 利用倒扑

学习日期	月　　日
检	

请利用倒扑吃白棋。

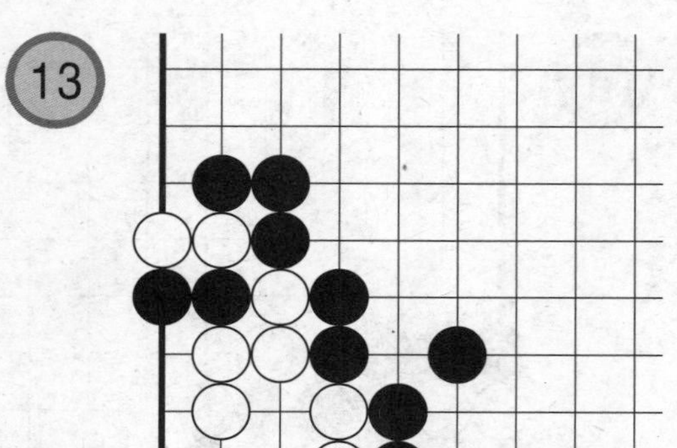

14

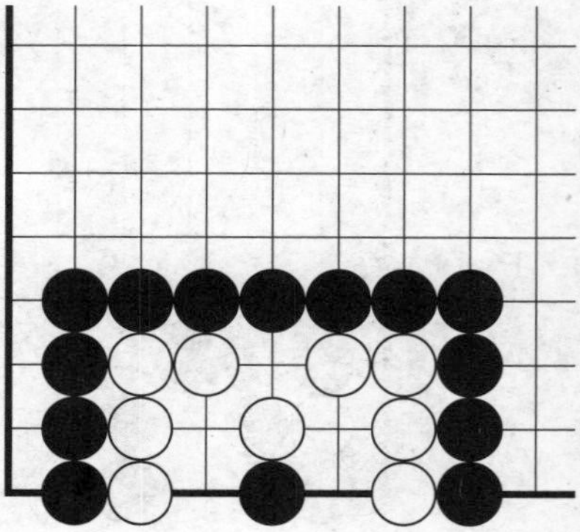

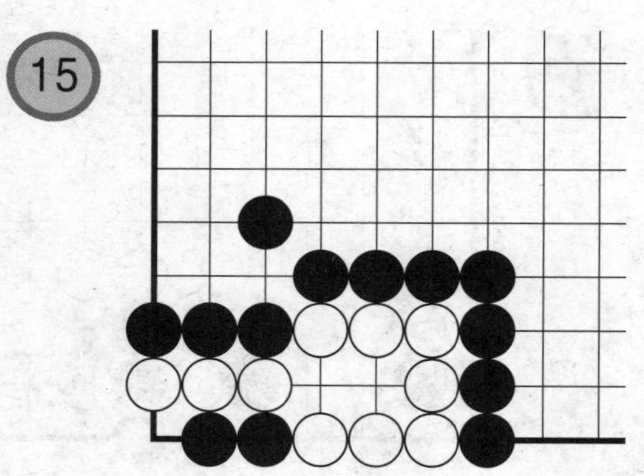

16

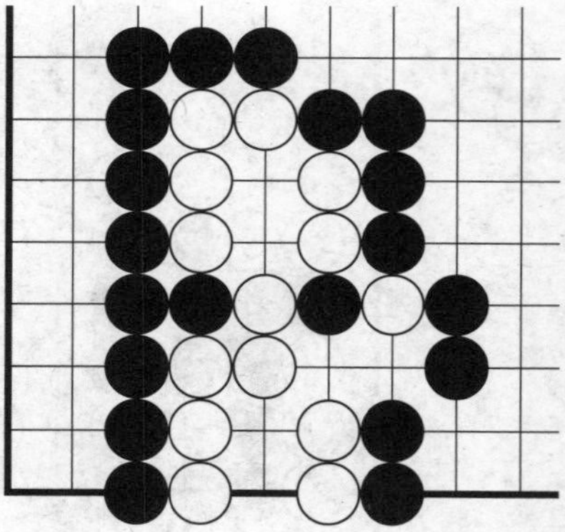

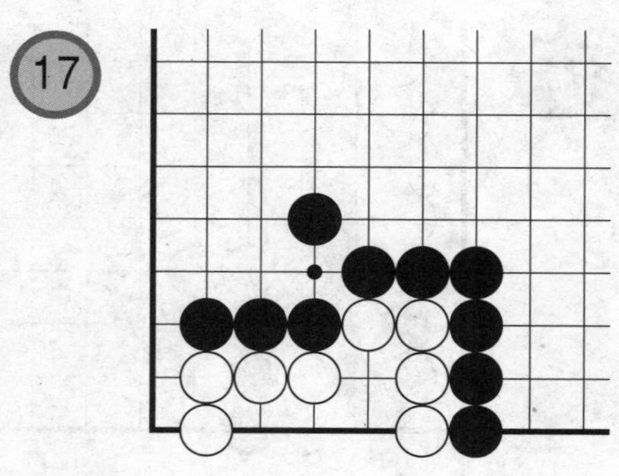

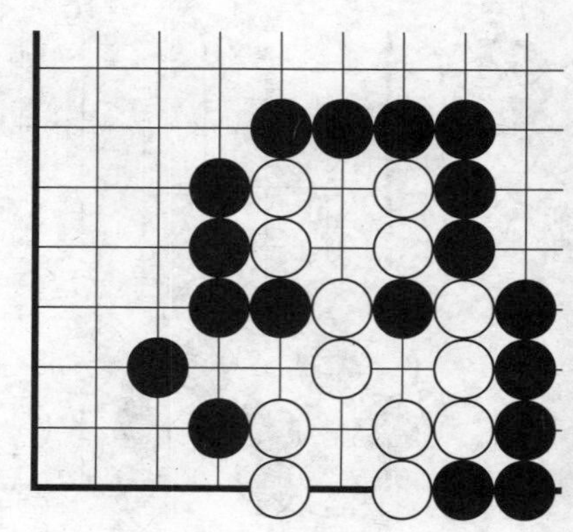

4. 利用倒扑

学习日期	月　　日
检	

利请用倒扑吃白棋或救活黑棋。(3手)

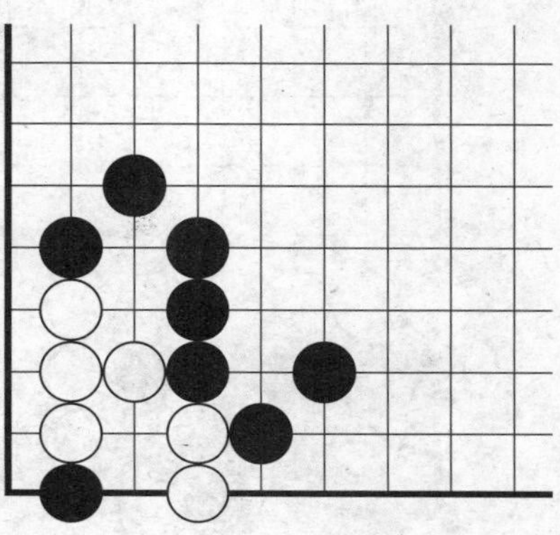

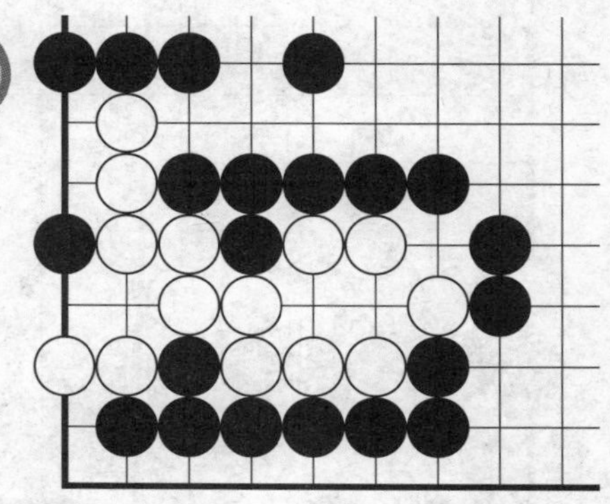

21

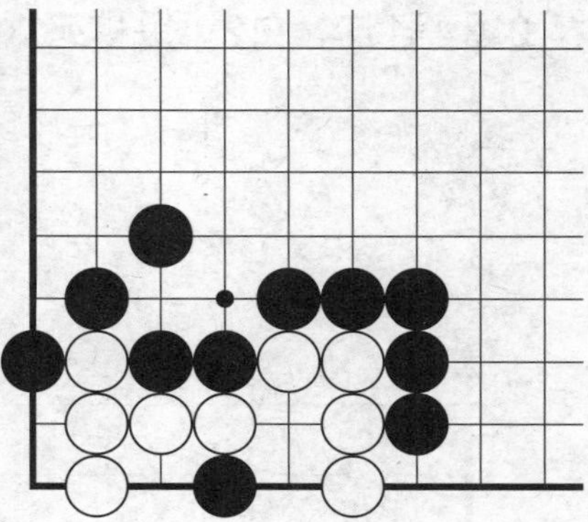

22

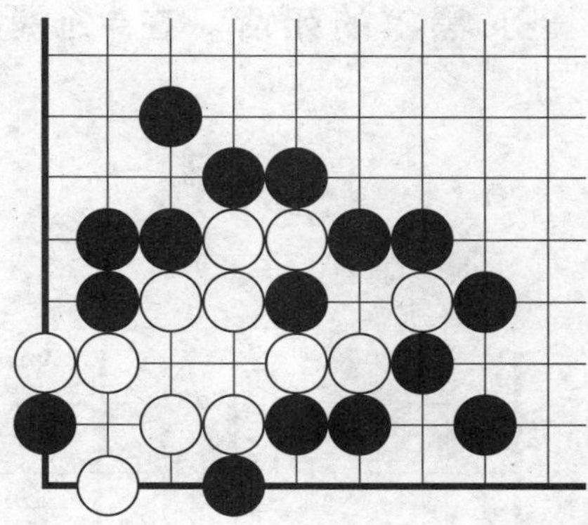

23

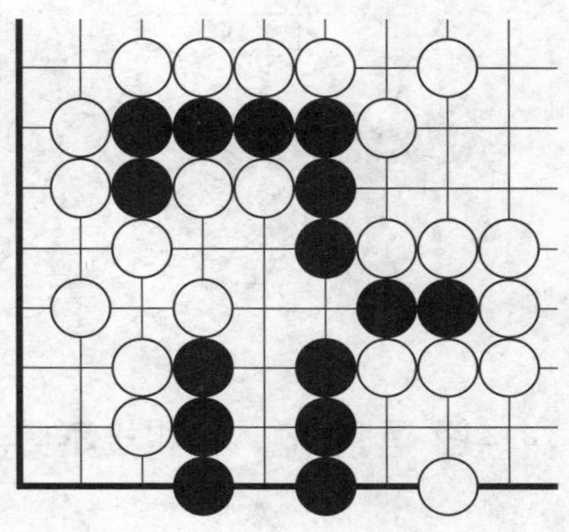

24

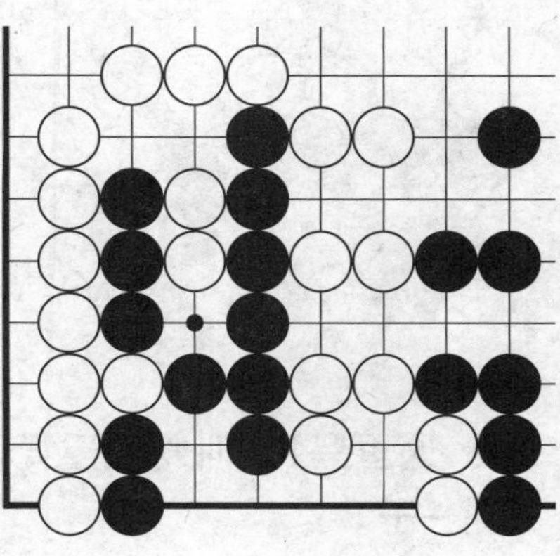

5 利用接不归

1图

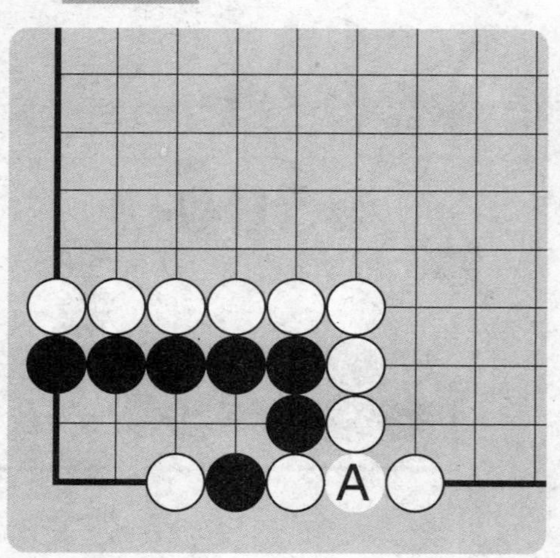

1图 黑棋的死活。在A处提成劫。

2图

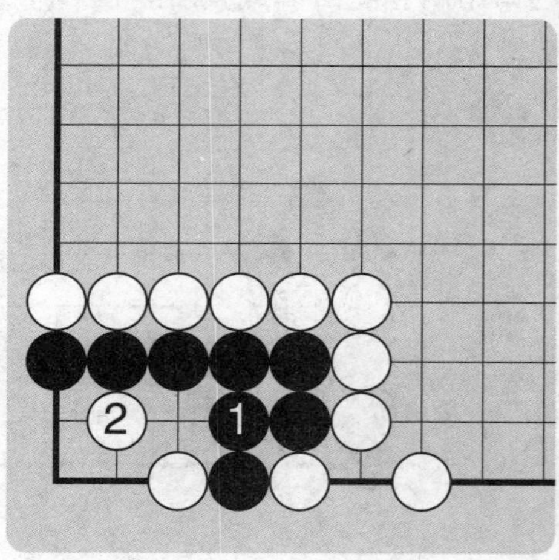

2图 黑1连，白2，黑棋死。

3图

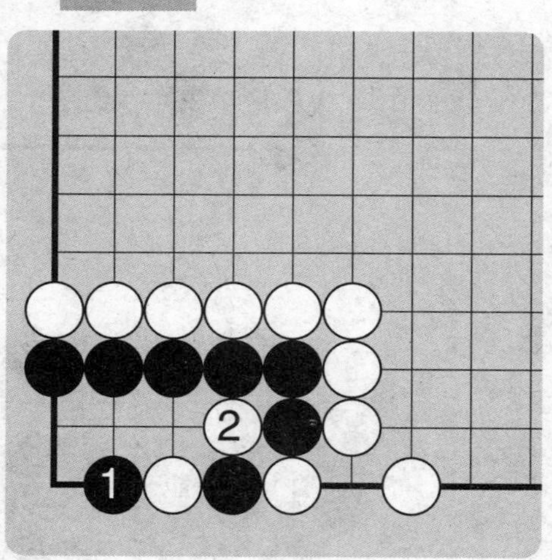

3图 这里黑1反叫吃很重要。白2提一子。

4图

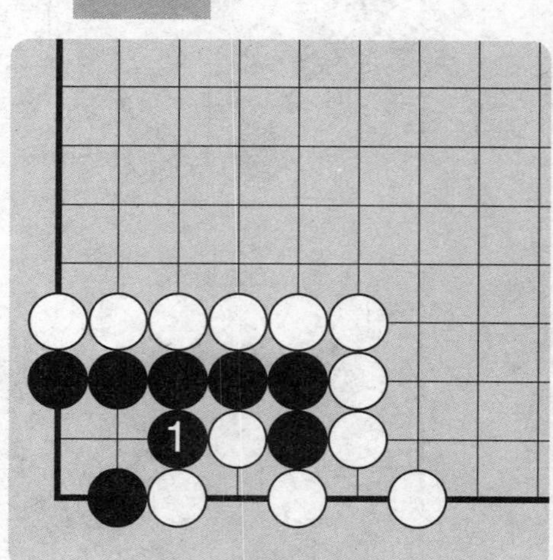

4图 黑1叫吃，白棋接不归。

5. 利用接不归

学习日期	月　日
检	

利用接不归救活黑棋。

1
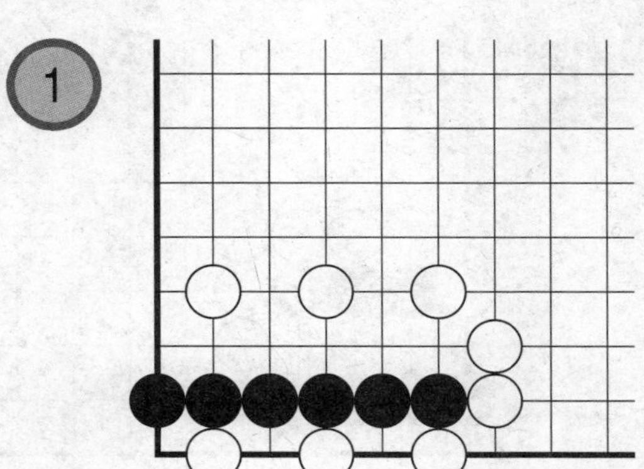

2
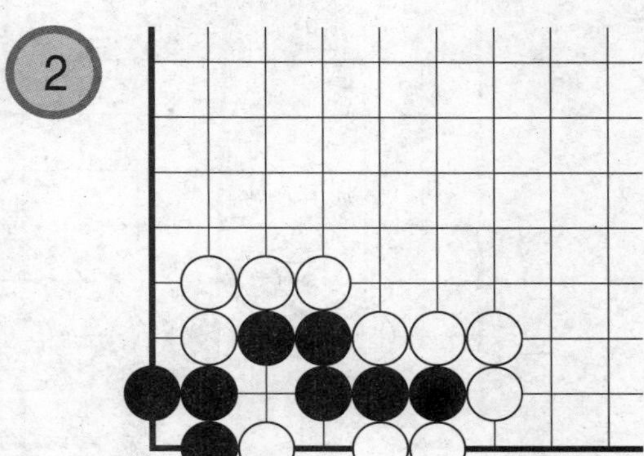

3
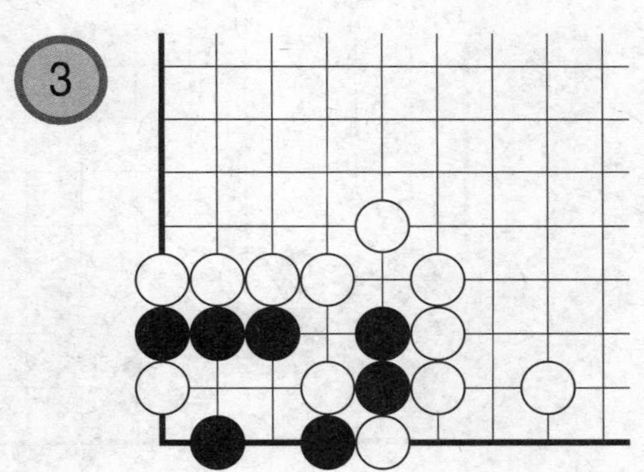

4
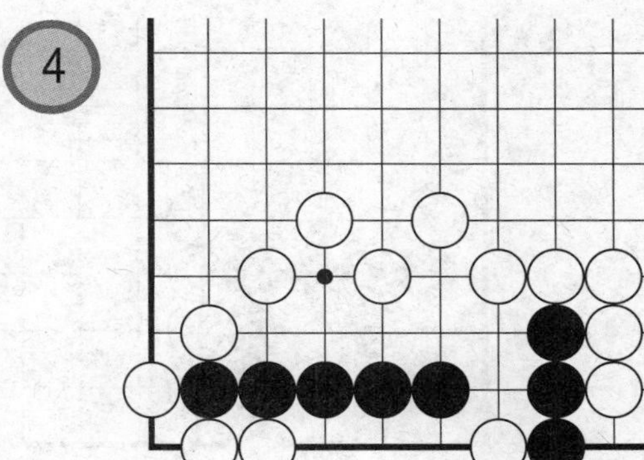

5
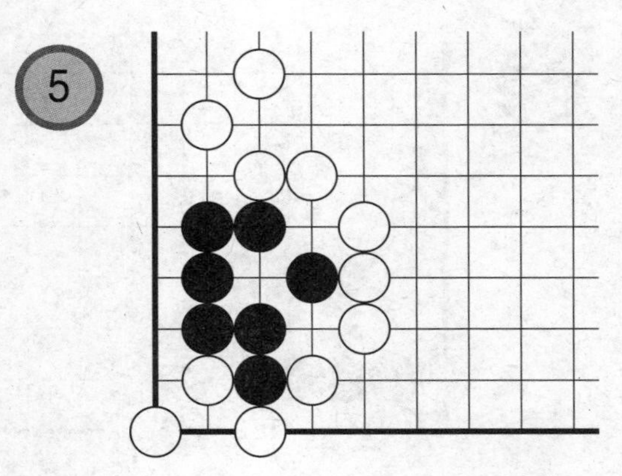

6
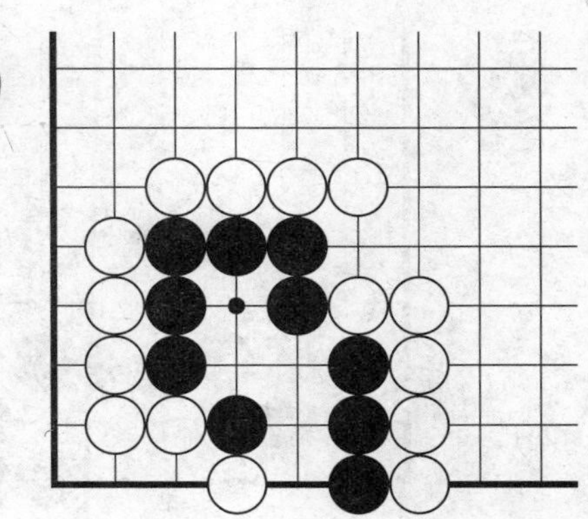

5. 利用接不归

学习日期	月　日
检	

利用接不归救活黑棋。

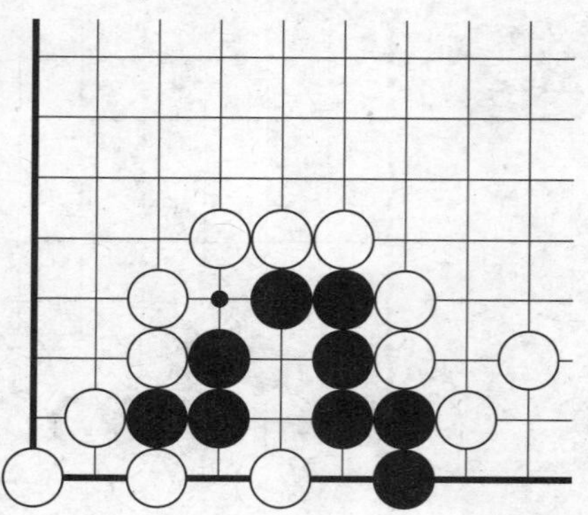

8

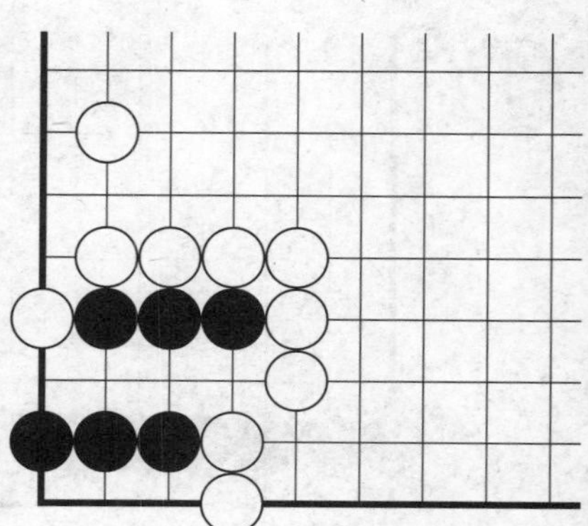

9

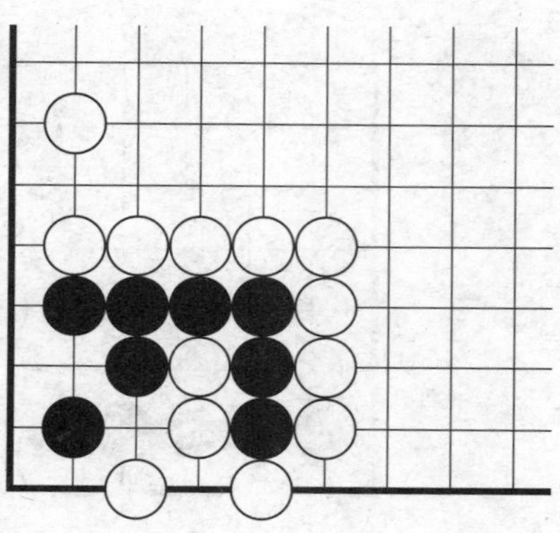

10

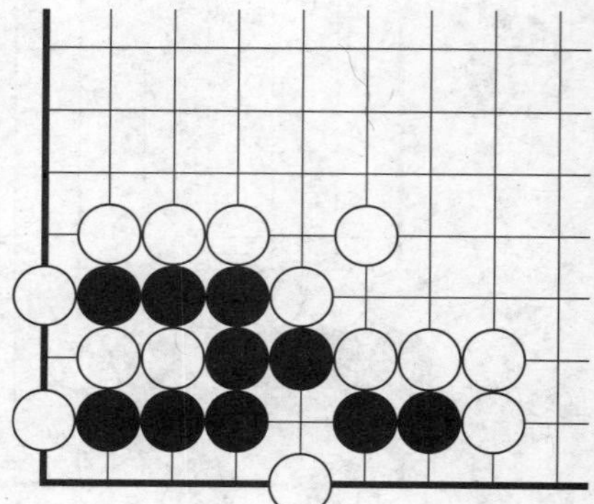

11

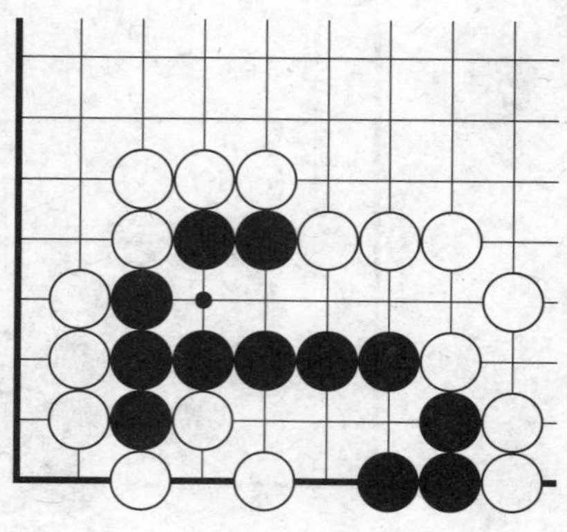

12

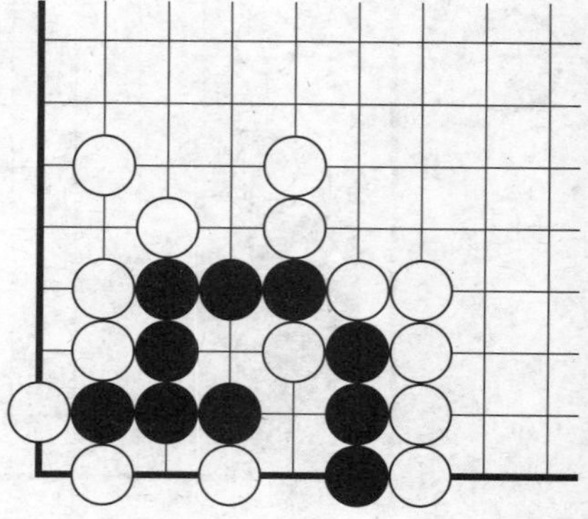

5. 利用接不归

学习日期	月　　日
检	

利用接不归救活黑棋。

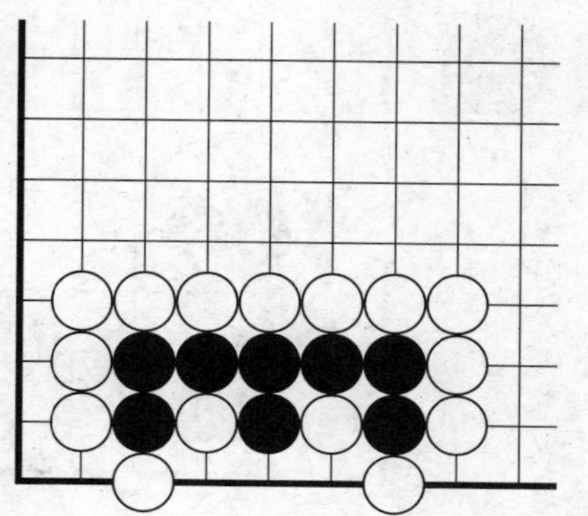

14

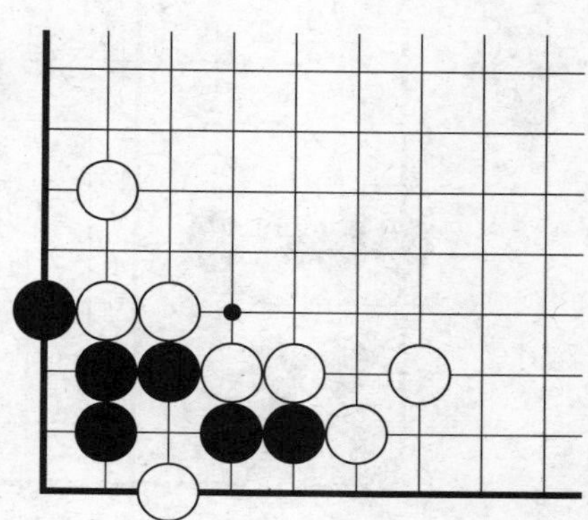

15

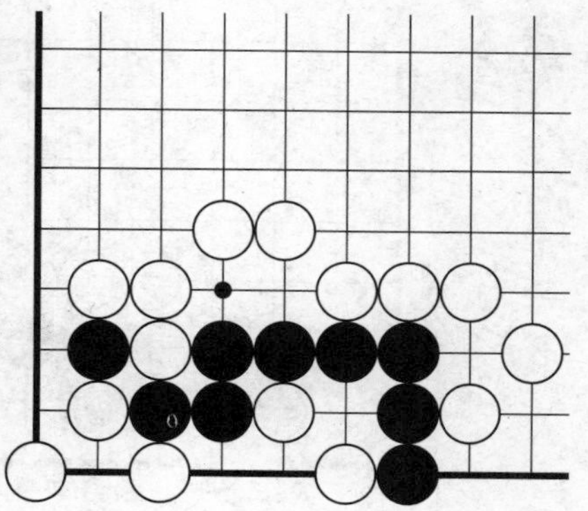

16

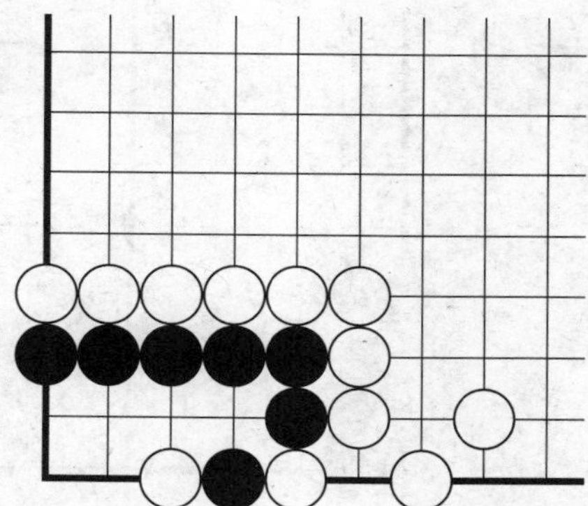

17

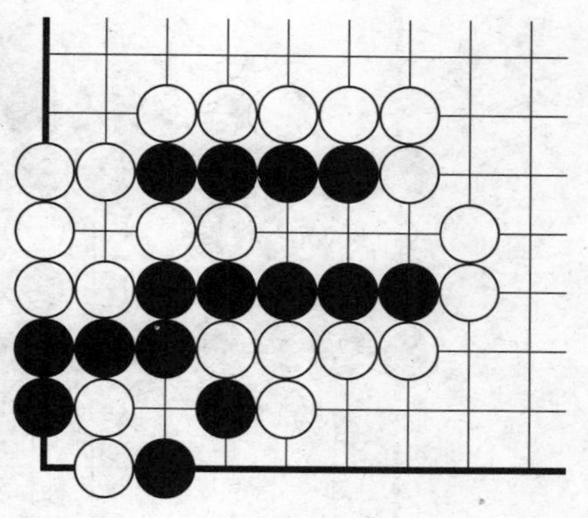

18

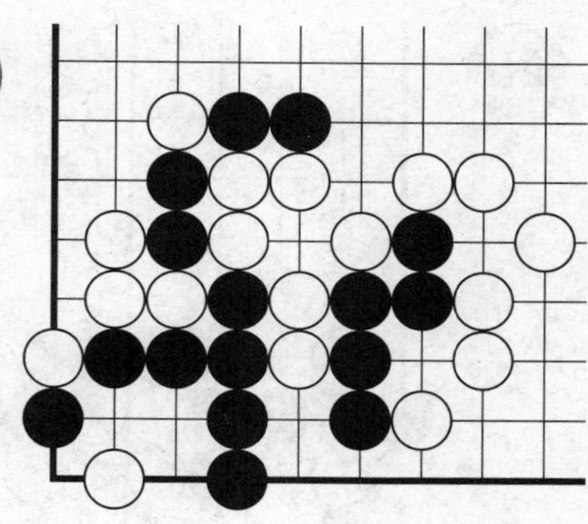

5. 利用接不归

学习日期	月　日
检	

利用接不归救活黑棋。(3手)

19

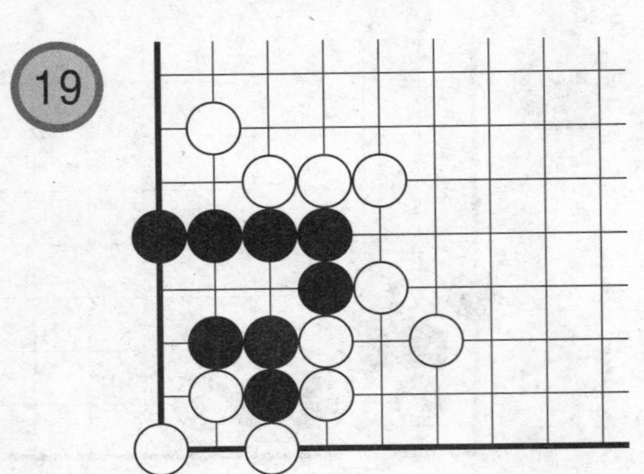

20

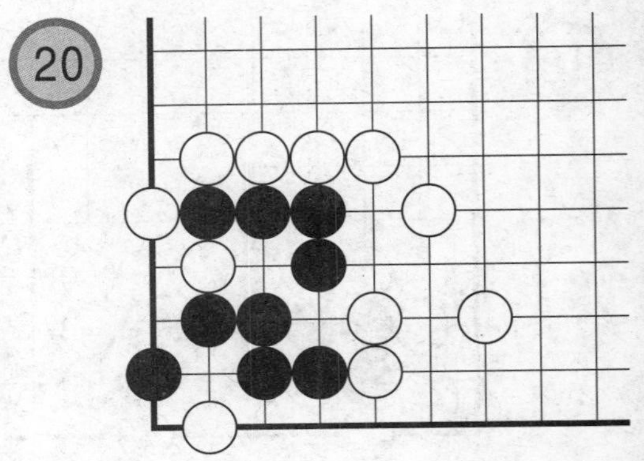

21

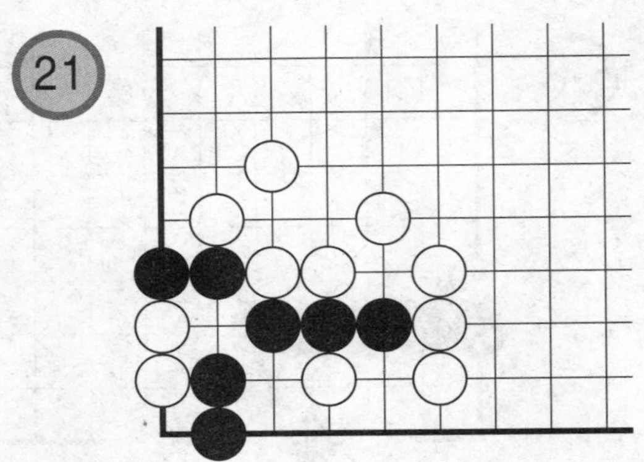

22

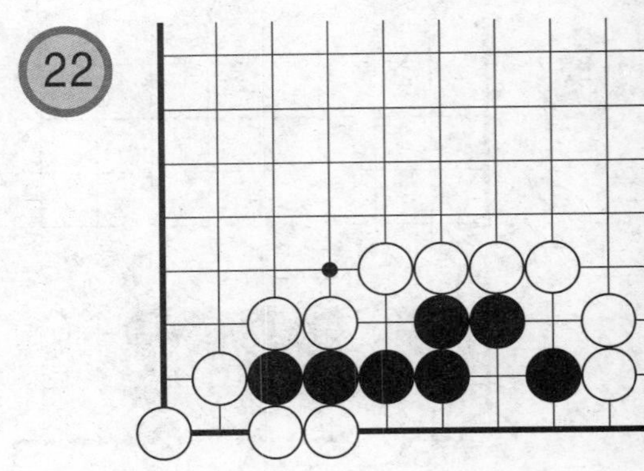

23

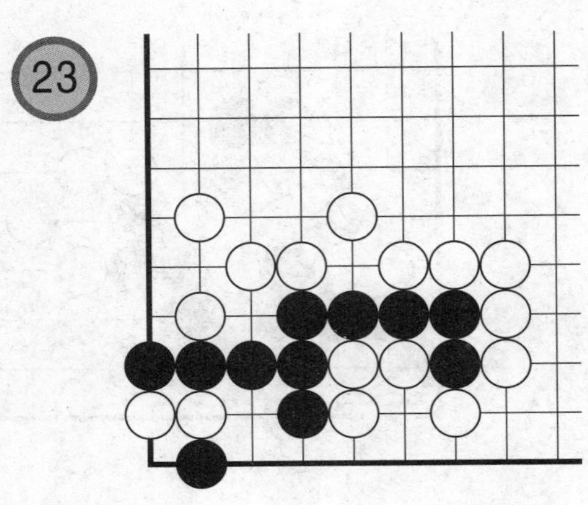

24

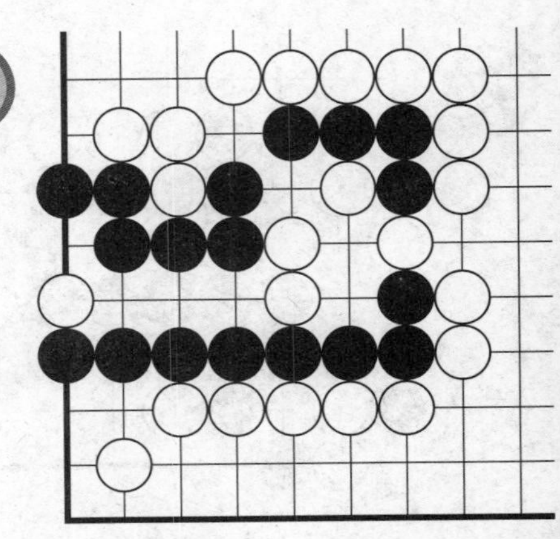

6 利用禁着点

1图

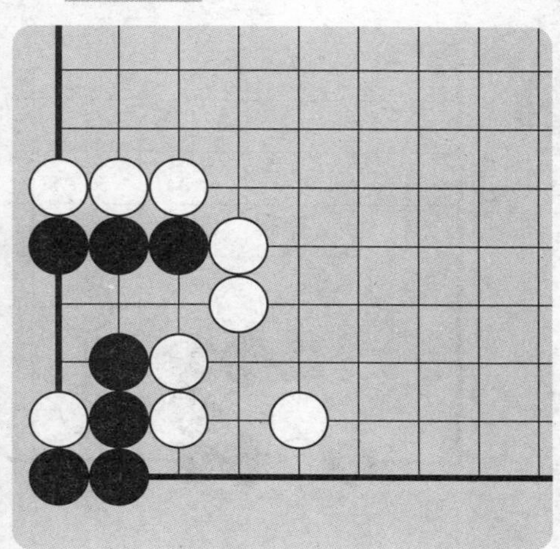

1图 黑棋的死活。

2图

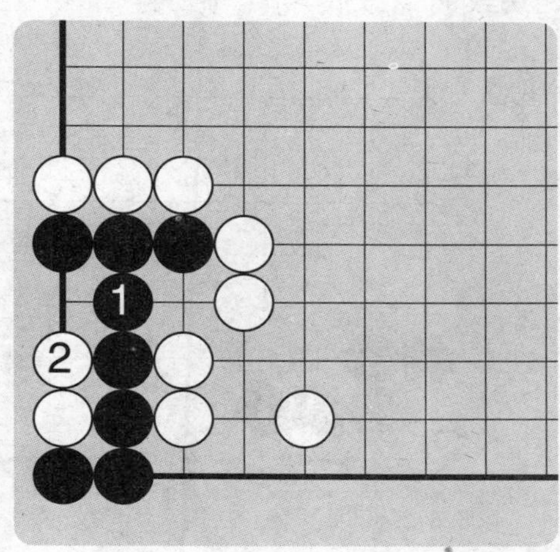

2图 黑1，白2，黑不行。

3图

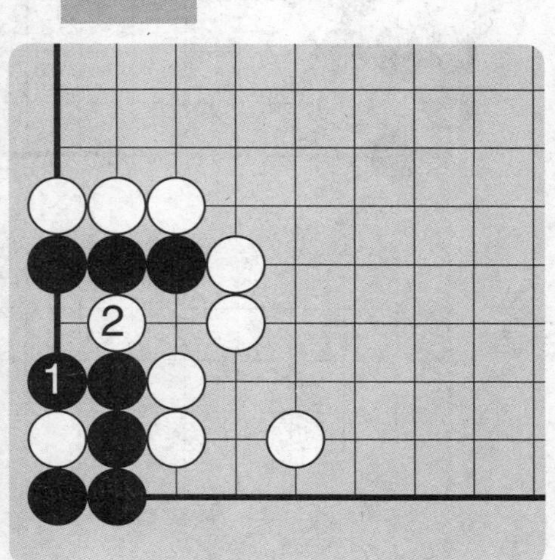

3 图 黑1，白2，黑也不行。

4图

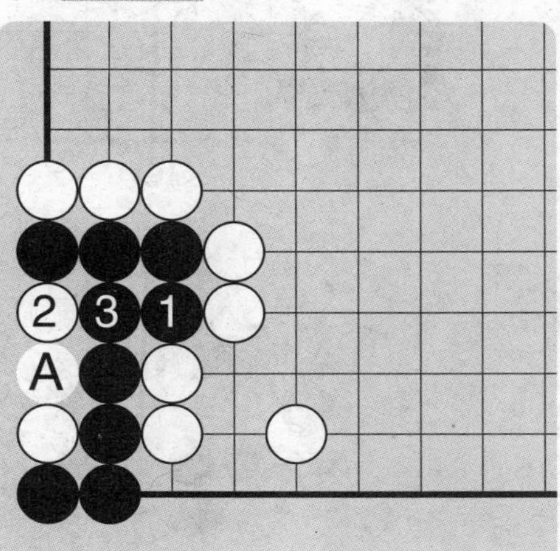

4图 这里黑1是正解。白2，黑3，由于A处是禁着点，白不能下。黑活棋。

6. 利用禁着点

学习日期	月　日
检	

利用禁着点救活黑棋。

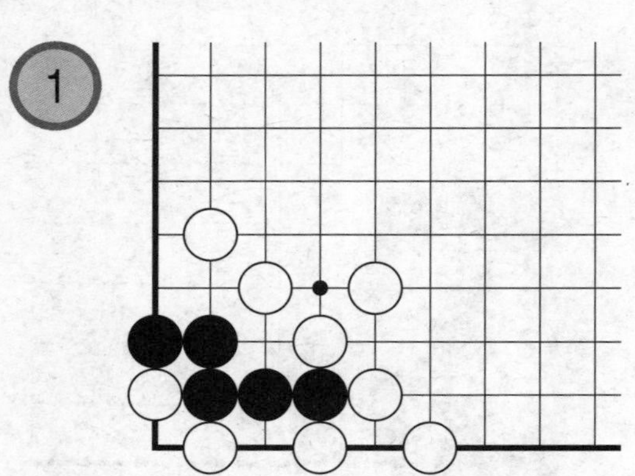

2

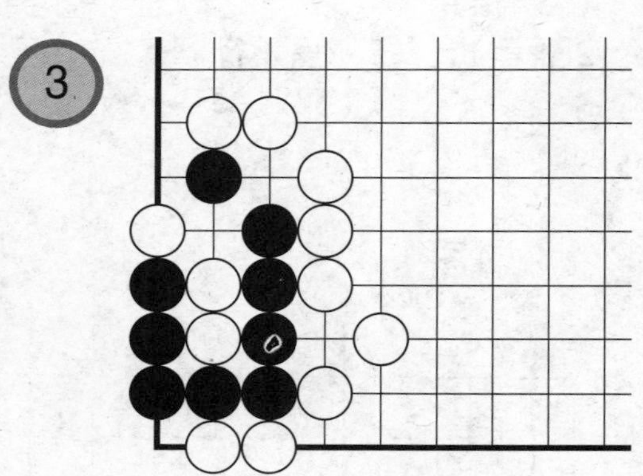

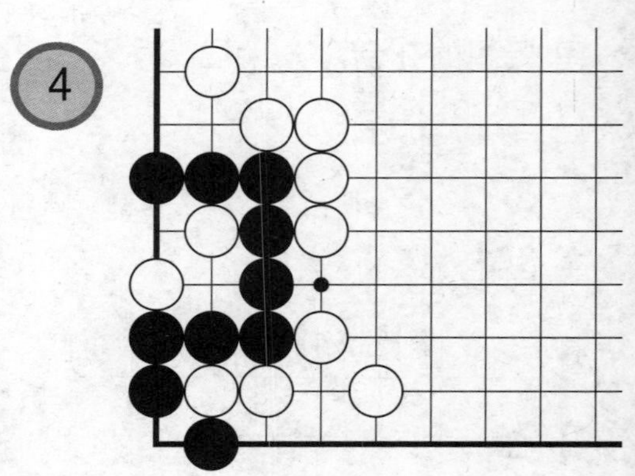

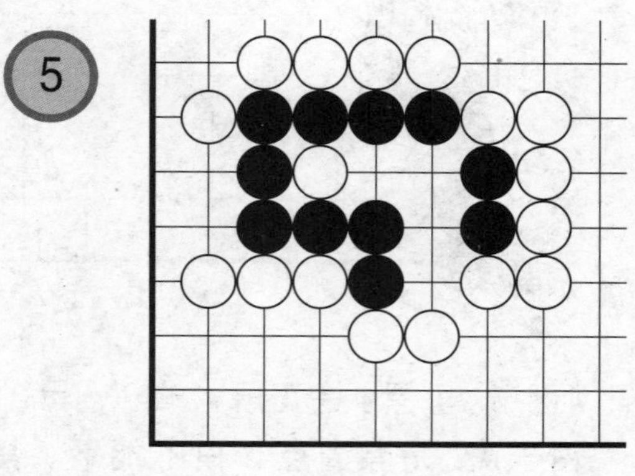

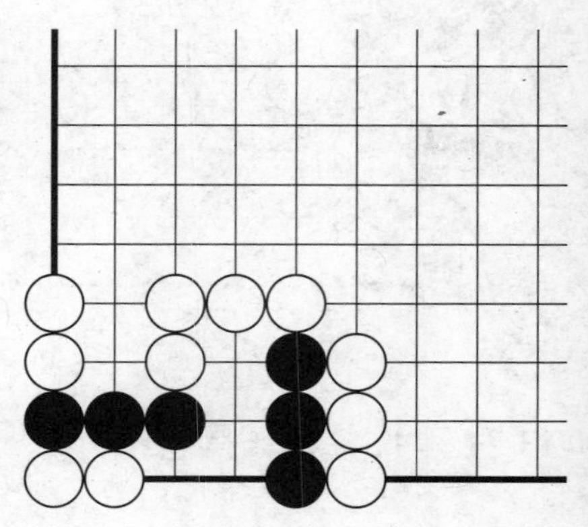

6. 利用禁着点

学习日期	月　日
检	

白1，利用禁着点救活黑棋。

⑦

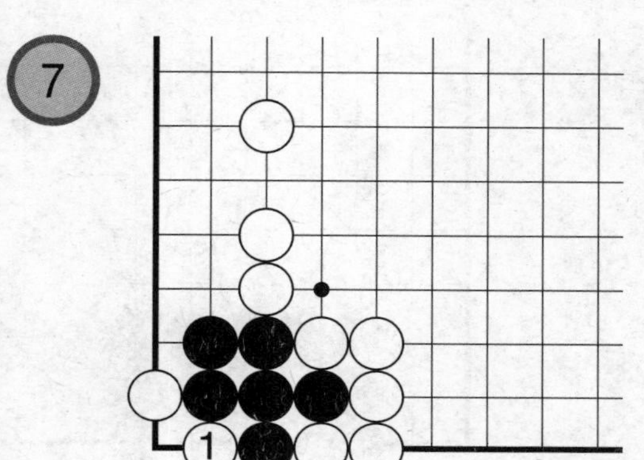

⑧

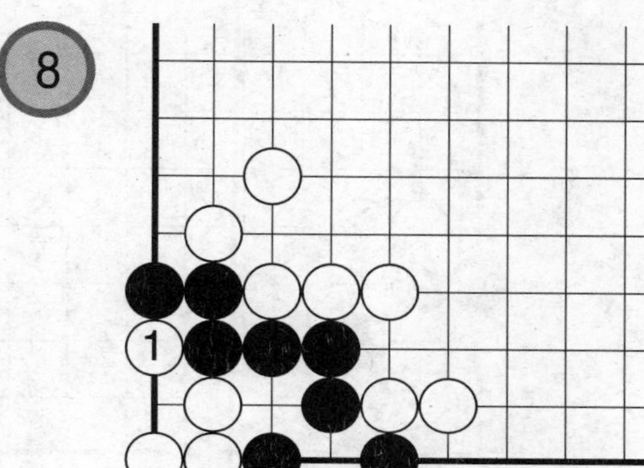

⑨

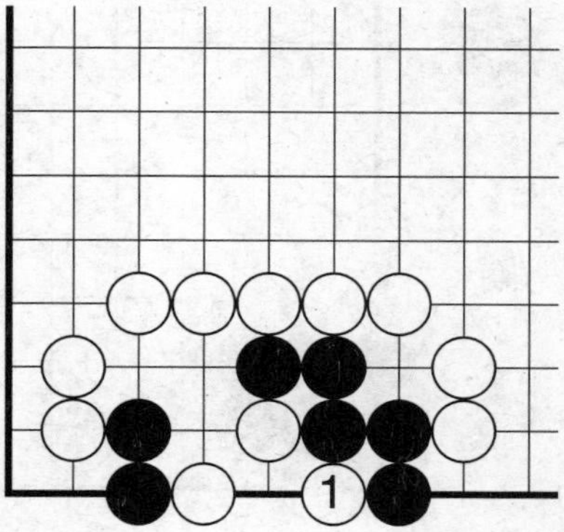

⑩

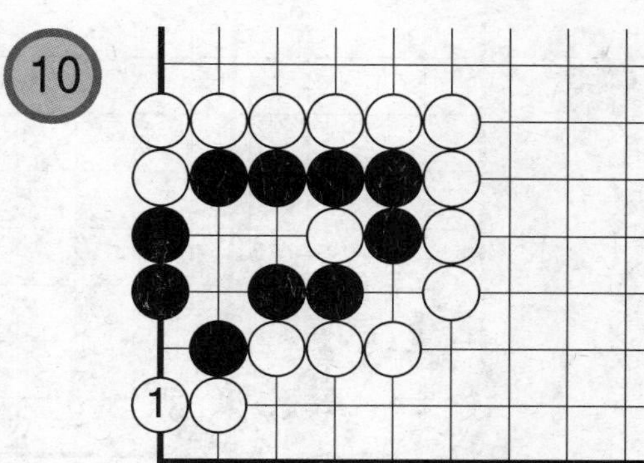

⑪

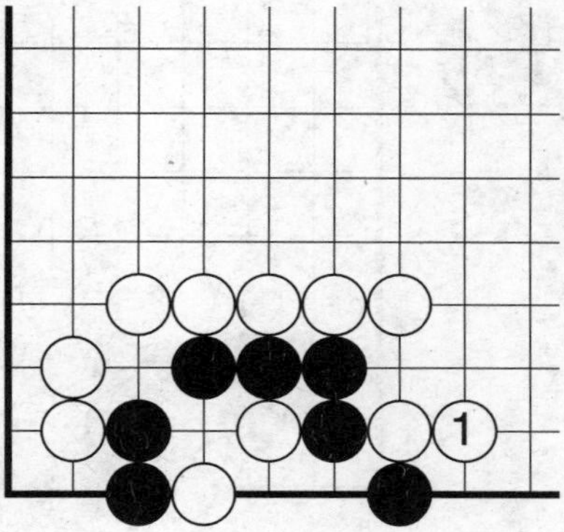

⑫

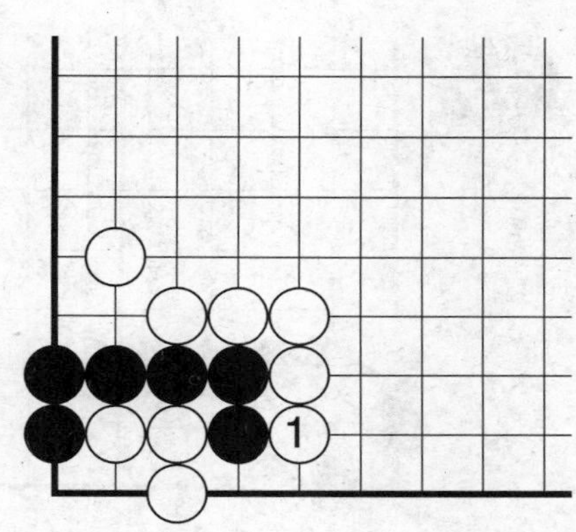

6. 利用禁着点

学习日期	月　　日
检	

利用禁着点救活黑棋。(3手)

13

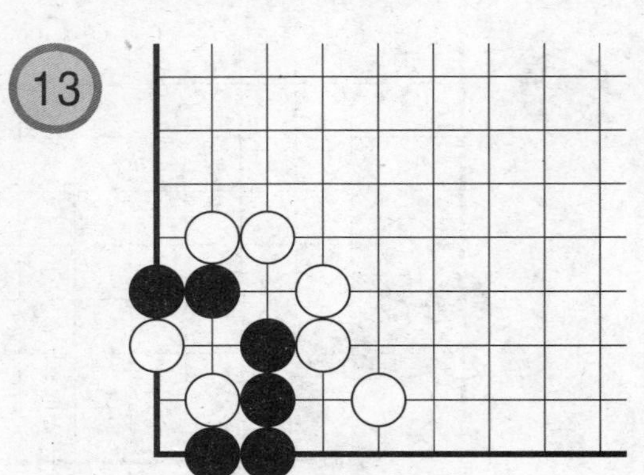

14

15

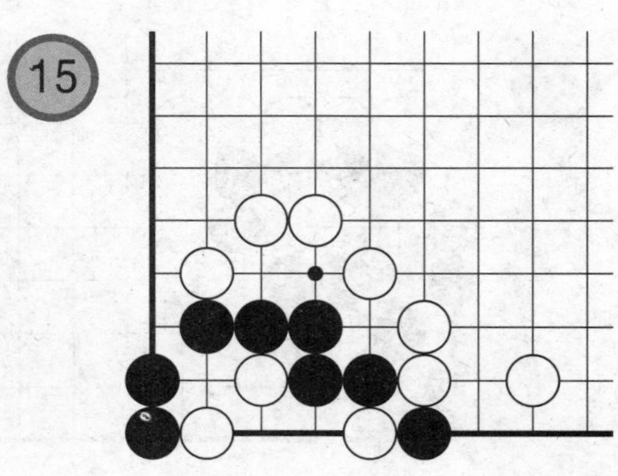

16

17

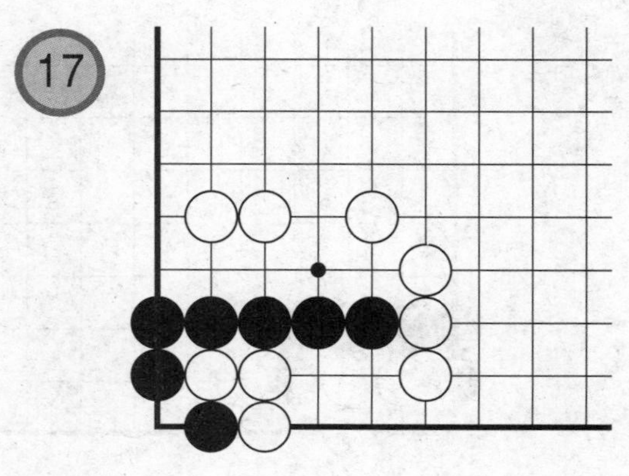

18

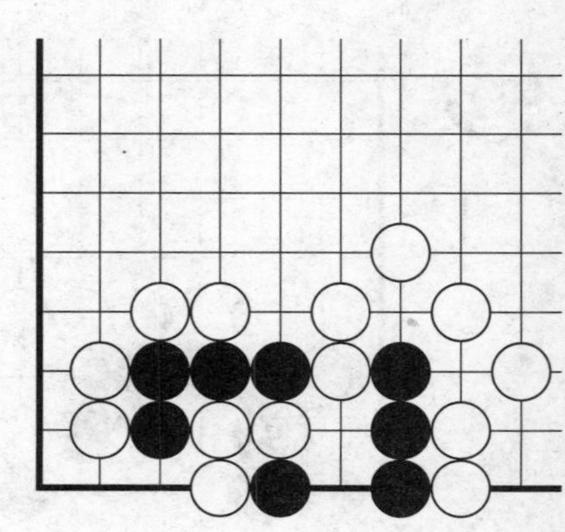

7 利用撞气

1图

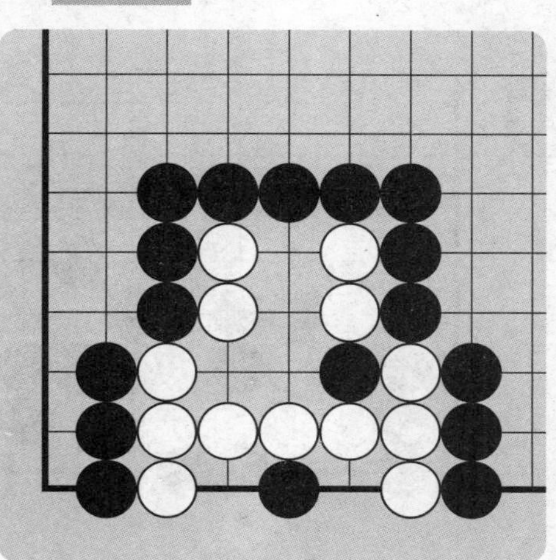

1图 白棋的死活。

2图

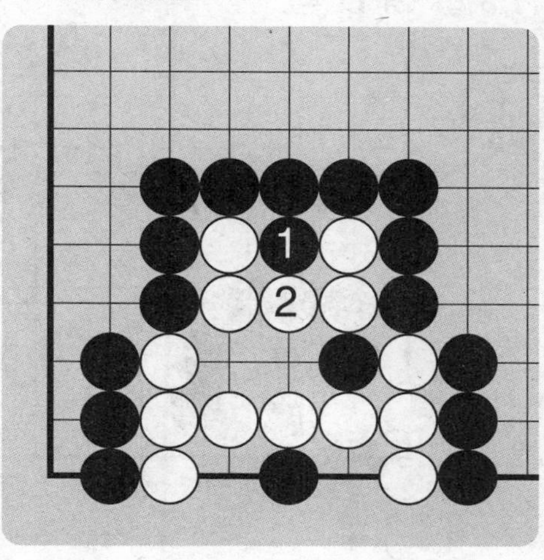

2图 黑1，白2活棋。

3图

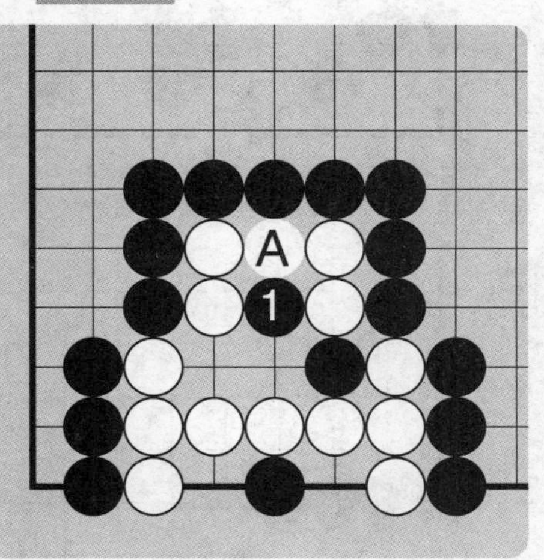

3图 这里黑1是好棋，白棋由于在A处是自撞一气，无法下在A处。

4图

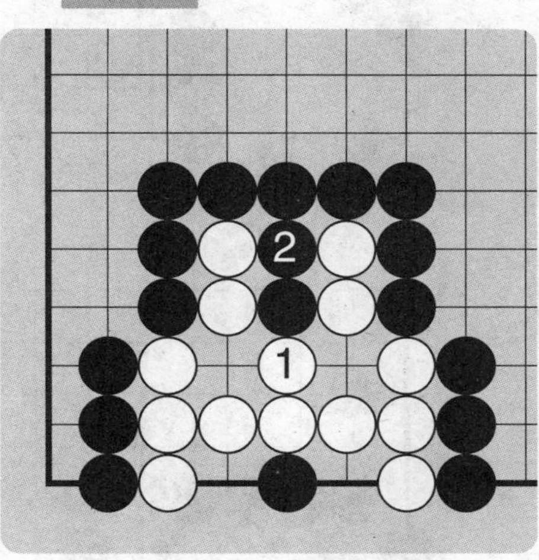

4图 白1只好提，黑2后白全部成为假眼。

7. 利用撞气

学习日期	月　日
检	

利用撞气杀白棋。

1

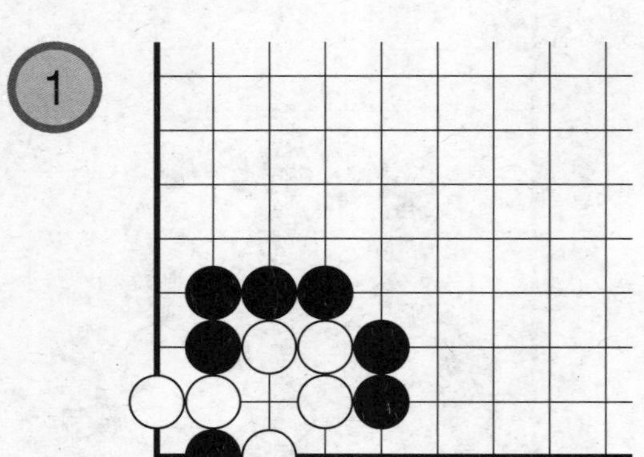

2

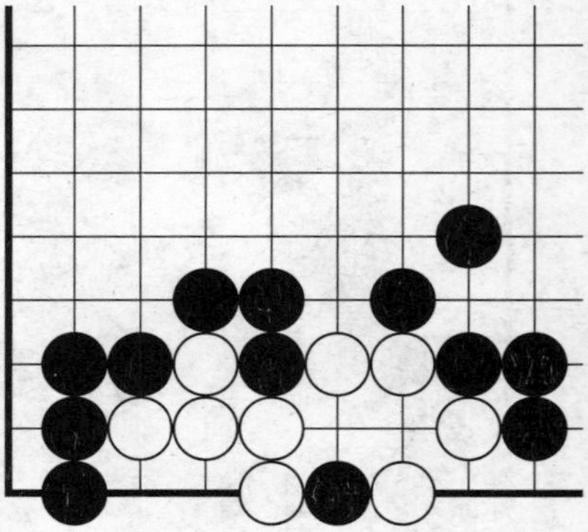

3

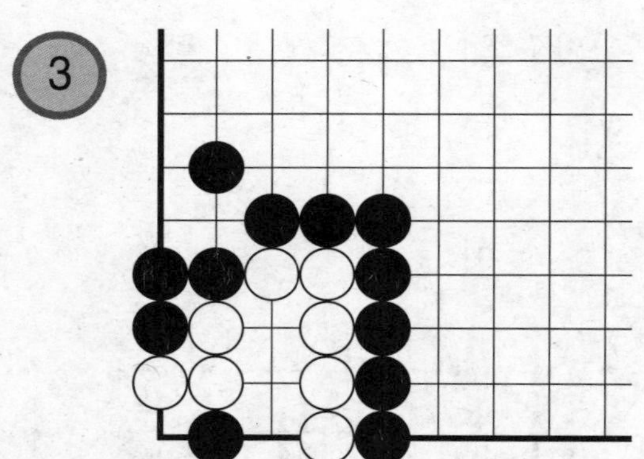

4

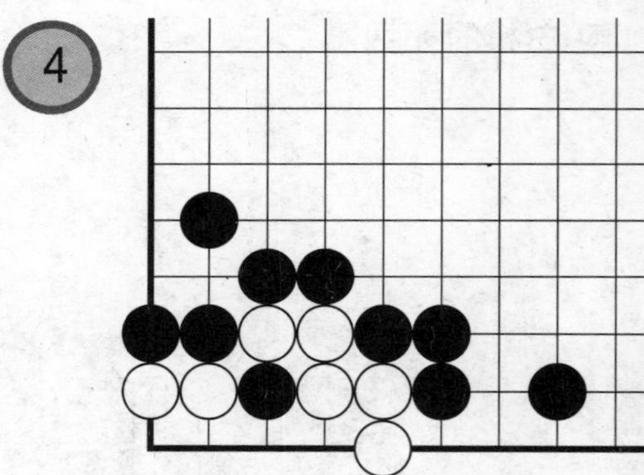

5

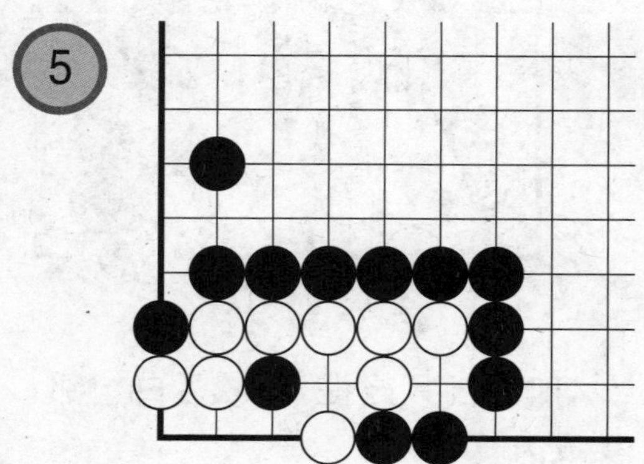

6

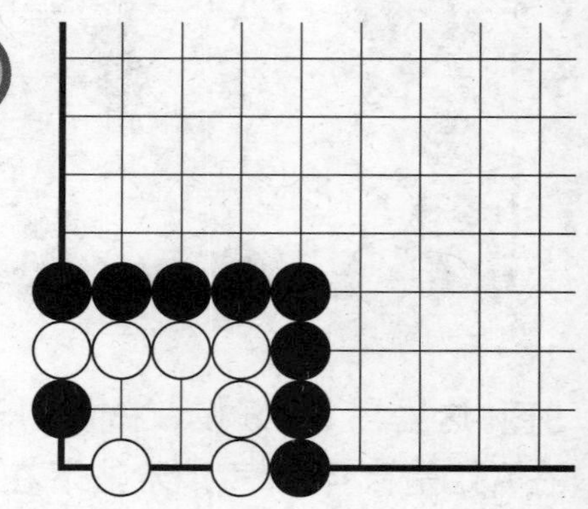

7. 利用撞气

学习日期	月　日
检	

利用撞气杀白棋。

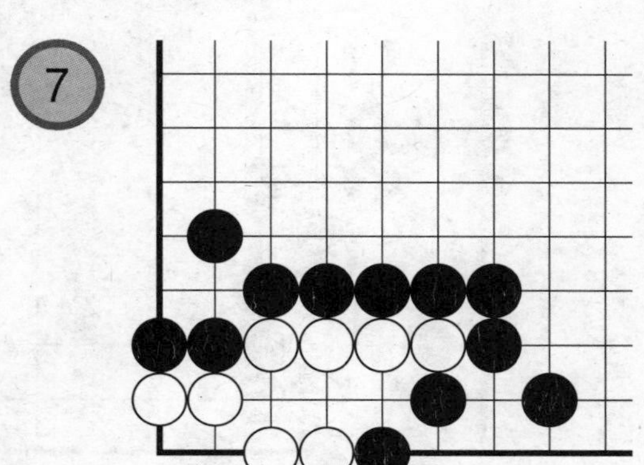

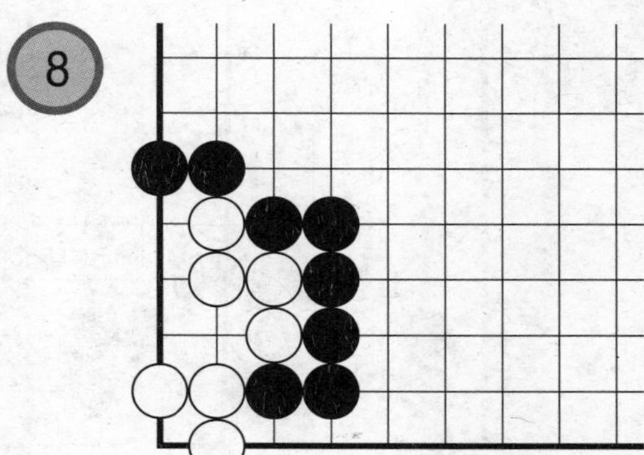

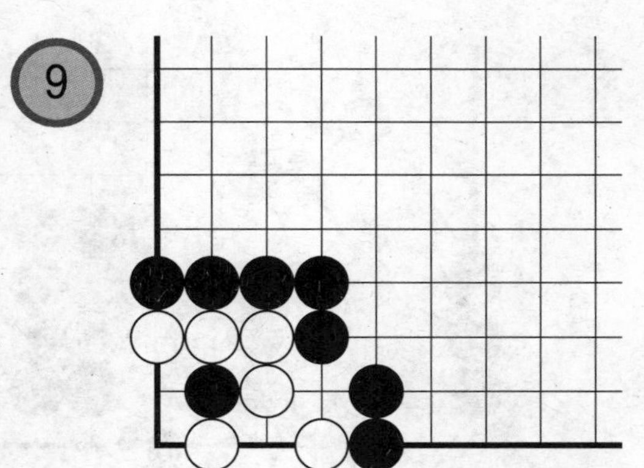

10

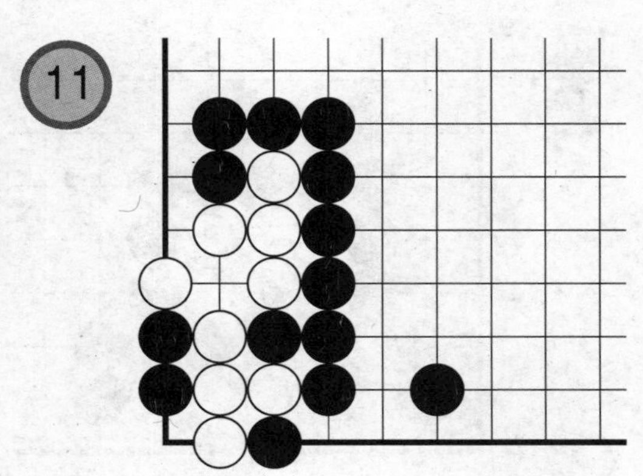

12

7. 利用撞气

学习日期	月　日
检	

利用撞气杀白棋。

13

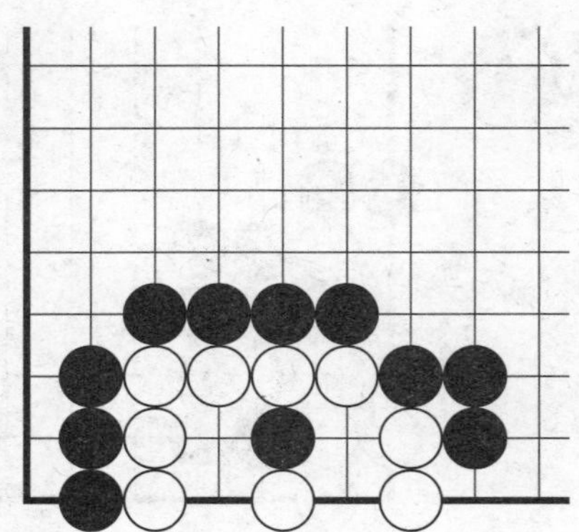

14

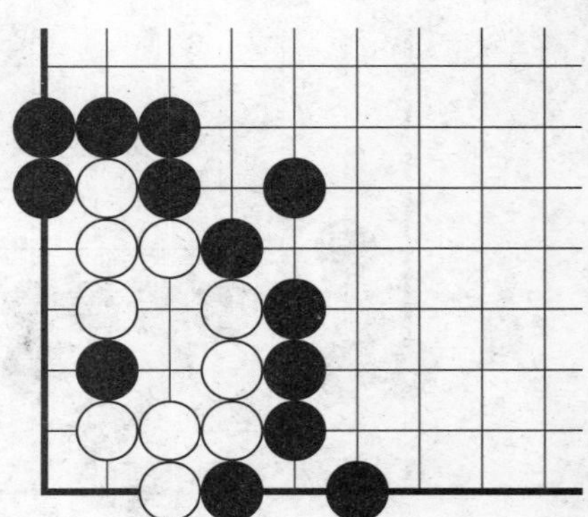

15

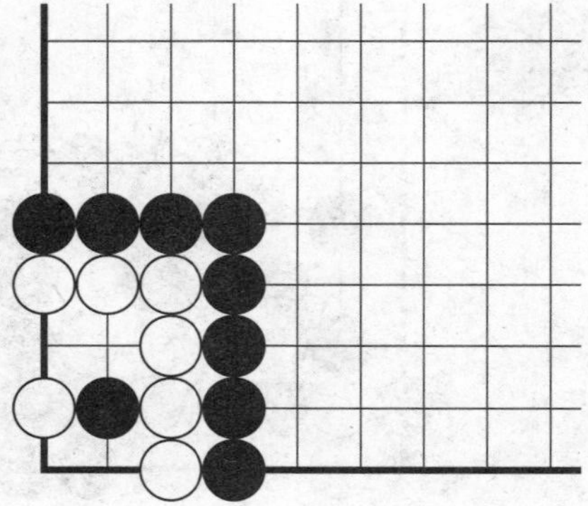

16

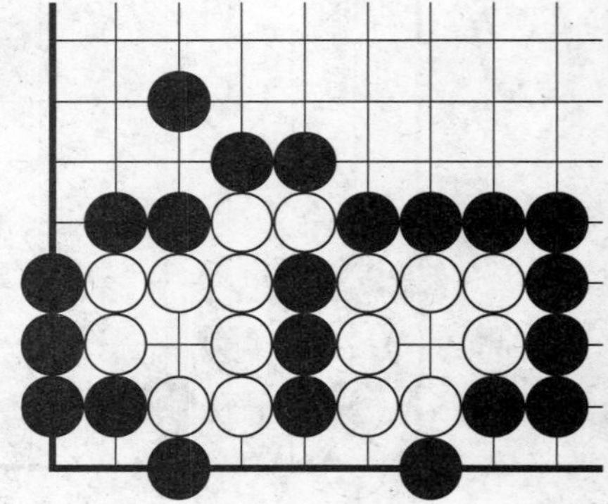

17

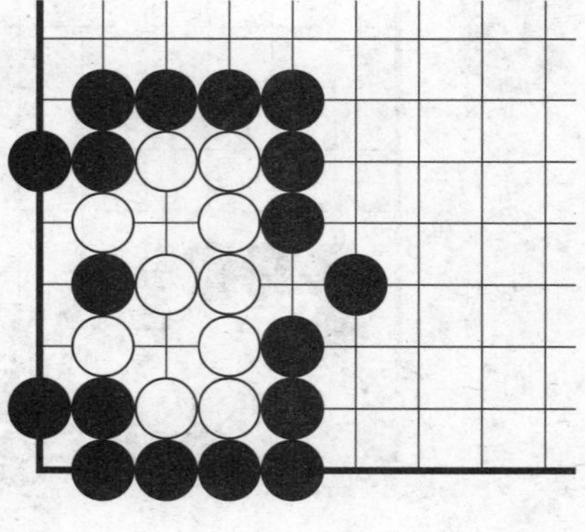

18

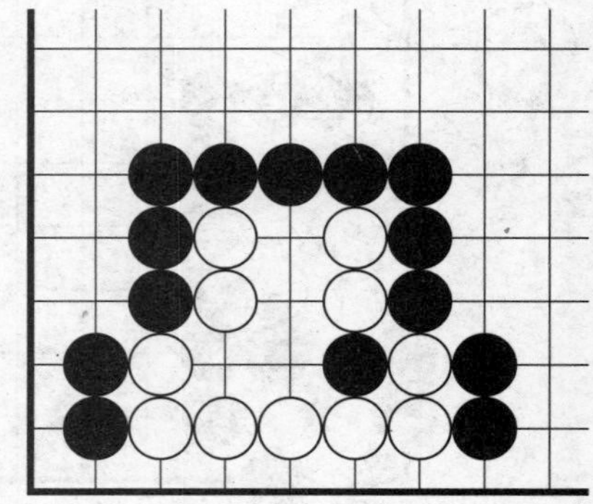

8 劫，死活

1图

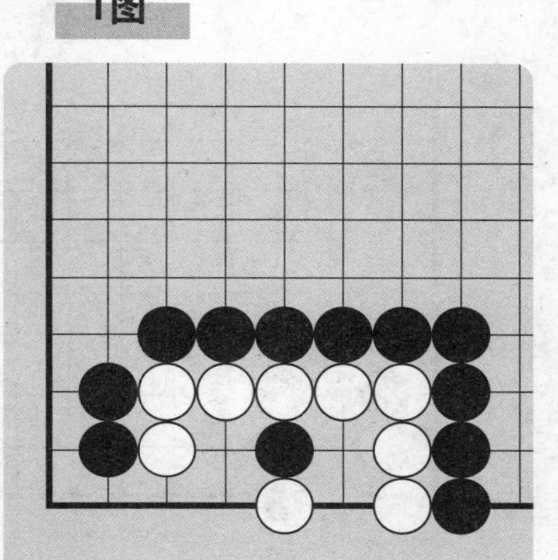

1图 白棋的死活。

2图

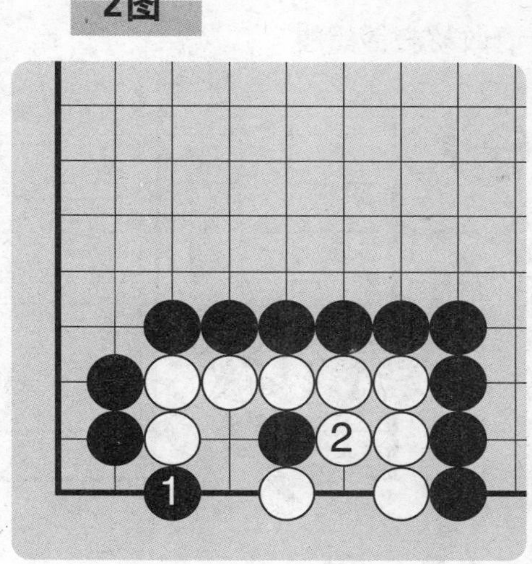

2图 黑1，白2活棋。

3图

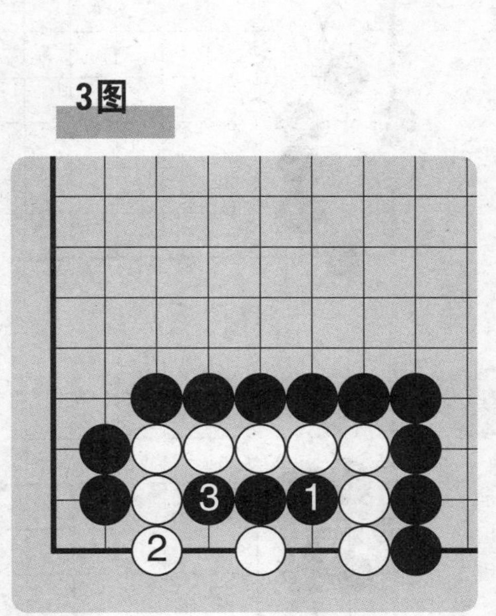

3图 黑1时，白2，黑3，成为双活。

4图

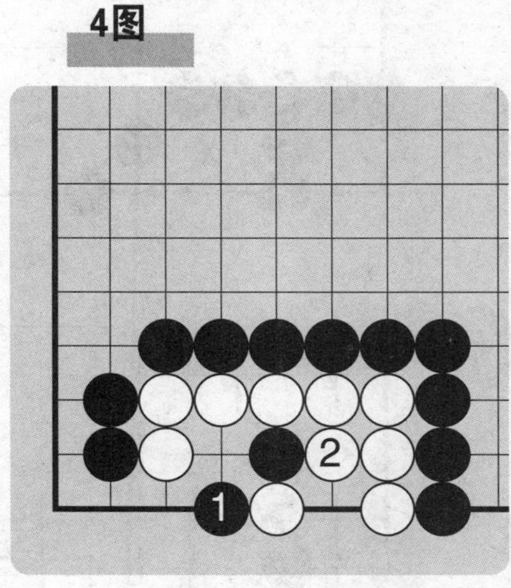

4图 这里黑1，白2做劫是最好的方法。

8. 劫，死活

学习日期	月　日
检	

请做劫救活黑棋。

1

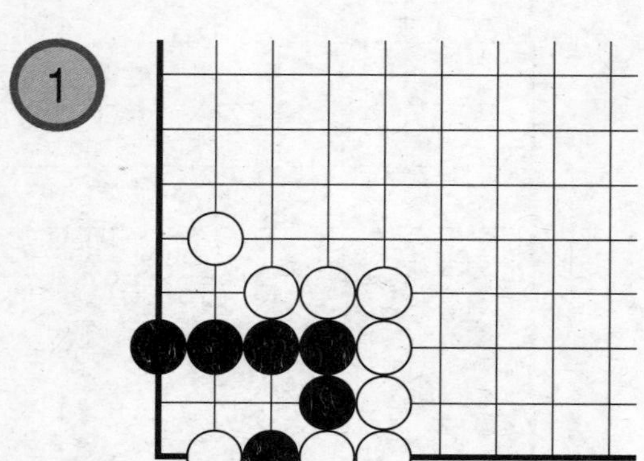

2

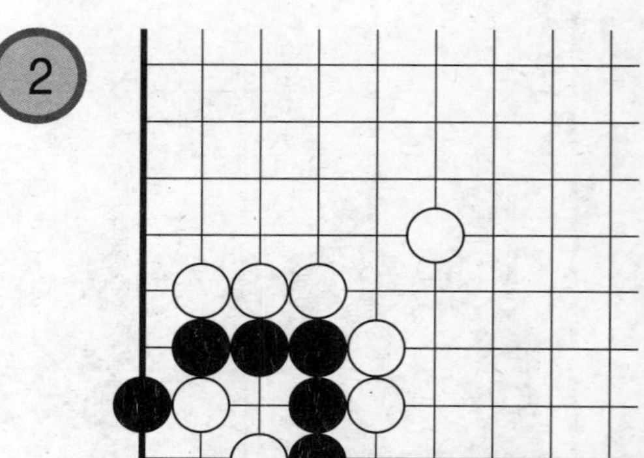

3

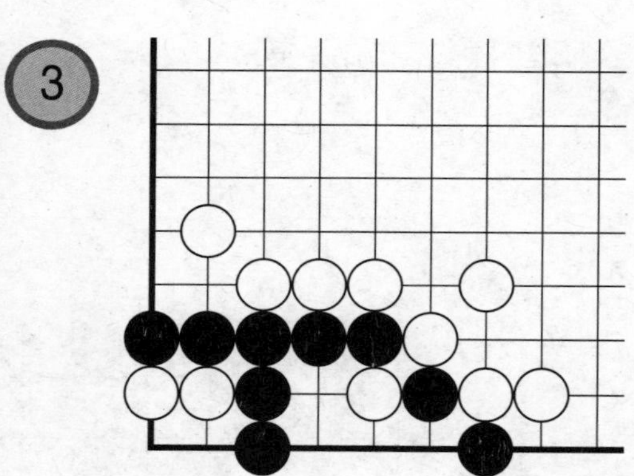

4

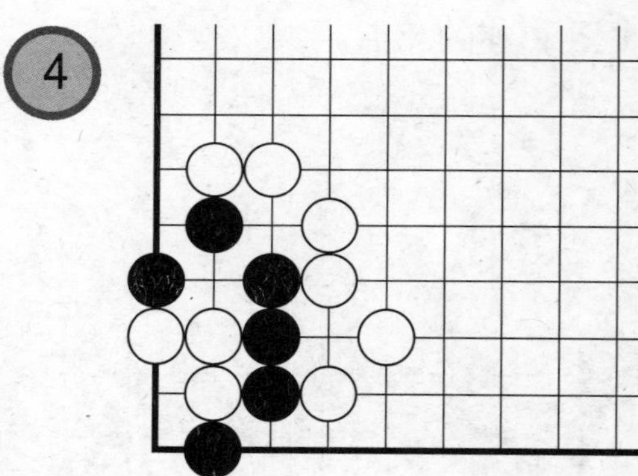

5

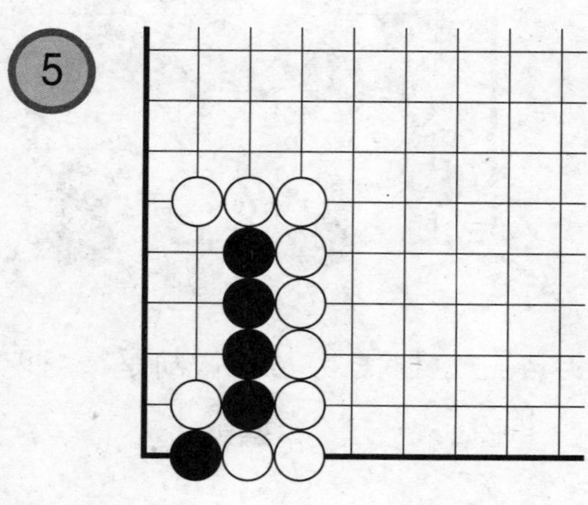

6

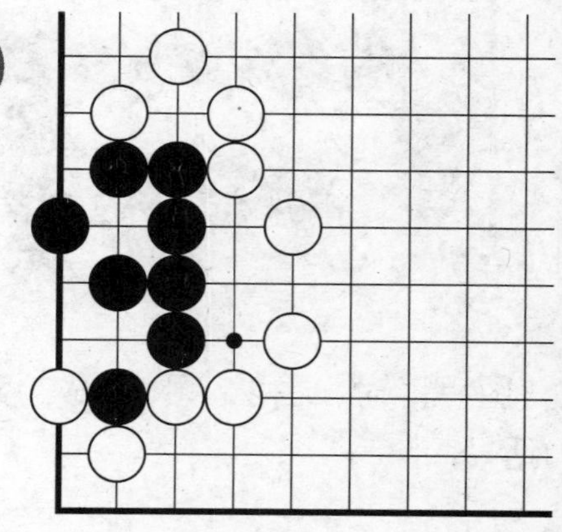

8. 劫，死活

学习日期	月　日
检	

请做劫杀白棋。

7

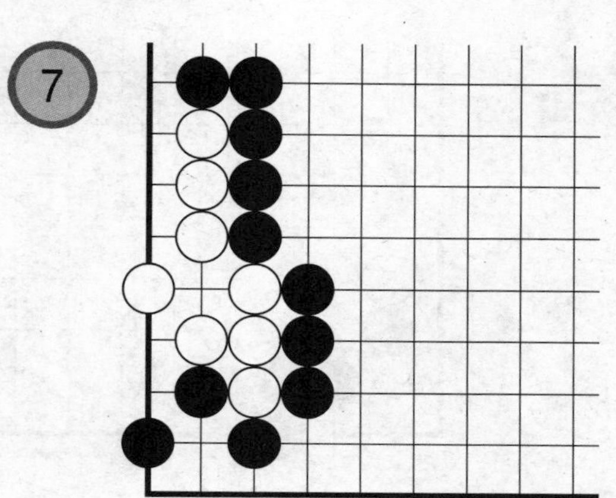

8

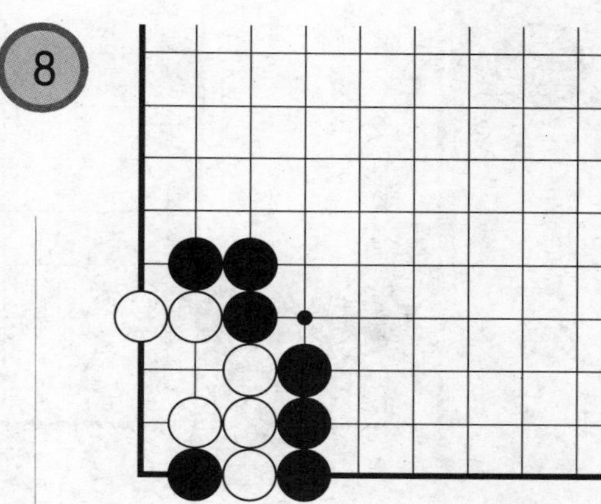

9

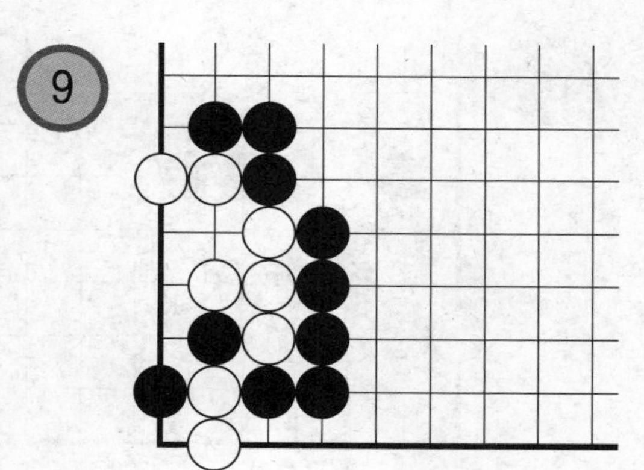

10

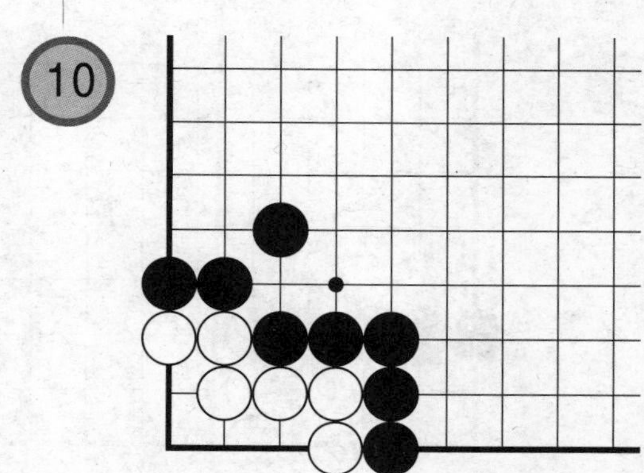

11

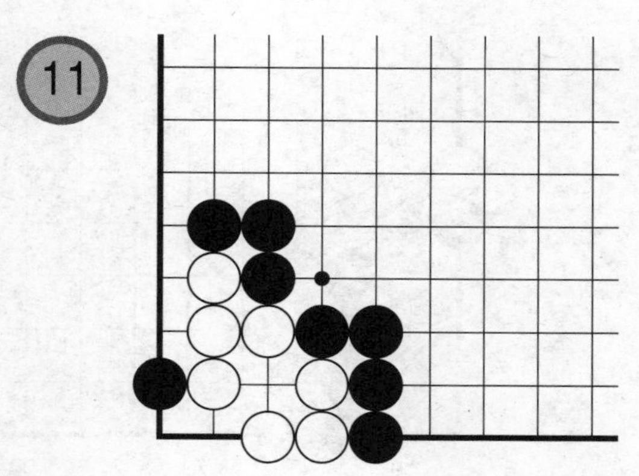

12

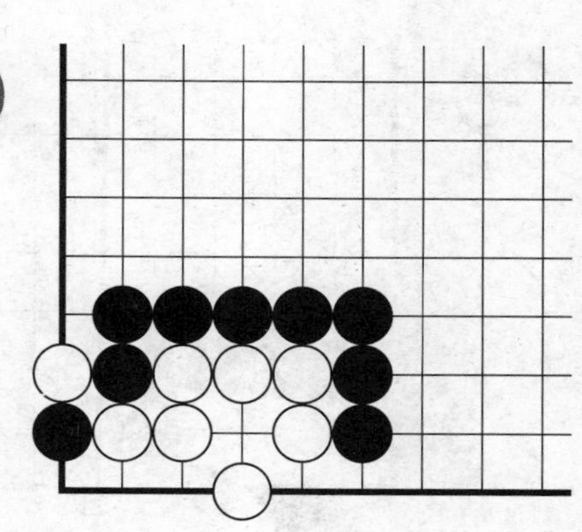

8. 劫，死活

学习日期	月　日
检	

请做劫救活黑棋。(3手)

13

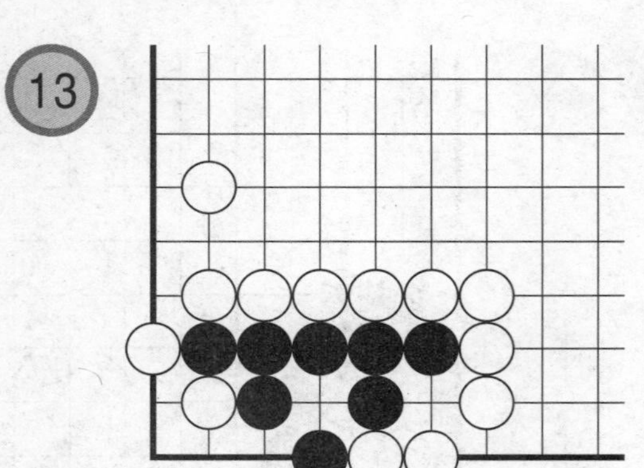

14

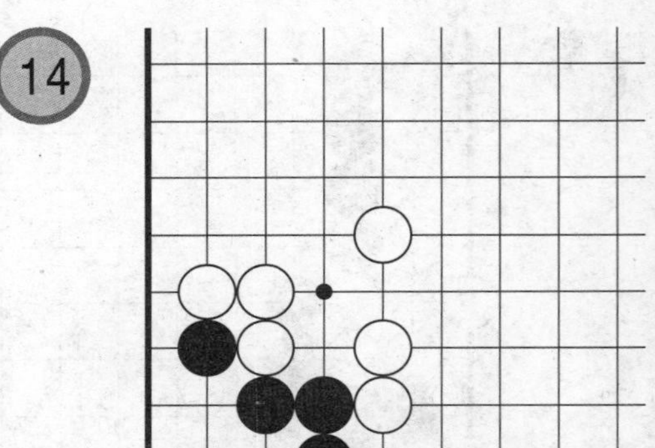

15

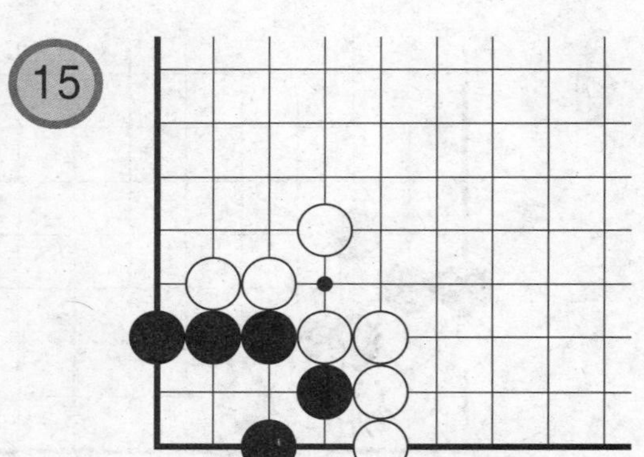

16

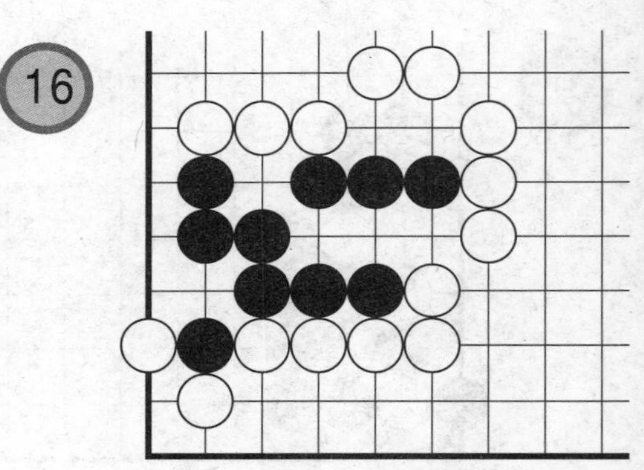

17

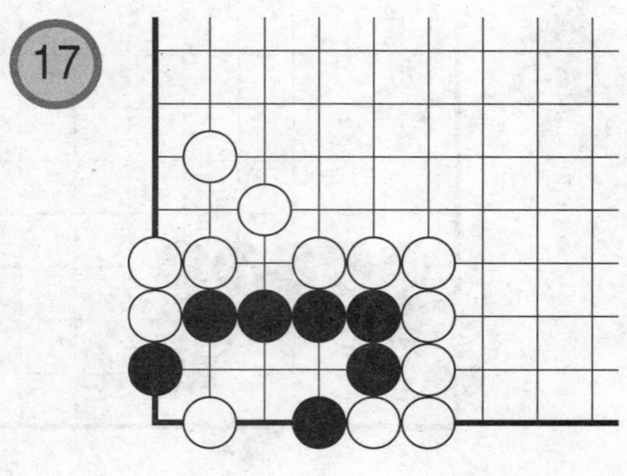

18

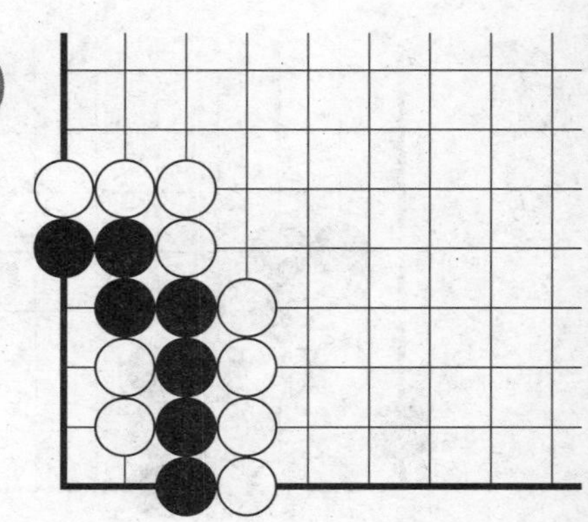

8. 劫，死活

学习日期	月　日
检	

请做劫杀白棋。(3手)

19

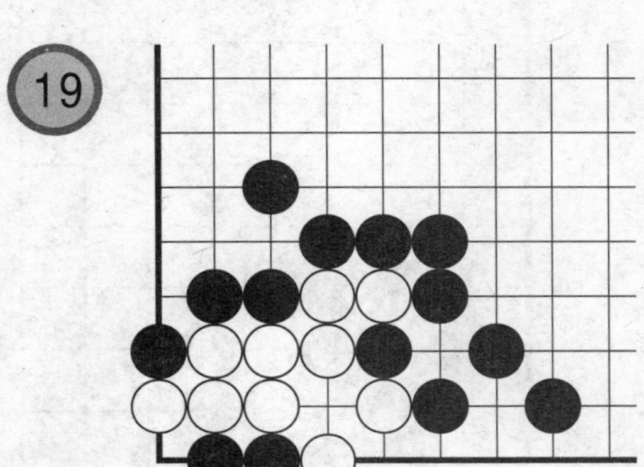

20

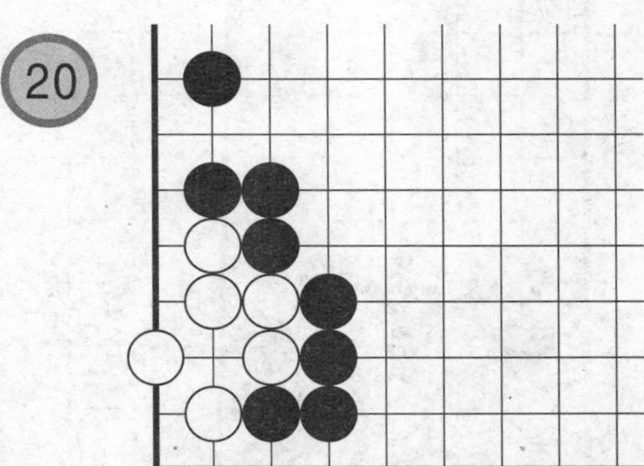

21

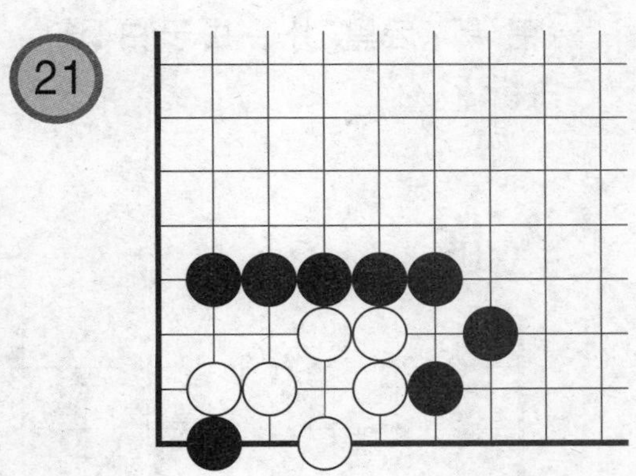

22

23

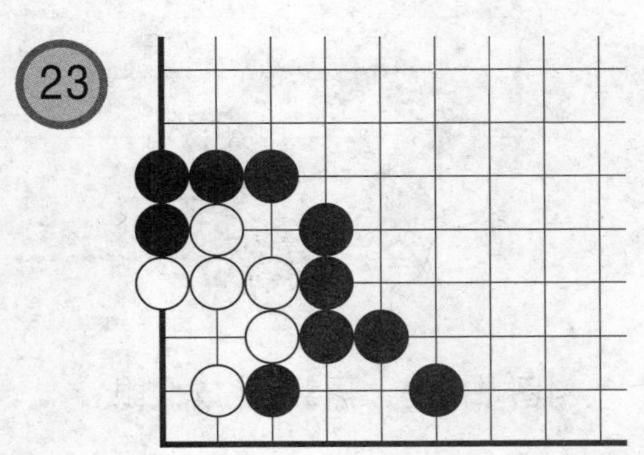

24

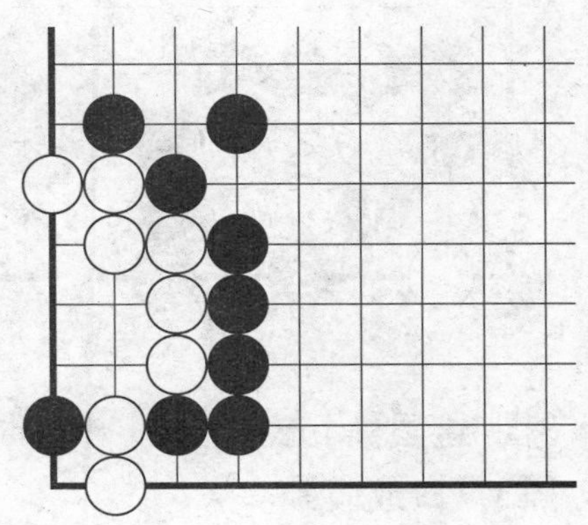

9 利用扑

1图

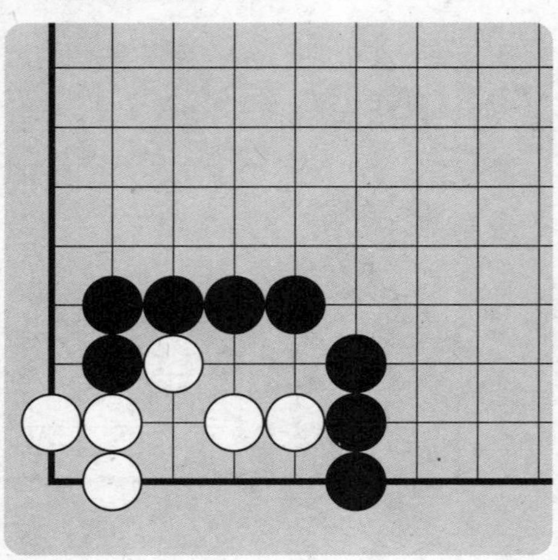

1图 白棋的死活

2图

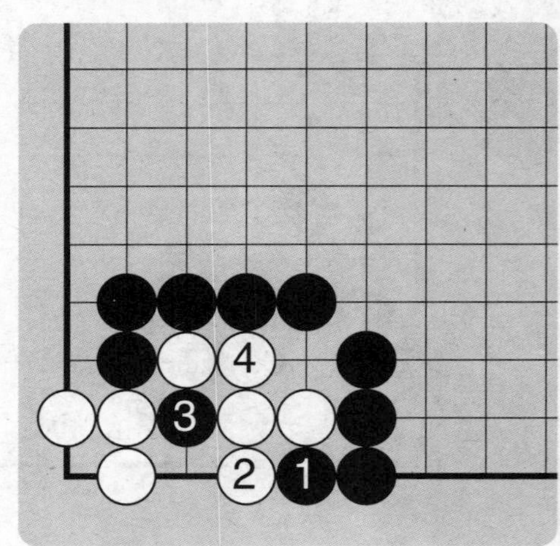

2图 黑1后黑3扑，由于白4连，白棋活。

3图

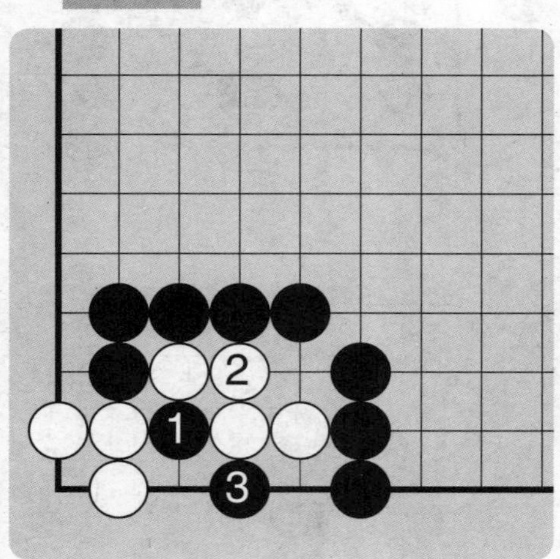

3图 这里黑1先扑重要。白2时，黑3，白成假眼。

4图

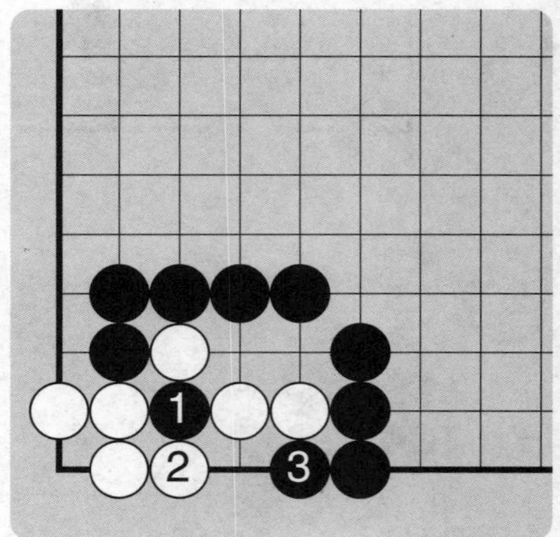

4图 白2提，黑3后也成假眼。

9. 利用扑

学习日期	月　日
检	

利用扑吃白棋。(3手)

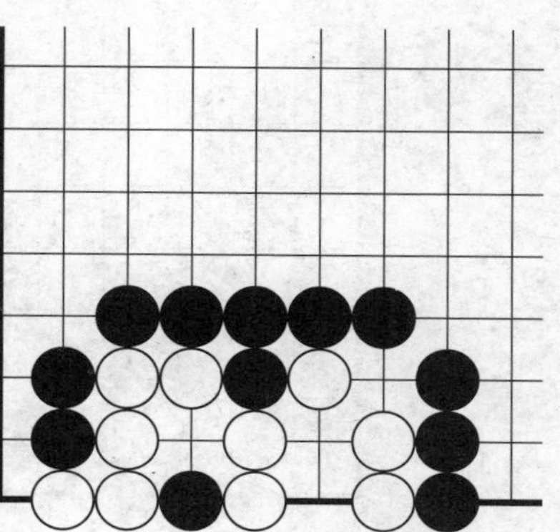

2

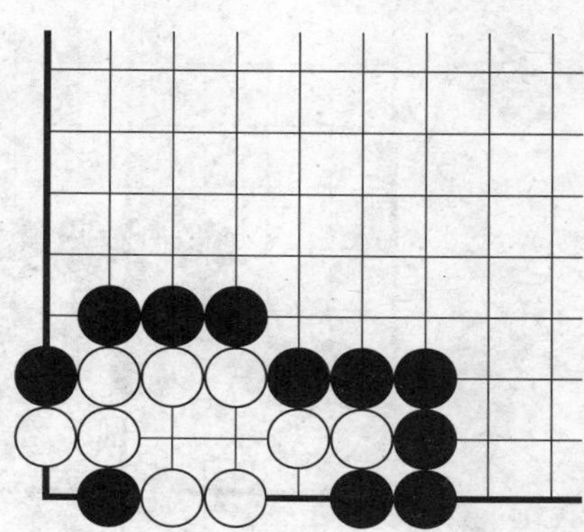

3

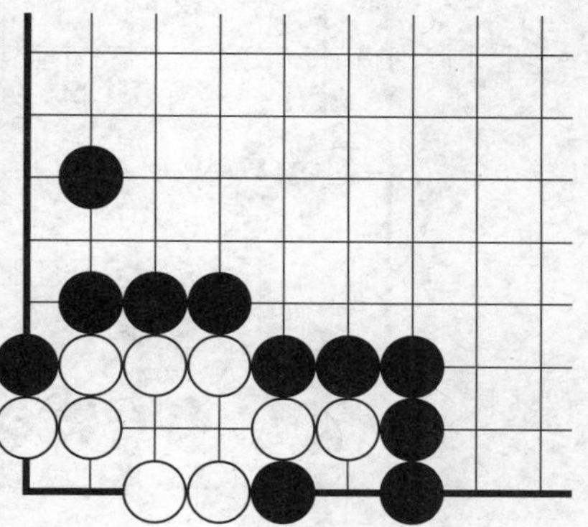

4

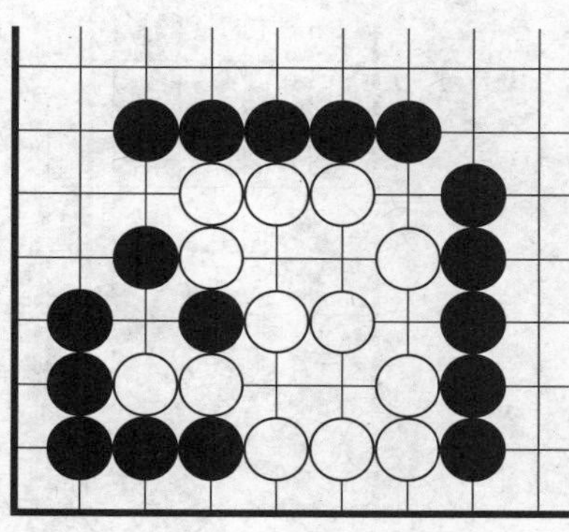

5

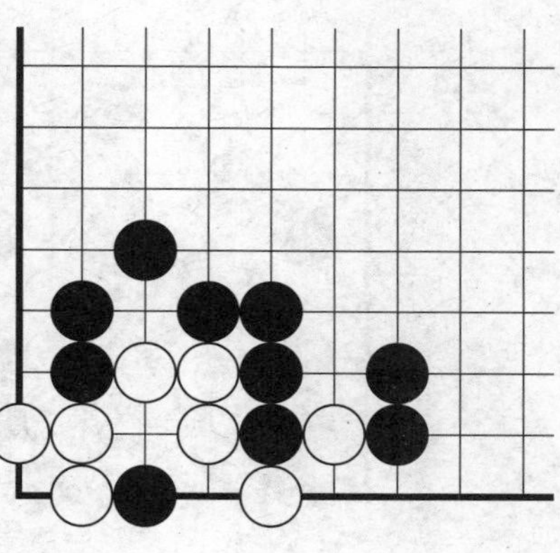

6

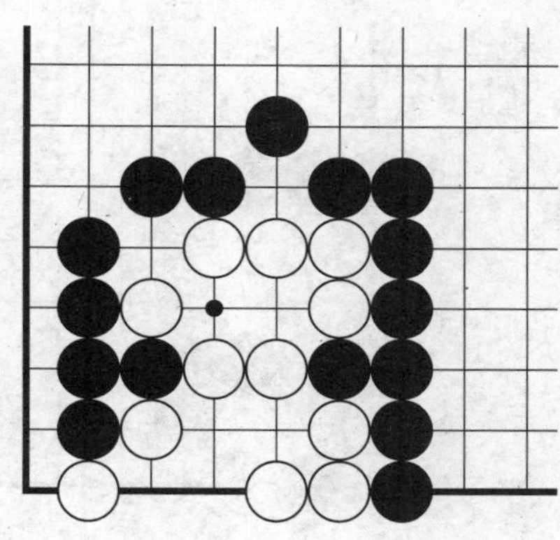

9. 利用扑

学习日期	月　　日
检	

利用扑吃白棋。(3手)

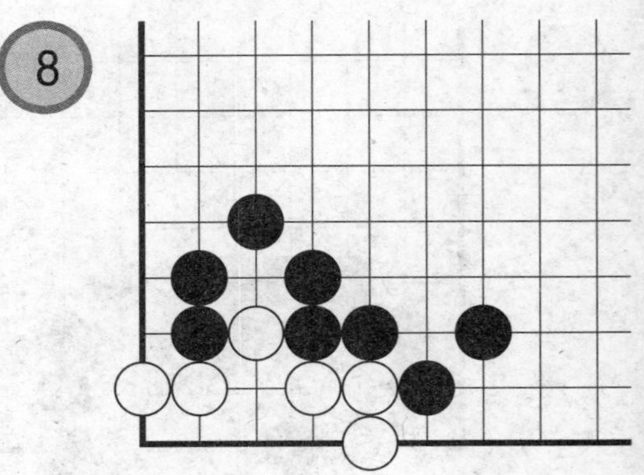

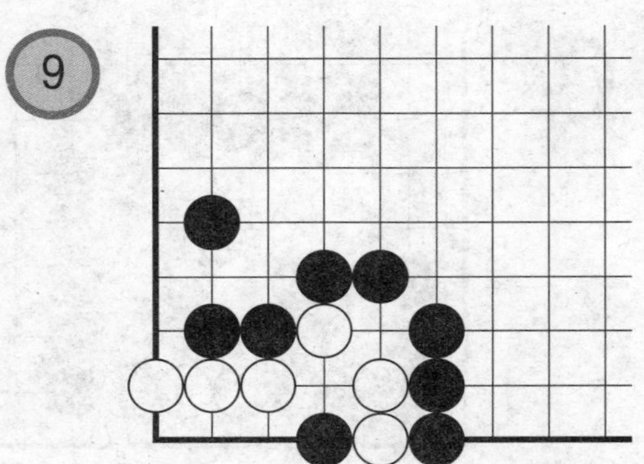

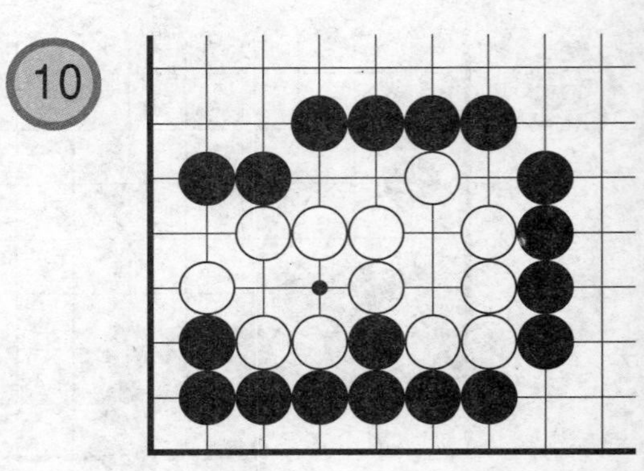

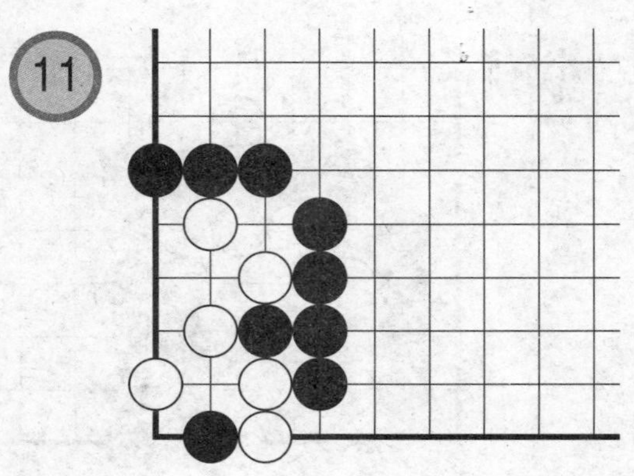

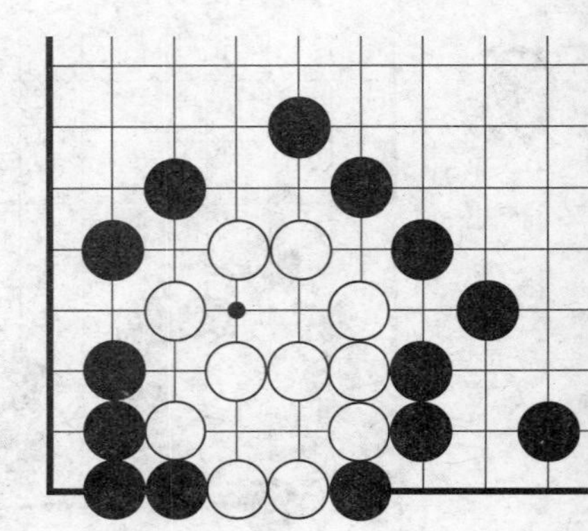

9. 利用扑

学习日期	月　日
检	

请吃白棋。(3手)

13

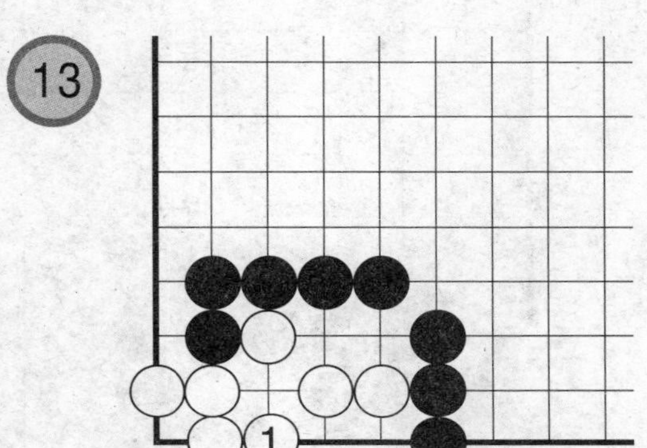

14

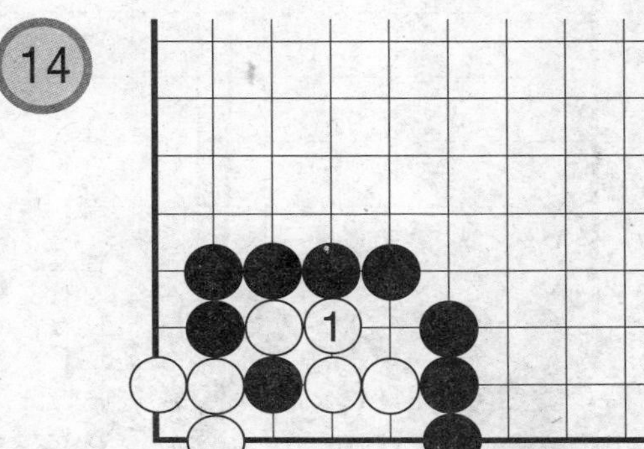

15

16

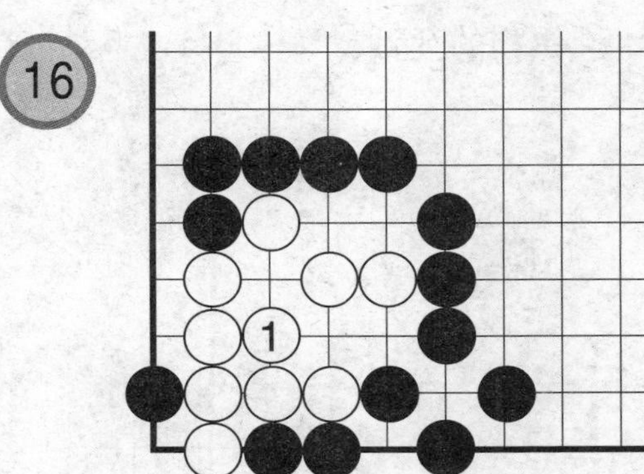

17

1

18

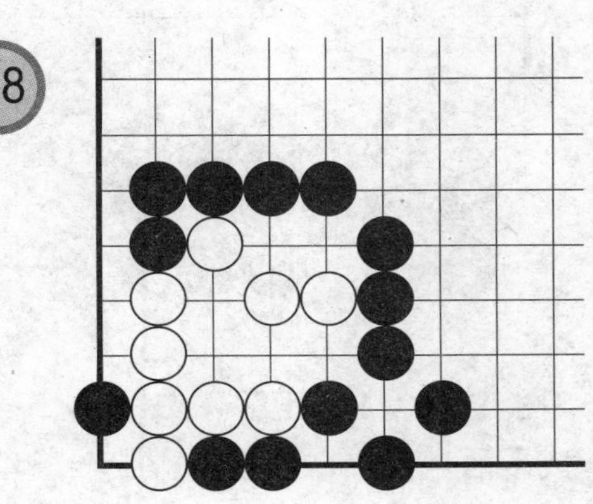

⑩ 双活

1图

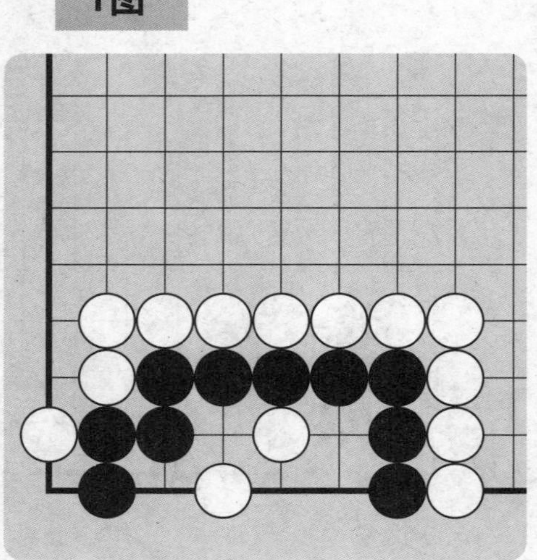

1图 黑棋的死活。

2图

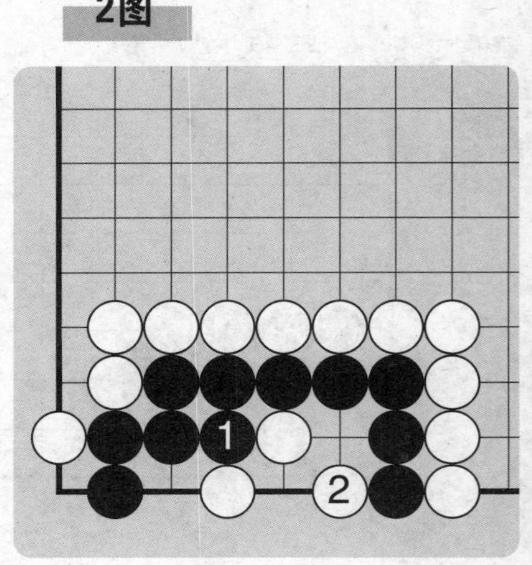

2图 黑1，白2吃黑。

3图

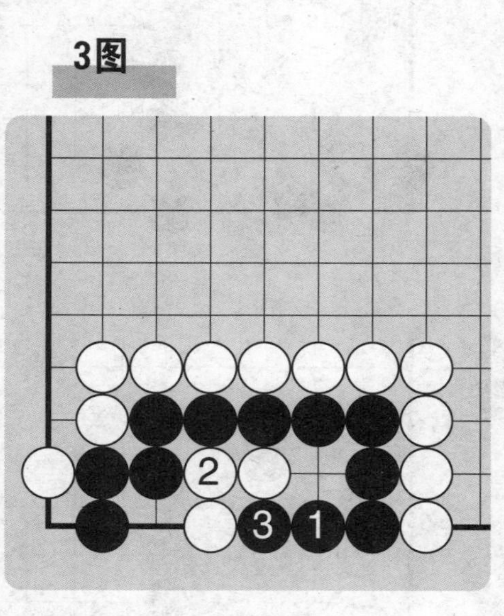

3图 这里黑1是正解，白2则黑3成双活。

4图

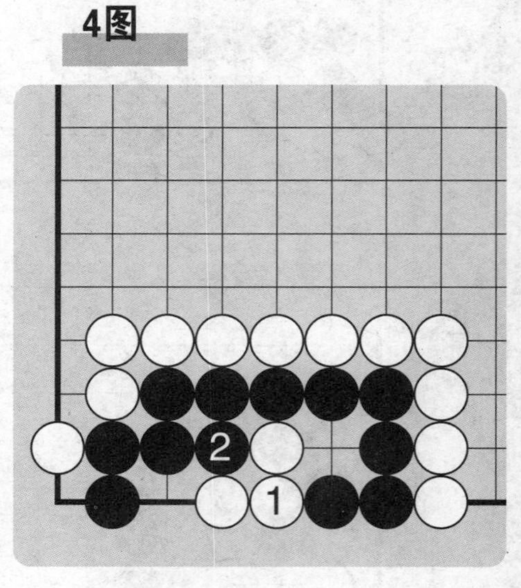

4图.白1时，黑2，仍是双活。

10. 双活

学习日期	月　日
检	

请将黑棋做成双活。

1

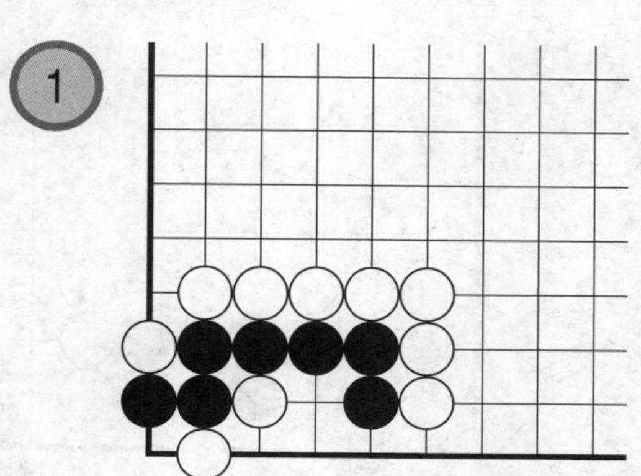

2

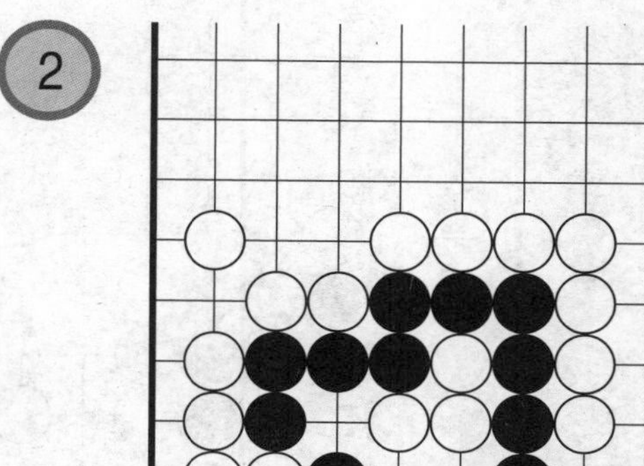

3

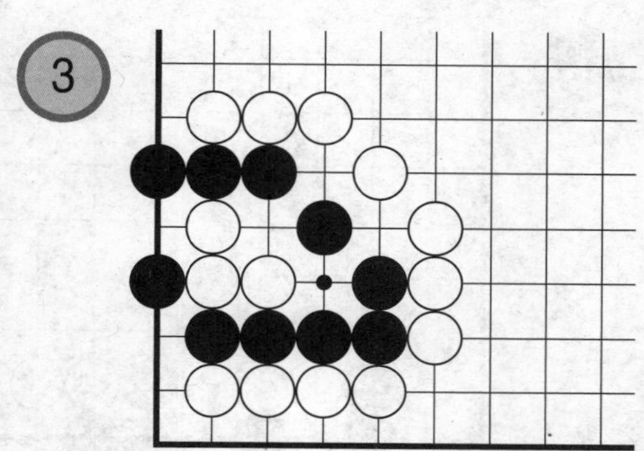

4

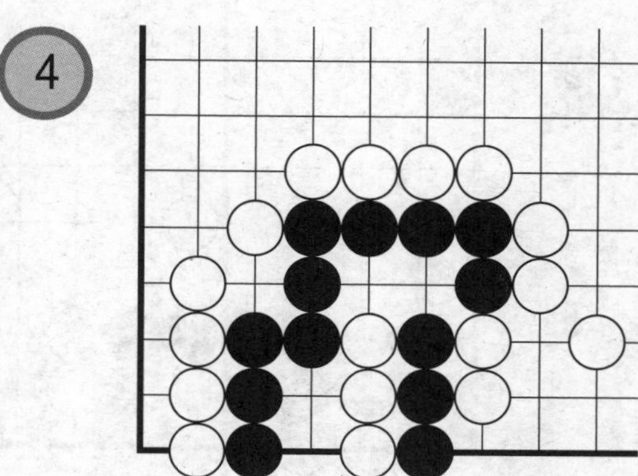

5

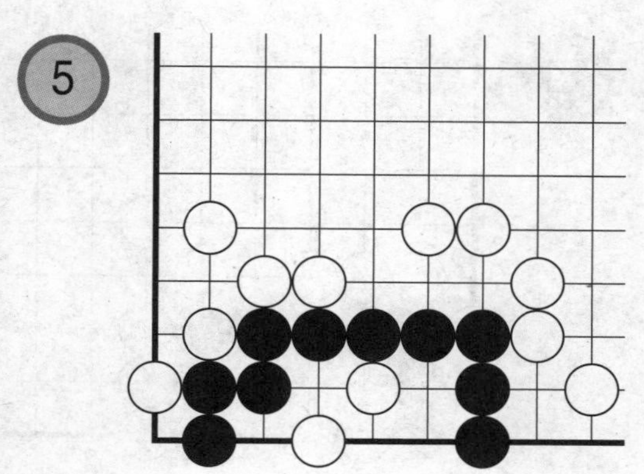

6

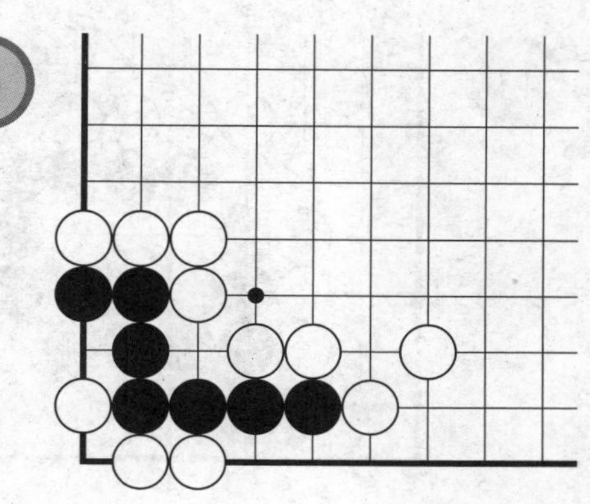

10. 双活

学习日期	月　　日
检	

请将黑棋做成双活。(3手)

7

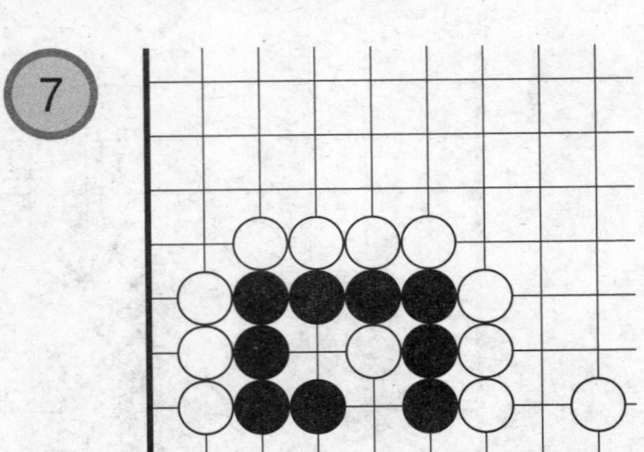

8

9

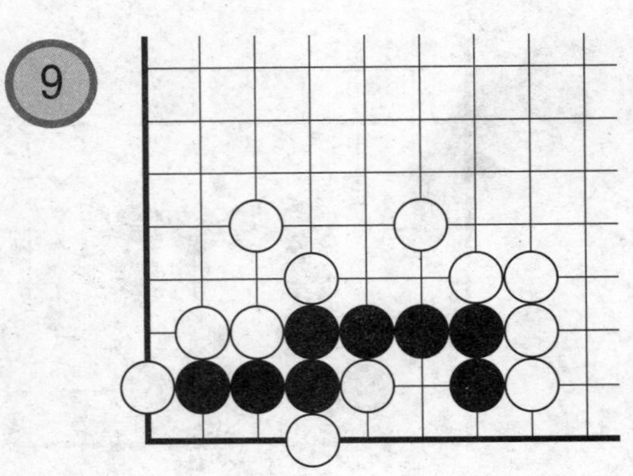

10

11

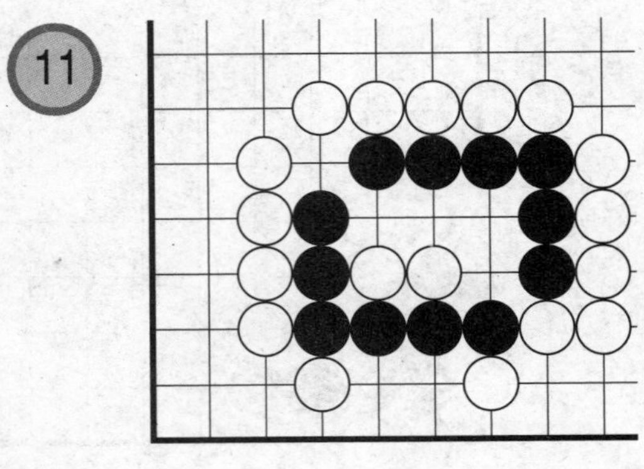

12

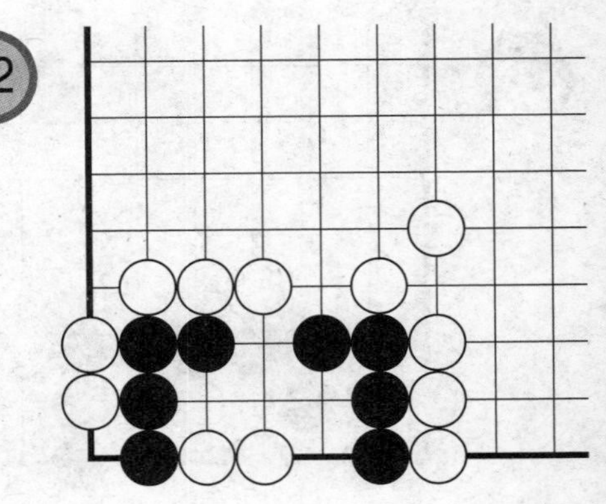

10. 双活

学习日期	月　日
检	

请黑扩大眼位后做成双活。（5手）

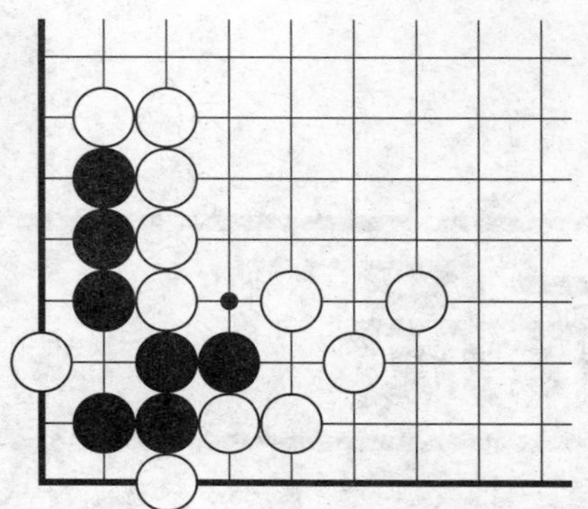

14

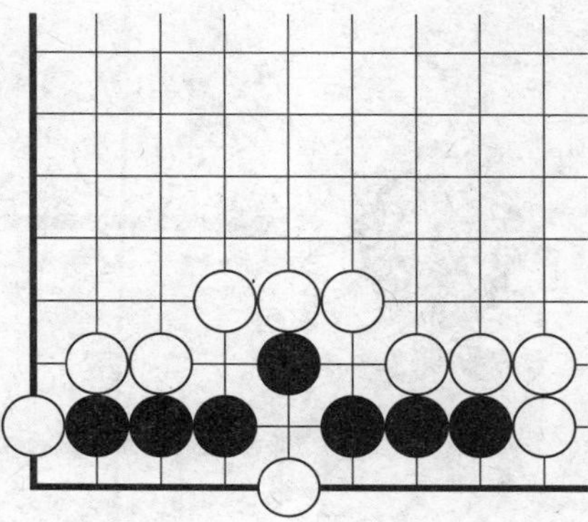

15

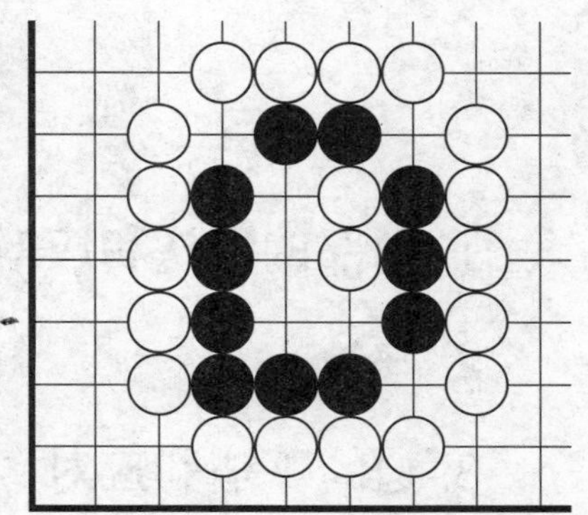

16

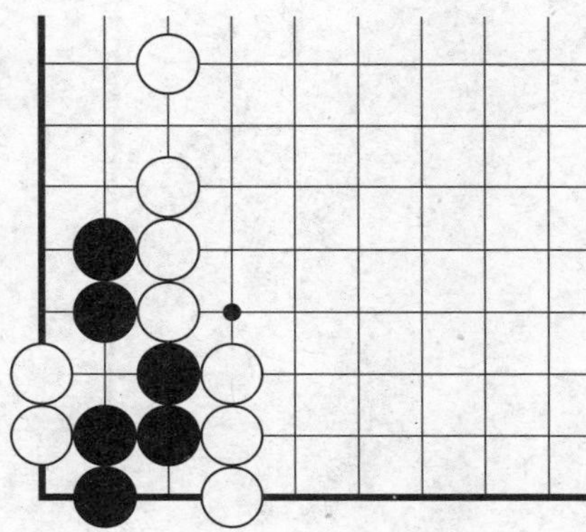

17

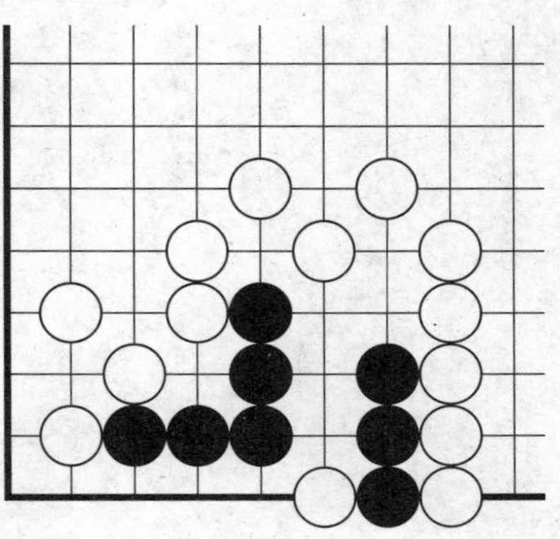

18

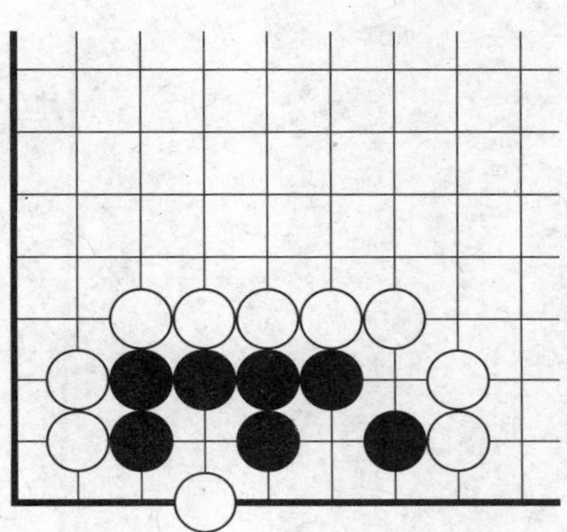

4

布局

SUCHENG WEIQI

1. 角部的下法和应对
2. 守边
3. 边的下法和应对
4. 分投

1 角部的下法和应对

1图

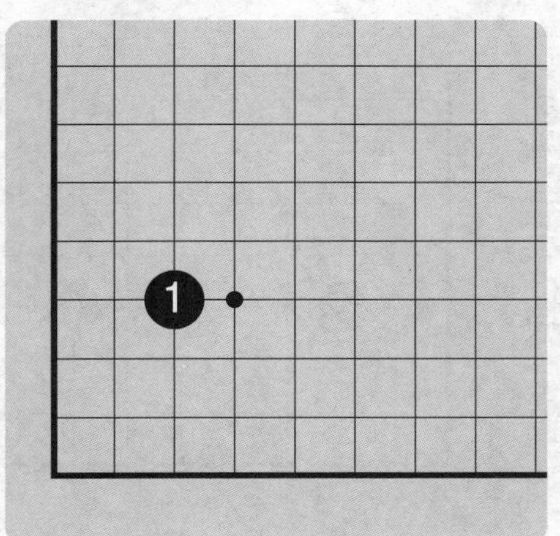

1图 占角后如何应对?

2图

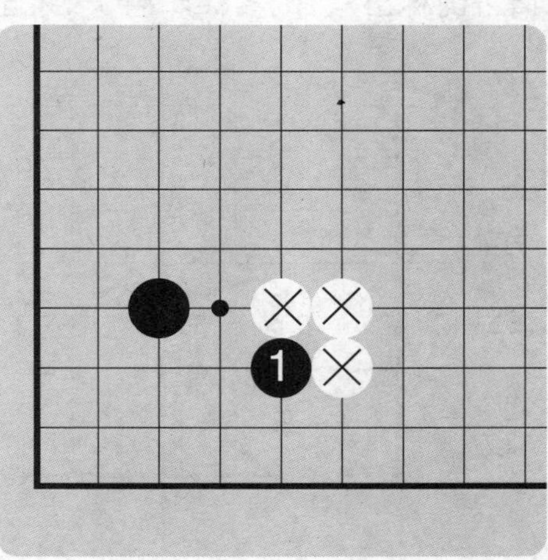

2图 黑1是守角的棋。也可下在X处。

3图

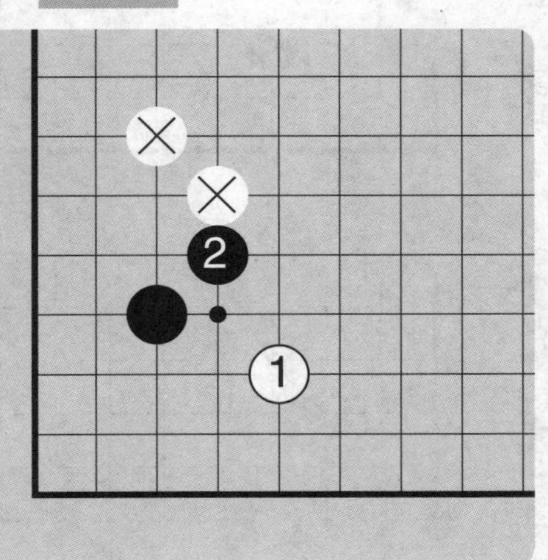

3图 白1挂角寻求作战时，黑2可坚实地守。也可下在X处。

4图

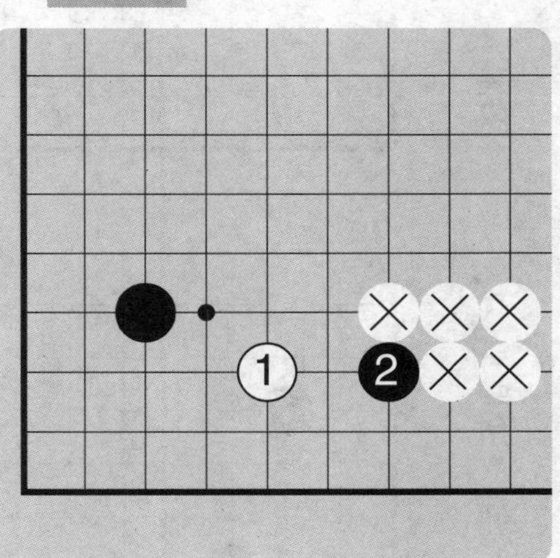

4图 白1时也有黑2夹击的，也可下在标X之处。

1. 角部的下法和应对

学习日期	月　日
检	

请正确标出黑1的名称。用O表示出来。

①

守角·挂·夹攻

②

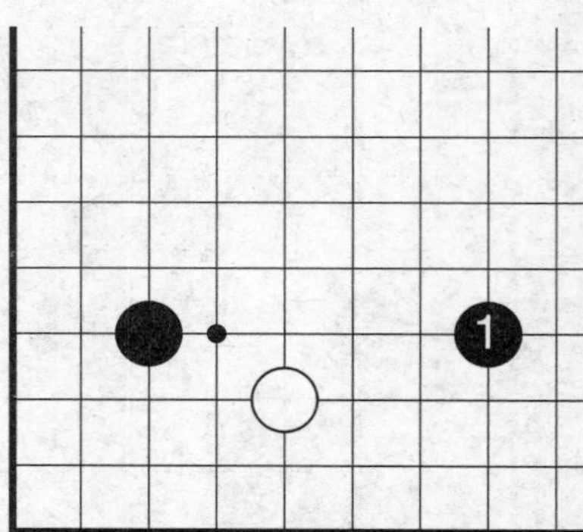

守角·挂·夹攻

③

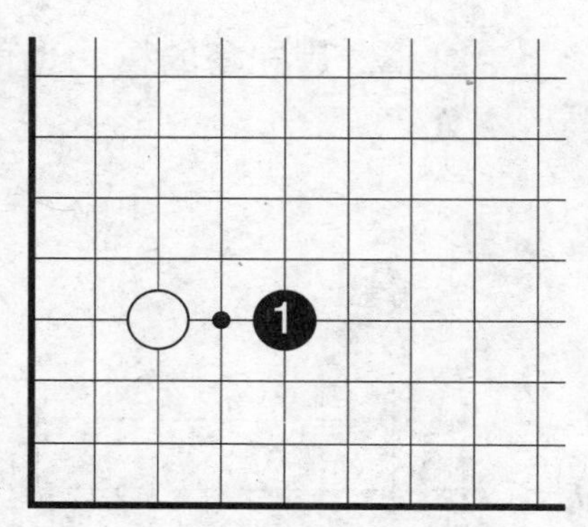

守角·挂·夹攻

④

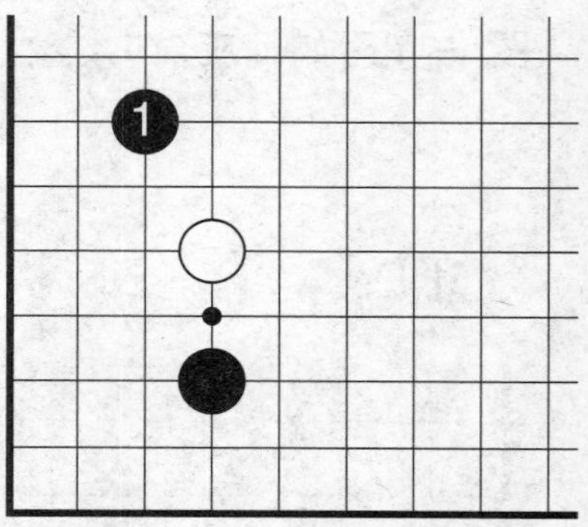

守角·挂·夹攻

⑤

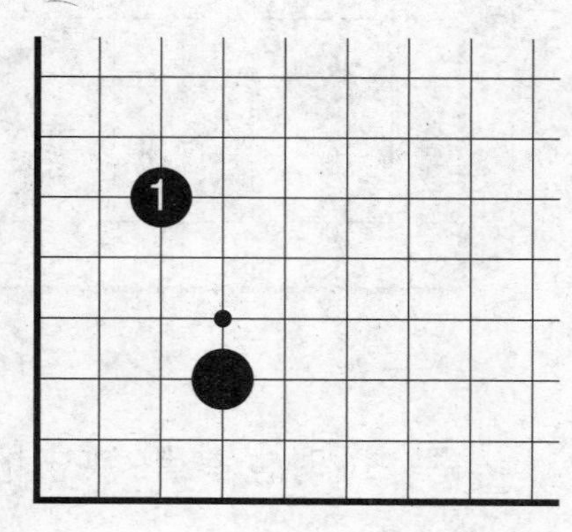

守角·挂·夹攻

⑥

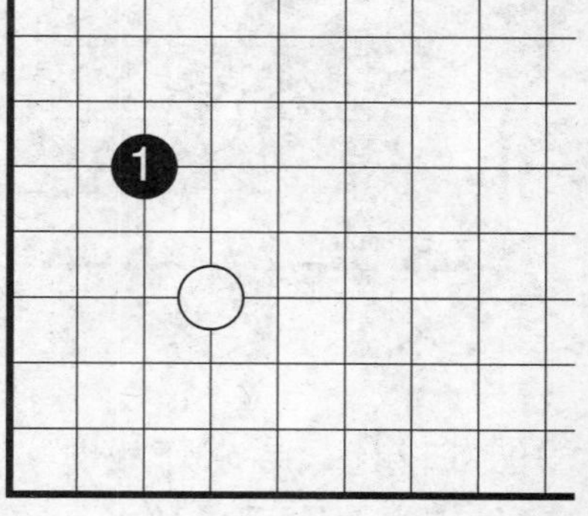

守角·挂·夹攻

1. 角部的下法和应对

学习日期	月　　日
检	

找出空角请下目外或高目。

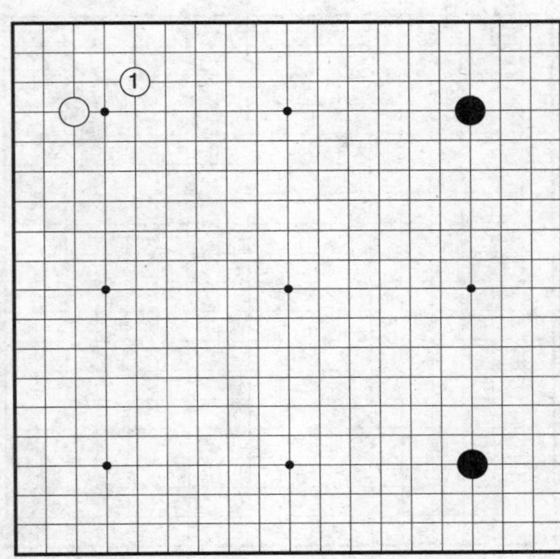

8

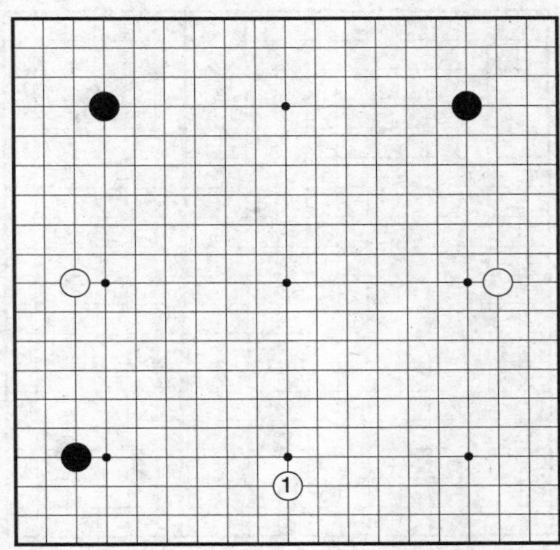

9

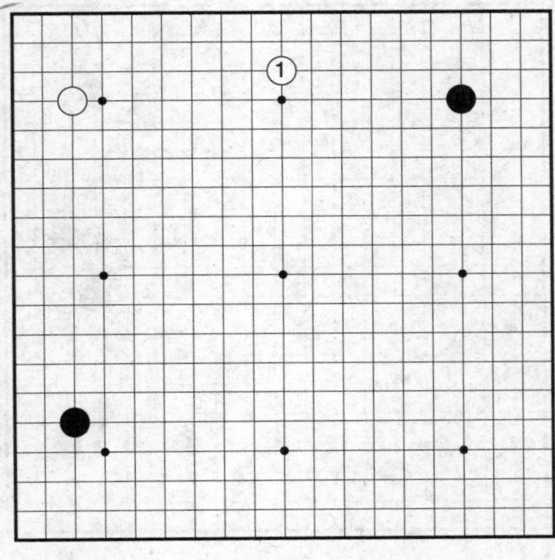

10

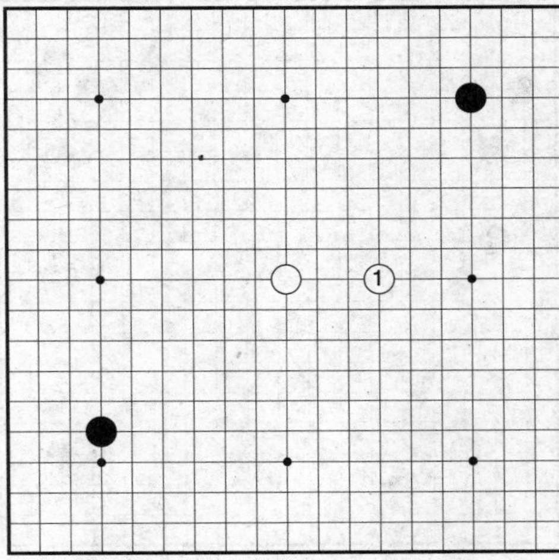

1. 角部的下法和应对

学习日期	月　日
检	

请找出在星和小目的黑子守角。

11

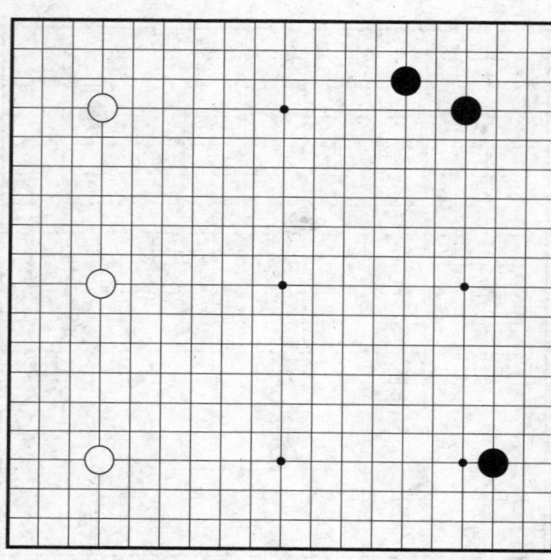

12

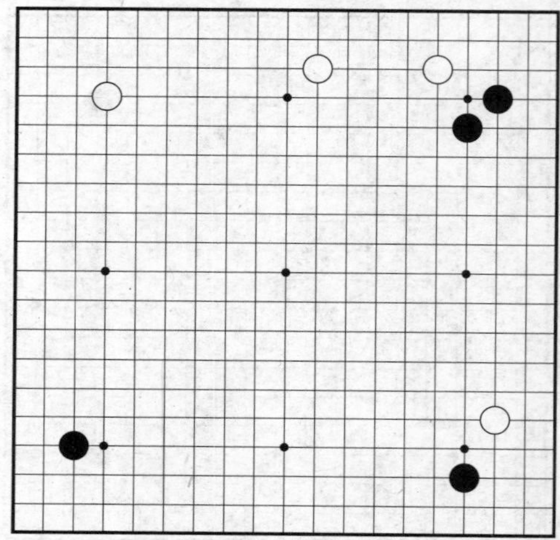

13

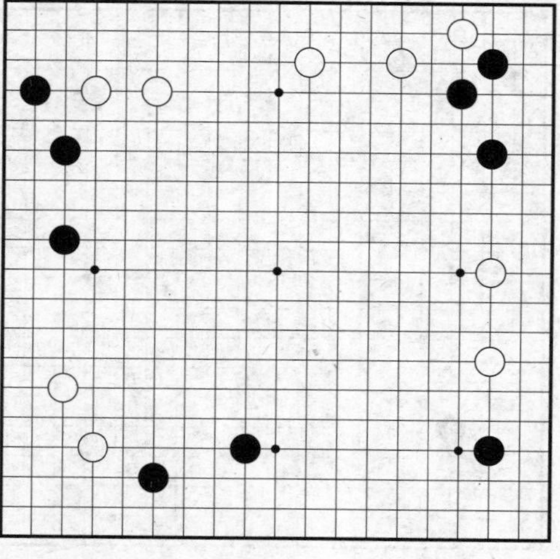

14

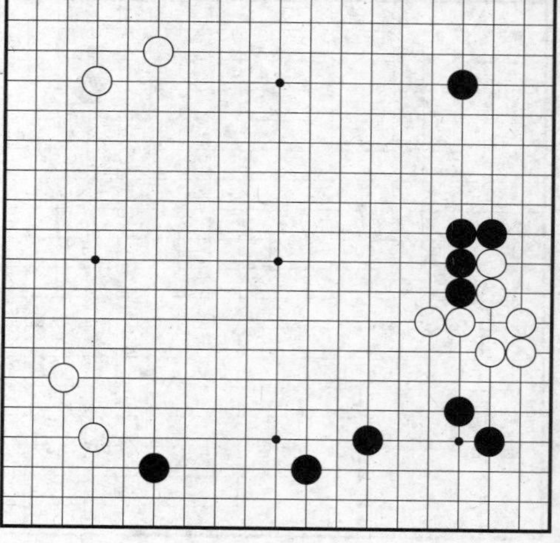

1. 角部的下法和应对

学习日期	月　日
检	

白1，请小飞或一间守角。

15

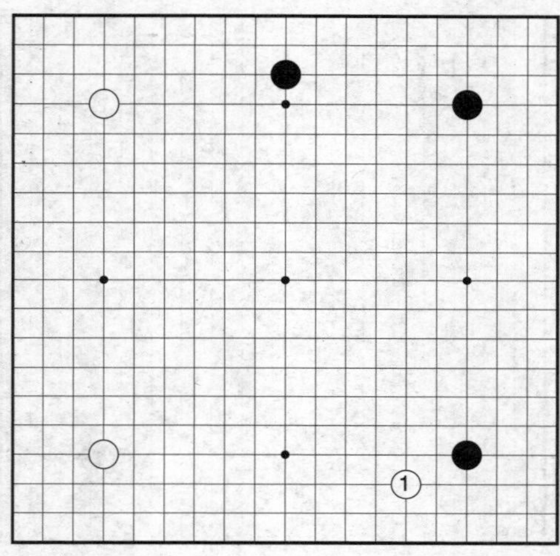

16

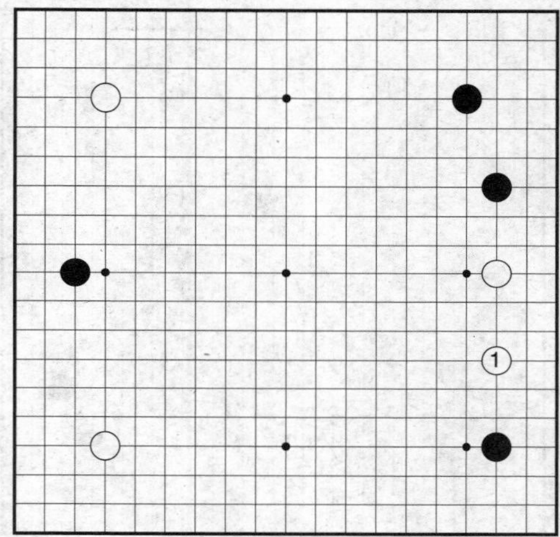

17

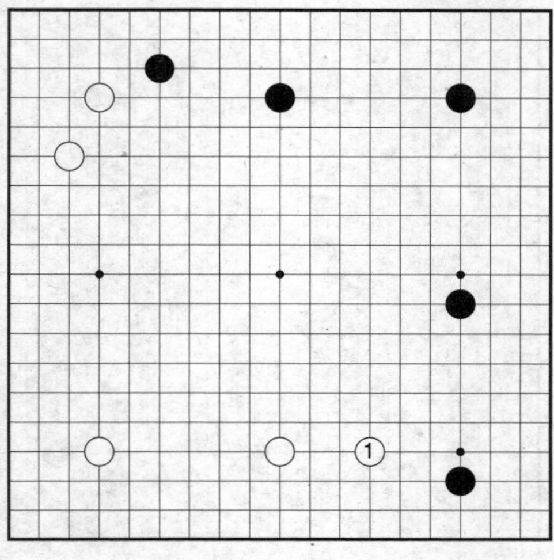

18

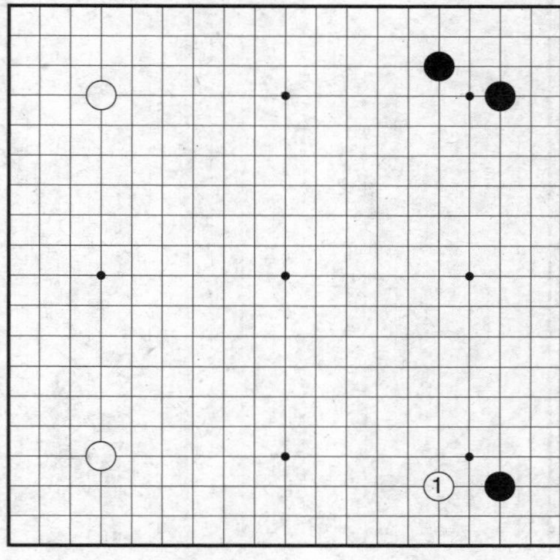

1. 角部的下法和应对

学习日期	月　日
检	

白1，请夹攻这个白子。

19

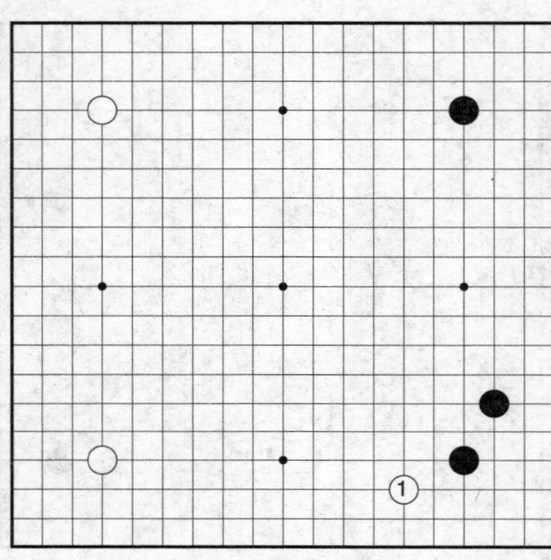

20

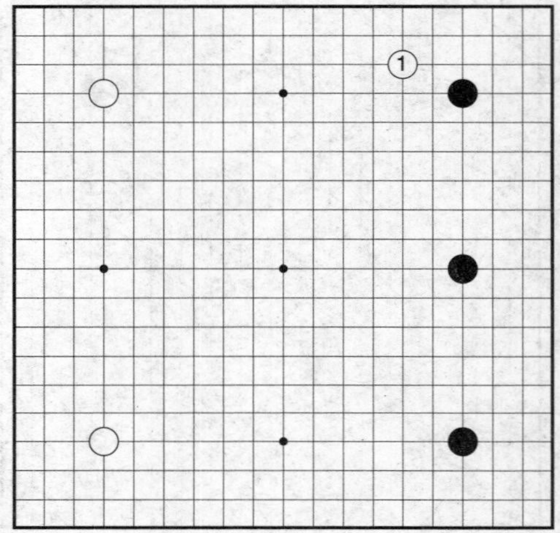

21

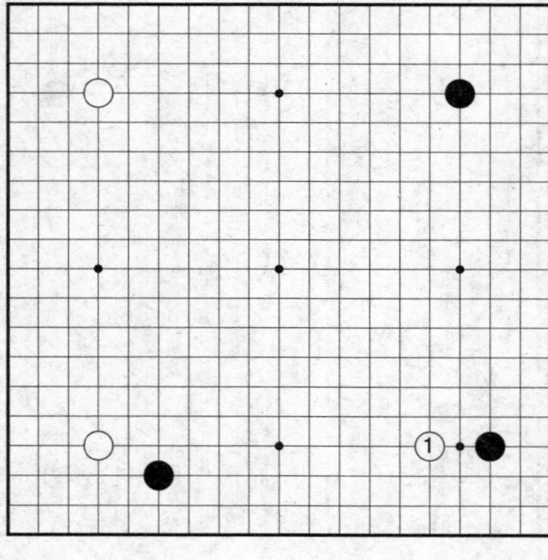

22

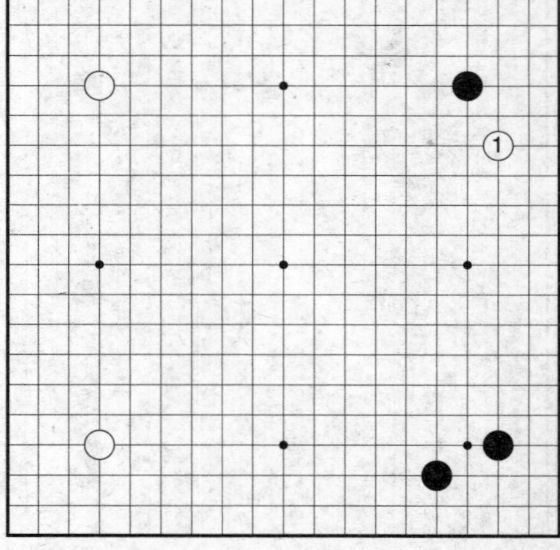

布局1

请想着布局（行棋）的名称，记忆下面的次序。

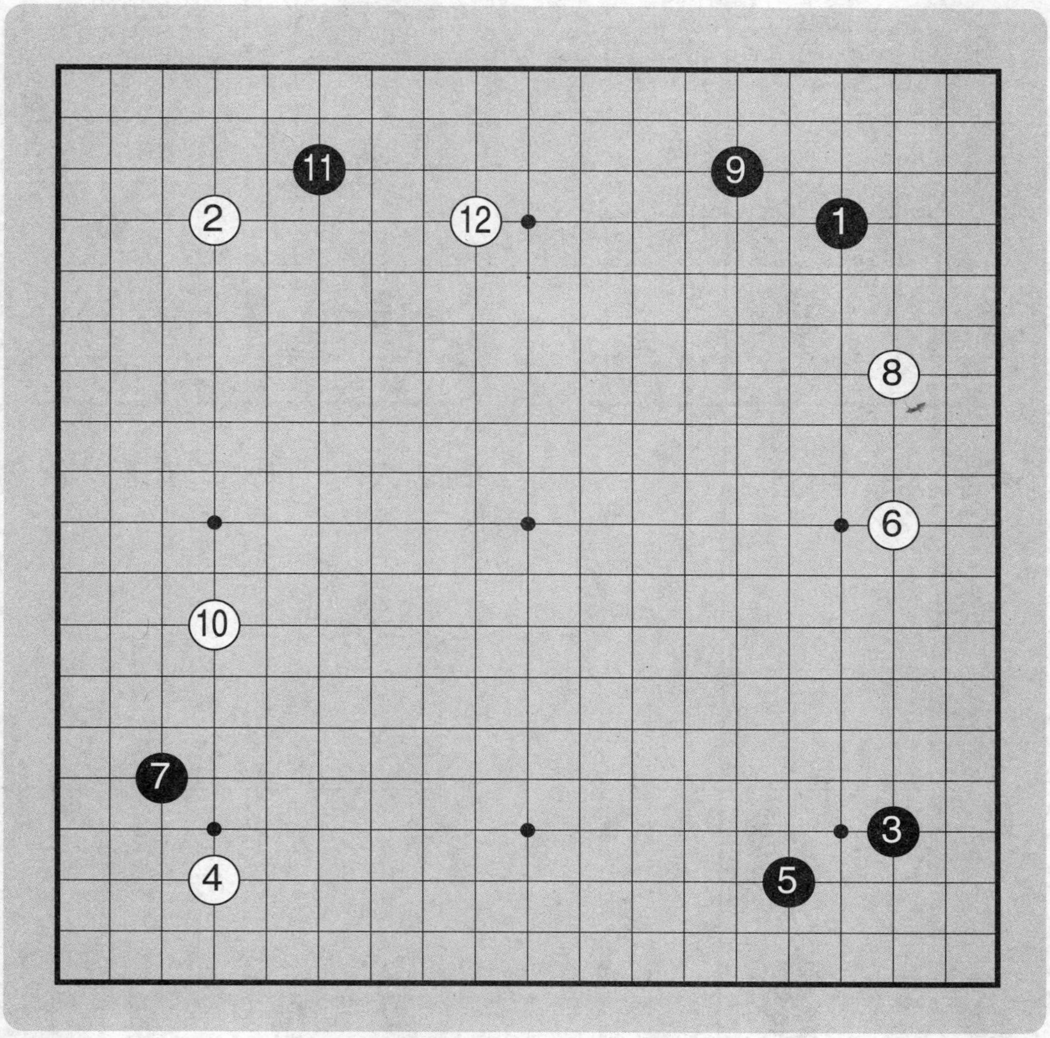

5 守角　7 挂角　8 拆二

9 守角　10 夹攻　11 挂角　12 夹攻

2 守边

1图

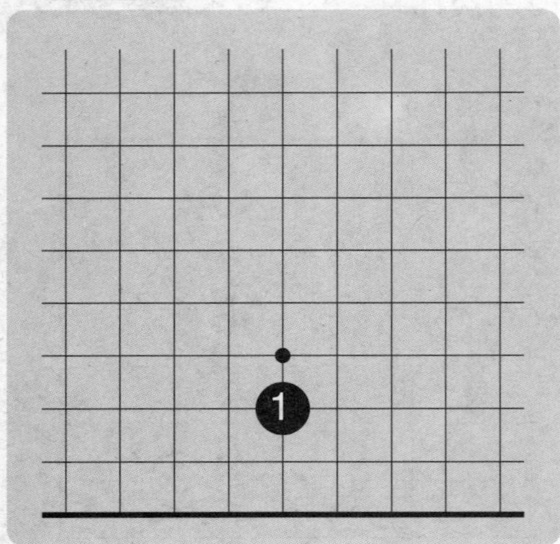

1图 占边后怎样守边。

2图

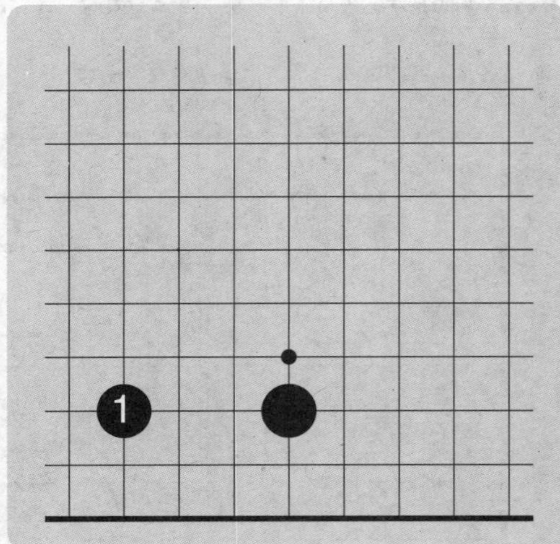

2图 黑只有一子时拆二普通。叫拆二。

3图

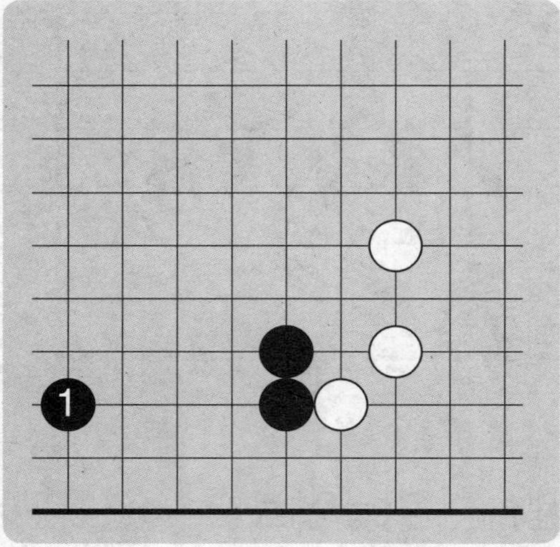

3图 有二子时拆三间普通。叫立二拆三。

4图

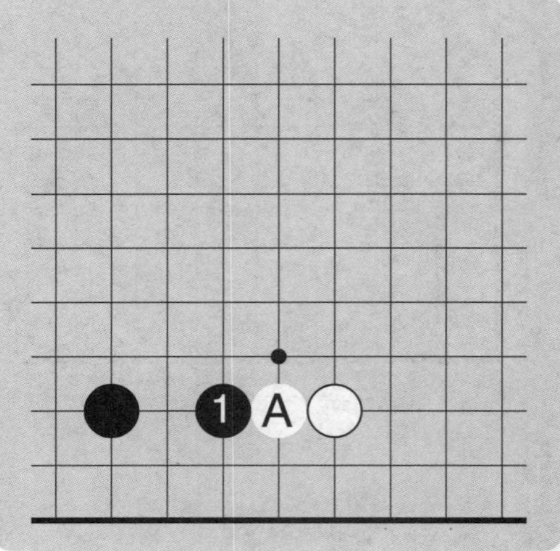

4图 但前面有白棋的时候就不能立一拆二，而要一间跳。

2. 守边

学习日期	月　日
检	

请把边上的一子拆二。

1

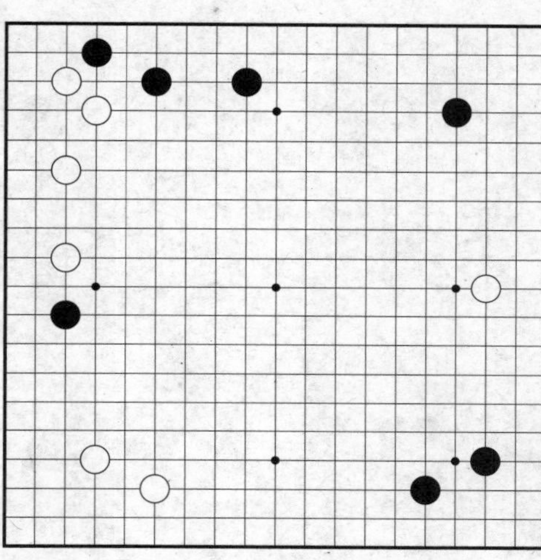

2

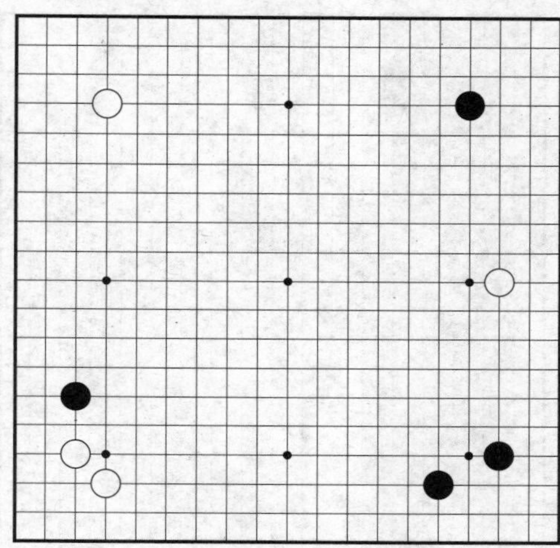

3

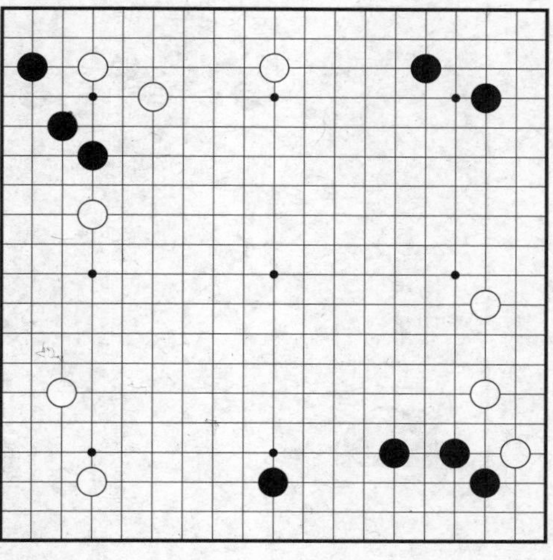

4

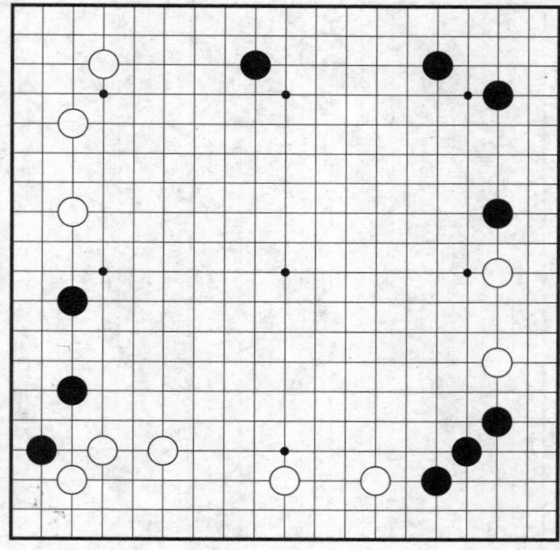

2. 守边

学习日期	月　日
检	

白1，请在边上的一子立二拆三。

5

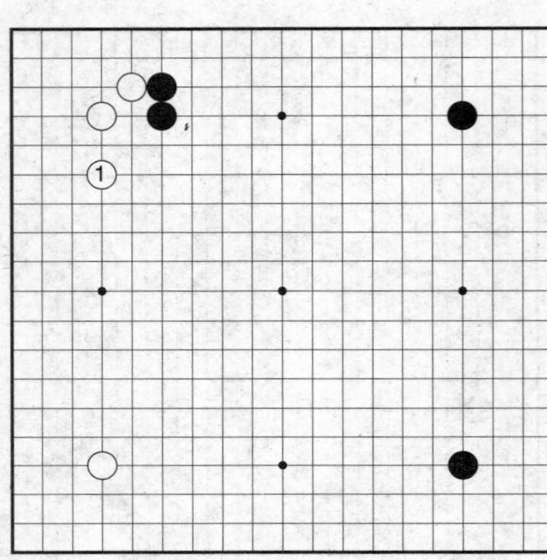

6

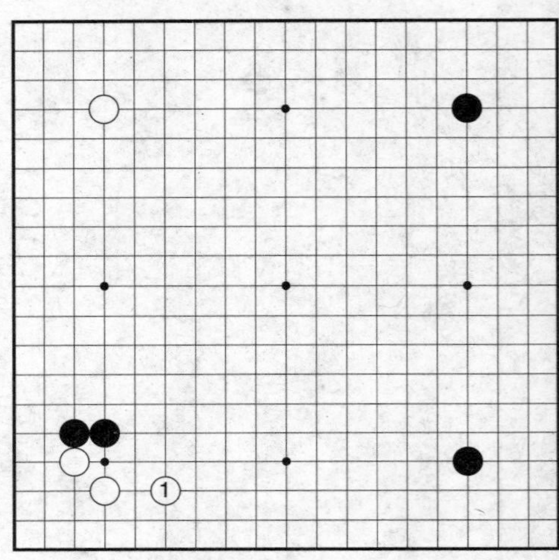

7

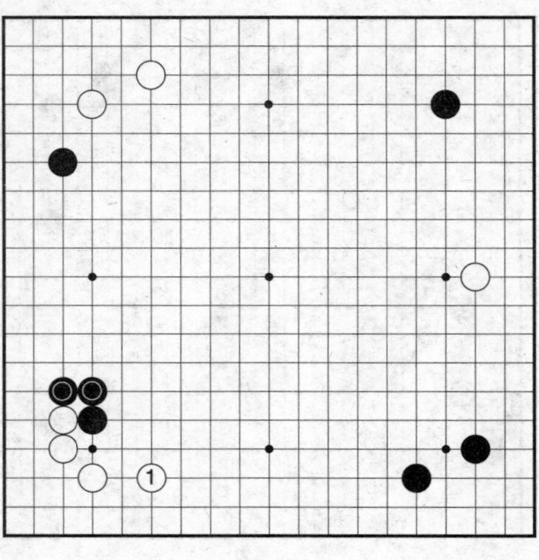

8

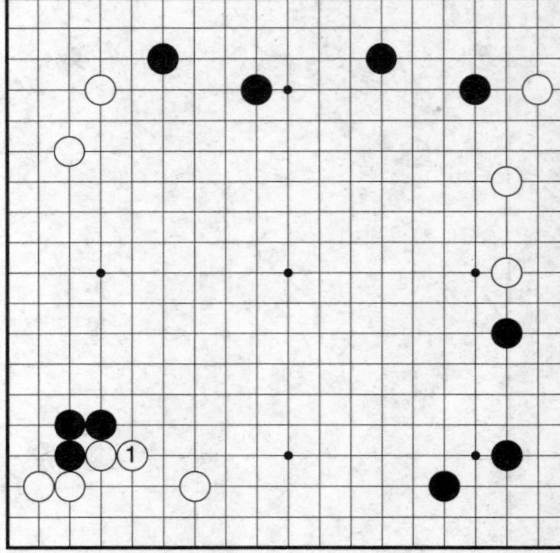

2. 守边

学习日期	月　　日
检	

白1，黑如何下？

9

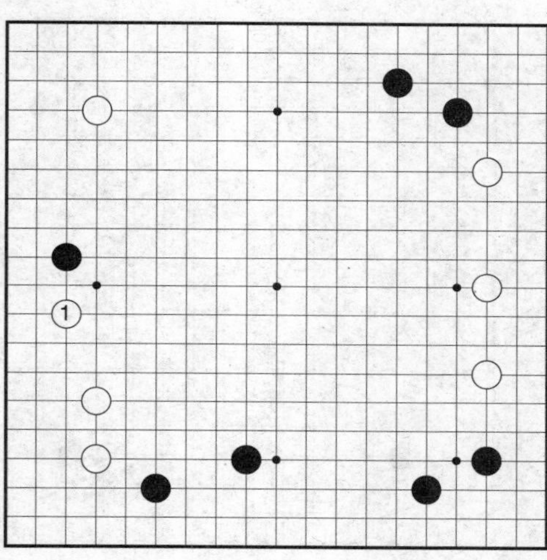

10

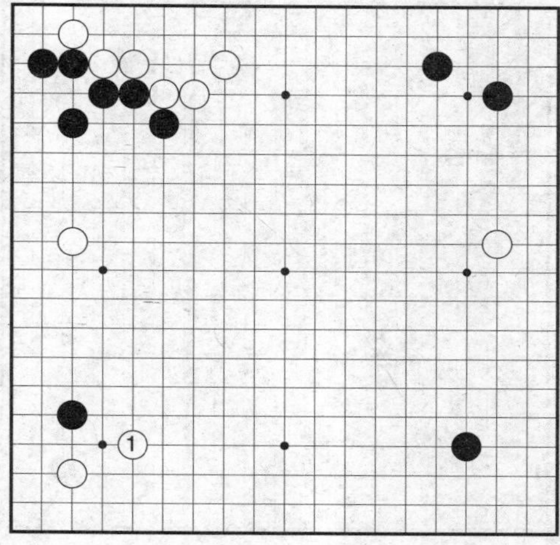

11

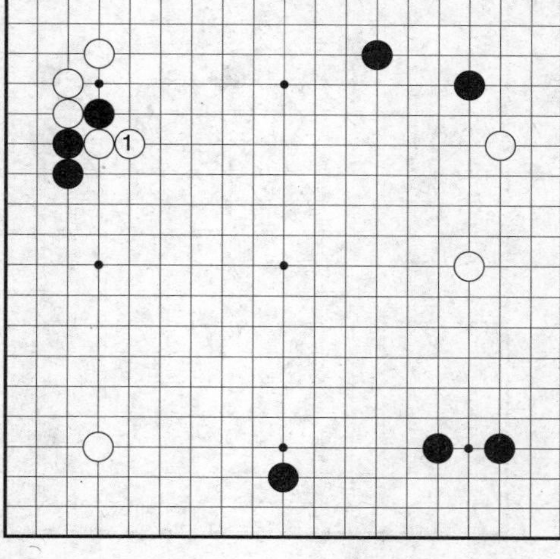

12

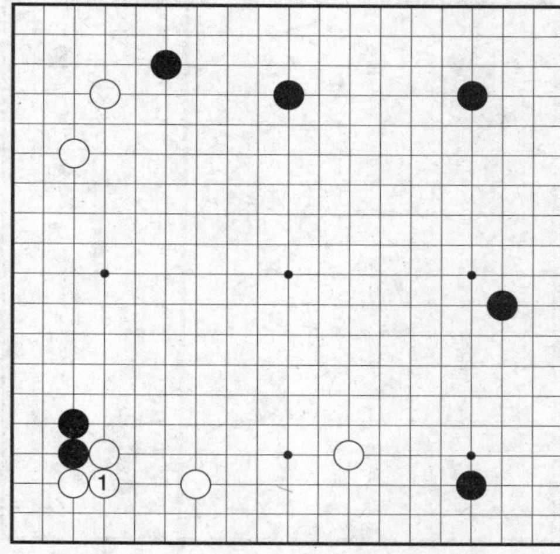

2. 守边

学习日期	月　日
检	

白1，请立二拆三。

13

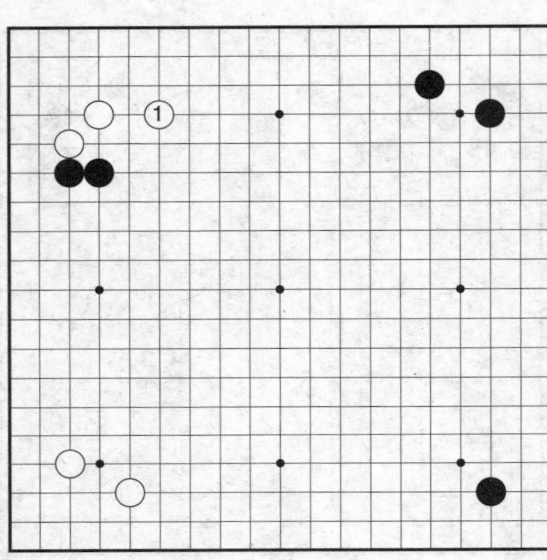

14

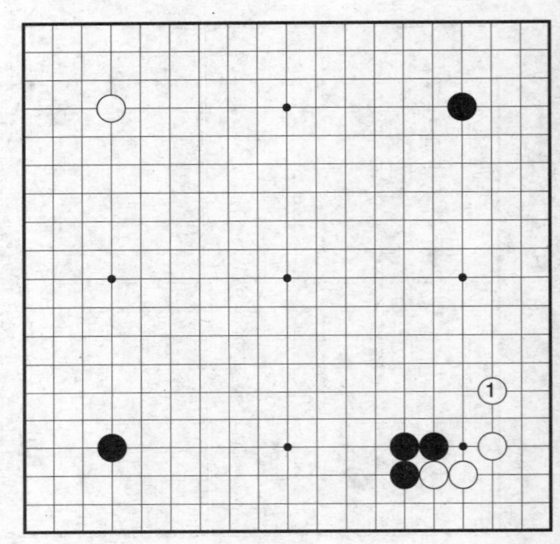

15

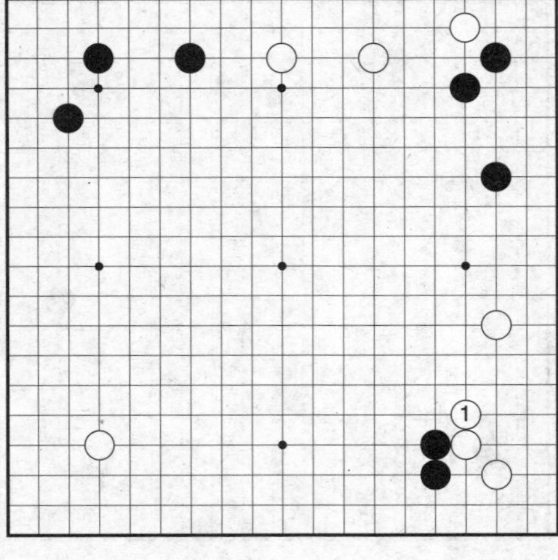

16

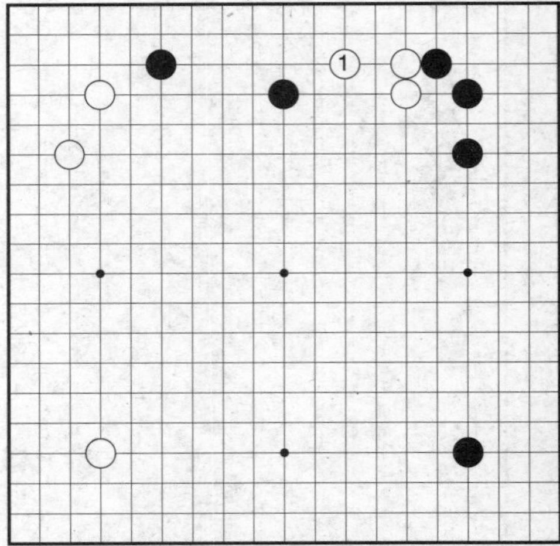

布局2

请想着布局（行棋）的名称，记忆下面的次序。

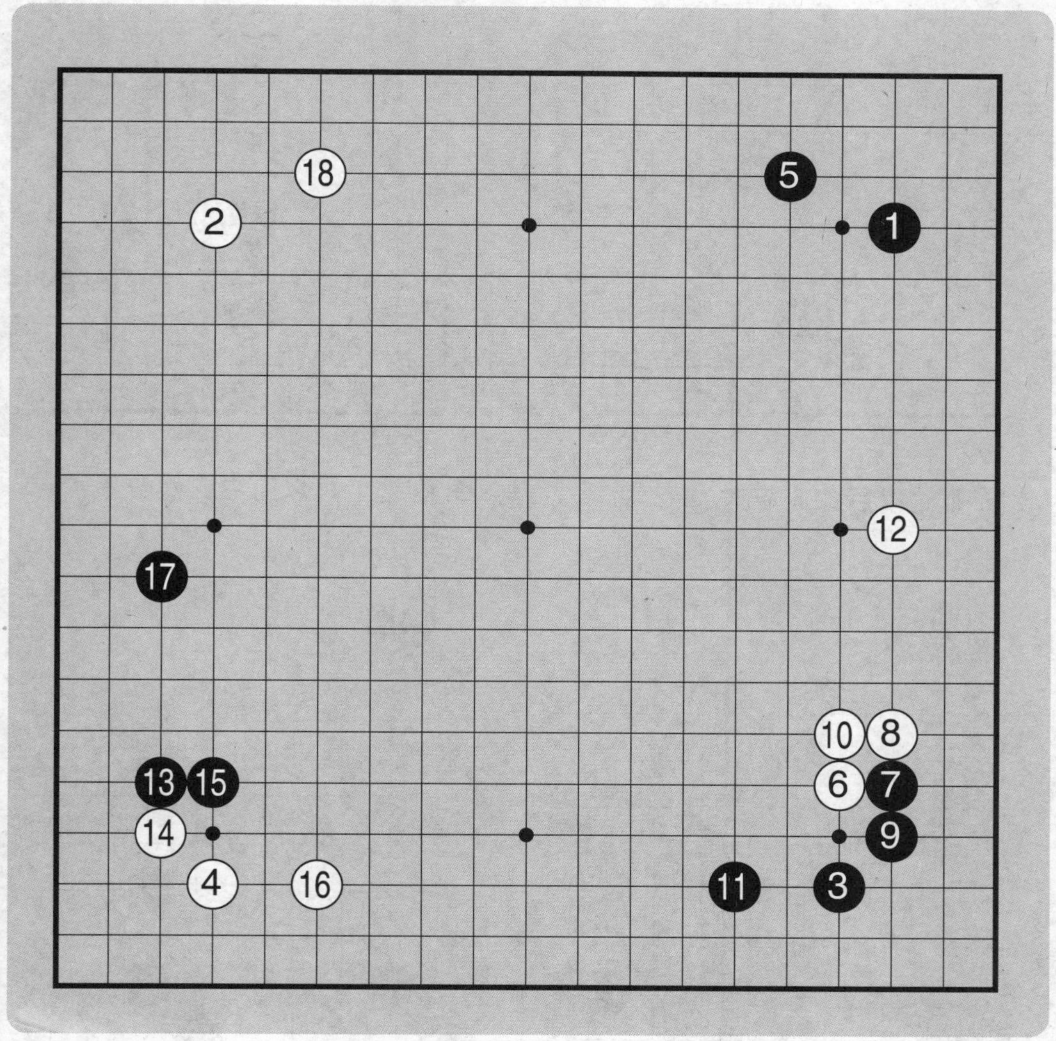

5 守角　　6 挂角　　11 一间守　　12 立二拆三

13 挂角　　16 一间守　　17 立二拆三　　18 小飞守角

3 边的下法和应对

1图

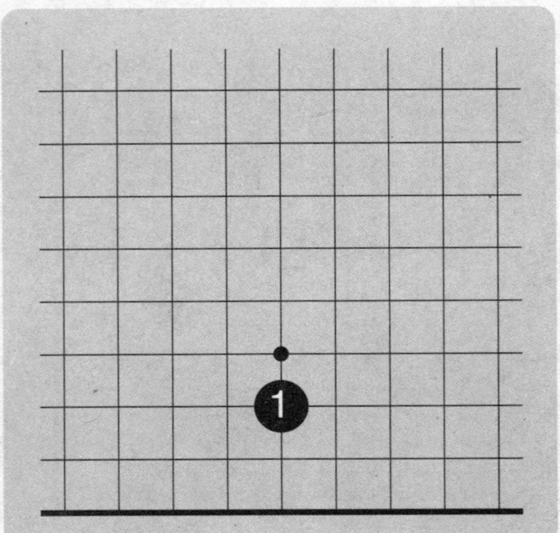

1 图 下边以后如何应对

2图

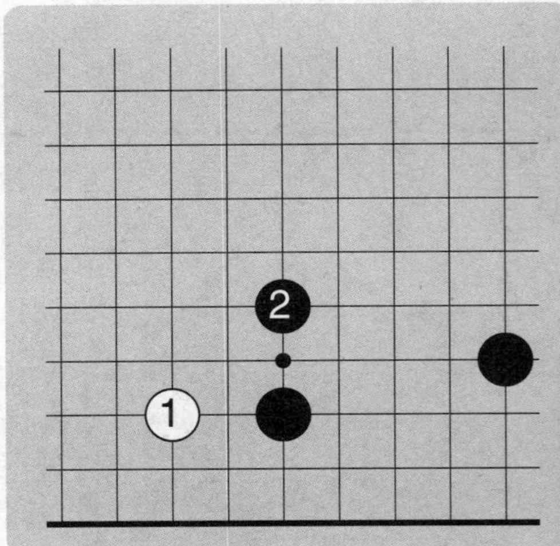

2图 在边上可以向中央跳一手扩大模样。

3图

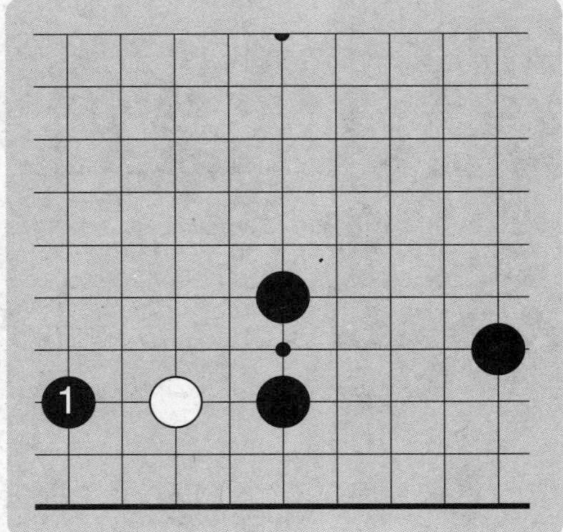

3图 对方不拆二时可以夹攻这个子。

4图

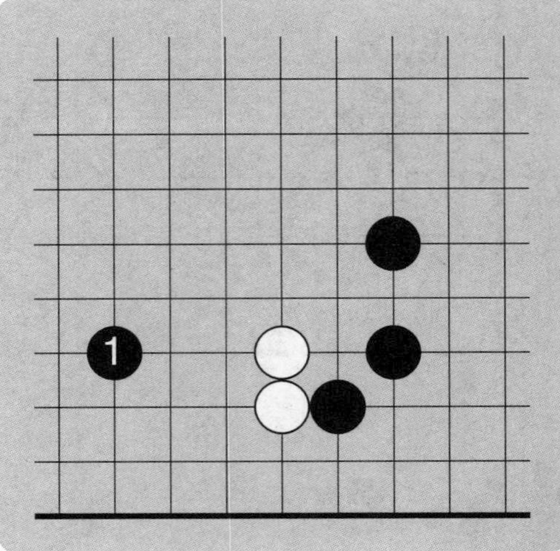

4图 不立二拆三同样可以夹攻。

3. 边的下法和应对

学习日期	月　　日
检	

找出空边下子。（黑先）

1

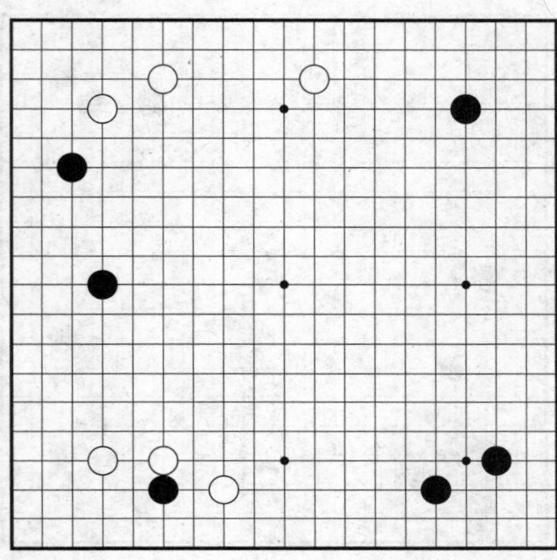

2

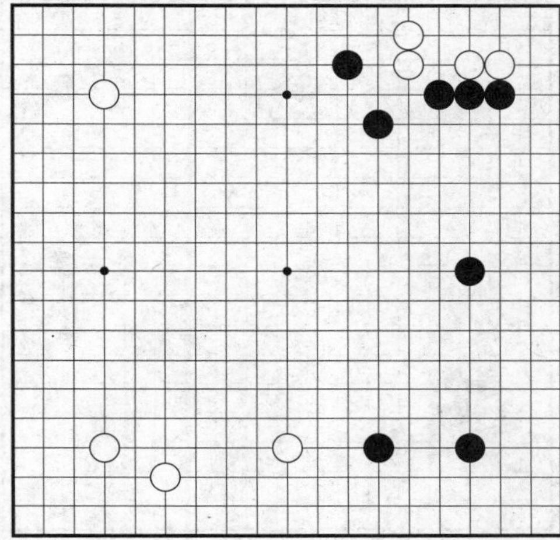

3

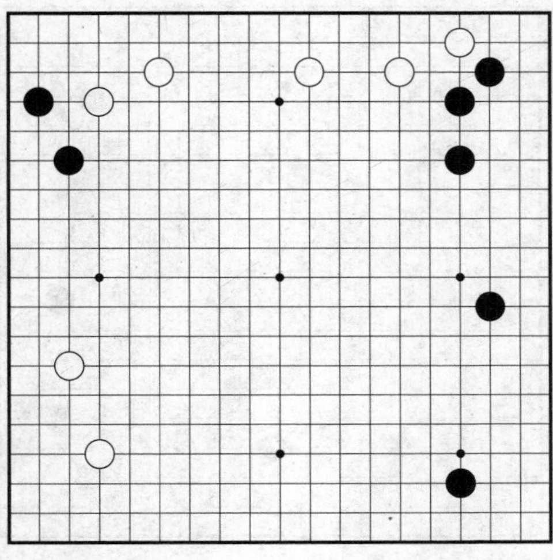

4

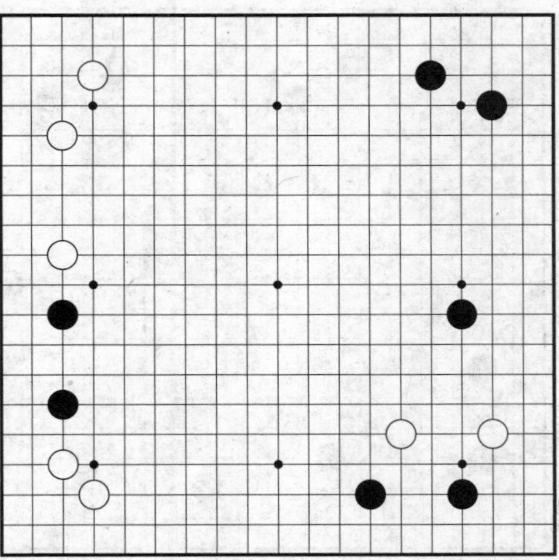

3. 边的下法和应对

学习日期	月　日
检	

白1，请向中间一间跳。

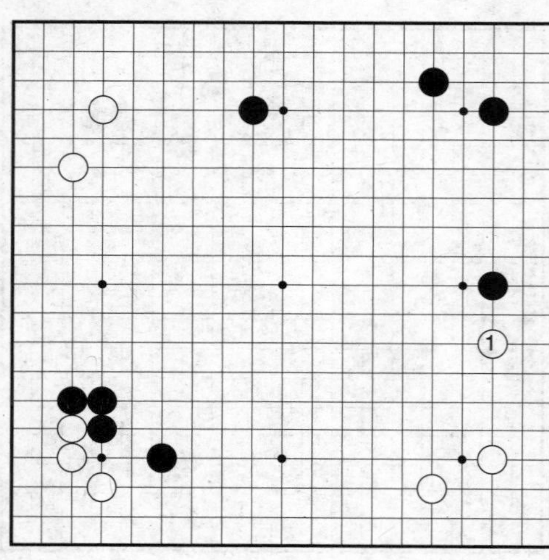

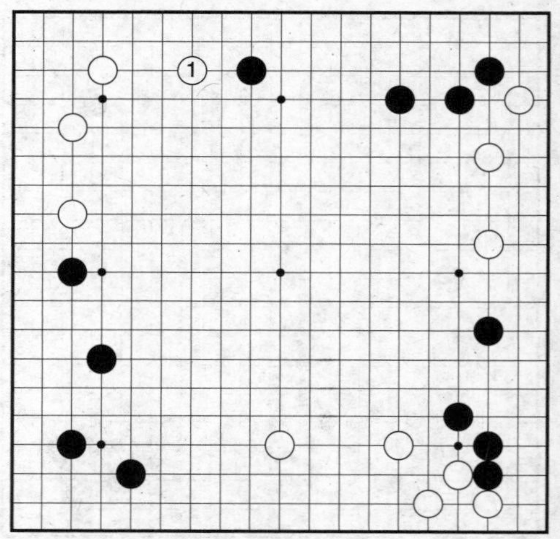

7

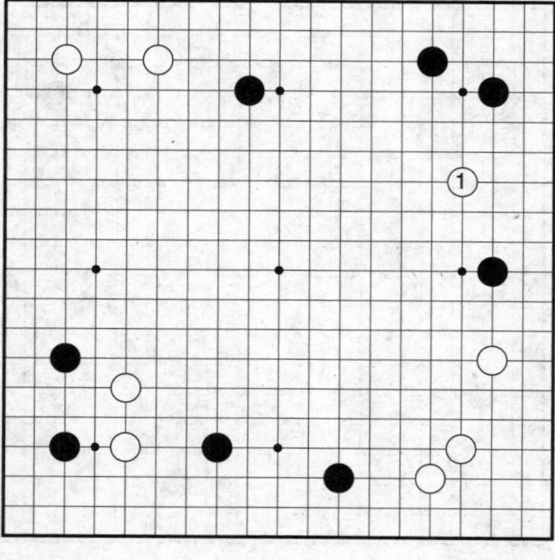

8

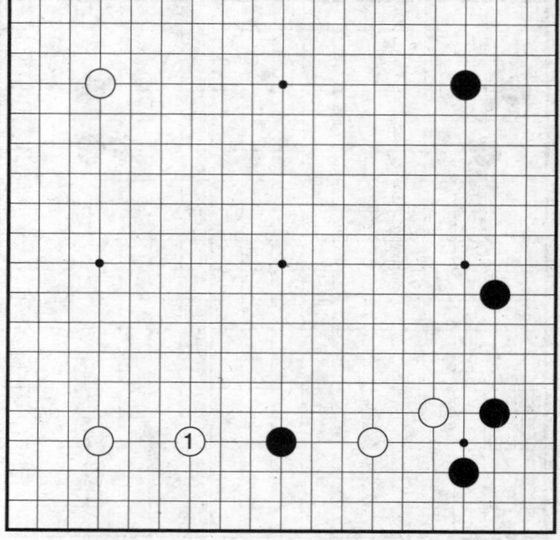

3. 边的下法和应对

学习日期	月　　日
检	

黑1，白未拆边而下在2位。黑如何下？

9

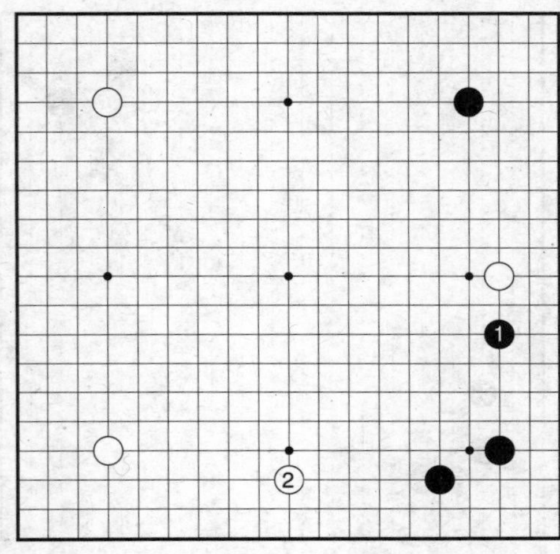

10

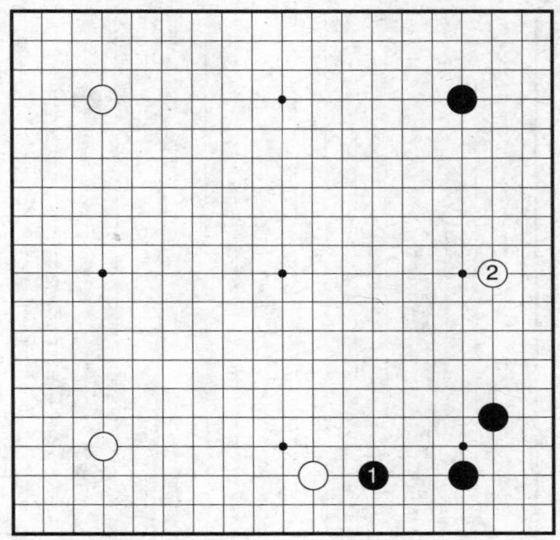

11

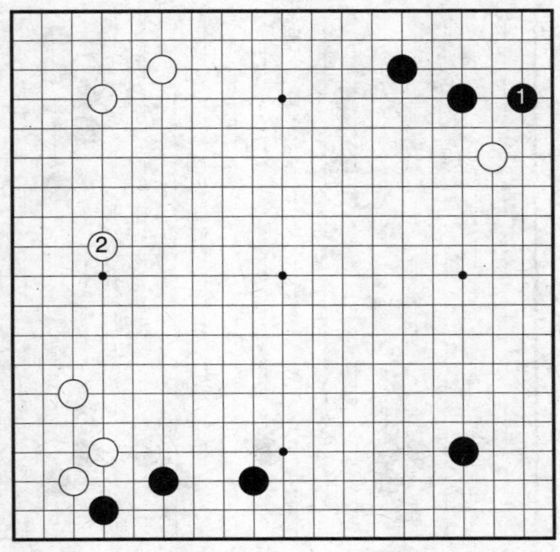

12

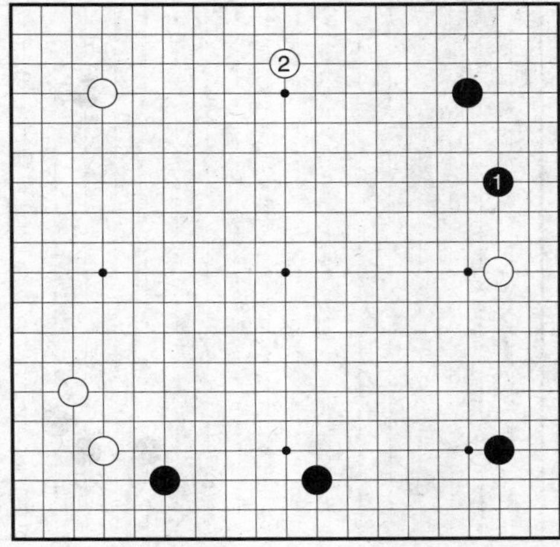

3. 边的下法和应对

学习日期	月 日
检	

黑1，白未拆边而下在2位。黑如何下？

13

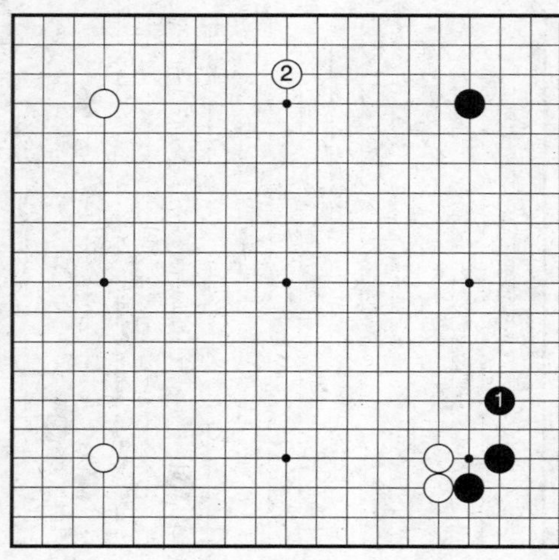

14

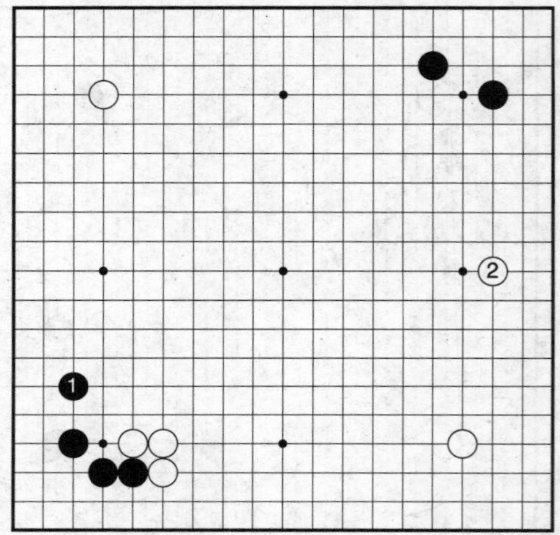

15

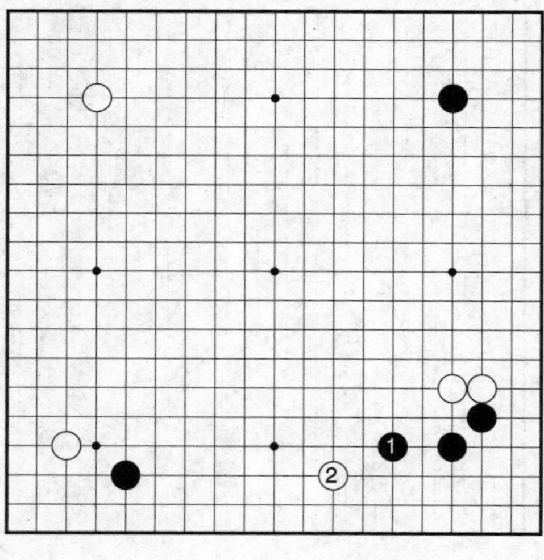

16

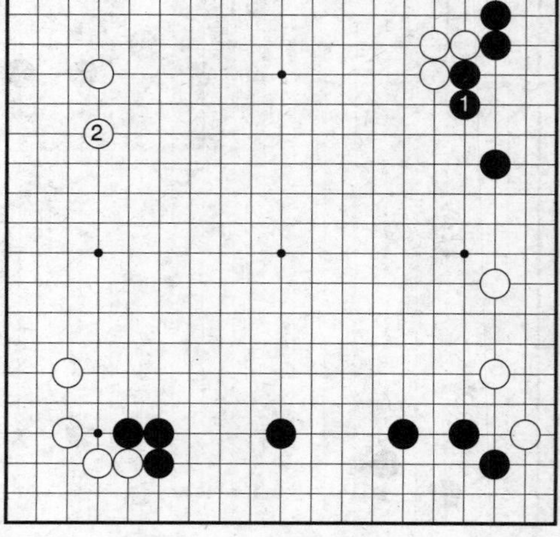

布局3

请想着布局（行棋）的名称，记忆下面的次序。

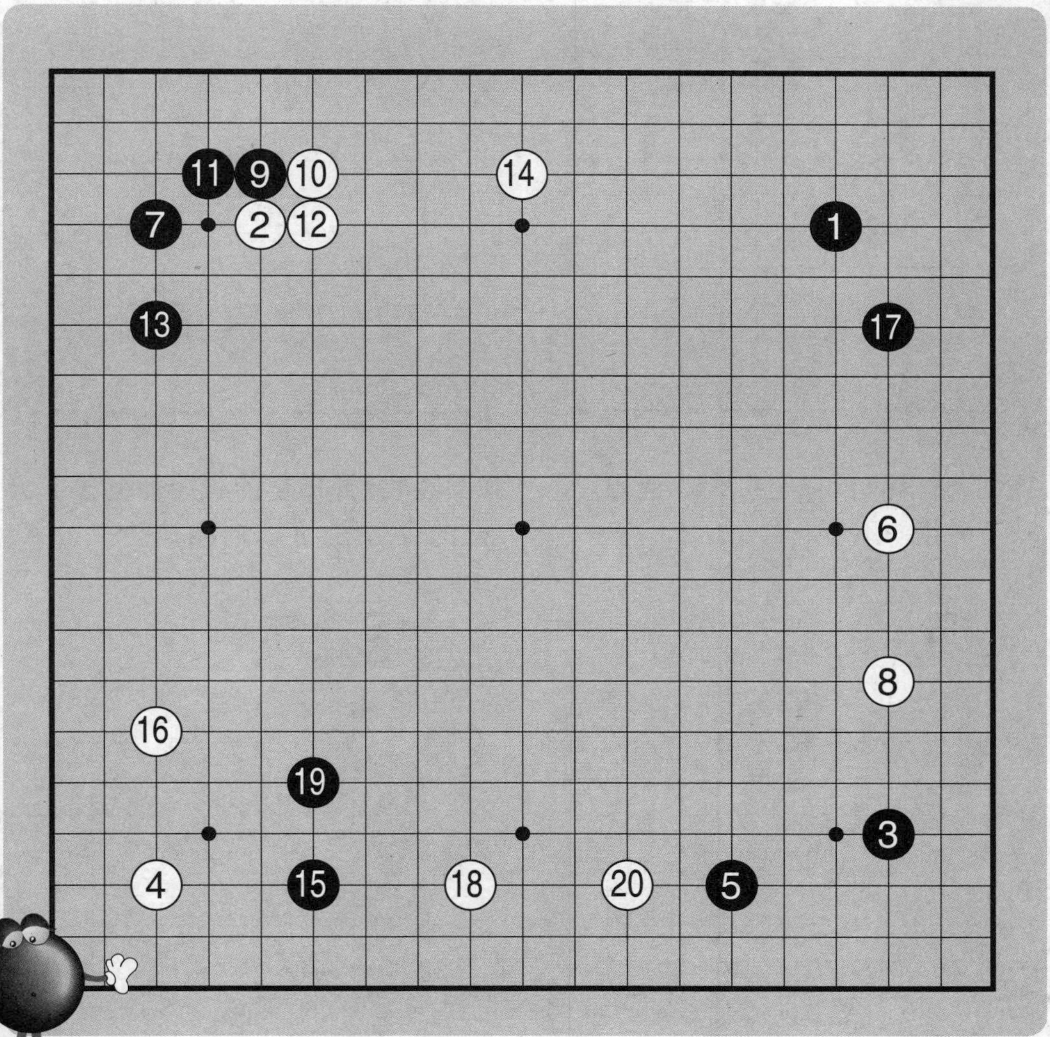

5 大飞守角　7 挂角　8 二间拆　13 一间守　14 立二拆三

15 挂角　16 二间拆　18 夹攻　19 向中央一间跳　20 拆二

④ 分投

1图

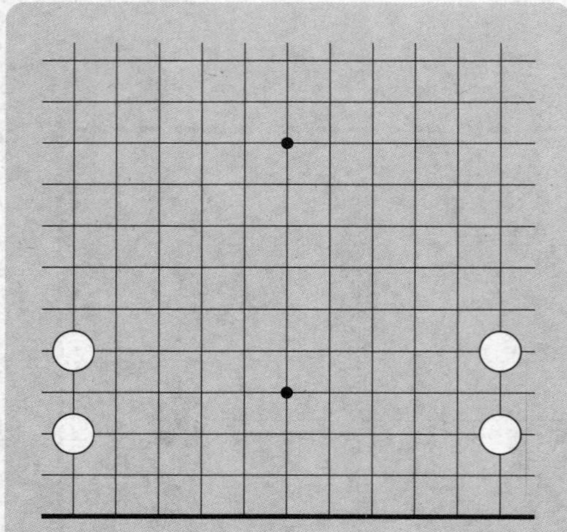

1图 白棋的模样在扩大。请想一下分投的下法。

2图

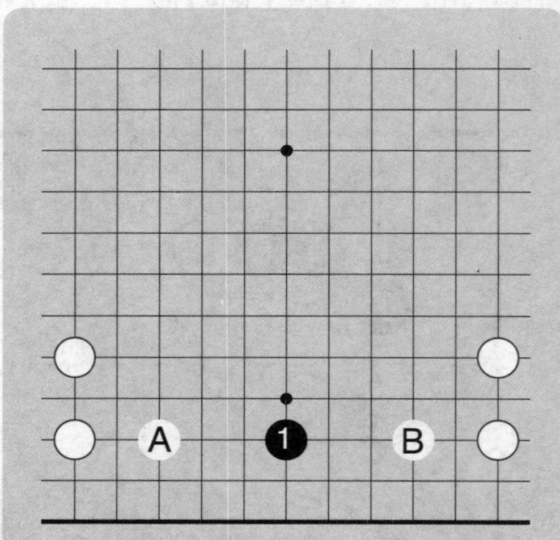

2图黑1分开白棋的模样叫分投。分投的要领是可以向两边拆二（A、B）

3图

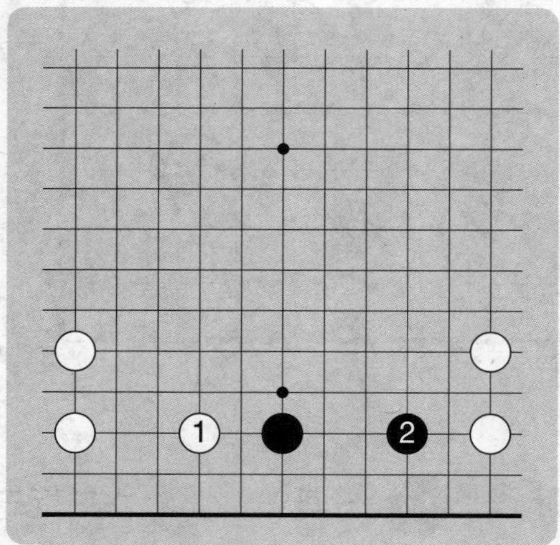

3图 白1逼近，黑2安定。

4图

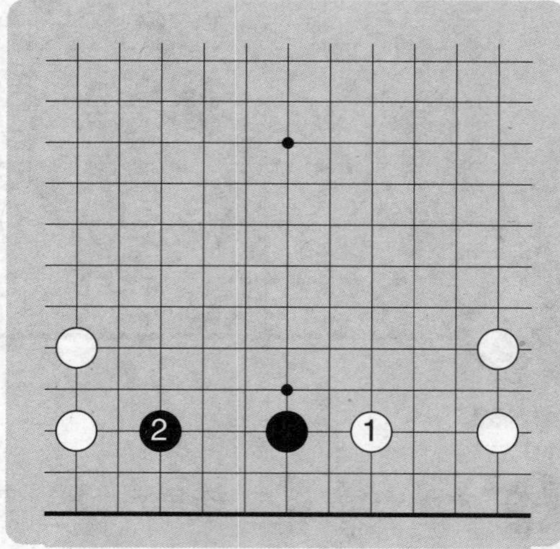

4图 白1反向逼近，黑2同样安定。

4. 分投

学习日期	月　日
检	

白地在扩大。在A、B、C中找出适合分投的地方画O。

1

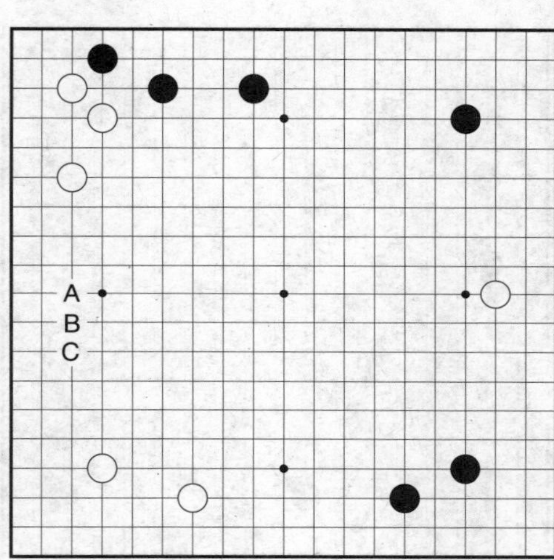

2

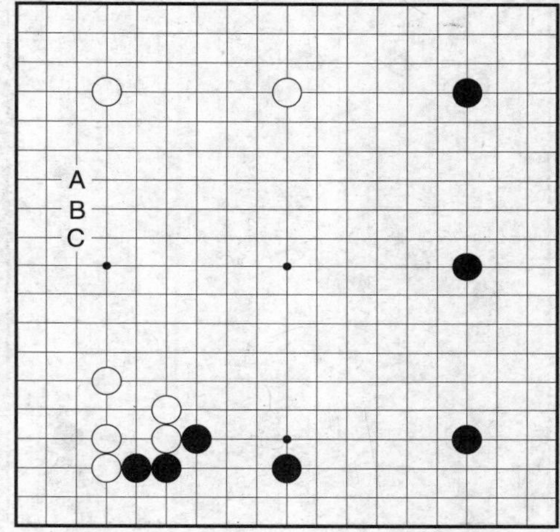

3

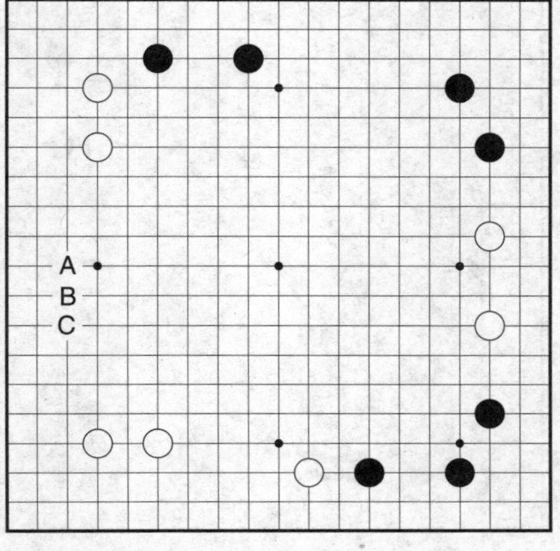

4

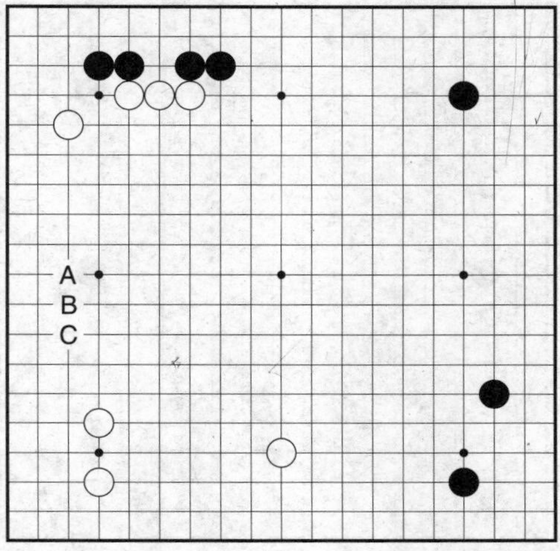

4. 分投

学习日期	月　日
检	

白1，黑应下在何处。

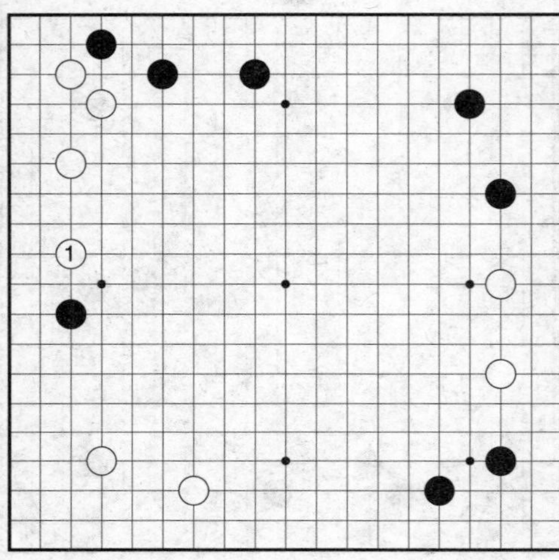

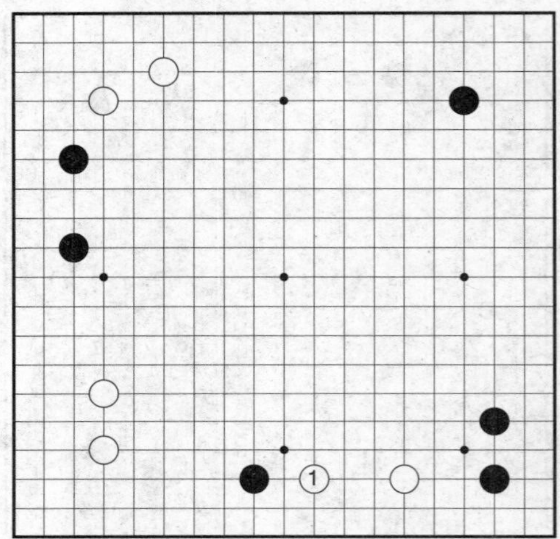

7

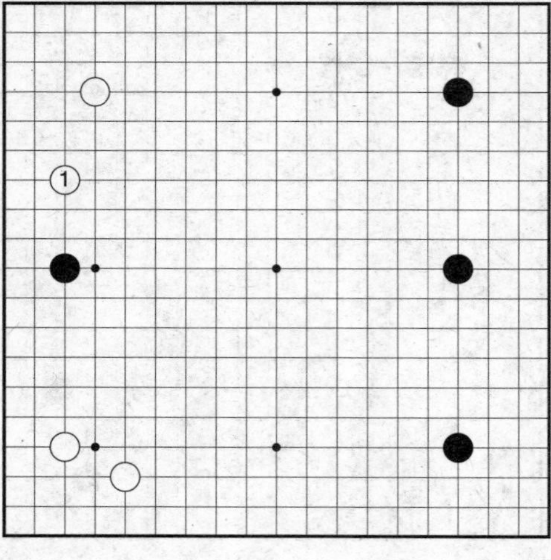

8

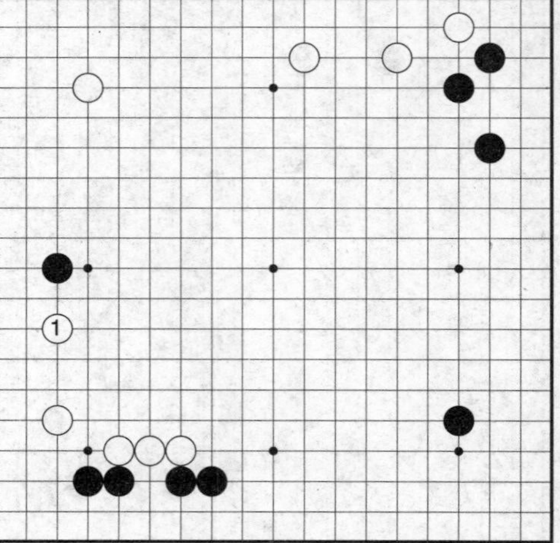

4. 分投

学习日期	月　日
检	

白1分投的位置不对，黑棋在A、B中应下在何处?

9

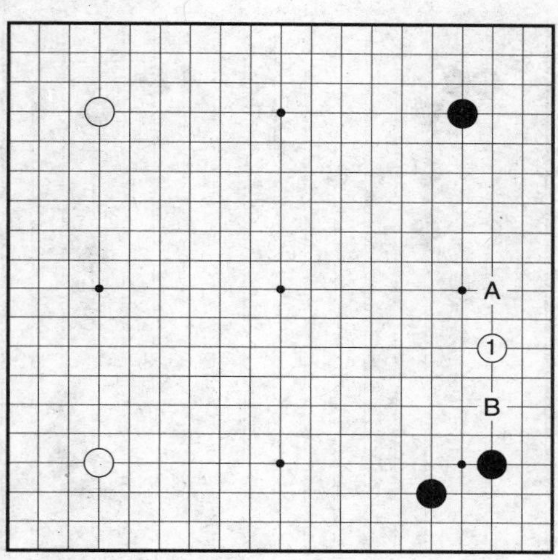

10

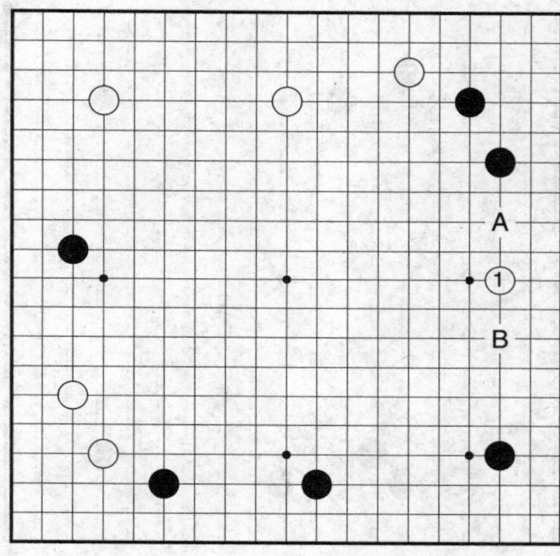

11

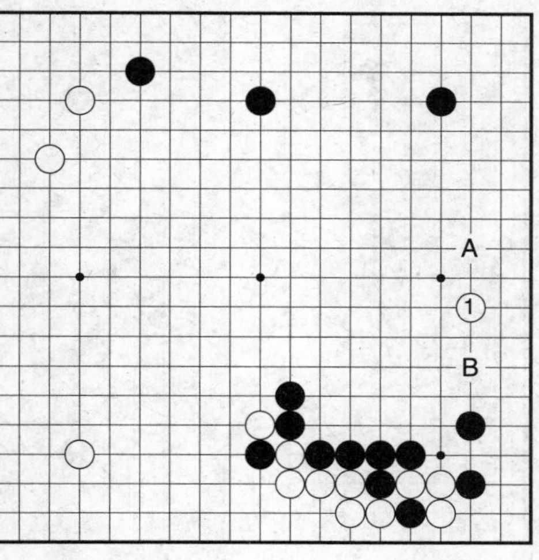

12

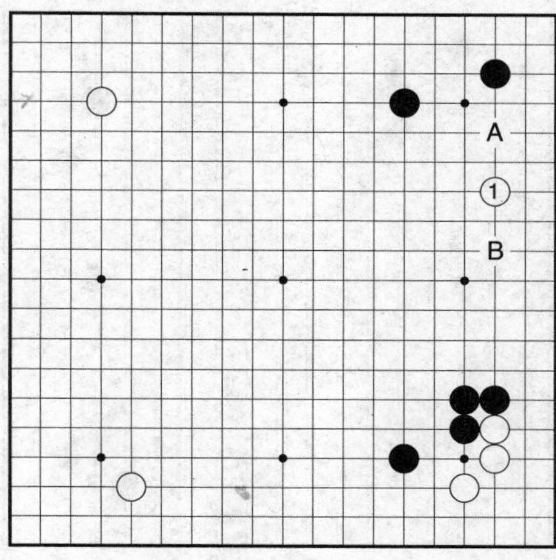

4. 分投

学习日期	月　日
检	

在白棋模样扩大之前请分投。

13

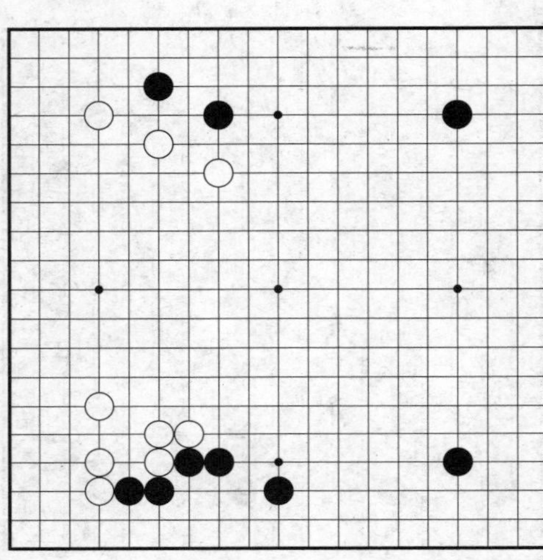

14

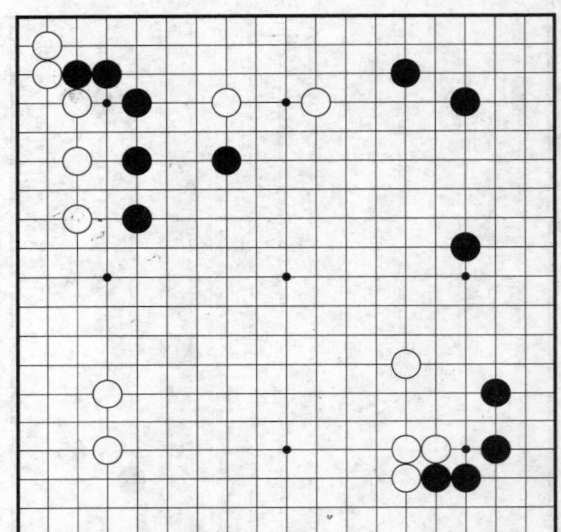

15

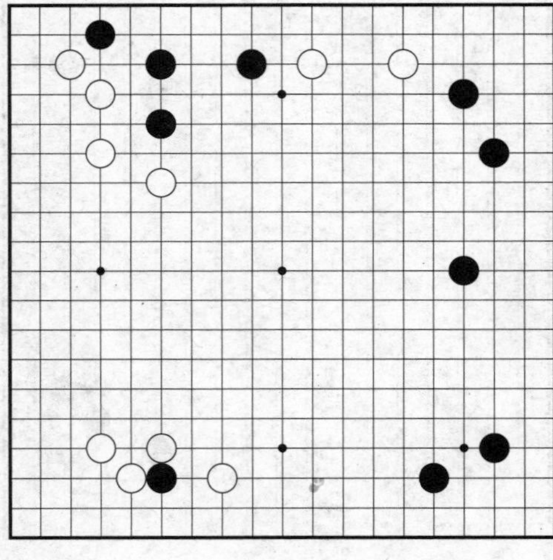

16

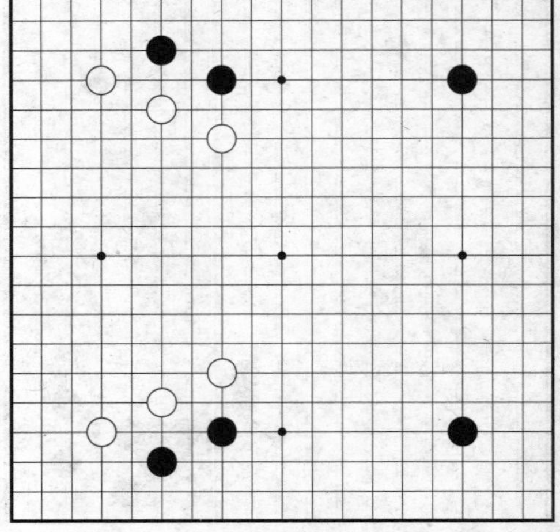

布局4

请想着布局（行棋）的名称，记忆下面的次序。

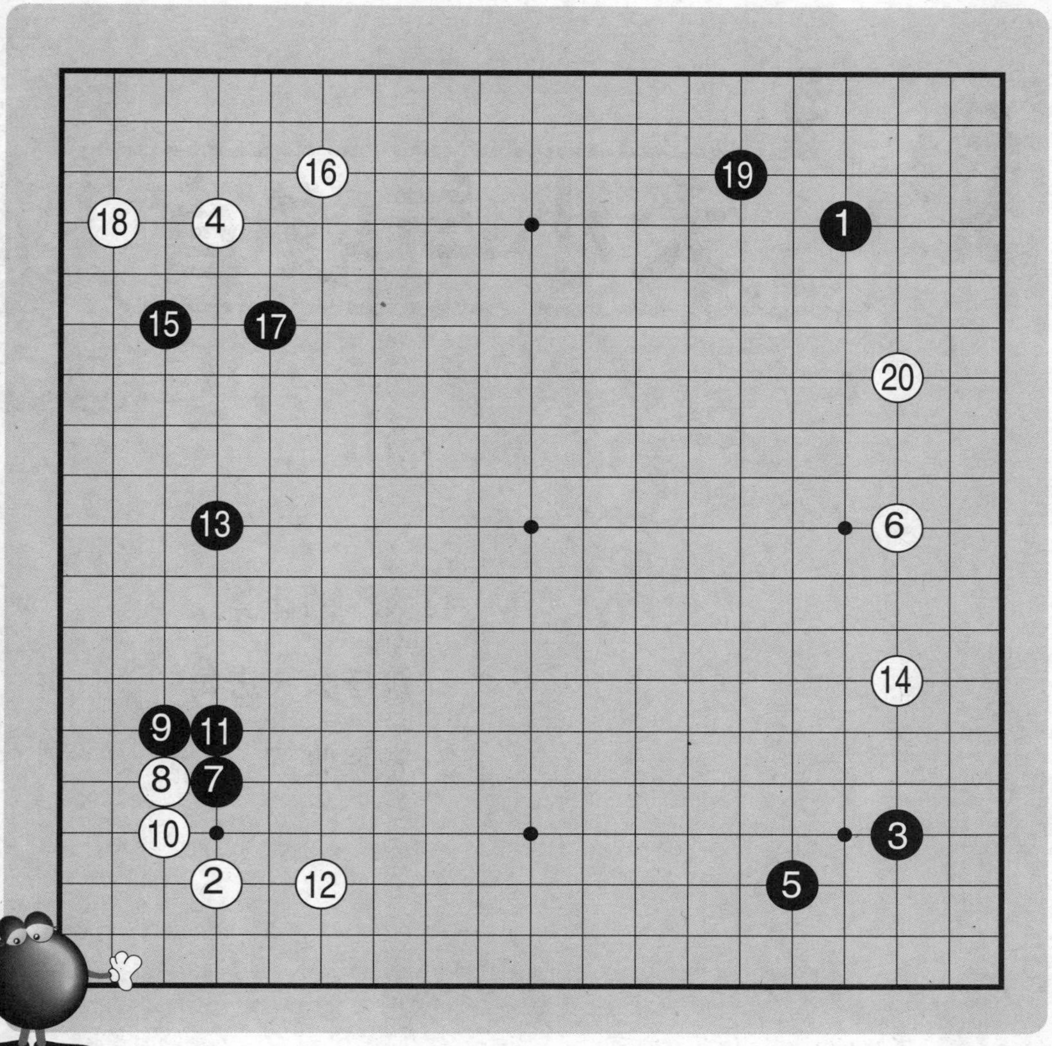

❺ 小飞守角 ⑥ 分投 ❼ 挂 ⑫ 一间守 ⓭ 立二拆三
⑭ 二间拆 ⓯ 挂 ⑯ 守 ⓱ 向中间一间跳 ⓳ 小飞守角
⑳ 二间拆

5

大小与收官

SUCHENG WEIQI

1. 大小的计算
2. 跳与大飞进角
3. 先手收官

① 大小与收官

1图

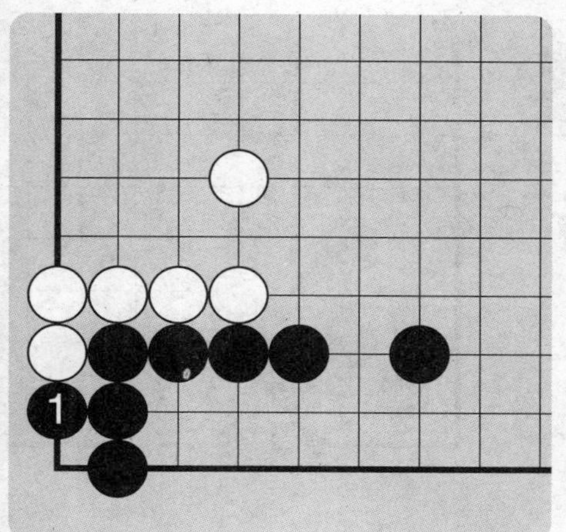

1图 想一下棋的大小。黑1是1目。

2图

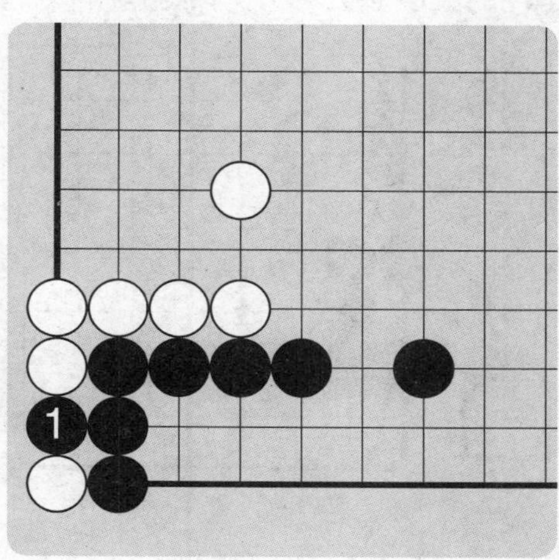

2图 黑1 提白子，黑为2目。因为被提的一子最后要添在对方的空里。

3图

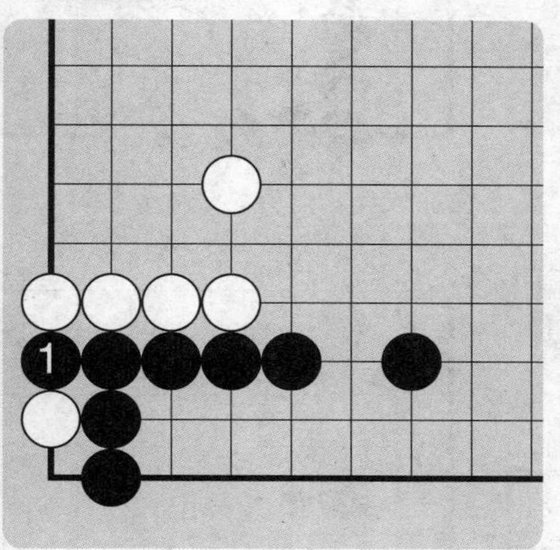

3图 黑1是3目。黑2目+白一子。

4图

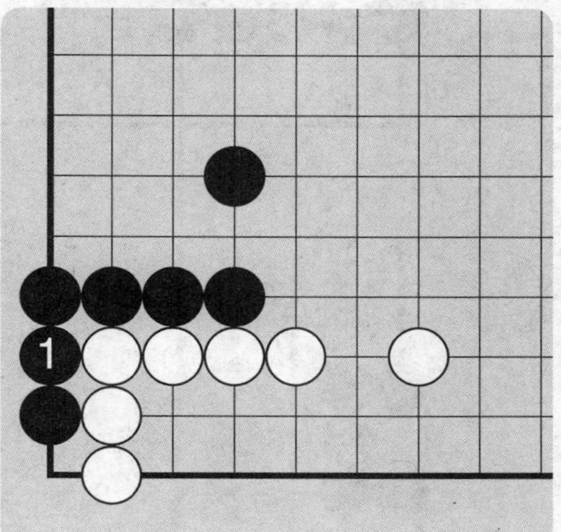

4图 黑1下在白成3目的地方，所以其价值仍是3目。

1. 大小与收官

学习日期	月　日
检	

黑1的大小是几目？请标出。

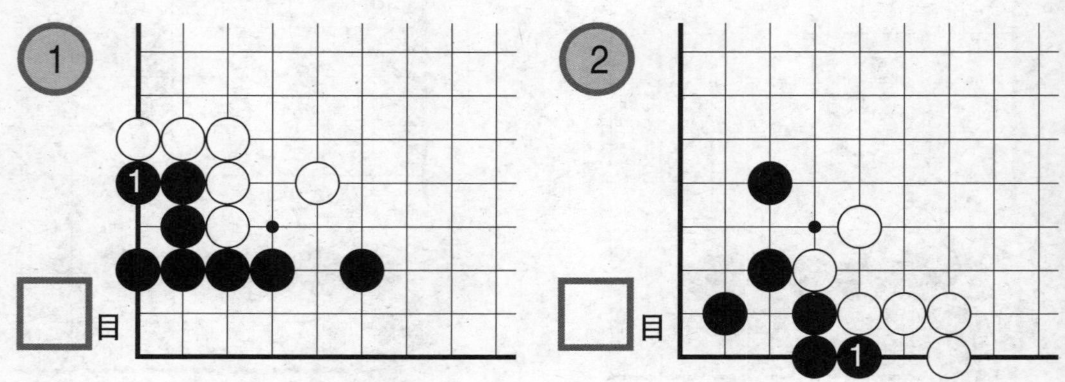

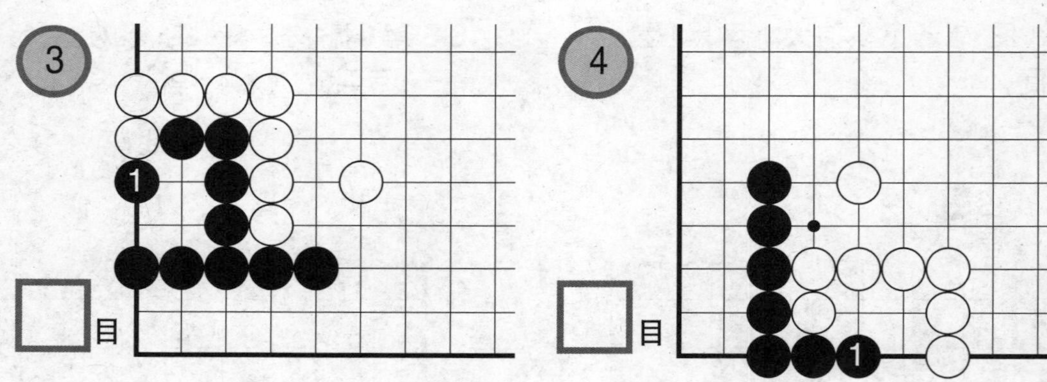

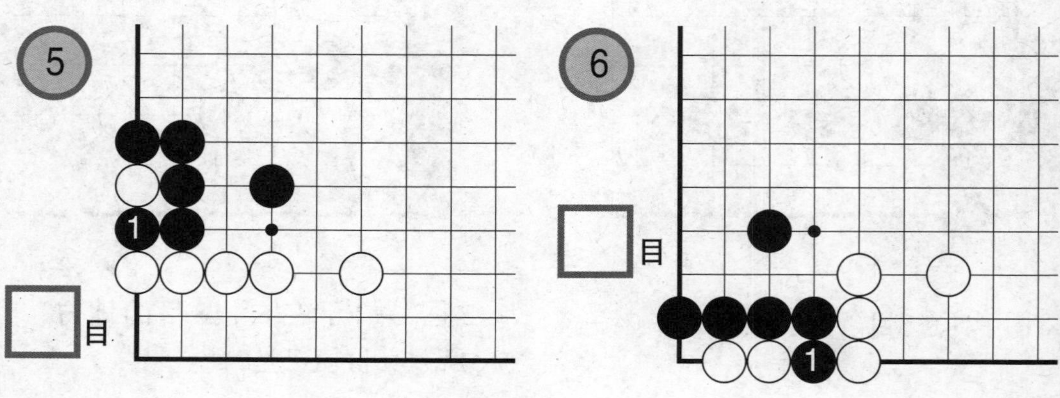

1. 大小与收官

学习日期	月 日
检	

黑1的大小是几目？请标出。

7 □目

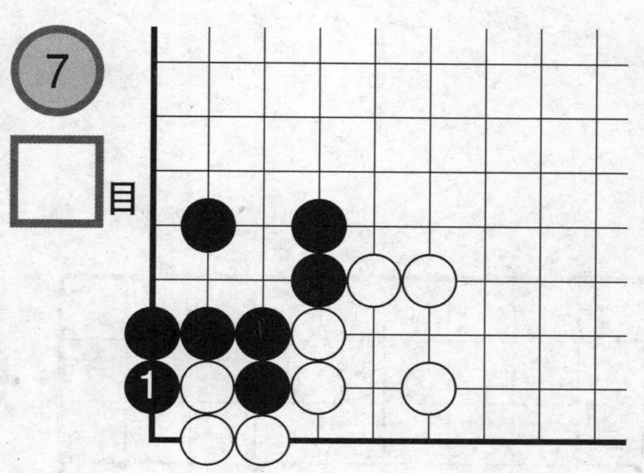

8 □目

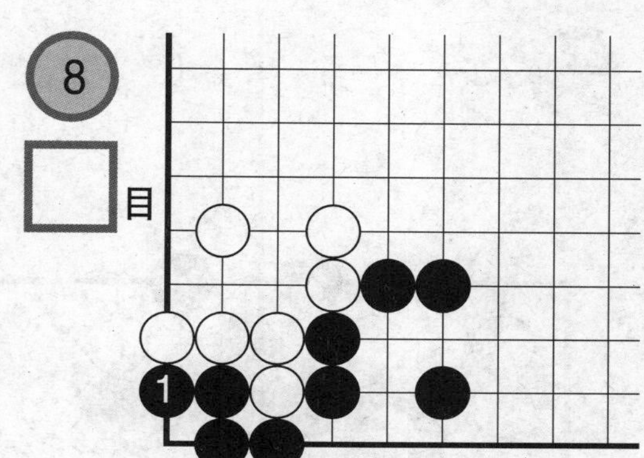

9 □目

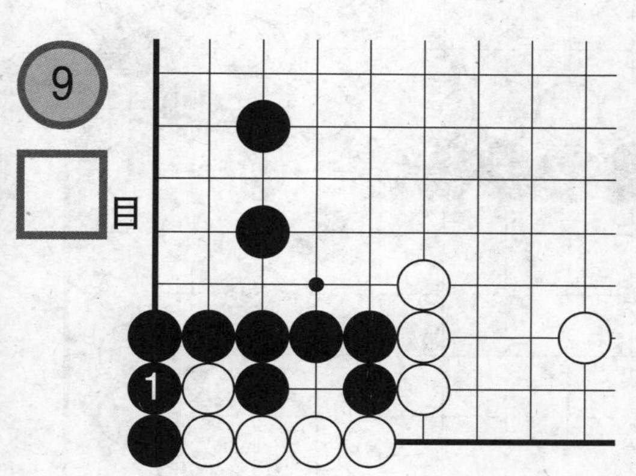

10 □目

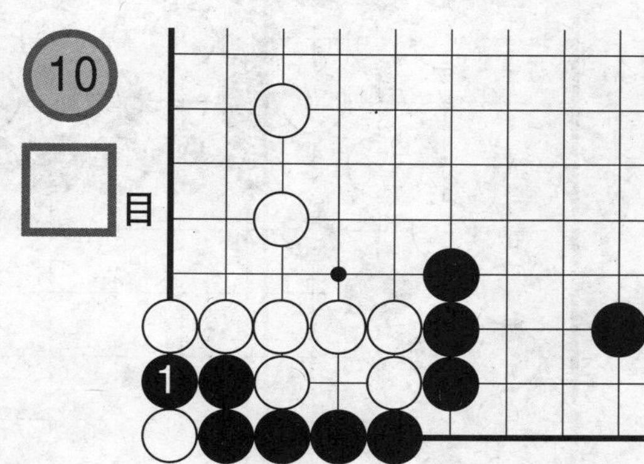

11 □目

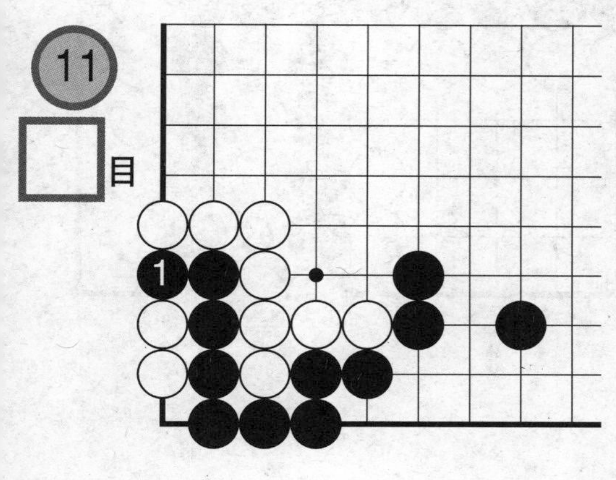

12 □目

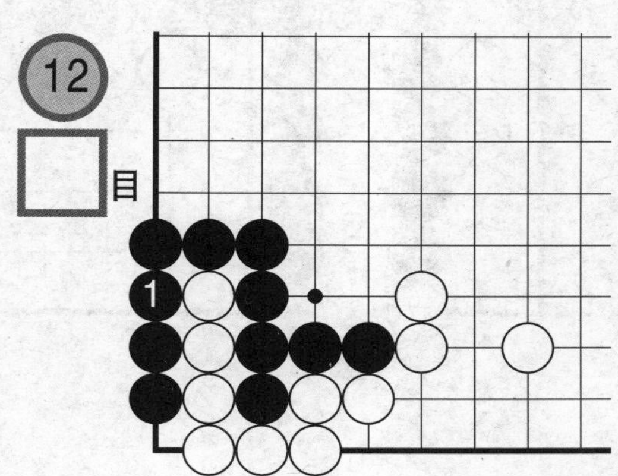

1. 大小与收官

学习日期	月　日
检	

请标出A、B、C的大小，并在最大的地方标O。

13　A(　)　B(　)　C(　)

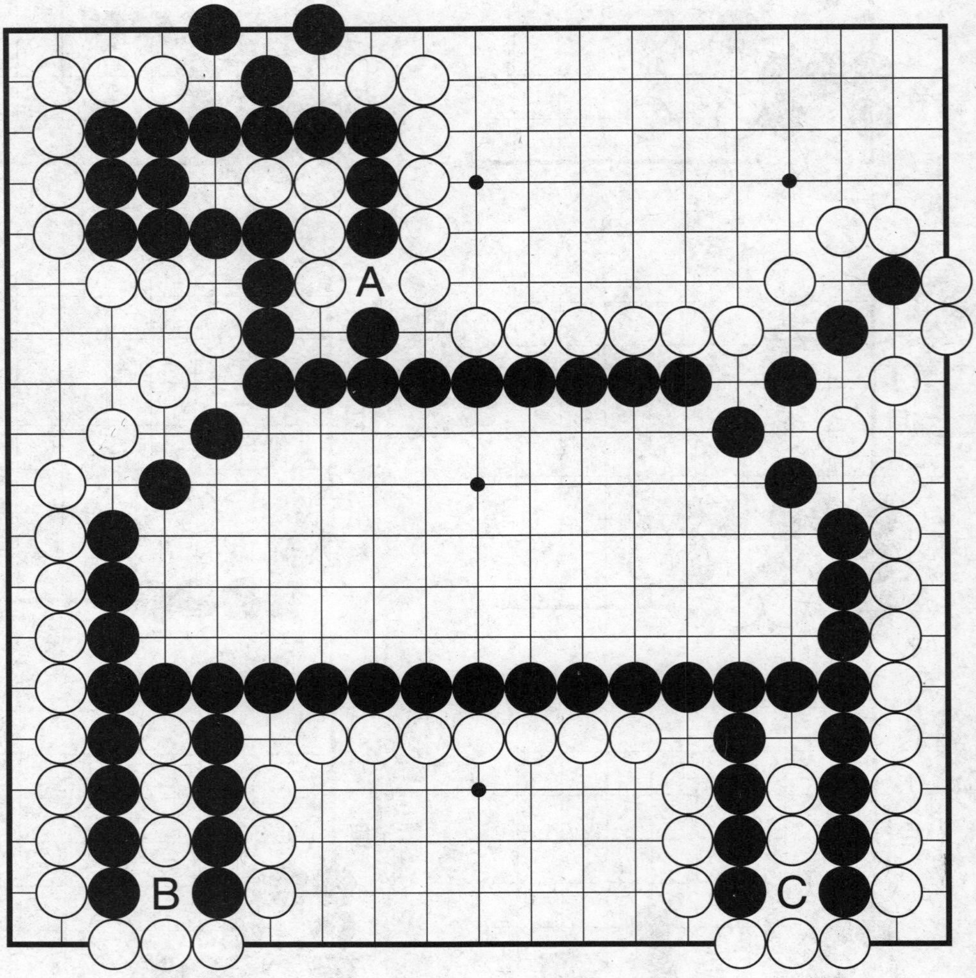

A

B

C

1. 大小与收官

学习日期	月　日
检	

请标出A、B、C的大小，并在最大的地方标O。

14　A(　)　B(　)　C(　)

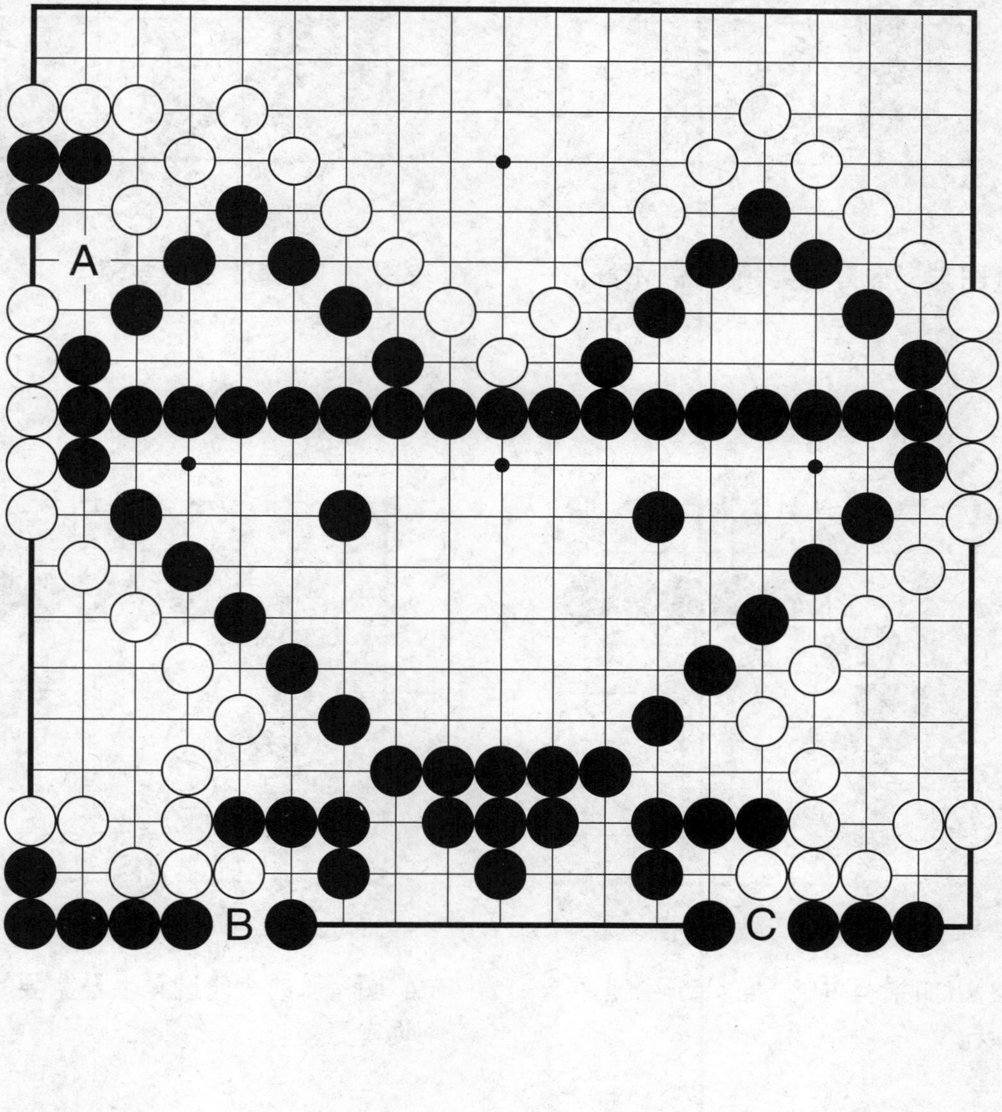

A

B　C

② 跳与大飞进角

1图

1图 学习收官的要领。黑1不好。

2图

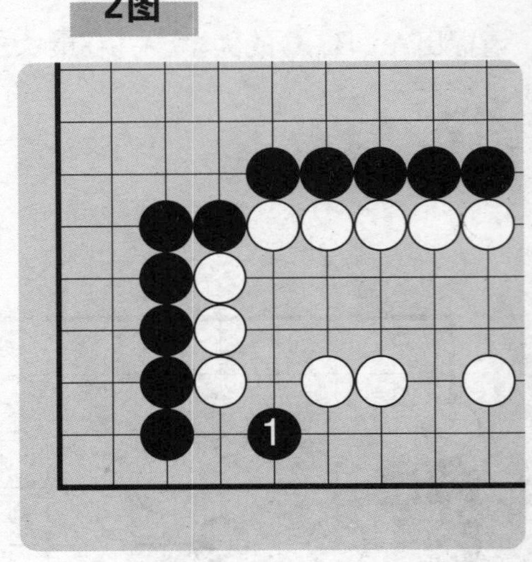

2图 黑1跳是收官的要领 。

3图

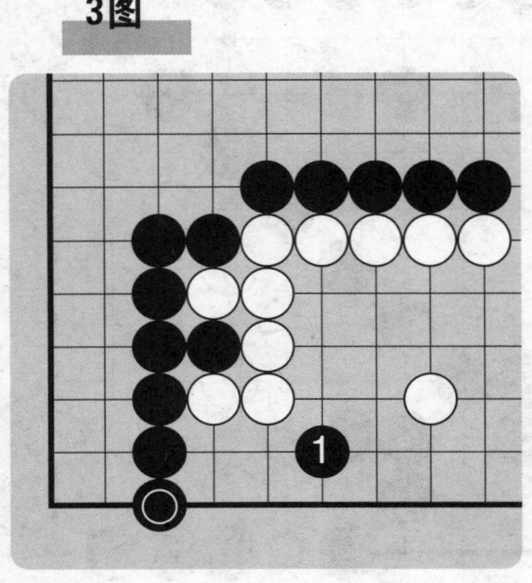

3图 如果有◉，黑1二间跳也可以。

4图

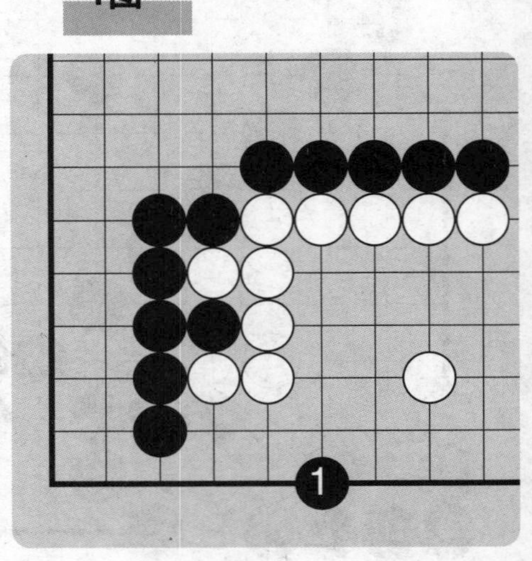

4 图 黑1的大飞进角也是重要的收官要领。

2. 跳与大飞进角

学习日期	月　日
检	

请进行一间或二间跳的收官。

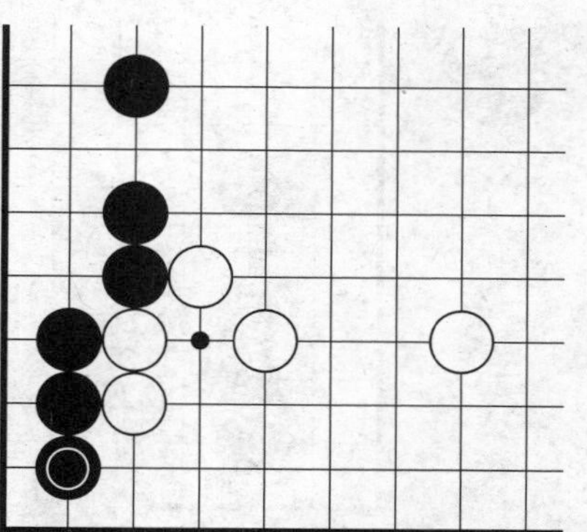

2

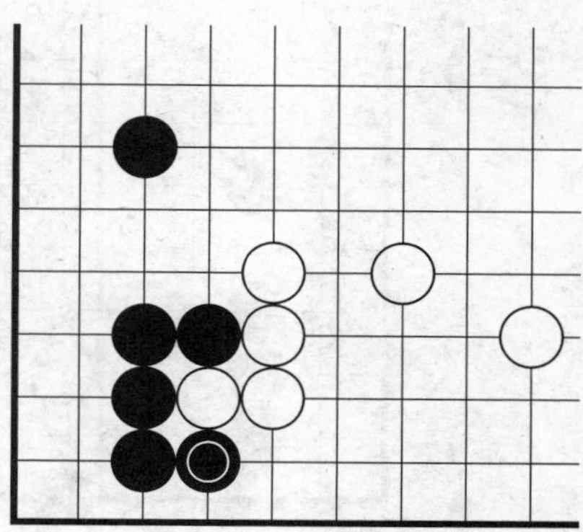

3

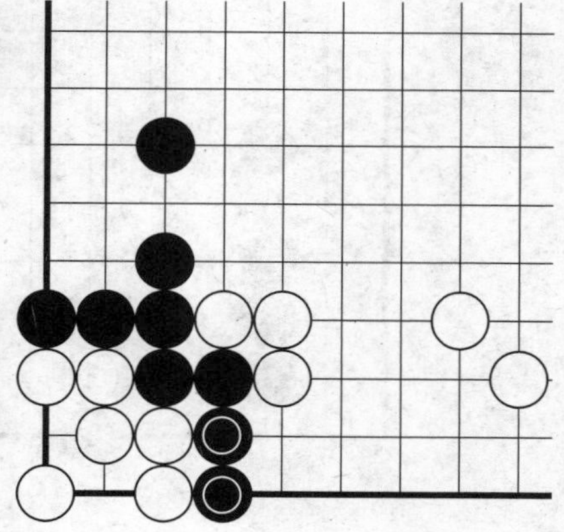

4

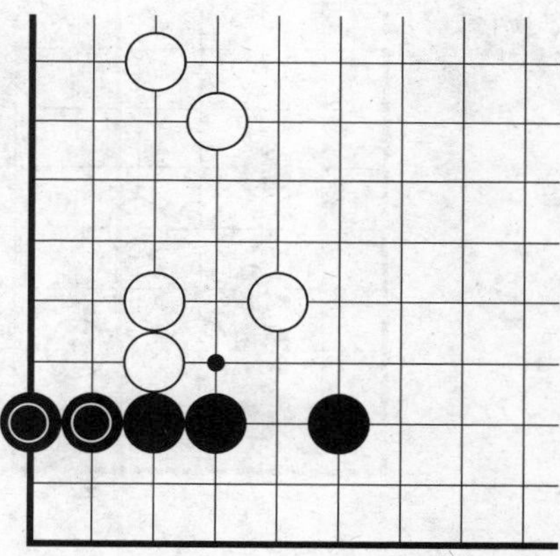

5

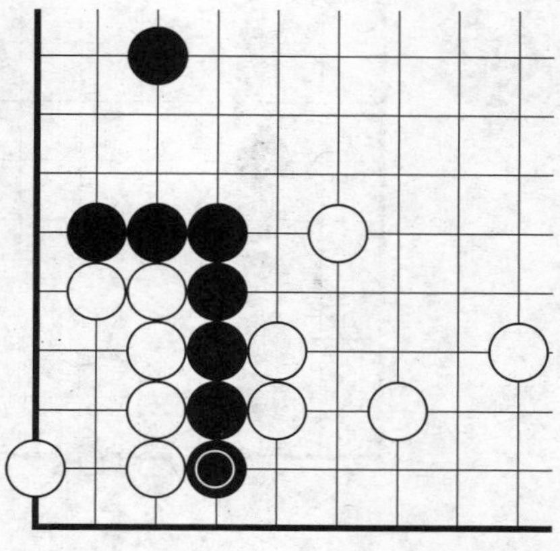

6

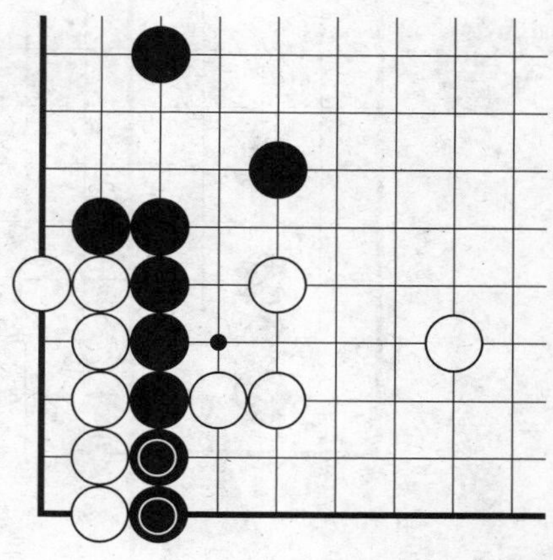

2. 跳与大飞进角

学习日期	月　日
检	

白1请连接黑棋。

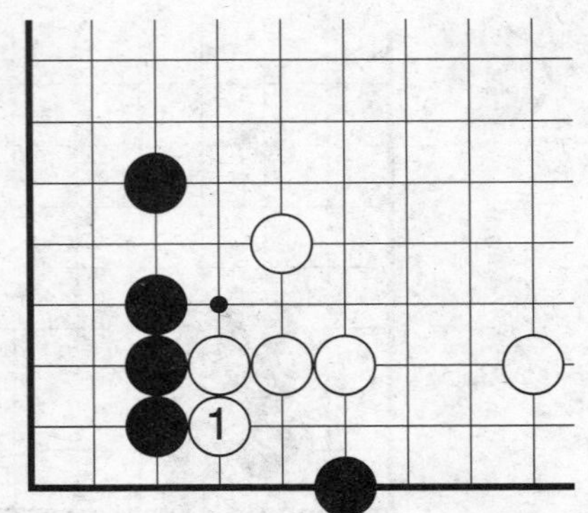

8

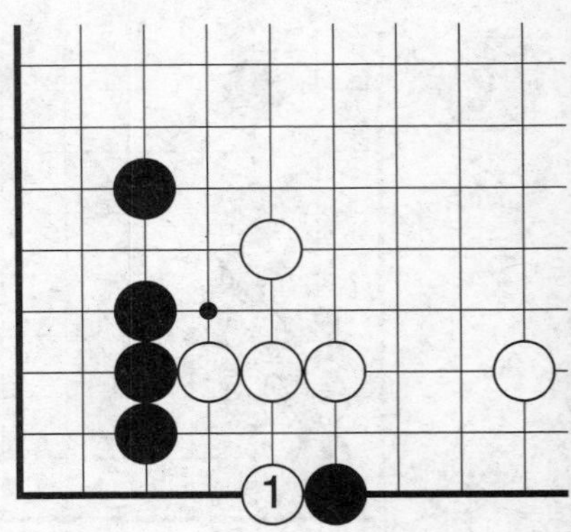

9

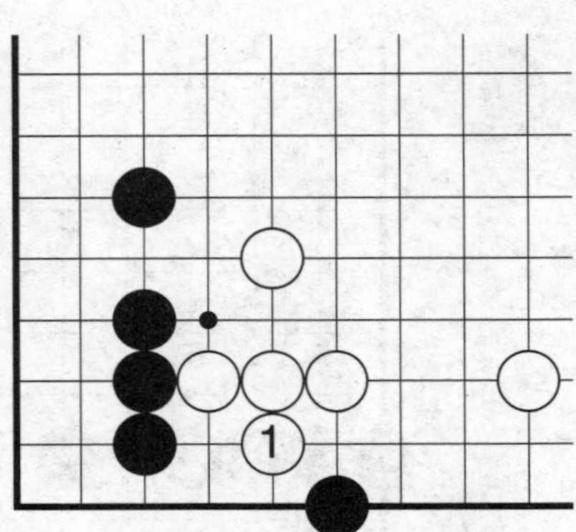

10

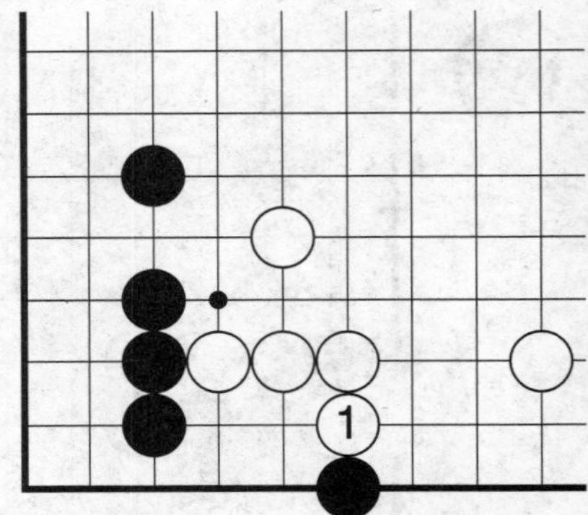

11

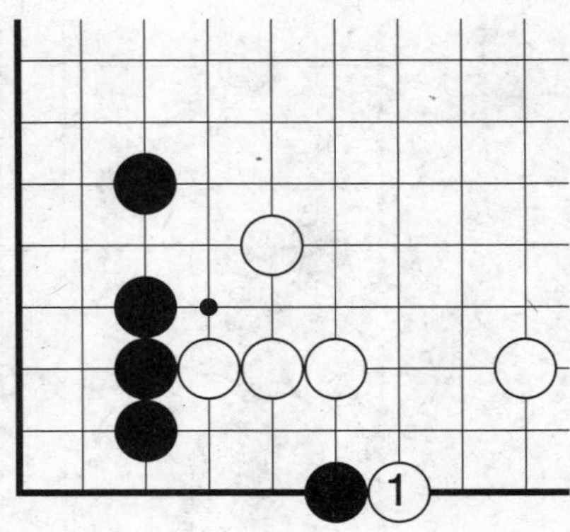

12

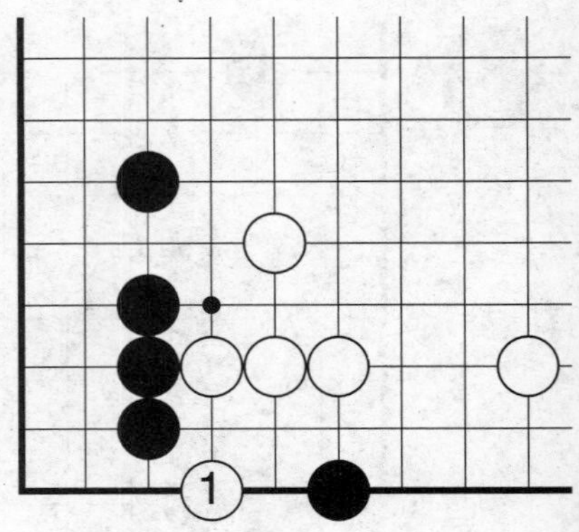

2. 跳与大飞进角

学习日期	月　　日
检	

请大飞收官。

13

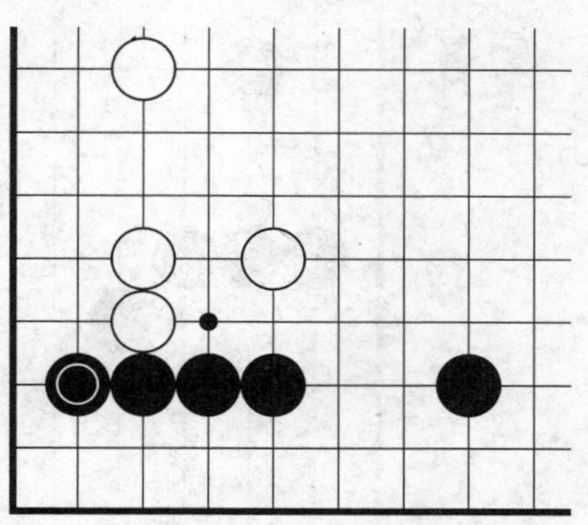

14

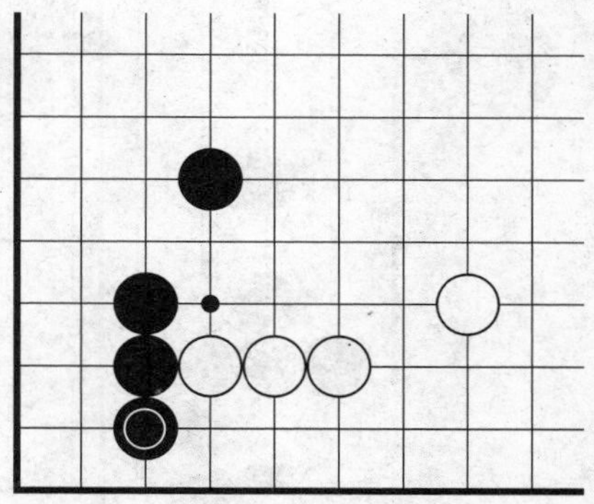

15

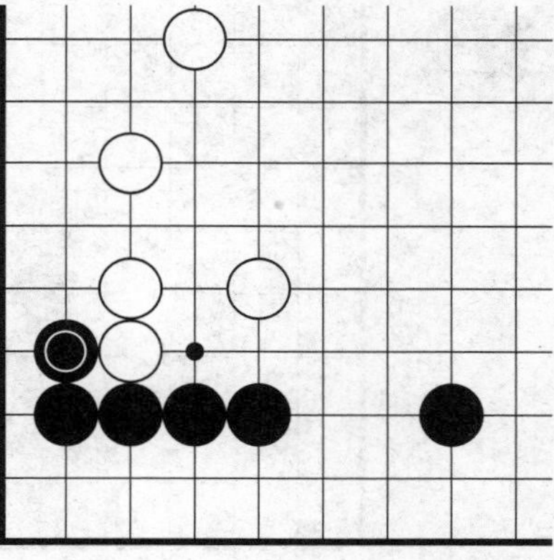

16

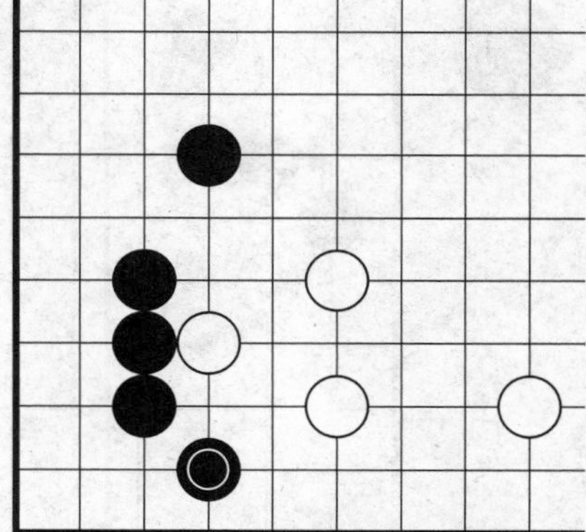

17

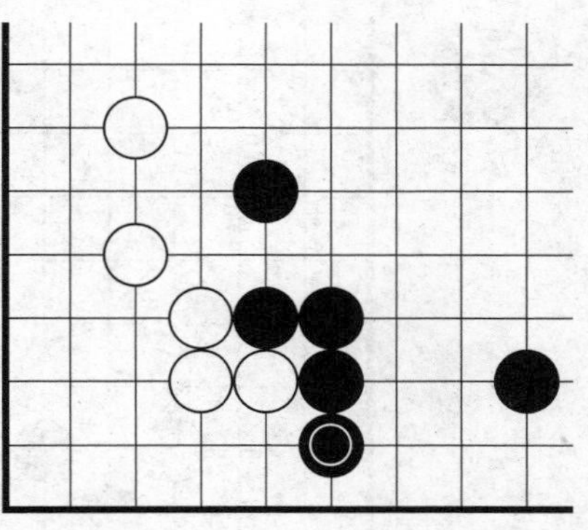

18

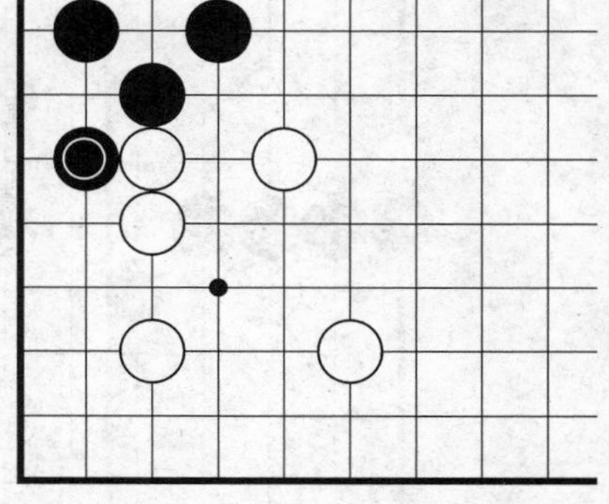

2. 跳与大飞进角

学习日期	月　　日
检	

请用适当的手法收官。

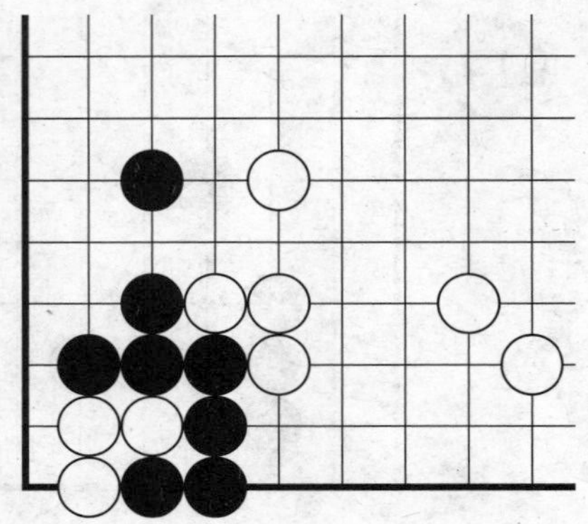

20

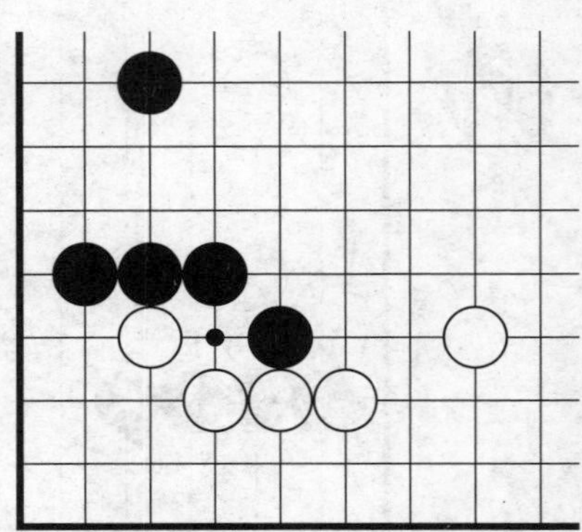

21

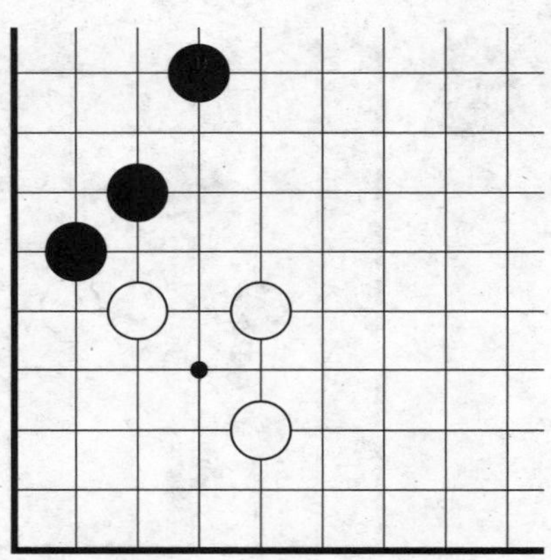

22

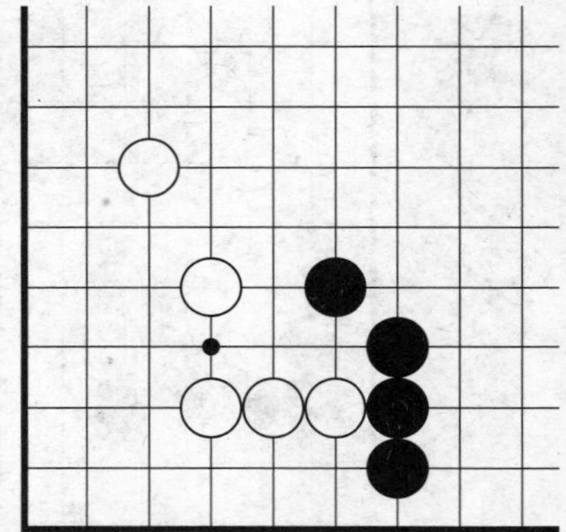

23

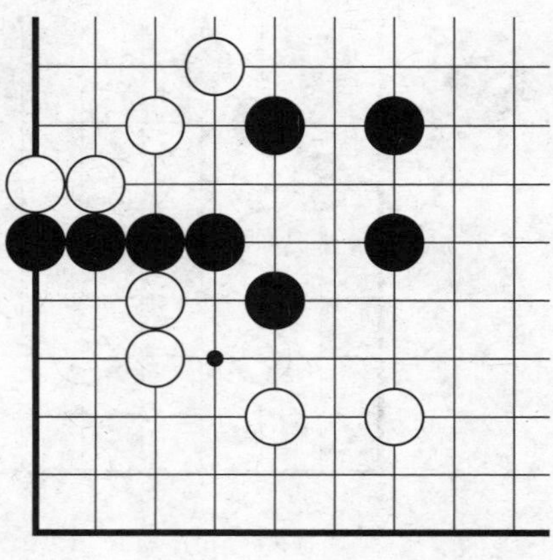

24

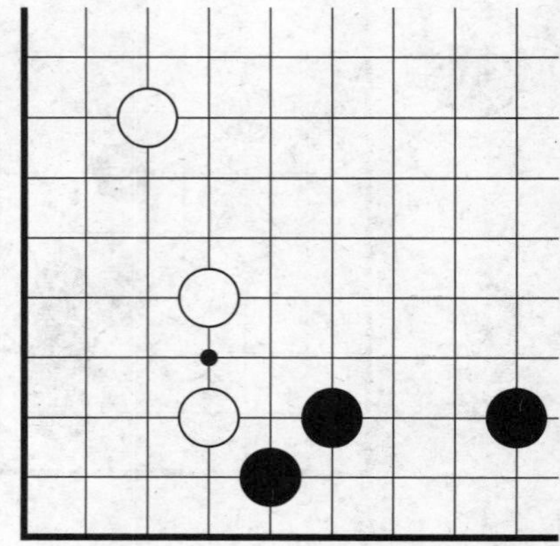

3 先手收官

1图

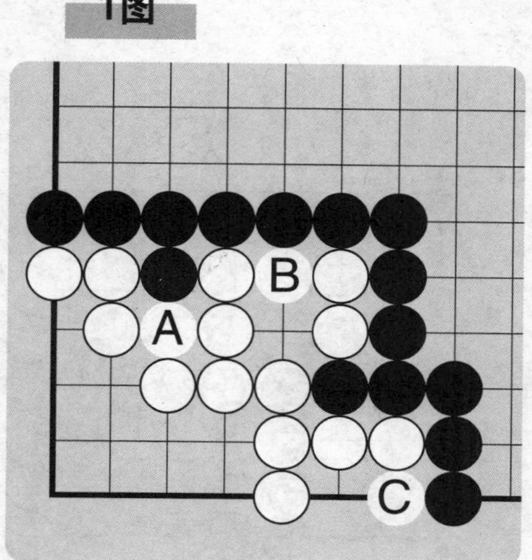

1图 这里有A、B、C三处收官。

2图

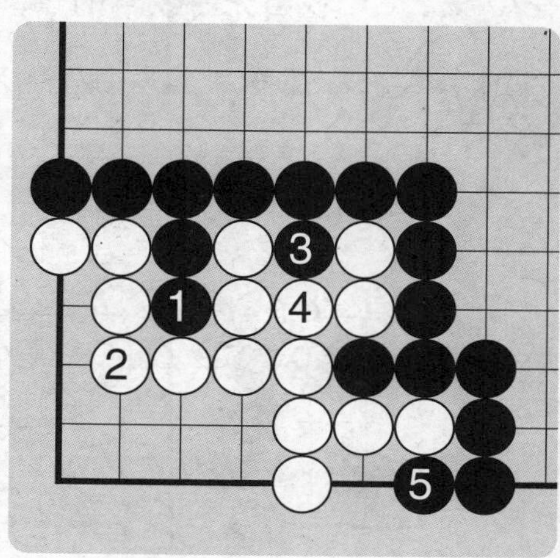

2图 黑1、3是白棋要应的先手收官。要先收。黑5是后手收官，所以要最后收。白空为10目。

3图

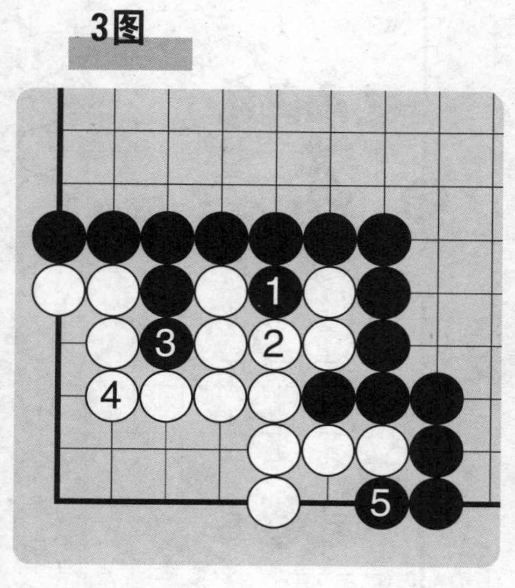

3图 黑1、3调换顺序结果相同。

4图

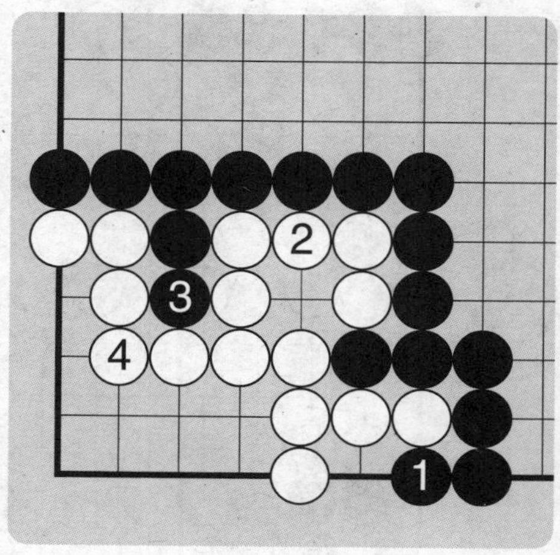

4 图 但先收后手收官黑1，结果有变。白空变成11目。

3. 先手收官

学习日期	月　　日
检	

在A、B、C中找出先手收官的子，用O画出来。

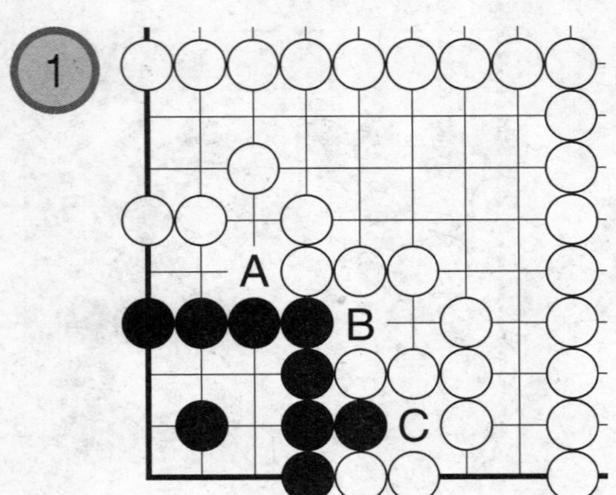

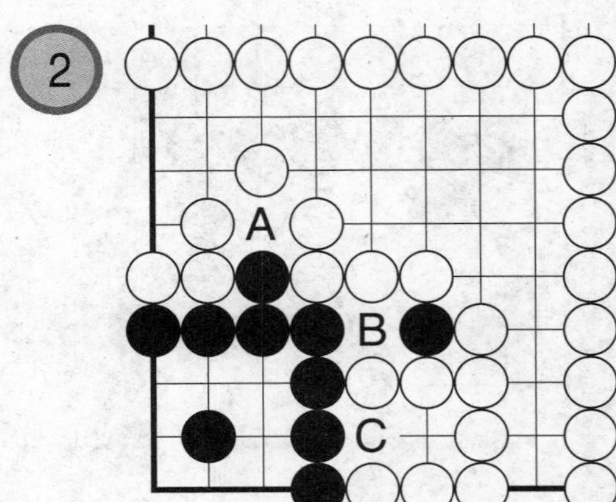

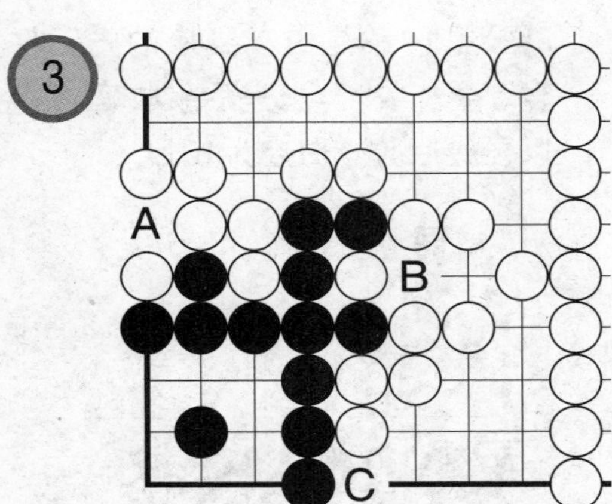

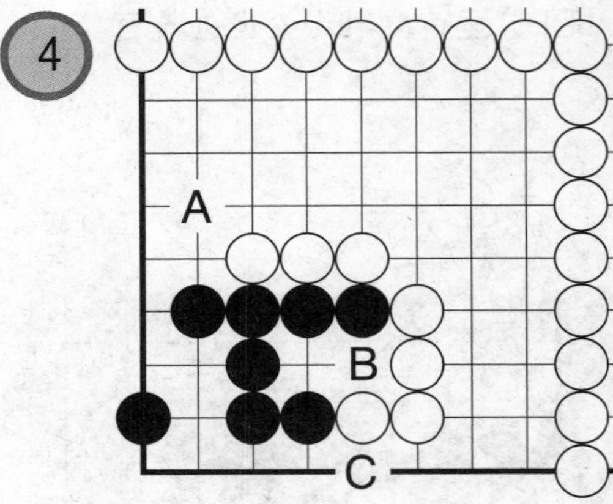

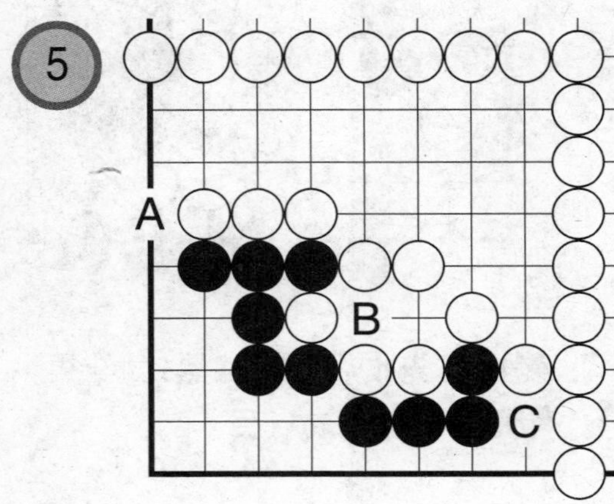

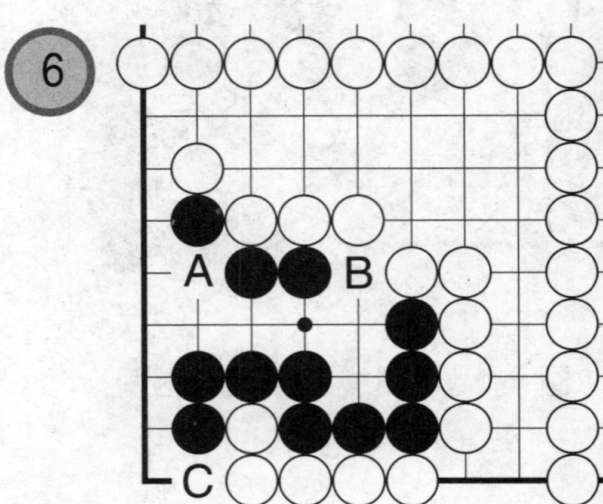

3. 先手收官

学习日期	月　　日
检	

在A、B、C中找出先手收官的子，用O画出来。

7

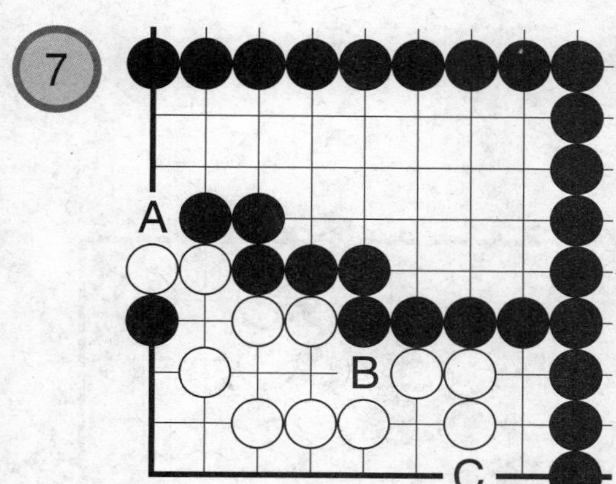

8

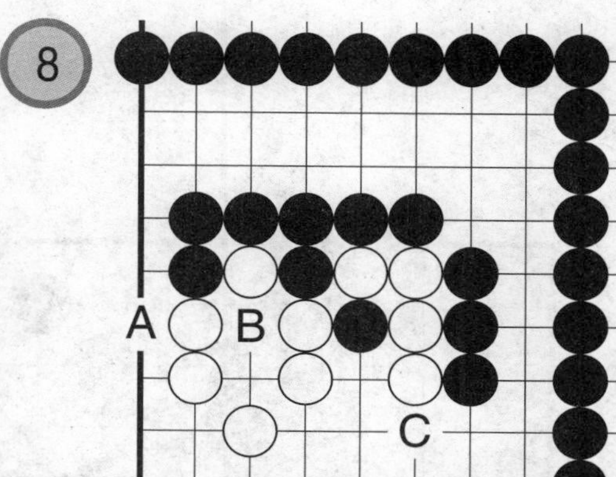

9

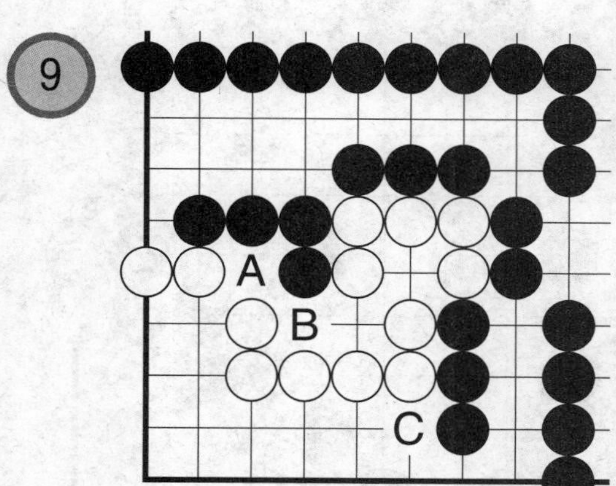

10

A B C

11

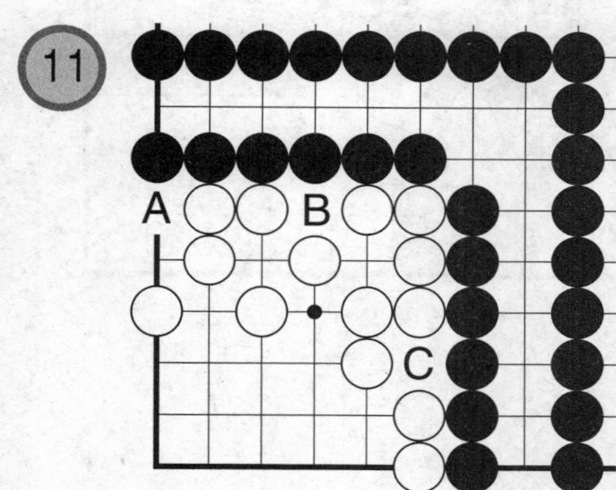

12

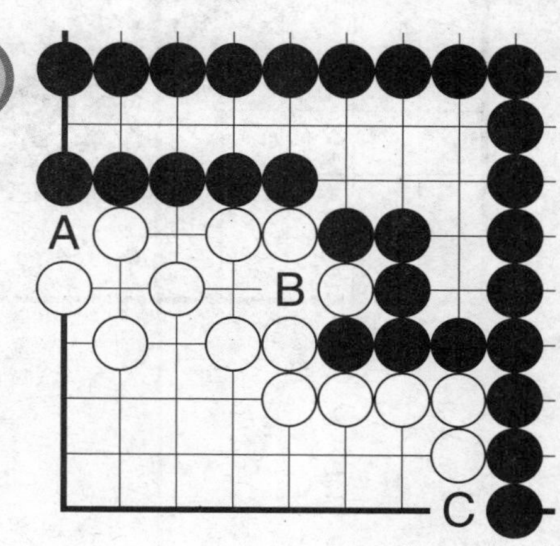

3. 先手收官

学习日期	月　　日
检	

先收先手官子，然后收其它官子。（7手）

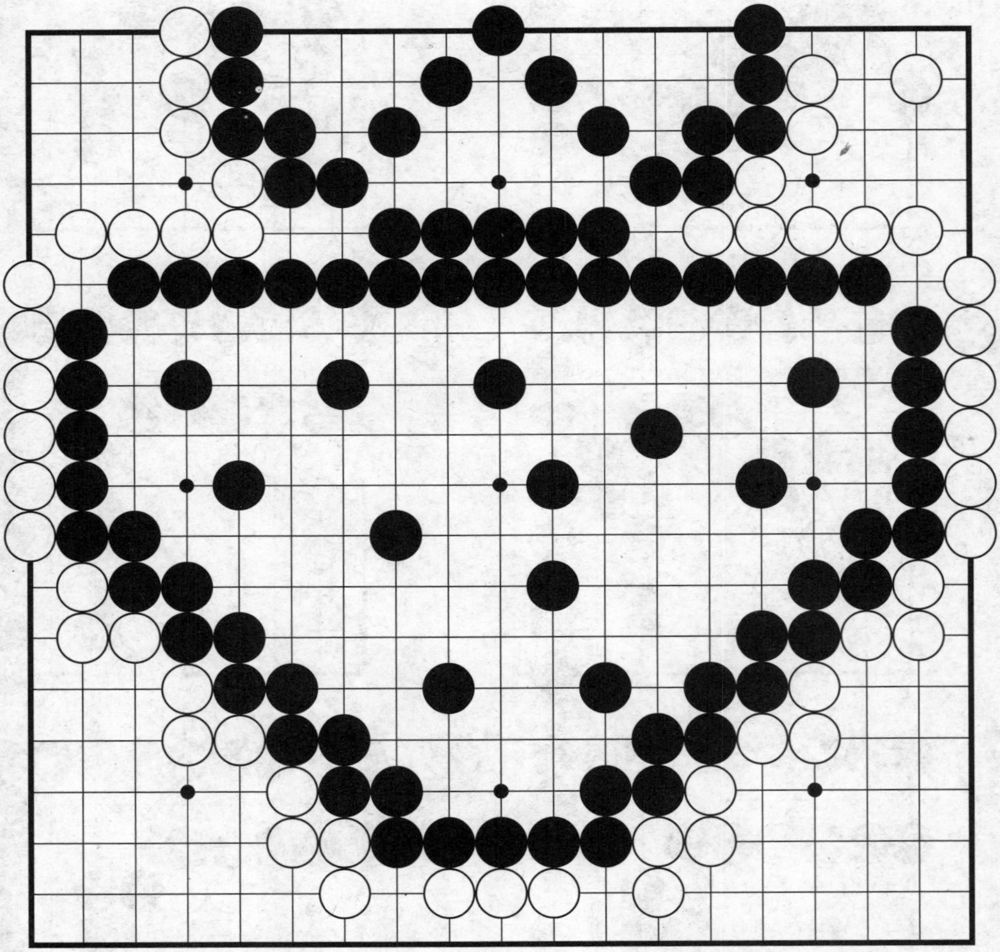

3. 先手收官

学习日期	月　　日
检	

先收先手官子，然后收其它官子。（7手）

14

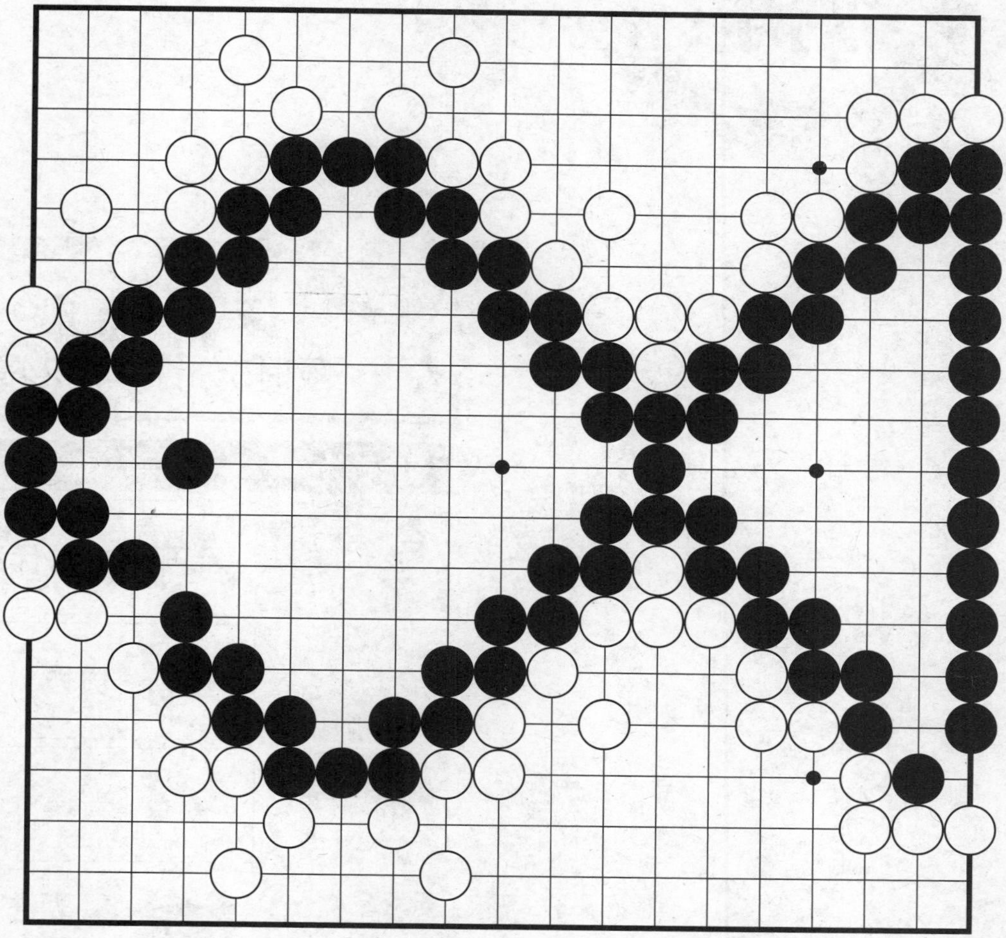

评价标准

限时5分钟，总24题

正解数	评价
24~22	非常优秀
21~18	优秀
17~15	普通
答不足15题者	需要进一步努力

实力测验

正解数

限时5分钟，总24题。

白1时，标出黑的应手。

1 连

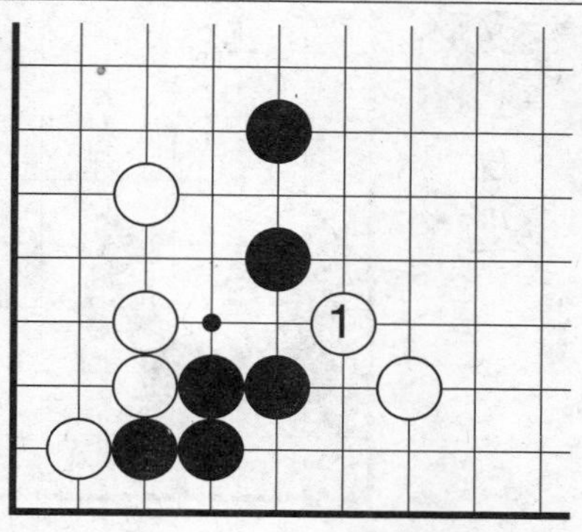

2 对杀

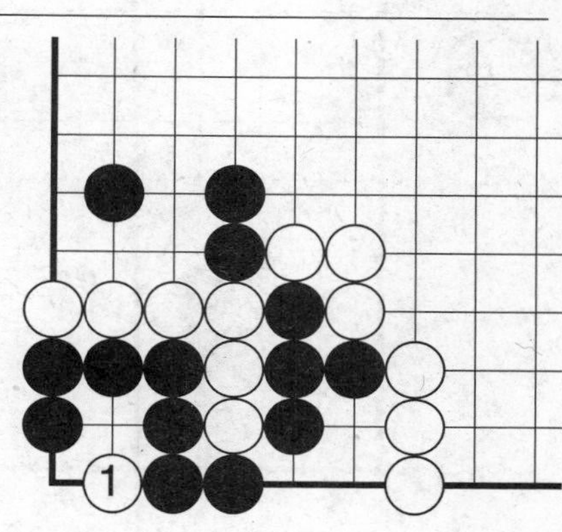

3 对杀

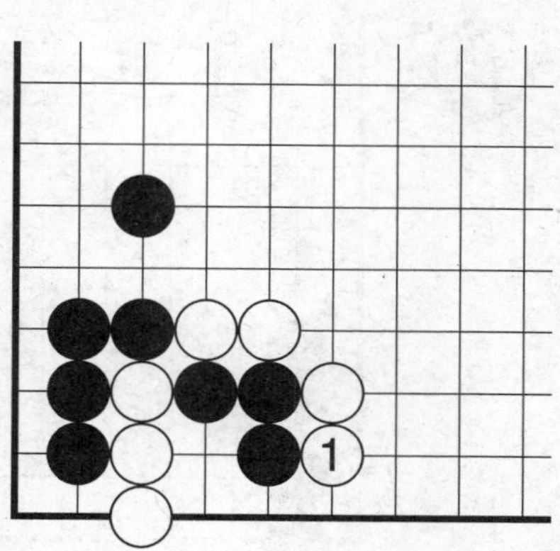

4 对杀

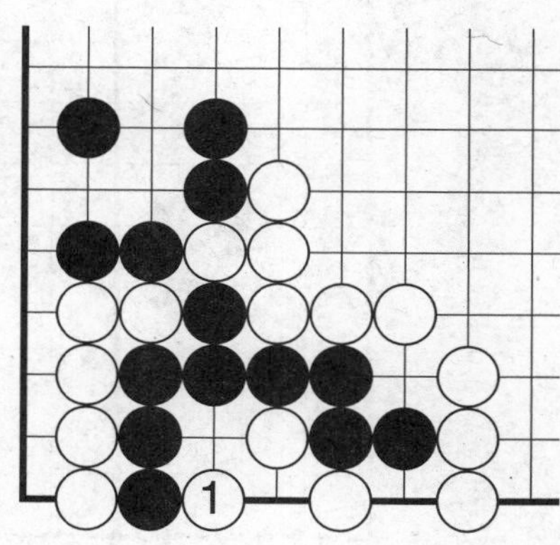

5 滚包

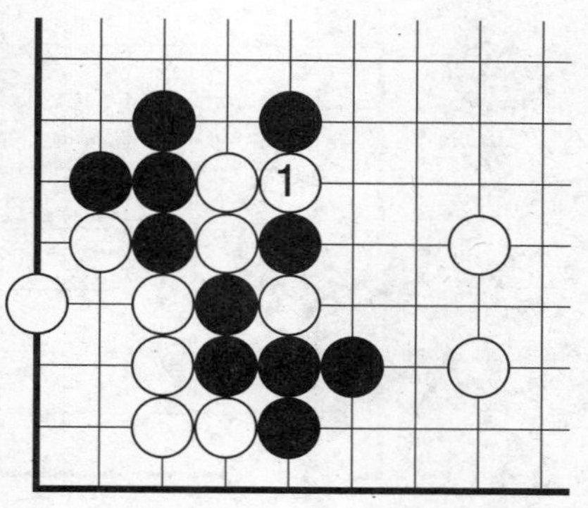

6 接触战

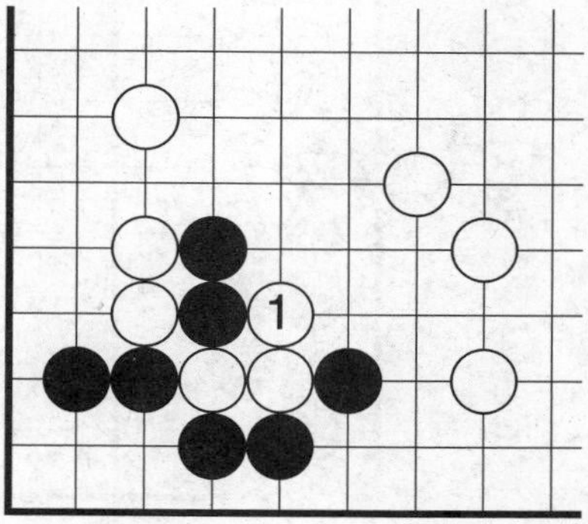

实力测试

白1时，标出黑的应手。

7

连

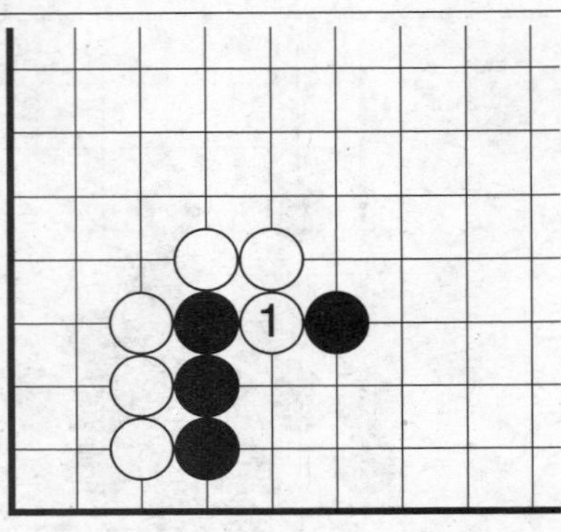

8

坏形

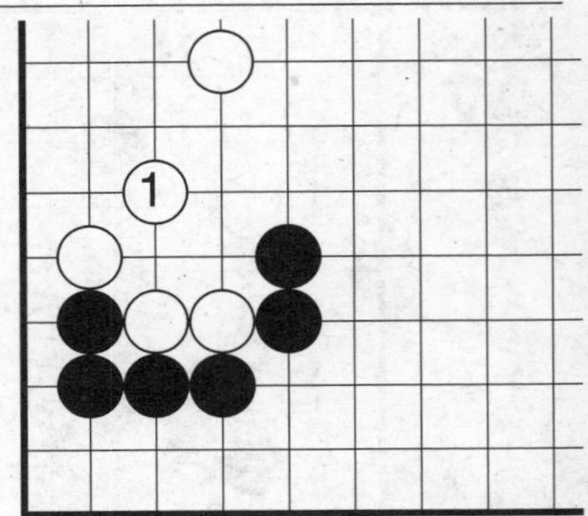

9

夹攻

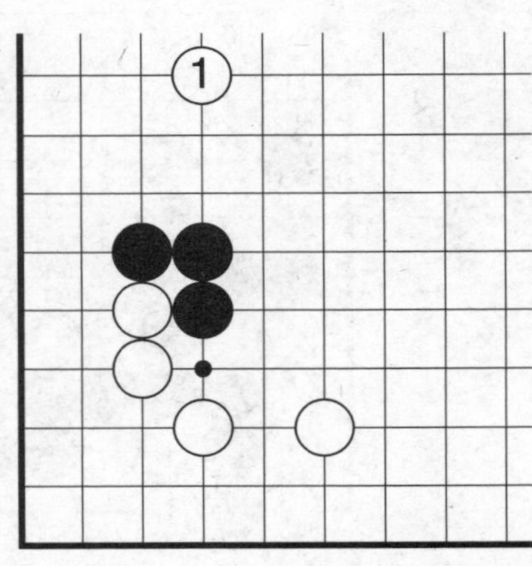

10

死活

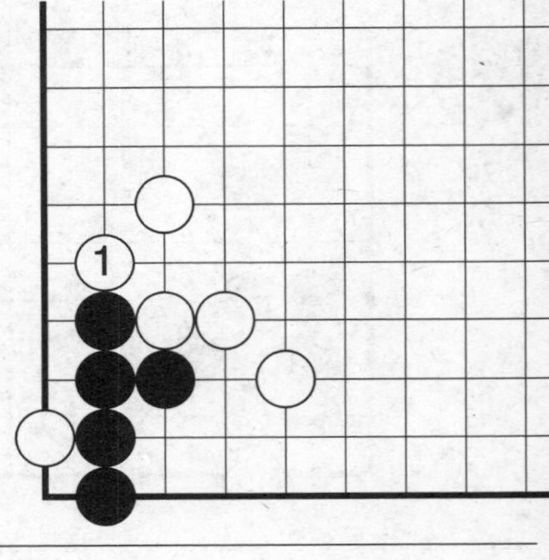

11

死活

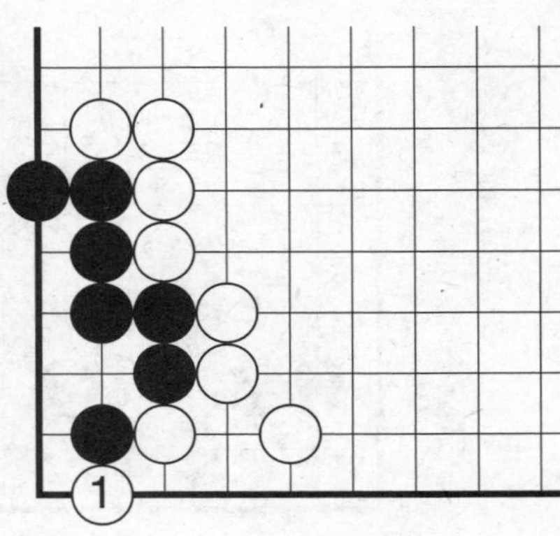

12

死活

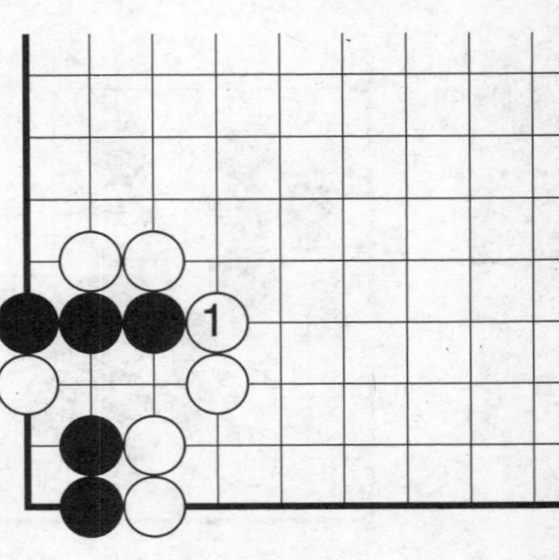

实力测试

白1时，标出黑的应手。

13

死活

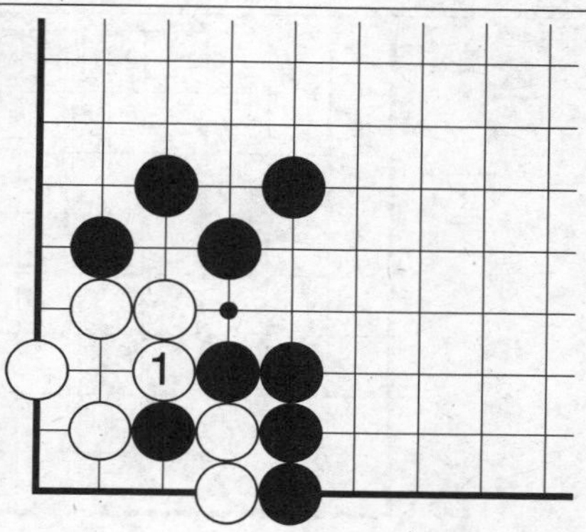

14

死活

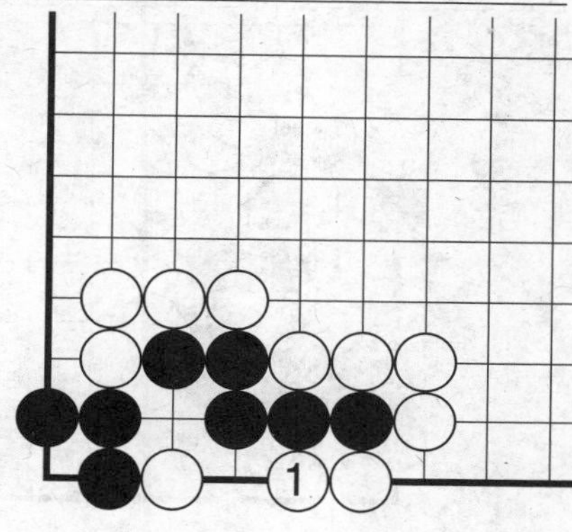

15

死活

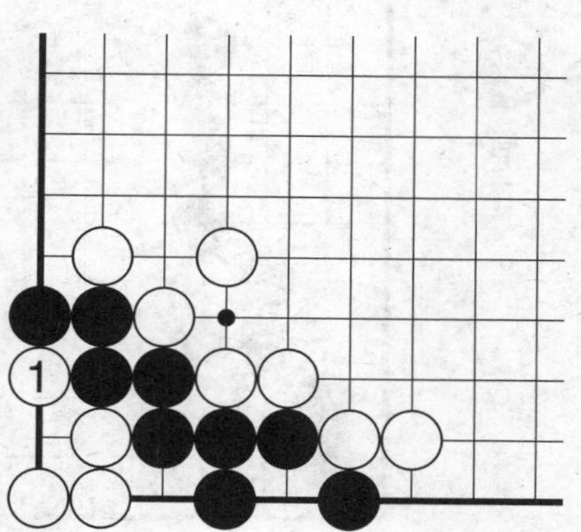

16

死活

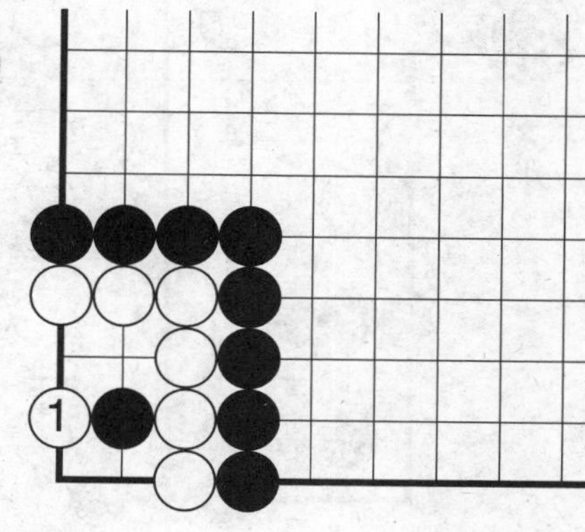

17

劫

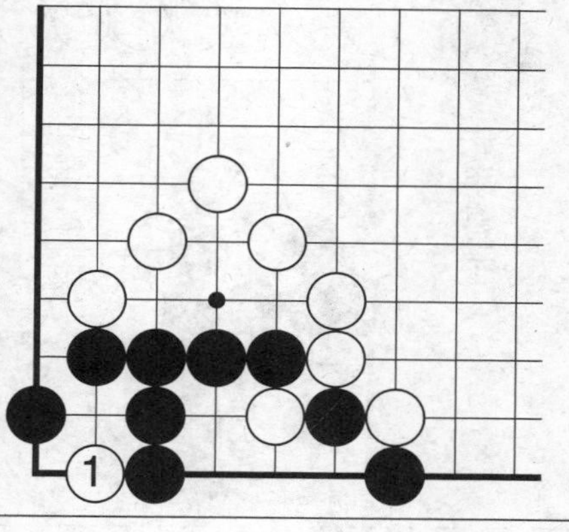

18

死活

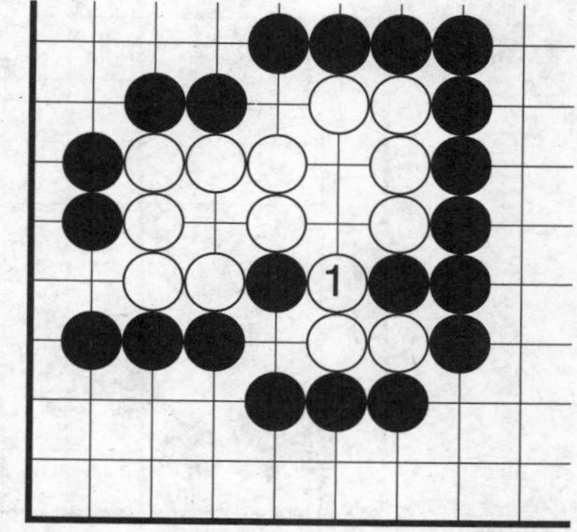

实力测试

白1时，标出黑的应手。

19

双活

20

布局

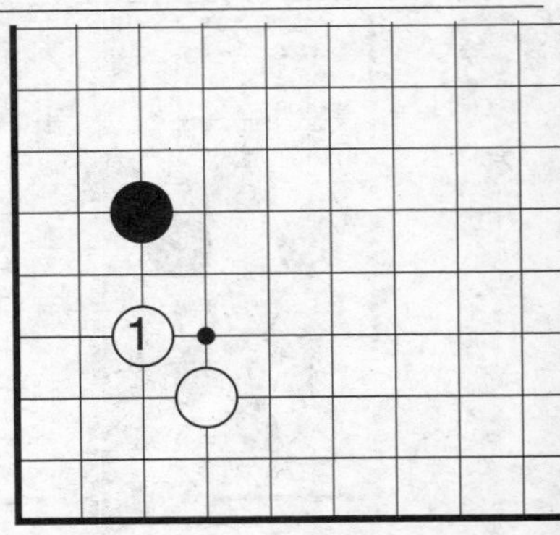

21

大小

22

官子

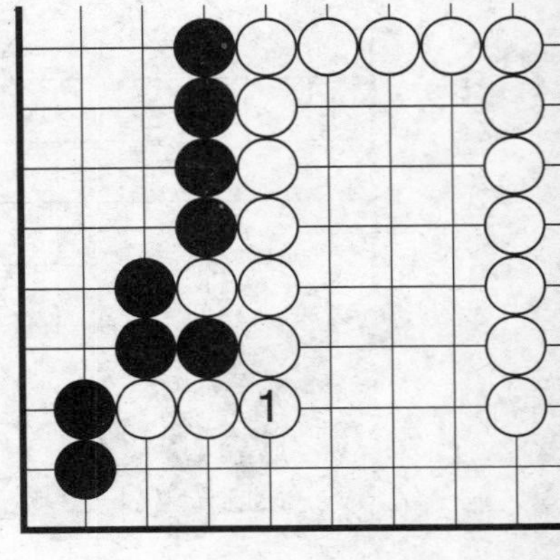

23

官子

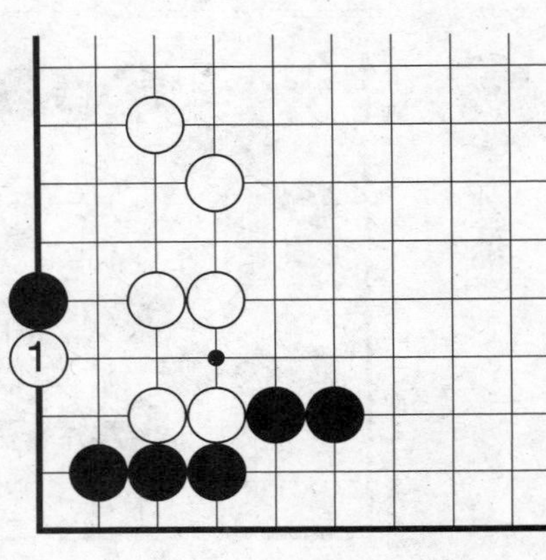

24

先手官子

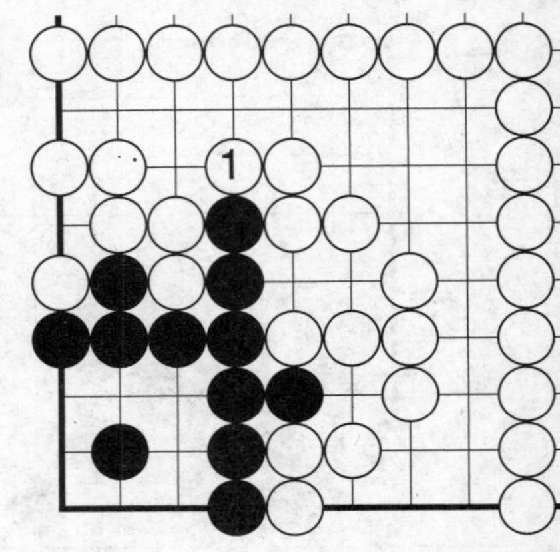

实力测验

限时5分钟，总24题。

白1时，标出黑的应手。

1 连

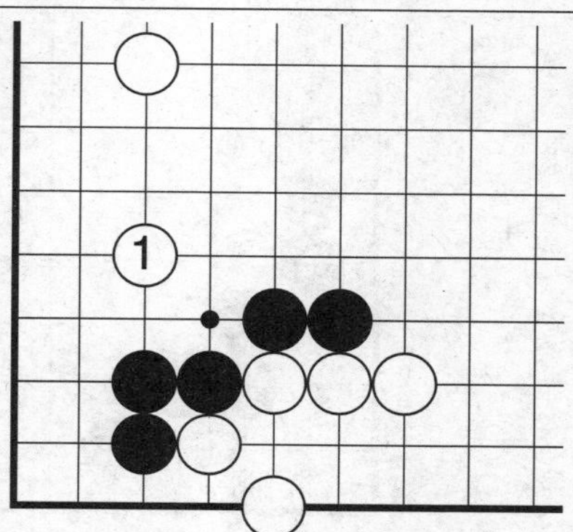

2 对杀

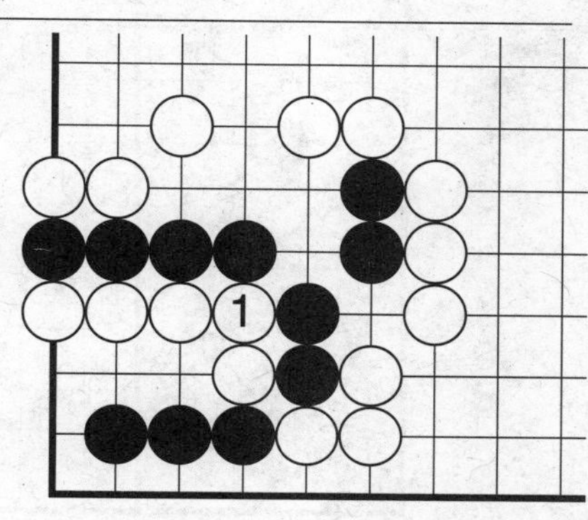

3 对杀

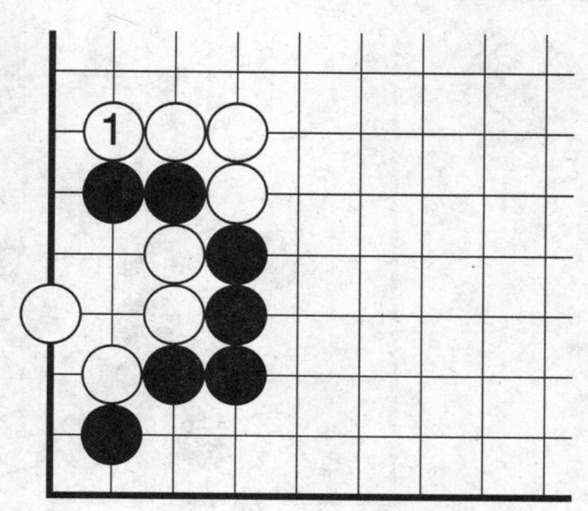

4 对杀

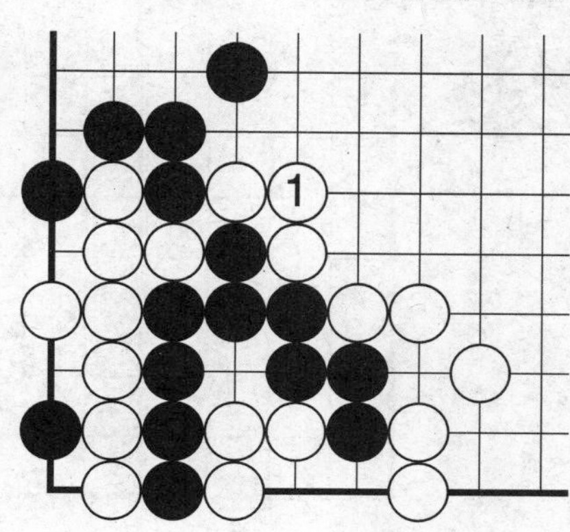

5 接触战

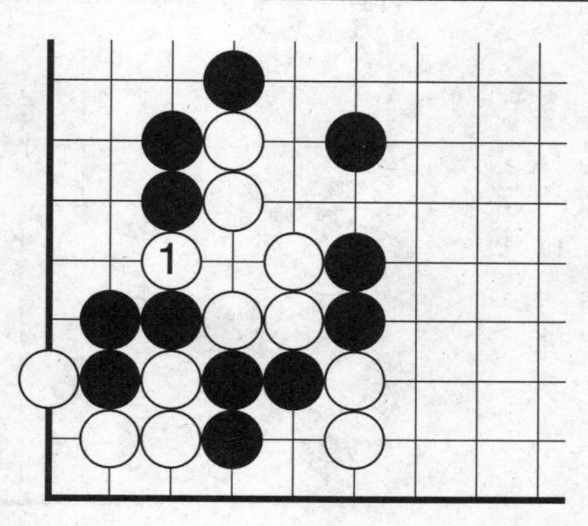

6 滚包

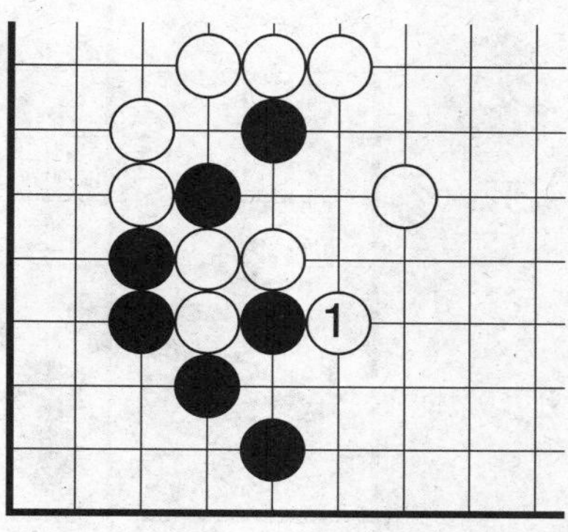

实力测试

白1时，标出黑的应手。

7 连

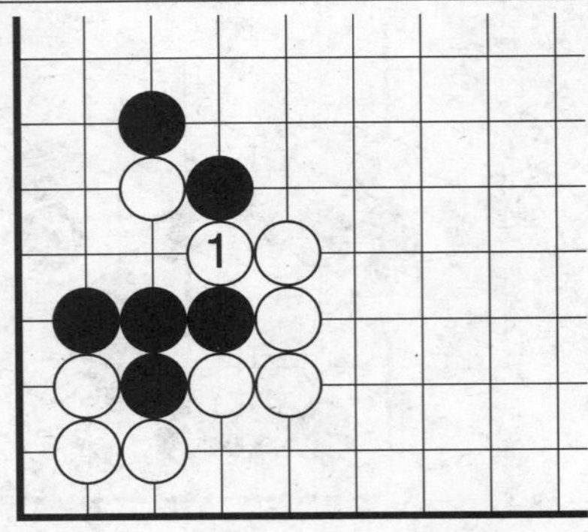

8 坏形

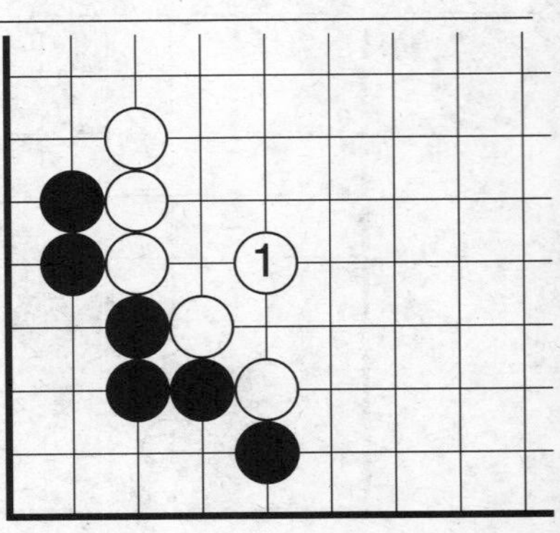

9 行棋

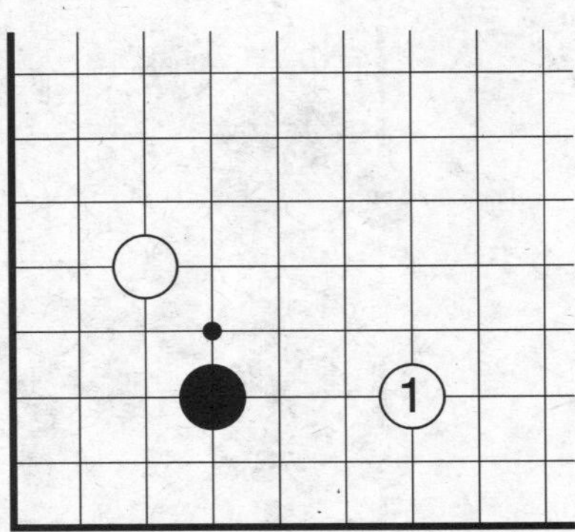

10 死活

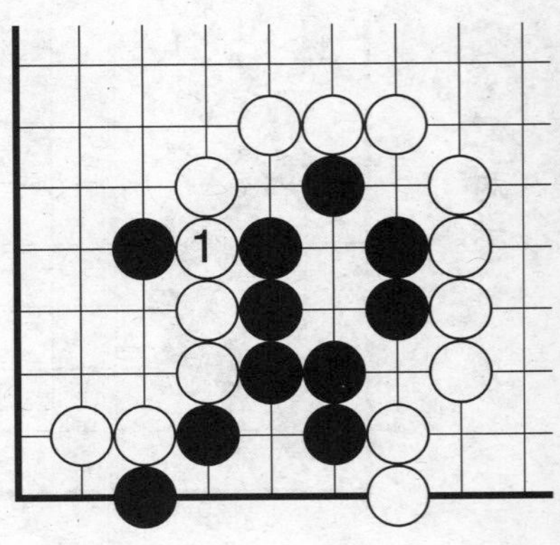

11 死活

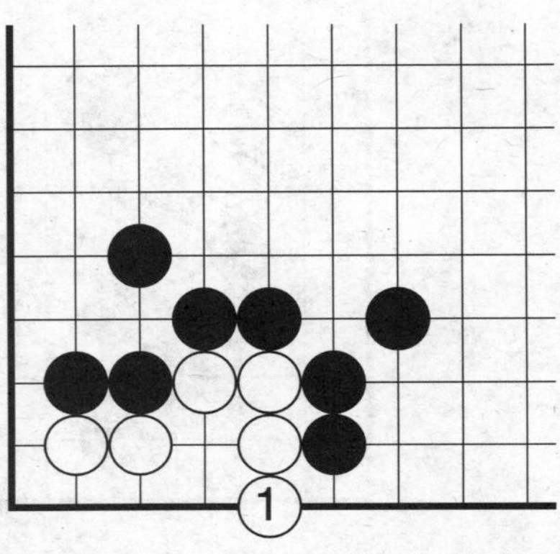

12 死活

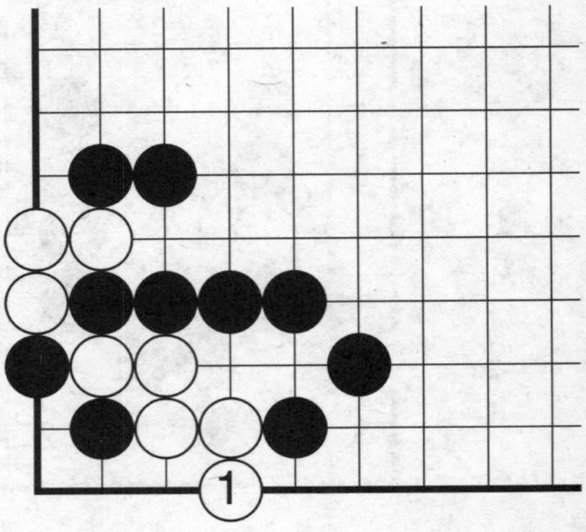

实力测试

白1时，标出黑的应手。

13

死活

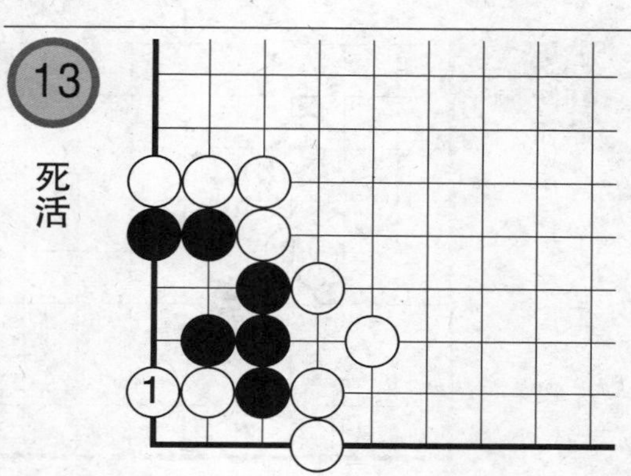

14

死活

15

死活

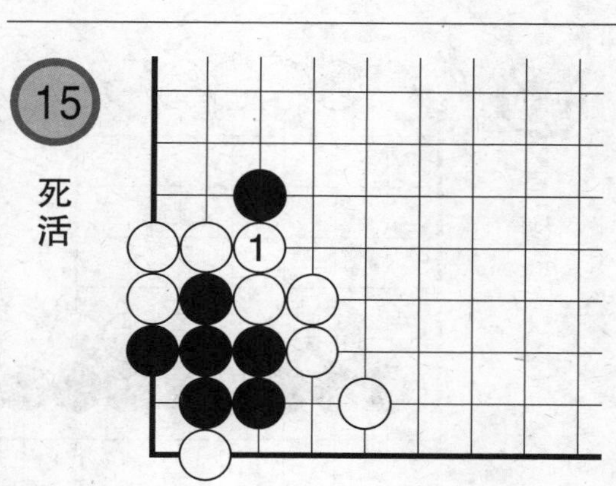

16

死活

17

劫

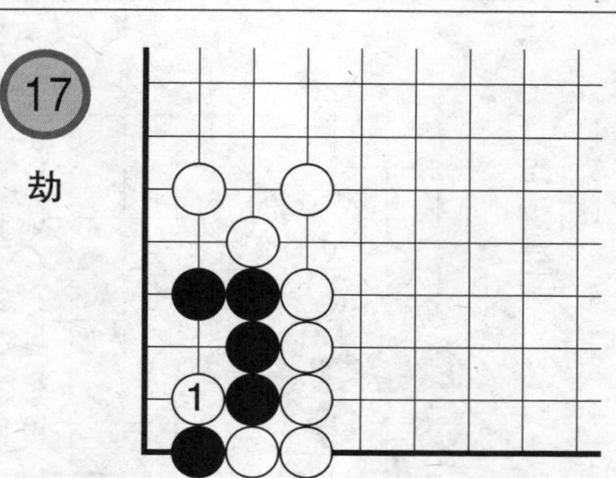

18

死活

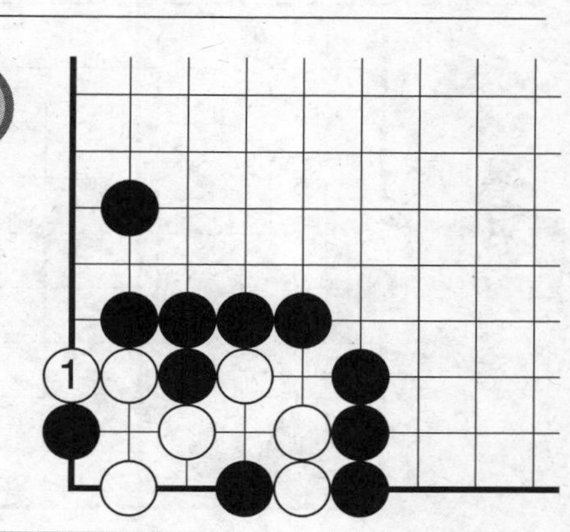

实力测试

白1时，标出黑的应手。

19

双活

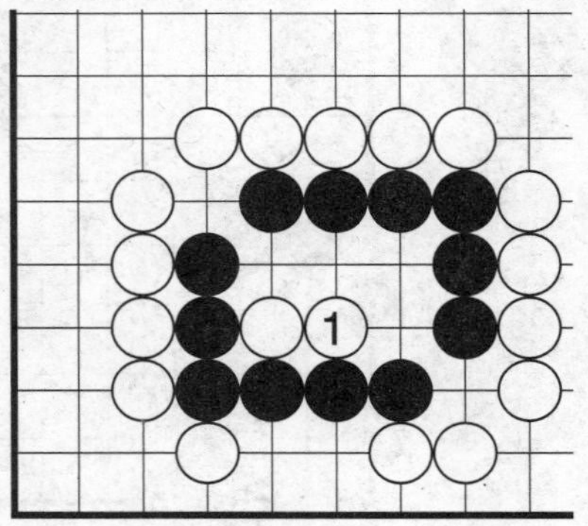

20

布局

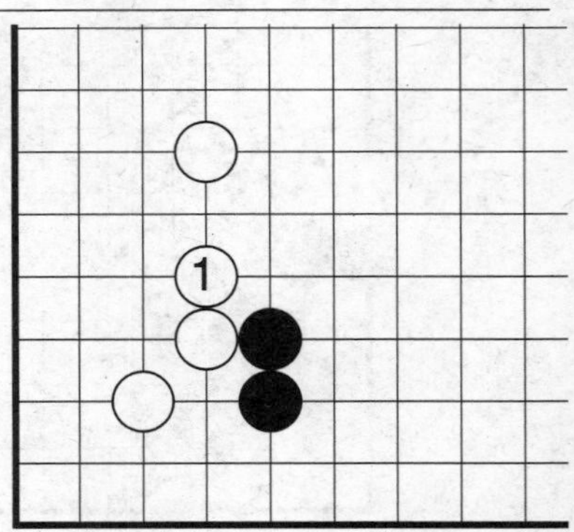

21

大小

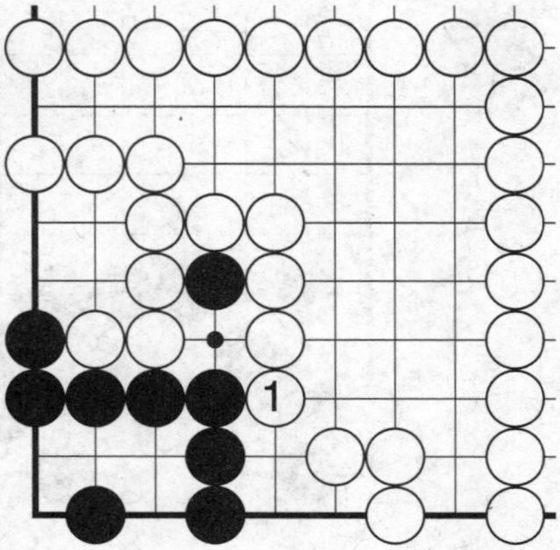

22

官子

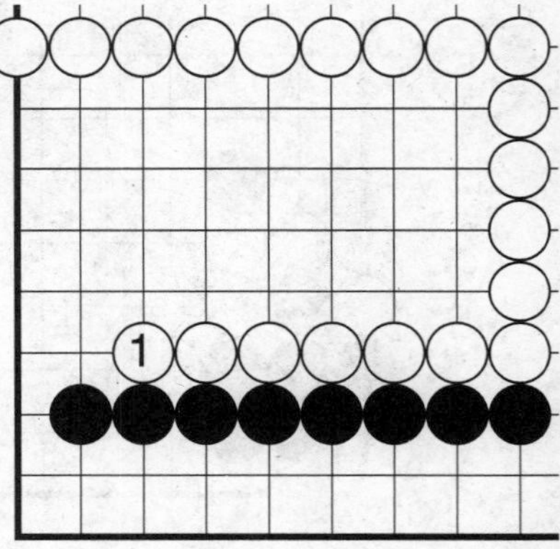

23

官子

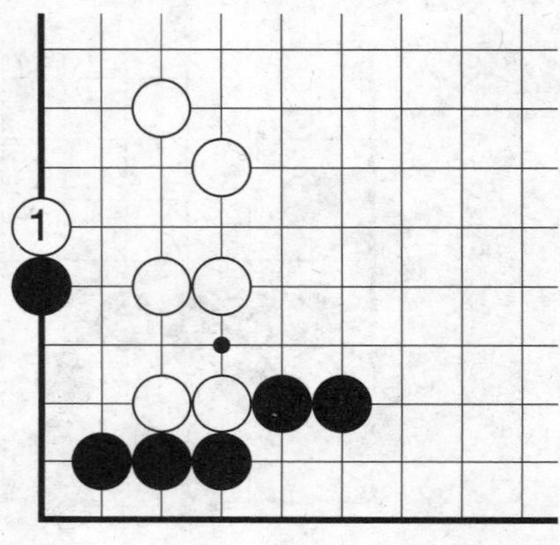

24

先手官子

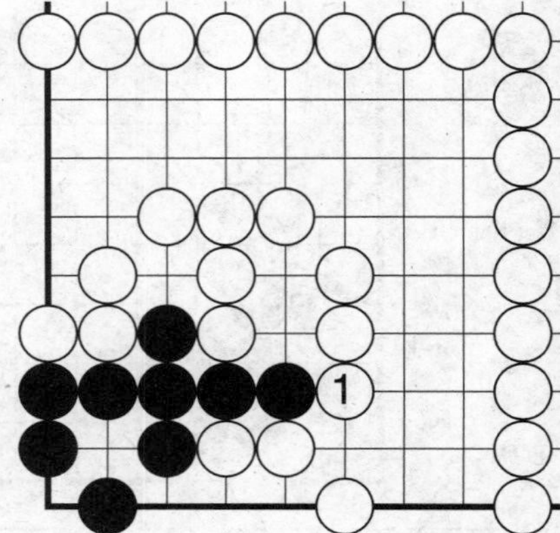

实力测验

正解数

限时5分钟，总24题。

白1时，标出黑的应手。

1 连

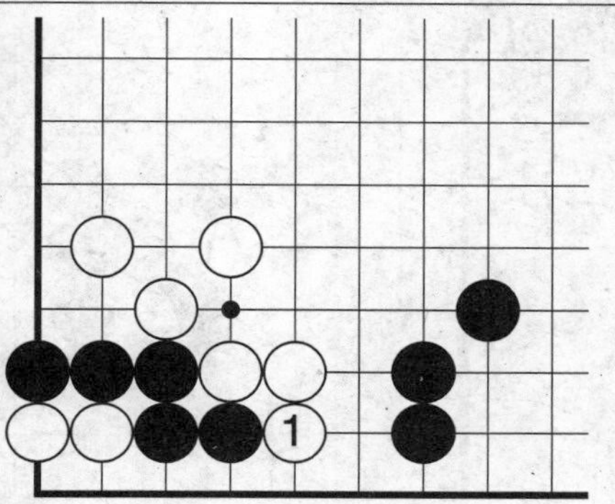

2 对杀

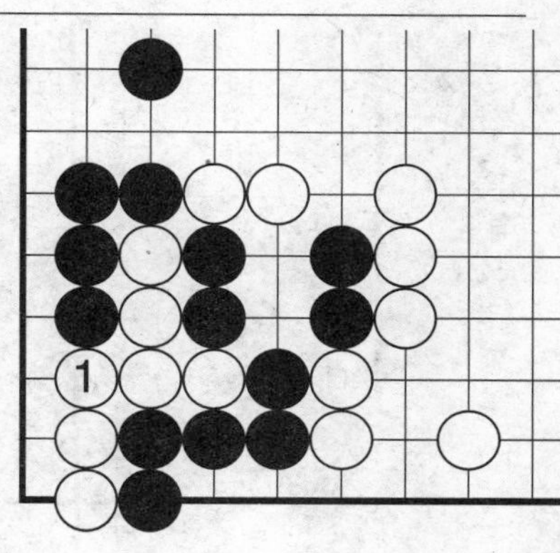

3 对杀

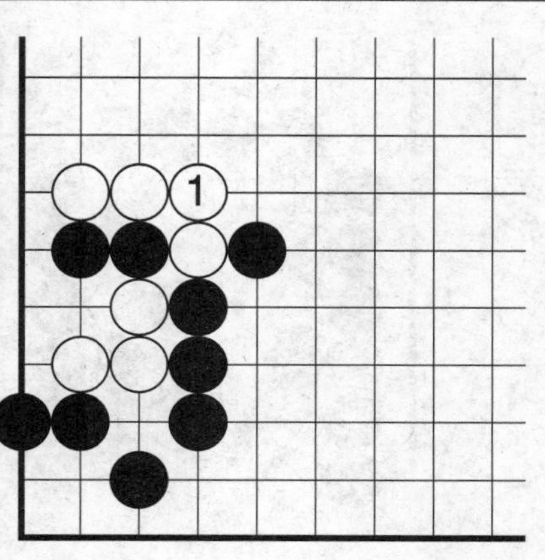

4 对杀

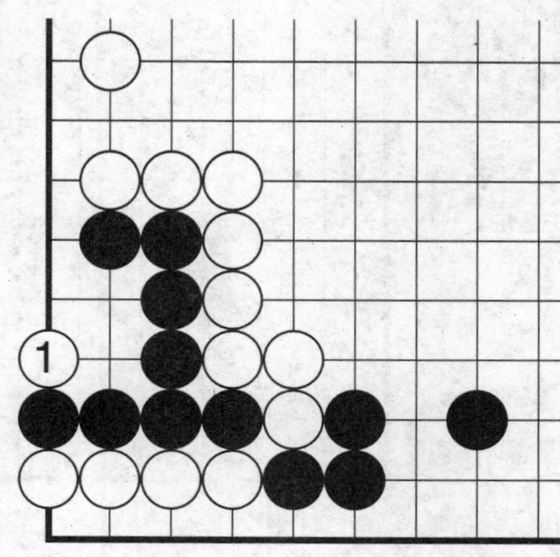

5 滚包

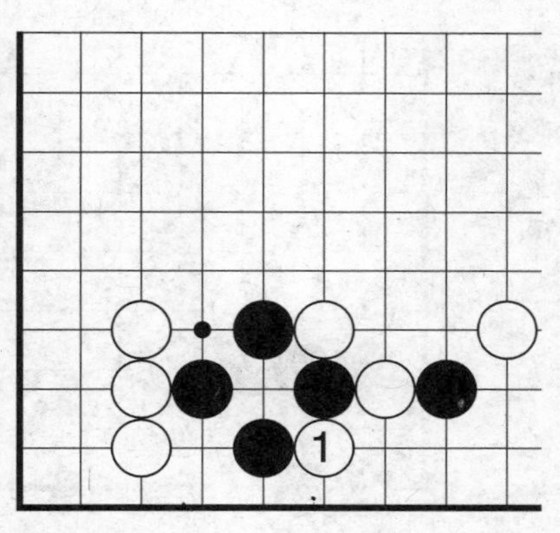

6 滚包

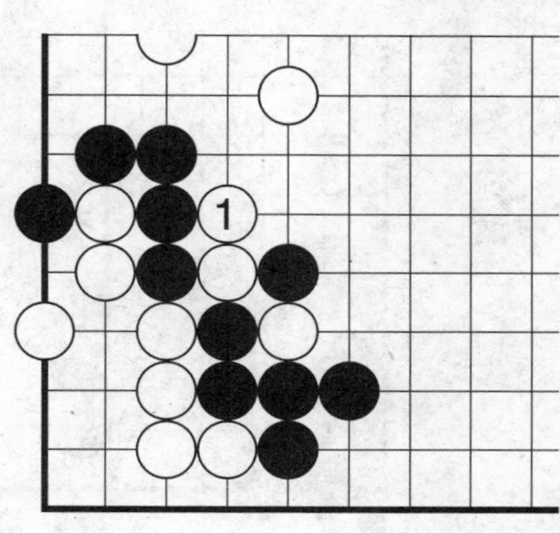

实力测试

白1时，标出黑的应手。

7 接触战

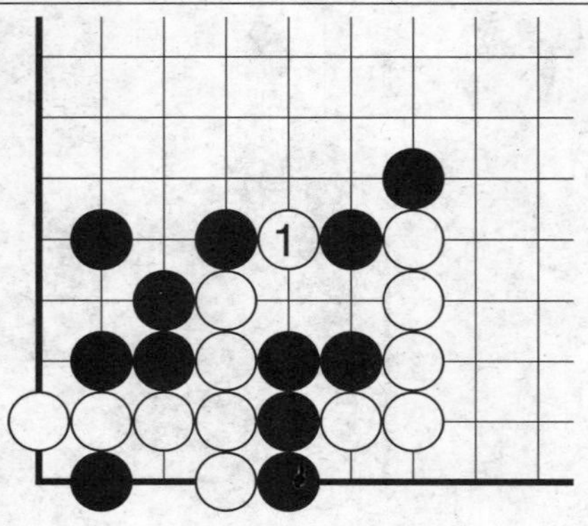

8 坏形

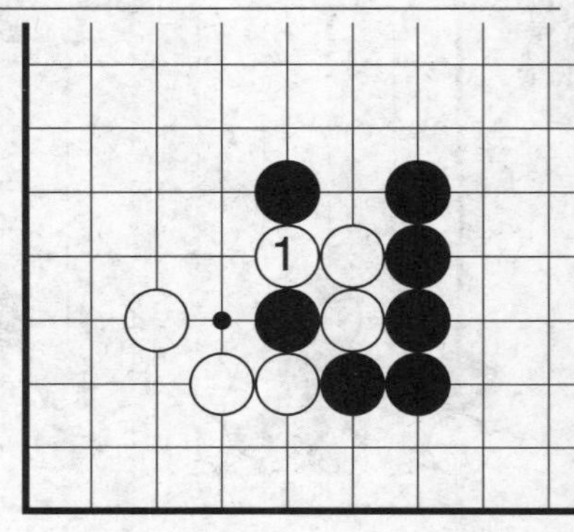

9 行棋

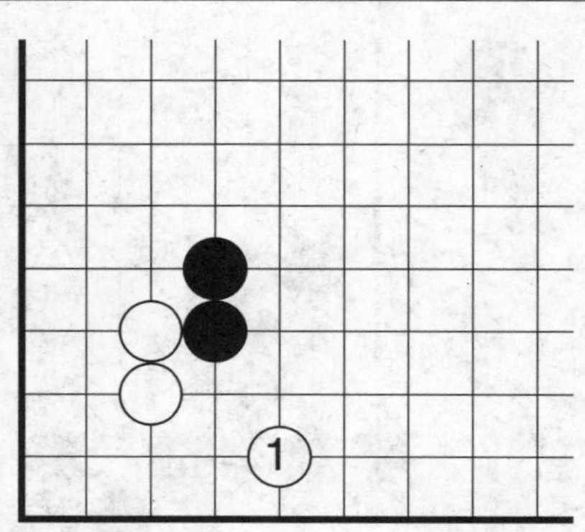

10 死活

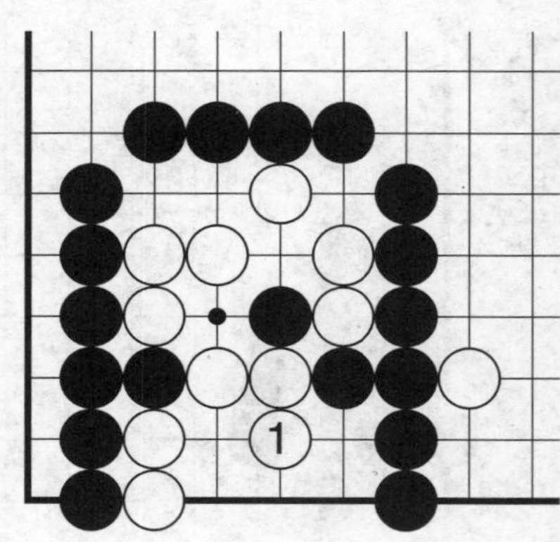

11 死活

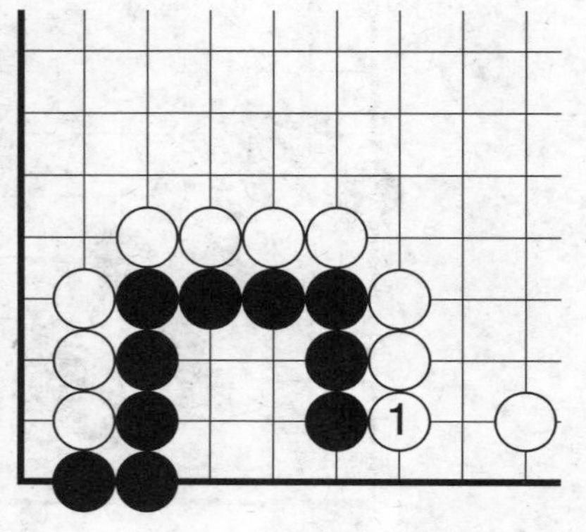

12 死活

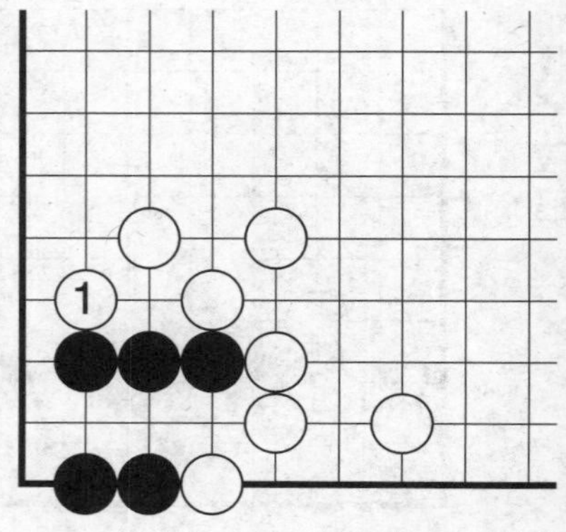

实力测试

白1时，标出黑的应手。

13

死活

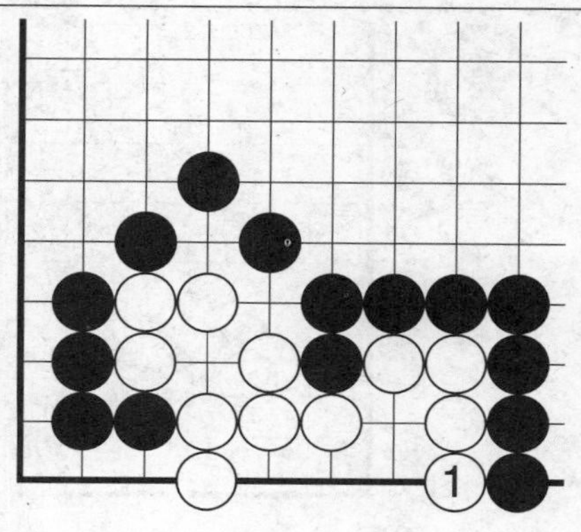

14

死活

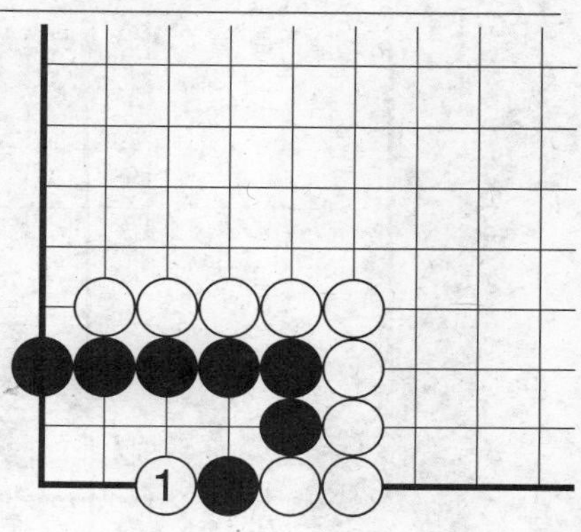

15

死活

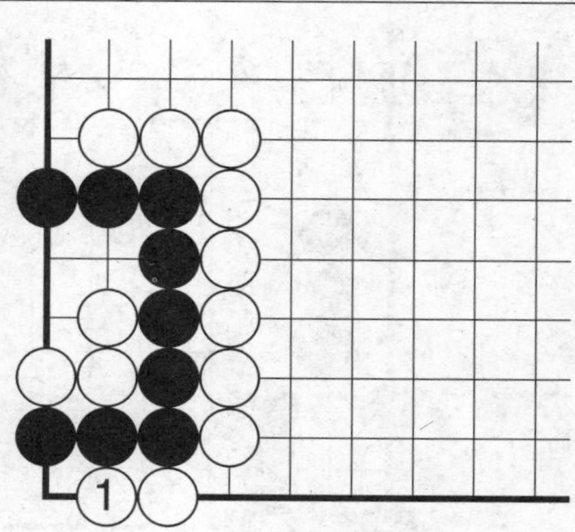

16

死活

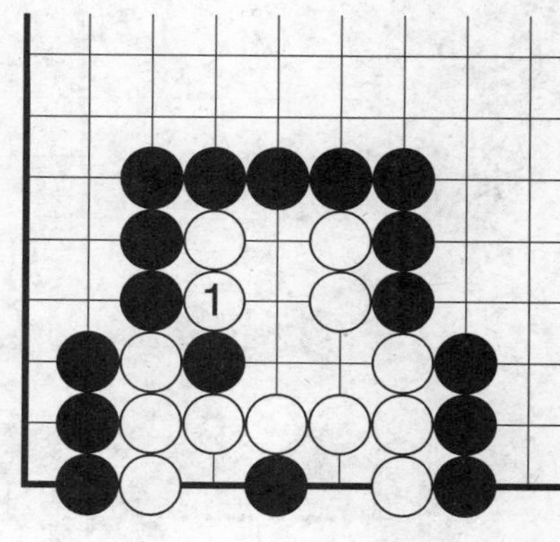

17

劫

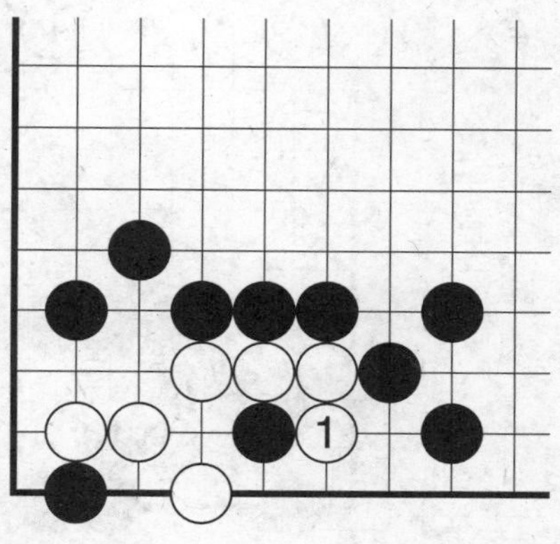

18

死活

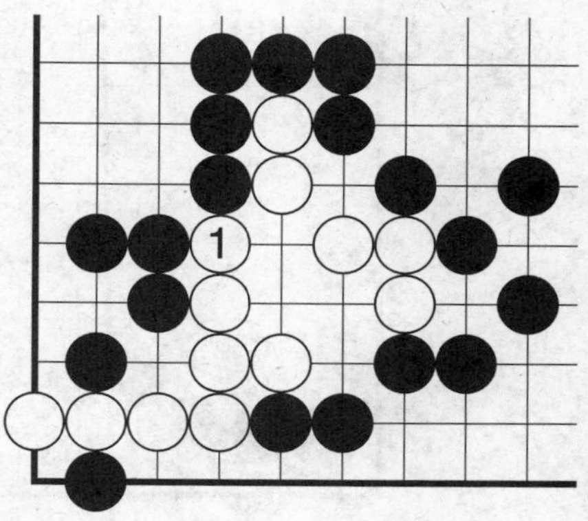

实力测试

白1时，标出黑的应手。

19

双活

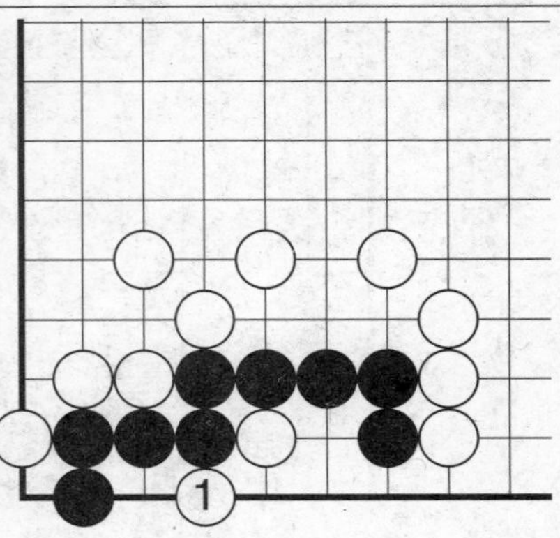

20

布局

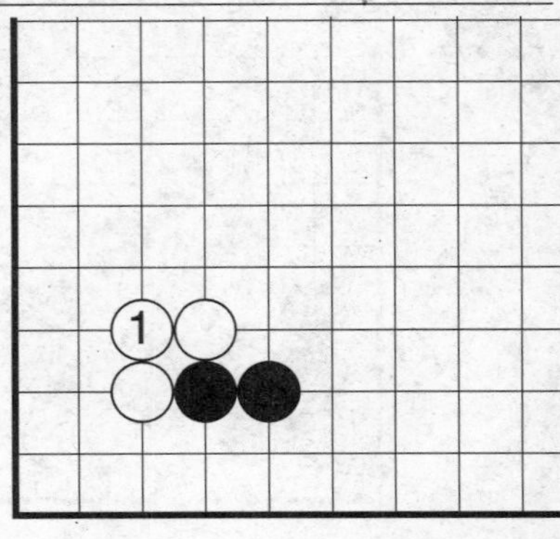

21

大小

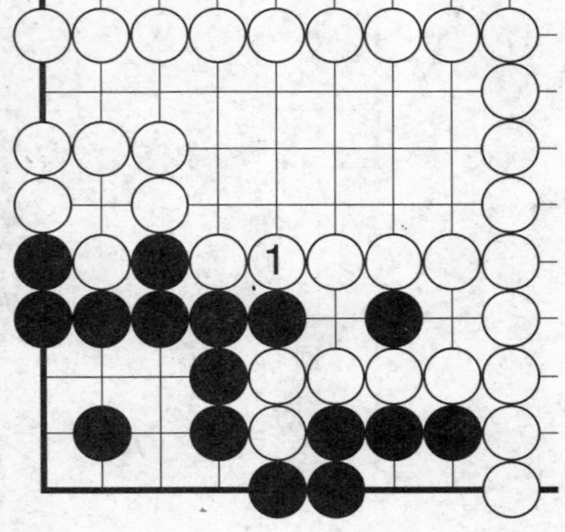

22

官子

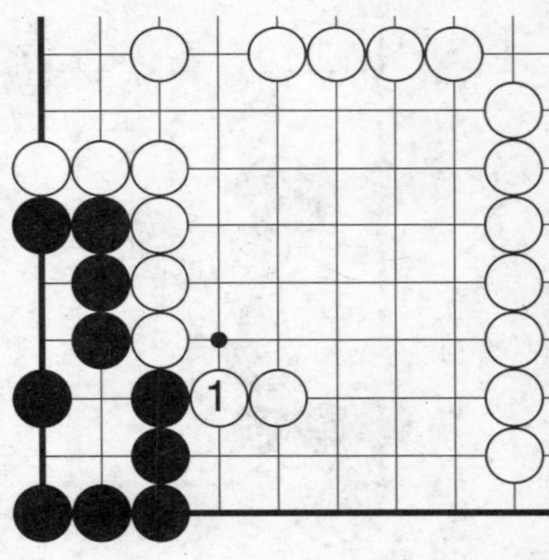

23

官子

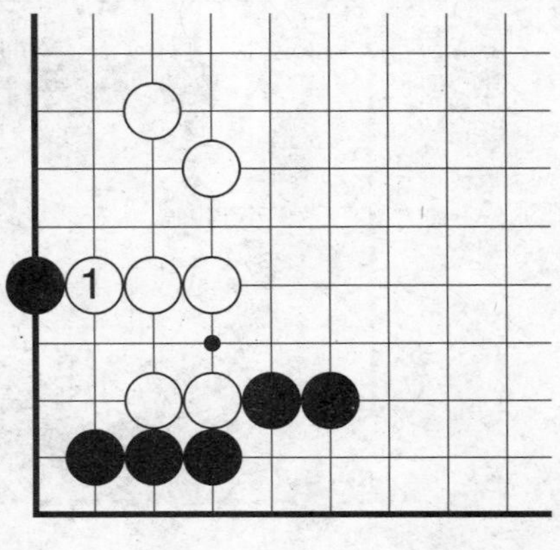

24

先手官子